Mit Lust an der Welt – in Sorge um sie

Silvia Hagleitner

Mit Lust an der Welt – in Sorge um sie

Feministisch-politische Bildungsarbeit nach Paulo Freire und Ruth C. Cohn

Matthias-Grünewald-Verlag · Mainz

Der Matthias-Grünewald-Verlag ist Mitglied
der Verlagsgruppe engagement

Die Deutsche Bibliothek – CIP-Einheitsaufnahme

Hagleitner, Silvia:
Mit Lust an der Welt – in Sorge um sie : feministisch-politische Bildungsarbeit nach Paulo Freire und Ruth C. Cohn / Silvia Hagleitner. – Mainz : Matthias-Grünewald-Verl., 1996
Zugl.: Linz, Univ., Diss., 1995
ISBN 3-7867-1957-8

Umschlag: Kirsch & Buckel Grafik-Design GmbH
Druck und Bindung: Weihert-Druck, Darmstadt

ISBN 3-7867-1957-8

INHALTSVERZEICHNIS

Geleitwort

Sollte Bildung im kirchlichen Kontext nicht möglichst flächendeckend durchgeführt werden und alle versorgen: die Kinder, Jugendlichen, Erwachsenen und alten Menschen; die Frauen in gleicher Weise wie die Männer? Ein alle versorgender Bildungsmarkt, in dem „gleich-gültig" das vielfältige Angebot von spiritueller bis politischer Bildung nebeneinander steht, kennzeichnet vielerorts die kirchliche Bildungslandschaft. Ja, es scheint, daß der Bildungsmarkt analog zu anderen Märkten in westlichen Gesellschaften weiter expandiert und immer neue Bedürfnisse weckt.

Die vorliegende Forschungsarbeit von Frau Dr. Silvia Hagleitner, die an der Katholisch-Theologischen Fakultät Linz als Dissertation angenommen wurde, unterbricht eine versorgende Bildungslogik. Wer „mit Lust an der Welt und in Sorge um sie" feministisch-politische Bildungsarbeit mit Frauen im kirchlichen Kontext anstiften will, hat bereits Position bezogen. Nicht vor den Frauen oder für sie werden Bildungskonzepte entworfen, sondern mit ihnen als Subjekte des Bildungsprozesses. Nicht in einem idealistisch abgeschirmten kirchlichen Feld wird gehandelt, sondern mit den Menschen in der gegenwärtigen Gesellschaft. Nicht alles und jedes gilt oder steht gleichgültig neben dem anderen: Der kritische Diskurs mit postmodernen, postsolidarischen und postfeministischen Strömungen klärt die Position der Autorin.

S. Hagleitner gelingt es, in überzeugender Weise eine Theorie positionellen kirchlichen Bildungshandelns mit Frauen zu entwerfen, die von der ersten bis zur letzten Seite praktisch ist; dies auch dann noch, wenn sie Begriffe wie Politik, Feminismus oder Bildung klärt. Auch PraktikerInnen sollten wissen, wovon sie sprechen, wenn sie diese Begriffe in den Mund nehmen. Vor allem aber sind es zwei praxisrelevante Bildungsansätze, die Frau Hagleitner in ihrer Bedeutsamkeit für eine feministisch-politische Bildungsarbeit mit Frauen kritisch rezipiert: das Konzept einer „Bildung als Praxis der Freiheit" des Lateinamerikaners Paulo Freire und die „Themenzentrierte Interaktion" (TZI) nach Ruth C. Cohn. Beiden Ansätzen stellt sie eine einfühlsame und kompetente Beschreibung der jeweiligen Gründer(in)persönlichkeit voran. Historischer Kontext, anthropologische Grundaussagen, weltanschaulich-religiöse Positionen und anderes kommen gebührend zur Geltung. Schließlich werden die jeweils spezifischen Elemente der Bildungsarbeit bis in das Methodisch-Didaktische hinein bedacht. Beide Ansätze werden aus feministischer Sicht gewürdigt und im Hinblick auf Anstöße für eine feministisch-politische Bildungsarbeit mit Frauen kritisch fortgeschrieben.

Wenn von Frauen und Politik die Rede ist, kommen – im Sinne eines weiten Politikverständnisses – die unterschiedlichen Partizipationsformen von Frauen in der Politik ebenso in den Blick wie deren Desinteresse. Die „duale Ökonomie“ mit ihrer geschlechterspezifischen Arbeitsteilung, die Unterrepräsentanz von Frauen in politischen Führungspositionen, die Verinnerlichung patriarchaler Bewertungsmuster, der Rückzug auf eine neue Innerlichkeit u.a. stellen nach Meinung der Autorin wesentliche Barrieren für das politische Engagement von Frauen dar. Es zeigt sich auch, daß Frauen weniger zwischen sozialem und politischem Engagement trennen und soziale Arbeit als wesentlichen Beitrag zur Veränderung der Gesellschaft in Richtung mehr Humanität verstehen.

Für die Erwachsenenbildung besonders spannend erscheint mir S. Hagleitners Versuch, im kritischen Theorie-Praxis-Dialog zu theologischen Deutungen, Begründungen und Kritiken feministisch-politischer Bildungsarbeit mit Frauen zu kommen. So entsteht eine theologische Hermeneutik praktischen Bildungshandelns. Sie findet ihren Bezugspunkt in einer ethisch-befreiungstheologischen Richtung feministischer Theologie mit dem Akzent auf gesellschaftspolitische Befreiung. Sie wird sowohl in ihrer Verankerung in der jüdisch-christlichen Tradition als auch in ihrer Position als kritische, parteiliche, kontextuelle und praktische Theologie beschrieben. Die Bildungsansätze von Paulo Freire und Ruth C. Cohn werden im Hinblick auf eine feministisch-politische Bildungsarbeit mit Frauen theologisch gewürdigt. Dieser praktisch-theologische Ertrag der Arbeit wird am Beispiel der ersten österreichischen Frauensynode 1992 erprobt. Letztendlich kann feministisch-politische Bildungsarbeit mit Frauen „als Symbol der Immanenz und Transzendenz Gottes“ gedeutet werden.

Mit dieser Arbeit scheint mir ein kreativer Versuch geglückt, eine in hohem Ausmaß praxisrelevante Teiltheorie kirchlichen Bildungshandelns mit Frauen zu entwerfen. Insofern wünsche ich dem Buch eine breite LeserInnenschaft, die WissenschaftlerInnen ebenso einschließt wie PraktikerInnen.

Linz, Dezember 1995 — Matthias Scharer

Vorwort

"Gefahr ist. Wächst das Rettende auch?"[1], diese bange Frage war der Motor für die Entwicklung einer Theorie zu feministisch-politischer Erwachsenenbildung und das vorliegende Buch will Hoffnungszeichen sein gegen moderne Endzeitstimmungen und Rückzugstendenzen.

Der direkt über meinem Schreibtisch hängende Satz Ruth Cohns: "Lebendiges Lernen heißt zu leben, während ich lerne"[2], begleitete mich durch die lustvollen und mühsamen Phasen der Dissertationsarbeit. Und er war mir Warnung, wenn ich Gefahr lief, mein Lernen lebensfeindlich zu gestalten. In solchen Zeiten habe ich neu erfahren: Das Rettende wächst dort, wo Beziehung ist. Daher danke ich meinem Mann Mag. Rudolf Habringer für seine beständigen Ermunterungen zu geduldigem, gelassenem Arbeiten und dafür, daß er mir als Erstleser bei der sprachlichen Gestaltung hilfreich war. Dankbar bin ich auch, daß es ihm immer wieder gelungen ist, mich zu energiespendenden Erholungsphasen zu verführen.

Ausdrücklich bedanken möchte ich mich weiters bei Mag. Maria Birklbauer, Mag. Maria Eichinger, Mag. Sylvia Gresak, DDr. Monika Leisch-Kiesl, Elisabeth Knapp-Leonhartsberger und Mag. Doris Röbl-Seidl, den Frauen des "Lesekreises Feministisch-Philosophisch-Theologische Forschung" für ihre Bereitschaft, Teile meiner Arbeit zu lesen und mit mir zu diskutieren.

Ich bedanke mich bei Renate Heinl für ihre widerständige und doch freundschaftliche Infragestellung meiner Denkwelt. Auch allen anderen Freundinnen und Freunden, die mich in dieser Lernzeit begleitet haben, danke ich für ihre Anteilnahme an meinen Denkprozessen.

Meinem Dissertationsbetreuer und Institutsvorstand Prof. Dr. Matthias Scharer danke ich für seine Offenheit der Thematik gegenüber, seine konsequente Begleitung und im besonderen dafür, daß ich durch ihn den Ansatz der Themenzentrierten Interaktion nicht nur theoretisch, sondern auch praktisch auf gute Weise kennenlernen konnte.

Danken möchte ich auch dem Zweitbegutachter Prof. Dr. Józef Niewiadomski für seine genaue Lektüre und seine dogmatisch-theologischen Anfragen.

Bei der Endkorrektur und Layoutierung des Textes halfen mir dankenswerterweise Christine Drexler, Renate Heinl und mein Bruder Mag. Hermann Hagleitner.

Linz, im Dezember 1995 — Silvia Hagleitner

1 Dirks, Walter (Hg.): Gefahr ist. Wächst das Rettende auch? Befreiende Theologie für Europa, Salzburg 1991.

2 Cohn, Ruth C.: Es geht ums Anteilnehmen ... Perspektiven der Persönlichkeitsentfaltung in der Gesellschaft der Jahrtausendwende, Freiburg/Basel/Wien 1989, 152.

EINLEITUNG

In der kirchlichen Erwachsenenbildung[1] Österreichs ist Frauenbildung seit langem ein wichtiger Aufgabenbereich. So wurde etwa 1910 der "Christliche Verein zur Förderung der Frauenbildung" gegründet. Die Katholische Reichsfrauenorganisation veranstaltete 1910 und 1914 "Katholische Frauentage", an denen religiöse und gesellschaftliche Fragen diskutiert wurden, was u.a. zur Gründung einer Reihe christlicher Frauenberufsvereine führte.[2] Zu dieser Zeit stand die katholische Frauenbildungsarbeit in erster Linie im Dienste des gemeinsam mit den katholischen Männern geführten Kampfes "gegen die unnatürlichen, gottlosen, familienzerstörerischen Bestrebungen sozialistischer Gesellschaftsveränderung"[3]. Sie sah in der Familie "die eigentliche, gottgewollte Heimat des weiblichen Geschlechtes" und wollte "die Ausbildung der weiblichen Eigenarten"[4] pflegen.

War die kirchliche Frauenbildungsarbeit durch das nationalsozialistische Regime während des 2. Weltkrieges weitgehend unterbunden, so wurde sie mit der Gründung der Katholischen Frauenbewegung Österreichs (KFBÖ) 1947 wieder neu, in bewußter Trennung von parteipolitischen Interessen, begonnen. Seit dieser Zeit ist die KFB, die mitgliederstärkste Gliederung der Katholischen Aktion Österreichs (KAÖ), Hauptträgerin der kirchlichen Frauenbildung.[5] Daneben entwickelten aber auch andere katholische Institutionen frauenspezifische Seminar- und Kursangebote.[6] Das Aufkommen des

1 Was wir heute unter kirchlicher Erwachsenenbildung verstehen, hat ihre Wurzeln im 19. Jahrhundert mit seinen die Gesellschaft verändernden Prozessen der Industrialisierung, Urbanisierung und Demokratisierung. Der durch diese Phänomene entstandene Lernbedarf konnte durch den Staat nicht abgedeckt werden, weshalb sich verschiedenste interessengebundene Vereine gründeten und Bildungsaufgaben übernahmen. vgl. Wegenast, Klaus/Lämmermann, Godwin: Gemeindepädagogik. Kirchliche Bildungsarbeit als Herausforderung, Stuttgart/Berlin/Köln 1994, 133.

2 vgl. Lindner, Gabriele: Katholische Frauenbewegungen zwischen "Emanzipation" und "traditionellen Rollen", in: Tálos, Emmerich/Riedelsperger, Alois (Hg.): Zeit-Gerecht. 100 Jahre katholische Soziallehre, Steyr 1991, 92.

3 Hofmann, Helga: Teilnehmen und Teilhaben. Frauenbewegungen in Österreich. Eine Betrachtung, in: Graf, Andrea (Hg.): Zur Politik des Weiblichen. Frauenmacht und -ohnmacht. Beiträge zur Innenwelt und Aussenwelt, Wien 1990, 57.

4 ebenda.

5 Ein kurzer Abriß über die Entwicklung der Frauenbildungsarbeit in der KFB findet sich in den bakeb informationen 3/93. Insgesamt fehlt es aber noch immer an einer übergreifenden historischen Aufarbeitung der Entwicklung der kirchlichen Frauenbildungsarbeit in Österreich.
vgl. Novy, Traude: Katholische Frauenbewegung Österreichs, in: bakeb informationen, Nr.3 (1993), 51–53.

6 So begann beispielsweise die Katholische Sozialakademie (KSÖ) 1969 vierzehntägige "Seminare für Sozialerziehung" speziell für Frauen zu veranstalten. Ab 1973 wurden diese Seminare unter der Bezeichnung "Soziale Seminare für Frauen" sogar zweimal

Feminismus im Zuge der neuen autonomen Frauenbewegung in den 70er Jahren hat sich auf Inhalt und Form der kirchlichen Frauenbildungsarbeit wesentlich ausgewirkt.[7] Hatte Frauenbildung bis in die 60er Jahre die "gute katholische Mutter und Hausfrau" zum Ideal[8], wurde nun verstärkt auf Partnerschaftlichkeit in der Familie und auf die Entwicklung des Selbstbewußtseins der Frauen gesetzt.[9] Seit 1984 veranstaltet beispielsweise die KFB österreichweit mit Erfolg die sogenannten "Selbstbewußtseinsseminare", in denen die Frauen zur Selbstentfaltung im persönlichen, kommunikativ-beziehungshaften, spirituellen und politischen Bereich ermutigt werden.[10] Neben der traditionell institutionalisierten Frauenbildungsarbeit entstanden im Rahmen der Universitäten verschiedene Frauengruppen kirchlich interessierter und engagierter Frauen, die sich autonom mit ihren Erfahrungen und den Erkenntnissen der feministischen Theorie und Theologie auseinandersetzten.[11]

---

jährlich abgehalten. Zwischen 1975 und 1978 wurden die Seminare koedukativ unter dem Titel "Wege zur Partnerschaft" durchgeführt, ab 1978 wurden sie unter der Leitung von Lieselotte Wohlgenannt wieder als reine Frauenseminare zur sozialen und politischen Weiterbildung für Frauen veranstaltet.
vgl. Steixner, Annemarie: Politische Bildung am Modell des Sozialen Seminars für Frauen der Katholischen Sozialakademie Österreichs, unveröff. Diplomarbeit, Innsbruck 1991, 29–33.

7 Eine der formalen Auswirkungen war, daß seither zunehmend die Frauenbildungsveranstaltungen auch von Frauen geleitet werden, während in früheren Zeiten oftmals männliche Referenten zur Vortragstätigkeit in Frauenseminaren eingeladen waren.

8 vgl. Lindner, Gabriele: Katholische Frauenbewegungen zwischen "Emanzipation" und "traditionellen Rollen"...a.a.O. 95.

9 Unterstützt wurde diese Entwicklung in der kirchlichen Erwachsenenbildung auch durch die Aussagen von Papst Johannes XXIII. in "Pacem in terris" (Art.41, 1963) und des II. Vatikanums über die gesellschaftliche Rolle der Frau in "Gaudium et spes" (Art.9;29;60, 1965). In diesen Textpassagen wird die vermehrte Beteiligung der Frauen an der politisch-kulturellen Öffentlichkeit als "Zeichen der Zeit" anerkannt. In "Gaudium et spes", Art.29 wird betont, daß jede Form der Diskriminierung aufgrund des Geschlechtes überwunden werden muß, "da sie dem Plan Gottes widerspricht".
vgl. "Pacem in terris" (Johannes XXIII. 1963), in: Texte zur katholischen Soziallehre. Mit einer Einführung von Oswald von Nell-Breuning SJ, hg. vom Bundesverband der Katholischen Arbeitnehmer-Bewegung Deutschlands, Kevelaer [6]1985, 282; in: "Gaudium et spes". Die Pastorale Konstitution über die Kirche in der Welt von heute, in: Rahner, Karl/Vorgrimler, Herbert: Kleines Konzilskompendium. Sämtliche Texte des Zweiten Vatikanums, Freiburg/Basel/Wien [14]1980, 456f.,475f.,513f.

10 vgl. Vogl, Martha: Selbst-Bewußt-Sein kann ich lernen: ein Seminar für Frauen, in: bakeb informationen, Nr.3 (1990), 29.
Dieses Themenheft "Frauen", hg. von der BAKEB (Bundesarbeitsgemeinschaft für Katholische Erwachsenenbildung in Österreich), gibt einen ersten Überblick über die derzeitige Vielfalt von Frauenbildung innerhalb der Katholischen Erwachsenenbildung in Österreich.

11 Mit der Gründung des Österreichischen Frauenforums Feministische Theologie 1986 in Linz begannen sich diese Gruppen zu vernetzen. Die jährlich stattfindende Tagung, auf der jeweils zu einem Rahmenthema verschiedene Arbeitskreise durchgeführt wer-

Hat sich in den letzten Jahren eine bestimmte Praxis in der Frauenbildungsarbeit durchgesetzt, die teilnehmerinnenorientiertes, erfahrungsbezogenes, handlungsorientiertes und ganzheitliches Arbeiten in Gruppen bevorzugt, so gibt es bislang keine umfassenden, schriftlich fixierten Theorien zur Praxis kirchlicher Frauenbildungsarbeit. Die vorliegende Arbeit stellt den Versuch dar, eine solche Theorie zu entwerfen. Anstöße dafür waren zum einen meine Erfahrungen als Teilnehmerin bei Frauenbildungsveranstaltungen vor allem im Rahmen des Österreichischen Frauenforums Feministische Theologie, zum anderen der Wunsch, meine eigene Praxis in der Frauenbildungsarbeit zu reflektieren und theoretisch zu begründen. Am Beginn dieser theoretischen Auseinandersetzung stand für mich im Anschluß an das II. Vatikanum (Gaudium et spes, Art. 1)[12] die Frage, in welcher Weise kirchliche Bildungsarbeit sich heute mit den Freuden und Hoffnungen, Sorgen und Ängsten von Frauen auseinandersetzen kann. Was kann kirchliche Bildungsarbeit in einer medial durchdrungenen Gesellschaft, in der jedes Thema auf vielfältige Weise in Zeitungen, Zeitschriften, privaten und öffentlichen Fernseh- und Radiokanälen aufgearbeitet wird, sinnvollerweise noch leisten? Welche Bildung ist Ende des 20. Jahrhunderts, im Zeitalter postmoderner Gleich-Gültigkeit überhaupt notwendig? Ist es eine auf das Individuum und seine Stärken und Schwächen aufbauende, selbsterfahrungsbezogene, psychologisch-therapeutisch orientierte Bildung, wie sie verstärkt in den 80er Jahren entwickelt wurde oder ist es eine nach wie vor auf die moderne Aufklärung setzende gesellschaftskritisch, emanzipatorische Bildung, wie sie v.a. in den 70er Jahren propagiert wurde? Oder braucht es ein diakonisches Konzept, in dem sich die Kirche weniger auf ihre Bildungs- und vielmehr auf ihre caritative Funktion besinnt?[13] In der Beantwortung dieser Fragen werden zugleich mein Interesse, das ich mit Frauenbildungsarbeit verfolge, und der Kontext meiner Forschungsarbeit deutlich.

Zwei Erfahrungen aus meiner unmittelbaren Vergangenheit seien dieser Antwort vorangestellt:

Seit vier Jahren gehöre ich einer informellen Frauengruppe von insgesamt fünf Frauen im Alter von 30 bis 41 Jahren an, die sich monatlich trifft, um Lebensthemen im locker-gemütlichen Rahmen zu besprechen. Alle fünf Frauen

---

den, kann als autonom veranstaltete Frauenbildung kirchlich-religiös interessierter Frauen bezeichnet werden.

vgl. Lindner, Gabriele: Katholische Frauenbewegungen zwischen "Emanzipation" und "traditionellen Rollen"...a.a.O. 95.

12 "Freude und Hoffnung, Trauer und Angst der Menschen von heute, besonders der Armen und Bedrängten aller Art, sind auch Freude und Hoffnung, Trauer und Angst der Jünger Christi." "Gaudium et spes", Art.1...a.a.O. 451.

13 Der diakonische Aspekt kirchlicher Bildungspraxis wird in jüngster Zeit verstärkt diskutiert.

vgl. Scharer, Matthias: Am anderen Anteil nehmen – Begegnungen Raum geben. Kommunikatives Lernen als Dienst in Gemeinde, Schule und Erwachsenenbildung, Mainz 1995.

sind innerkirchlich aktiv, akademisch gebildet und arbeiten teilweise in leitenden Positionen. Jenes Treffen, das wir nach den österreichischen Nationalratswahlen im Oktober 1994 hatten, ist mir in besonderer Erinnerung geblieben, weil es mehr Fragen offenließ, als es beantwortete. Wir waren alle fünf in bezug auf das Ergebnis der Wahlen gespalten. Zum einen freute uns die Tatsache, daß die kleinen, von zwei Frauen geführten Parteien Stimmen gewonnen hatten, zum anderen erschreckte uns der enorme Stimmengewinn der rechtsextremen, freiheitlichen Partei Jörg Haiders. Es stellte sich uns nicht nur die Frage, wie es möglich ist, daß so viele ÖsterreicherInnen einer offensichtlich populistisch geführten Politik vertrauen, sondern auch, wie wir selber diesem Phänomen politischer Naivität und Aggressivität begegnen können. Wie können wir auf den in Österreich zunehmenden Trend nationalistischen, fremdenfeindlichen und rechtsextremen Denkens im Sinne humaner, christlicher Werte reagieren? Eine der Frauen stellte dann die Frage, warum wir uns nicht in politischen Institutionen und Parteien engagieren. Schnell fanden sich die verschiedensten Argumente, die uns von einer solchen zeitaufwendigen, mühsamen Sache abhalten würden. Eine Frau äußerte ihre Bedenken gegen ein konkretes parteipolitisches Engagement in ihrer Gemeinde dahingehend, daß sie sich die Zusammenarbeit mit den amtierenden Gemeindepolitikern nur schwer vorstellen könne. Schließlich stellten wir selbstkritisch fest, daß uns ganz einfach die private Zufriedenheit, das Glück in den eigenen vier Wänden und unsere Bequemlichkeit näher und wichtiger seien, als die öffentlichen Angelegenheiten. "Es geht uns ja gut, warum sollten wir uns durch Dinge von außen stören lassen?", diese selbstkritisch-provokante Frage faßte unser Empfinden zwar gut zusammen, ließ uns aber unbefriedigt. Die Gefahr weiterer Zunahme menschenfeindlichen, rechten Denkens in Österreich ängstigt uns nach wie vor.
Ich frage mich, was ist in dieser Situation meine Verantwortung und die der anderen Frauen, wie kann unser politisches Handeln aussehen?

Es ist Samstag nachmittag, mein Mann und ich trinken Kaffee, als er im Fernsehprogramm eine Sendung zum Thema "Wir wollen keine Mädchen. Kindesmord in Indien"[14] entdeckt. Der Dokumentarfilm berichtet über den in Indien trotz staatlichen Verbots weitverbreiteten "Brauch", weibliche Säuglinge nach der Geburt durch Ersticken o.ä. zu töten, bzw. nach Ultraschalltests weibliche Föten abzutreiben. Gezeigt werden schwangere Frauen, die bereits Mädchen geboren haben, und wissen, daß, falls das Neugeborene wieder ein Mädchen ist, sie es töten werden. Der Grund, den sie angeben, ist finanzieller Art. Die Riten, die das Erwachsenwerden eines Mädchens begleiten, sind äußerst kostspielig, das Hochzeitsfest und die zu leistende Mitgift kann eine Familie in den finanziellen Ruin stürzen. Täglich werden indische Frauen von ihren Männern geschlagen, gefoltert und getötet, weil sie zuwenig Mitgift und Geschenke in die Ehe mitgebracht haben. Einen weiteren Grund für die Tötung weiblichen

14 Ausgestrahlt wurde diese Sendung des WDR am 4.2.1995 im ARD.

Nachwuchses nennen Frauen und Männer vor allem aus höheren Schichten, wenn sie sagen, daß erst die Geburt eines Sohnes die Familie vollständig mache. Nur ein Sohn kann den Namen der Familie weitergeben, nur ein Sohn kann die Seele der sterbenden Eltern ins Nirwana begleiten. Viele Frauen werden daher so oft schwanger und lassen so oft abtreiben, bis sie einen Sohn zur Welt bringen. Gezeigt wird eine gutbürgerliche, schwangere Frau, die mit ihrer Familie um die Geburt eines Sohnes betet, gezeigt wird eine arme Inderin, die aus Geldmangel ihr Kind töten wird, falls es ein Mädchen wird. Sie bringt weibliche Zwillinge zur Welt.

Die Bilder und Worte der Dokumentation machen mich stumm. Ich höre die Frauen reden und kann sie nicht verurteilen, sie sind Opfer eines grausamen Systems, ich verstehe ihr Handeln aus Not und Verzweiflung. Und doch frage ich mich nach ihrer Mitverantwortung an diesem Brauch. Warum lassen sie sich diese drastische Demütigung ihres Geschlechts gefallen? Ich bin froh um jene Inderin, die als Menschenrechtskämpferin vorgestellt wird und die gegen die Frauen- und Mädchenmorde ankämpft.

Es ist eine andere Welt, die hier gezeigt wird und doch kommt sie mir bekannt vor. Ich höre in der Erinnerung Stimmen aus der Kinderzeit, die sich darüber unterhielten, daß in dieser und jener Familie "nur Mädchen seien, ein Dreimäderlhaus", und daß sich der betreffende Familienvater sicher längst einen Sohn wünschte, stämmig wie er sei, aber eben noch keinen zusammengebracht habe. Der diese Sätze sagt, hat selber drei Söhne und ist stolz darauf.

Ich sehe die schönen indischen Frauen auf dem Fernsehschirm, ihre schwangeren Bäuche, sehe eine Frau weinen, weil der Ultraschall ergab, daß sie wieder mit einem Mädchen schwanger ist und frage mich: "Was halten diese Frauen von sich selber? Wie stehen sie zu sich und den anderen Frauen? Woher nehmen sie den Rest an Selbstbewußtsein, der zum Überleben nötig ist?" Der Slogan "Keine Frau ist befreit, solange nicht jede Frau auf dieser Erde befreit ist" geht mir durch den Kopf.

In diesen beiden scheinbar willkürlich nebeneinandergestellten Beispielen kommen für mich indirekt zwei Themen zur Sprache, die mein Interesse an Frauenbildungsarbeit wecken. Im ersten Beispiel ist es das trotz offensichtlich vorhandenem politischem Interesse bestehende Zögern von Frauen, in partei- oder institutionell gebundene Formen von Politik einzugreifen. Gekoppelt ist dieses Zögern mit einer Sehnsucht nach privatem Glück und mit dem Rückzug ins überschaubare, nach eigenem Gutdünken gestaltbare Familienleben.

Im zweiten Beispiel ist es die krasse Darstellung noch immer existierenden Patriarchats, die die Frage nach der weltweiten Solidarität von Frauen ebenso aufwirft, wie die Frage nach der Mitverantwortung von Frauen an sie unterdrückenden Systemen.

Es geht mir in dieser Arbeit um die Entwicklung einer feministisch-politischen Bildungsarbeit, weil ich meine, daß in einer von manchen als "postmodern", "postsolidarisch" oder "postfeministisch" ausgerufenen Zeit, in der alles gleichgültig und daher unbedeutend zu werden droht, die hoffnungsvoll gebliebene,

aber altmodisch gewordene Vision von einer gerechteren, menschenwürdigeren Welt wachgehalten werden muß. Bleibt diese Vision nicht ein frommer Wunsch, so weckt sie die Frage nach dem Wie der Veränderung. In meinen Antwortversuchen setze ich nicht auf einen alles von selber verändernden Quantensprung der Wendezeit, der von New-Age-DenkerInnen propagiert wird, ich setze nicht auf die Veränderung der Welt durch reine Innerlichkeit und auch nicht auf eine nach wie vor existierende Fortschrittsgläubigkeit mit ihrer Logik des Größer, Weiter, Schneller und Mehr, sondern auf die geduldige und mühsame Veränderung durch politische Willensbildung, auf menschliche Verständigung und auf das solidarische Handeln der Opfer und Täter. Ich setze – um mit Hannah Arendt zu sprechen – auf Politik, die "Sorge um die Welt" ist.[15] Und diese Sorge scheint mir nötiger denn je.
Wir leben in einer Welt, in der das Projekt der Moderne mit seinem euphorischen Fortschritts- und Machbarkeitsglauben dort an die Grenzen geraten ist, wo hochspezialisierte Gentechnik- und Atomforschungen die Menschheit an den Rand der Existenzmöglichkeiten und des menschlich Lebbaren führen. Die hochindustrialisierte Konsum- und Wegwerfgesellschaft produziert mit ihren Waren gleichzeitig Folgeerscheinungen wie verseuchte Gewässer, tote Wälder, Ozonlöcher, Klimaveränderungen und unzählige andere Umweltzerstörungen. Sie produziert das Risiko eines weltweiten Kollapses, eines voraussehbar gewordenen ökologischen Zusammenbruchs, und führte damit die Menschheit in eine heute weltweit verbindende Risikogesellschaft.[16] Das Überleben der Menschheit auf einer zum atomaren und ökologischen Pulverfaß gewordenen Erde ist heute fraglicher denn je. Haben, wie Ulrich Beck beschreibt, die Modernisierungsrisiken "eine immanente Tendenz zur Globalisierung"[17], so entstehen ebenso "neue soziale Ungleichheiten innerhalb der Risikobetroffenheit"[18]:

"Das Proletariat der Weltrisikogesellschaft siedelt unter den Schloten, neben den Raffinerien und chemischen Fabriken in den industriellen Zentren der Dritten Welt. ... Risikoindustrien sind in die Billiglohnländer ausgelagert worden."[19]

Neben diesen neuen Entwicklungen drückt die Länder der sogenannten Dritten Welt nach wie vor die jahrhundertealte Ausbeutung durch die reichen westlichen Industriestaaten. Unbezahlbar gewordene Schuldenberge treiben die Schere zwischen armen und reichen Nationen immer weiter auseinander. Alt-

15 vgl. Paul-Horn, Ina: Resistenz gegen die Faszination der Gewalt. Hannah Arendts Machtbegriff, in: Kubes-Hofmann, Ursula (Hg.): Sagen, was ist. Zur Aktualität Hannah Arendts, Wien 1994, 98.

16 vgl. Beck, Ulrich: Risikogesellschaft. Auf dem Weg in eine andere Moderne, Frankfurt a. M. 1986, 25ff.

17 ebenda, 48.

18 ebenda, 54.

19 ebenda, 55.

bekannt und doch unverändert ist die Tatsache, daß horrende Summen Geld, aber auch Rohstoffe und Intelligenz für Rüstung und Militärs vergeudet werden, während helfende Mittel für Todkranke und Hungernde fehlen und täglich noch immer tausende Kinder an Unterernährung sterben. Die Zusammenhänge wurden oftmals analysiert, eine Verbesserung der Situation ist bisher ausgeblieben.
Nach dem Niedergang des Kommunismus wird der Kapitalismus als erfolgreich und unersetzbar gefeiert, ungeachtet der Tatsache, daß die neoliberale Marktwirtschaft katastrophale Folgen für die Mehrheit der Menschen auf dieser Erde hat. Selbst in den westlichen Gewinnerstaaten nimmt die Arbeitslosigkeit auf Grund von Rationalisierungen drastisch zu, die Ausgrenzung von immer mehr Menschen aus dem Arbeitsmarkt führt zu neuen klassengesellschaftlichen Konturen mit scharfen ökonomischen Ungleichheiten.[20] Im reichen Deutschland beispielsweise gibt es inzwischen 40 000 Straßenkinder.
Liest man vor diesem Hintergrund die aktuellen soziologischen Studien, die für die westlich zivilisierten Gesellschaften Phänomene wie Individualisierung, Mobilisierung und Erlebnis- statt Wertorientierung feststellen, so kann man mit Karl Gabriel nach dem "Schicksal der Solidarität in der Krise der Moderne"[21] fragen. Gibt es sie noch, die Bereitschaft zur Solidarität mit anderen, die Hilfe brauchen und in Not sind? Gibt es noch den Hunger nach Gerechtigkeit in einer übersatten, reichen Gesellschaft? Angesichts des weltweit neu erstarkenden blinden Nationalismus, Rassismus und irrationaler Fremdenfeindlichkeit läßt sich die sorgenvolle Frage stellen:

"Kommt nach der Moderne vielleicht doch nicht jenes unendliche, vom Lebensernst endgültig befreite ästhetisch-postmoderne Spiel, sondern lauert dort womöglich gerade die barbarische Seite der sonst kraftlos gewordenen Modernität?"[22]

Gabriel nennt in Anlehnung an Gerhard Schulze drei Bereiche, die dringend zur Solidarität der Betroffenen mit den Nichtbetroffenen herausfordern: Im Bereich des Arbeitsplatzmarktes geht es um die Solidarität der ArbeitsplatzbesitzerInnen mit den aus dem Arbeitsmarkt und den Sicherungssystemen Herausgedrängten. Im Bereich der ökologischen Lebensgrundlagen braucht es eine Solidarität mit künftigen Generationen. Im Bereich der Weltwirtschaft drängt es nach der Solidarität der Menschen des Nordens mit den Bedürfnissen und Interessen der in absoluter Armut lebenden Menschen des Südens.[23] Allein diese drei hier genannten Herausforderungen machen die Verantwortung

20 vgl. Gabriel, Karl: In der Krise der Moderne. Auf der Suche nach Orientierung in einer posttraditionalisierten Welt, in: bakeb informationen, Kommunikation, Service, Nr.4 (1994), 7.
21 ebenda.
22 ebenda, 4.
23 vgl. ebenda, 7.

kirchlicher Bildungsarbeit für politisches Engagement im Sinne von solidarischem Denken und Handeln deutlich.
Neben politischer Bildungsarbeit erscheint es mir aber ebenso notwendig, Frauenbildungsarbeit zu machen, die sich auf die Traditionen feministischer Philosophie und Theologie bezieht. Dies auch dann, wenn manche meinen, der Feminismus sei veraltet, weil Frauen längst die volle Gleichberechtigung erreicht hätten und mit genügend Fleiß und Ehrgeiz sämtliche Prestigepositionen, die die Gesellschaft zu bieten habe, einnehmen könnten. Die Bevormundung der Frauen sei endgültig vorbei und somit hätten sie in ihrem Leben die volle Entscheidungsfreiheit. Es ist richtig, daß noch nie zuvor so viele Frauen hochqualifizierte und gutbezahlte Arbeit leisteten, daß Frauen immer mehr Einfluß nehmen in Politik, Wirtschaft und Wissenschaft. Mit den medialen Berichten über diese erfolgreichen "Power-Frauen", deren Bewunderung steigt, wenn sie sich auch noch als liebende Ehefrauen und Mütter präsentieren können, werden aber zugleich jene Frauen aus dem gesellschaftlichen Bewußtsein gedrängt, die aufgrund von niedrigsten Löhnen, aufgrund ihres Alleinerzieherinnendaseins oder aufgrund von Arbeitslosigkeit unter dem Existenzminimum leben müssen und in ihrer Entscheidungsfreiheit mehr als beengt sind. Die Feminisierung der Armut nimmt in Dritte-Welt-Ländern ebenso zu wie in den reichen Nationen. Ein jüngstes Beispiel dafür ist der Versuch der neuen österreichischen Regierung, in ihrem "Sparpaket" zur Sanierung des Staatsbudgets das erhöhte Karenzgeld für Alleinerzieherinnen zu streichen sowie verschiedene Ausgaben in der Familienförderung zu kürzen. Die Kölner Ökonomin Carola Möller zeigte auf, daß 1992 "59,4% der erwerbstätigen Frauen in Westdeutschland kein ihre eigene Existenz sicherndes Nettoeinkommen"[24] erzielten und in Ostdeutschland 77% der über 15jährigen weiblichen Bevölkerung kein eigenes Einkommen haben oder weniger als 10.000,- ÖS verdienen.[25]
Welche Tradition feministischen Denkens in einer Zeit der Gleichzeitigkeit von Ungleichzeitigem hilfreich ist, wird im ersten Kapitel dieser Arbeit zu klären sein. Es fragt sich, welcher Feminismusbegriff einer Welt adäquat ist, in der Frauen auf millionenfach verschiedene Weise leben und arbeiten, aus unterschiedlichsten Gründen sich freuen oder leiden. Es wird aber in diesem Zusammenhang auch die Frage aufzuwerfen sein, was feministische Solidarität aus der Position von Frauen heißt, die in einem reichen Industriestaat leben und sich den Luxus kirchlicher Bildungsarbeit leisten können. Die weltweite Feminisierung der Armut einerseits, das nach wie vor in den meisten Teilen der Welt in unterschiedlicher Ausprägung, aber doch bestehende Patriarchat mit seiner Abwertung des weiblichen Geschlechts und seiner Festschreibung der Frauen auf bestimmte Rollen andererseits, motivieren mich, in dieser Arbeit über eine Theorie feministisch-politischer Bildungsarbeit nachzudenken.

24 Frauenpolitik, Informationsblatt der Frauenministerin/Sondernummer Weltfrauenkonferenz 1995, 11.
25 vgl. ebenda.

Zur Forschungsmethode sei vermerkt, daß ich, begleitend zur theoretischen Beschäftigung, Frauenbildungsarbeit im Sinne der hier entwickelten Theorie auf verschiedene Weise praktisch erprobt habe und diese praktischen Erfahrungen direkt und indirekt die Theoriearbeit beeinflußt und verändert haben.[26]
Es erscheint mir in diesem Zusammenhang wichtig, die Prozeßhaftigkeit dieses Projektes zu betonen, denn mit dem Beenden der schriftlichen Abfassung des vorliegenden Textes ist die Theoriebildung zu dieser Form von Frauenbildungsarbeit nicht abgeschlossen. Sie setzt sich fort in einem erneuten wechselseitig kritischen Theorie-Praxis-Dialog, der Weiterdenken, Neudenken, Revidieren und Kritik einschließt und in der Folge Theorie und Praxis wieder verändern wird. Damit verbunden ist die Einsicht in die Relativität des eigenen Standpunktes und die Vorläufigkeit der hier entwickelten Theorie.
Zur Einführung in die Struktur der Arbeit nenne ich im folgenden die grundlegenden Fragerichtungen und daran anschließend die für die einzelnen Kapitel ausschlaggebenden Fragen und Überlegungen. Von erkenntnisleitendem Interesse waren für die gesamte Arbeit zwei Fragen:
Was muß eine Theorie zur Praxis von Frauenbildungsarbeit leisten, damit sie den weltpolitischen Herausforderungen einerseits und den Frauen in ihren subjektiven Befindlichkeiten andererseits gerecht wird?
Wie läßt sich eine Theorie zur Praxis von Frauenbildungsarbeit formulieren, daß sie Frauen ermutigt, ihre Verantwortung für diese Welt bewußt und aktiv zu übernehmen und die gesellschaftlichen Strukturen im jüdisch-christlichen Sinne von Gerechtigkeit und im solidarischen Handeln zu gestalten bzw. zu verändern?

In fünf Kapiteln versuche ich, diesen Fragerichtungen anhand folgender Detailüberlegungen nachzugehen:
Das erste Kapitel widmet sich ausführlich der Klärung der im Untertitel der Arbeit angegebenen Begriffe. Mit der Abgrenzung zu anderen Verständnisweisen der begrifflichen Grundlagen wie "feministisch", "politisch" und "Bildungsarbeit" wird zugleich versucht, das Interesse dieser Arbeit und den Standort innerhalb der einzelnen Bezugswissenschaften deutlich zu machen. Im ersten Kapitel wird also die Frage nach dem Politikverständnis, dem hier vertretenen Feminismusbegriff und dem Bildungsverständnis gestellt.
Im zweiten Kapitel wird nach pädagogischen Ansätzen gefragt, die für eine feministisch-politische Bildungsarbeit hilfreich und fruchtbringend sein können. Ich setze mich hier mit Ansätzen auseinander, die nicht der feministischen Päd-

26 Seit 1992 arbeite ich verstärkt in der Frauenbildungsarbeit zu Themen wie "Trotz Fleiß kein Preis. Was ist unbezahlte Familienarbeit wert?", "Der Mythos Schönheit – Wie wir Frauen uns anpassen und widerstehen", "Zwischen Teamgeist und Konkurrenzgefühlen. Chancen und Schwierigkeiten in der Zusammenarbeit von Frauen". Wichtige Erfahrungen sammelte ich auch bei den gemeinsam mit Mag. Gabriele Lindner geleiteten KSÖ-Frauenwochen zum Thema "selbstbewußt und solidarisch. Gesellschaftspolitisches Frauenseminar".

agogik entstammen, weil ich meine, daß feministische Pädagogik oft auch auf ältere Traditionen und pädagogische Schulen zurückgreift. Dies offenzulegen, erscheint mir nur redlich. Auf meiner Suche nach solchen Ansätzen stieß ich in der Auseinandersetzung mit der Praxis politischer Bildungsarbeit im Rahmen der Katholischen Sozialakademie Österreichs (KSÖ) auf den Namen Paulo Freire. Im Zuge meines Studiums und später meiner Tätigkeit am Institut für Religionspädagogik in Linz lernte ich die Themenzentrierte Interaktion kennen, die mir aufgrund ihres politischen Anspruchs und ihrer gruppen- und teilnehmerInnenzentrierten Arbeitsform ebenfalls für eine Analyse geeignet schien. Das zweite Kapitel widmet sich daher der Darstellung der befreienden Bildungsarbeit Paulo Freires und der Themenzentrierten Interaktion Ruth Cohns. Beide Ansätze werden kritisch daraufhin befragt, wie weit sie einer feministisch-politischen Bildungsarbeit Anstöße geben können. Anschließend versuche ich, die beiden Ansätze miteinander zu verknüpfen und so für eine feministisch-politische Bildungsarbeit fruchtbar zu machen.
Im dritten Kapitel wird versucht, das Verhältnis von westeuropäischen, speziell deutschen und österreichischen Frauen zu Politik und öffentlichem Engagement anhand soziologischer und politologischer Studien zu beschreiben. Folgende Fragen waren dabei leitend: Was hat es mit der Rede vom politischen Desinteresse von Frauen auf sich? In welchen Bereichen engagieren sich Frauen, in welchen nicht? Was hindert Frauen, sich zu engagieren? Welche Motivationen geben sie für ihr jeweiliges Engagement an? Dies zu wissen, scheint mir für feministisch-politische Bildungsarbeit wichtig, um nicht am bereits bestehenden Denken, Fühlen und Handeln der Frauen vorbeizuagieren. Gleichzeitig ist mir bewußt, daß diese überblicksartige Zusammenstellung nur grobe Linien des Verhältnisses von Frauen und Politik nachzeichnen kann, die zudem zeitlich gebunden sind. Das genaue Hinsehen und Hinhören auf die Haltungen der jeweils konkreten Frauen, die an Bildungsveranstaltungen teilnehmen, wird keiner Frauenbildnerin erspart bleiben. Das Ziel des hier verfaßten dritten Kapitels ist es nicht, fertige Antworten zu geben zum Verhältnis zwischen Frauen und Politik, sondern vielmehr zu sensibilisieren für die Vielfältigkeit weiblichen Engagements und zu ermutigen, die unterschiedlichen Formen unvoreingenommen ernst zu nehmen.

Die Frage nach der theologischen Bedeutung feministisch-politischer Bildungsarbeit steht leitmotivisch über dem vierten Kapitel. Als Interpretationsrahmen wird in einem ersten Schritt die Tradition feministischer Befreiungstheologie vorgestellt. In einem zweiten Schritt wird versucht, feministisch-politische Bildungsarbeit an einem konkreten Beispiel vorzustellen und mit Hilfe der zuvor erarbeiteten theologischen Kriterien zu interpretieren und zu kritisieren. Parallel dazu wird nach dem Verhältnis zwischen feministischer Befreiungstheologie und feministisch-politischer Bildungsarbeit gefragt und versucht, Theologie und praktische Bildungsarbeit in Dialog zu bringen.

Die abschließende Zusammenfassung der Arbeit stellt thesenhaft die Theorie einer feministisch-politischen Bildungsarbeit vor und fügt einige sich daraus ergebende didaktische Schlußfolgerungen an.

1. BEGRIFFSKLÄRUNGEN UND STANDORT-BESTIMMUNG

Es ist die Erkenntnis wichtig, dass Fragen der Begriffsbildung Fragen der Macht sind, d.h. es sind politische Fragen. In diesem Sinne ist die Klärung begrifflicher Positionen Teil des politischen Kampfes des Feminismus.
Maria Mies, in:
Patriarchat und Kapital, 53

Wenn es im folgenden darum geht, eine praktische Theorie zu einer feministisch-politischen Bildungsarbeit mit Frauen für die kirchliche Erwachsenenbildung zu entwickeln, dann sollen in einem ersten Schritt die im Titel dieser Arbeit verwendeten Begriffe definiert werden. Mein Ziel ist es, mit der Begriffsklärung den theoretischen Standort dieser Arbeit zu bestimmen.
Es ist also zu fragen, auf welchen Politik- und Feminismusbegriff sich die hier zu entwerfende „feministisch-politische Bildungsarbeit" bezieht. Anschließend soll geklärt werden, was mit „positioneller kirchlicher Erwachsenenbildung" gemeint ist.

1.1. Politikbegriff und feministisch-politische Bildungsarbeit

Der Politikdidaktiker Wolfgang Mickel verweist auf einen wichtigen Sachverhalt, wenn er schreibt, daß die theoretische und praktische Reichweite politischer Bildungsarbeit von dem ihr zugrundegelegten Politikbegriff abhänge.[1] Und der Politikwissenschaftler Ulrich von Alemann sieht in der Definition des Politikbegriffes ein Konstitutivum für jede politische Bildung:

> „Für die politische Bildung ist die Formulierung eines Politikbegriffes genauso konstitutiv wie für die Politikwissenschaft ... Das Verständnis von Politik präjudiziert die Wahl einer bestimmten politischen Theorie und prinzipiell das Ergebnis."[2]

Kurz gesagt, wird die Praxis der politischen Bildungsarbeit vom jeweiligen Politikbegriff bestimmt. Es ist also folgenreich, ob ich unter politischer Bildungsarbeit die Vermittlung von Einsichten in staatlich-institutionelle und

1 vgl. Mickel, Wolfgang W.: Politische Bildung, in: Nohlen, Dieter/Schultze, Rainer Olaf (Hg.): Pipers Wörterbuch zur Politik. Politikwissenschaft, Bd. 1, München/ Zürich ^{3}1989, 730.

2 Alemann, Ulrich von: Politikbegriffe, in: Mickel, Wolfgang W./Zitzlaff, Dietrich (Hg.): Handbuch zur politischen Bildung, Opladen 1988, 535.

parteigebundene Ordnungen und Vorgänge verstehe, oder ob ich mit einem emanzipatorischen Anspruch die politische Mündigkeit der Menschen zum Ziel habe.
Der Politikwissenschaft ist es bisher nicht gelungen, eine einheitliche Definition von Politik zu finden.[3] „Ob Macht, Konflikt, Herrschaft, Ordnung oder Friede die eigentliche Substanz von Politik seien, bleibt umstritten"[4], schreibt Ulrich von Alemann, der sich mit der Begriffsdefinition von Politik wiederholt auseinandergesetzt hat. Nach seiner Auffassung hat dies zwei Gründe: Erstens handle es sich bei dem Phänomen Politik um eine sozial gemachte und historisch sich wandelnde Realität.[5] Zweitens könne der Politikbegriff nicht objektiv bestimmt werden, sondern hänge immer von Erkenntnisinteressen und Verwendungsperspektiven ab.[6]
Aus diesen Überlegungen heraus soll im folgenden der in dieser Arbeit verwendete Politikbegriff definiert werden.

1.1.1. Ein frauengerechter Politikbegriff

Für eine feministisch-politische Bildungsarbeit mit Frauen, wie sie in dieser Arbeit entworfen werden soll, ist ein Politikbegriff nötig, der die Realität von Frauen beinhaltet und zum Thema macht, der den Interessen von Frauen Raum gibt.
Einem engen, staats- und institutionenzentrierten Politikbegriff[7] muß eine klare Absage erteilt werden, will man den Großteil der Frauen nicht von vornherein aus dem politischen Bereich verweisen. Mit einer Trennung von politisch-öffentlicher und privater-häuslicher Sphäre, wie sie ein enger gouvernementaler Begriff[8] vornimmt, wird die Realität von Frauen zur unpolitischen deklariert. Denn Tatsache ist, daß nur ein geringer Prozentsatz von Frauen sich aktiv in der Realpolitik der modernen europäischen Demokratien engagiert.

3 vgl. dazu: Alemann, Ulrich von: Politikbegriffe, in: Mickel/Zitzlaff: Handbuch zur politischen Bildung...a.a.O. 536ff; Dörner, Andreas/Rohe, Karl: Politikbegriffe...a.a.O. 449ff; Mickel, Wolfgang W.: Politische Bildung...a.a.O. 730; Rohe, Karl: Politikbegriffe, in: Mickel, Wolfgang W.(Hg.) u. Mitarb. von Zitzlaff, Dietrich: Handlexikon zur Politikwissenschaft, Ehrenwirth 1983, 349ff; Wilbert, Jürgen: Politikbegriffe und Erziehungsziele im Politischen Unterricht. Eine Analyse von Didaktikkonzeptionen, Weinheim/Basel 1978.

4 Alemann, Ulrich von: Politikbegriffe, in: Nohlen, Dieter/ Schultze, Rainer Olaf (Hg.): Pipers Wörterbuch zur Politik, Bd.1, München/Zürich 1985, 705.

5 vgl. Dörner, Andreas/Rohe, Karl: Politikbegriffe, in: Holtmann, Everhard: Politik-Lexikon, München/Wien 1991, 449.

6 vgl. Alemann, Ulrich von: Politikbegriffe, in: Mickel/Zitzlaff: Handbuch zur politischen Bildung...a.a.O. 535.

7 vgl. Wilbert, Jürgen: Politikbegriffe und Erziehungsziele...a.a.O. 47f.

8 vgl. Alemann, Ulrich von: Politikbegriffe, in: Nohlen, Dieter/Schultze, Rainer Olaf (Hg.): Pipers Wörterbuch zur Politik...a.a.O. 706.

Aus diesem Grund wehren sich feministische Autorinnen gegen ein enges Politikverständnis und ein „bürgerliches Öffentlichkeitskonzept", für das „Küche, Kinder, Kochtopf" nicht zu den Themen der „großen Politik" gehören.[9]
Mit der Polarisierung von „öffentlich" und „privat" komme es „zu einer fatalen Ausgrenzung weiblicher Interessen und Bedürfnisse und zur Diskriminierung all dessen, was Frauen sagen, denken und für wichtig erachten."[10]
Gefordert wird daher ein neuer Politikbegriff ohne

„die geläufige Trennung zwischen Politischem und Sozialem, zwischen öffentlichem politischen Sektor und privatem nicht-öffentlichen Bereich, zwischen 'eigentlichen' 'Zentral'-Feldern politischen Entscheidens und Handelns und sogenannten 'Rand'-Bereichen."[11]

Mitte der 70er Jahre entstand in der Frauenbewegung der Slogan „Das Persönliche ist politisch", was u.a. zur Folge hatte, daß bis dahin tabuisierte Themen wie etwa die Gewalt gegen Frauen in der Ehe in die politische Diskussion gebracht wurden. Mit dieser Politisierung „privater" Bereiche war die Frauenbewegung erfolgreich. So kam es in Österreich beispielsweise zu einer Reform des Strafrechts, wodurch die Vergewaltigung von Frauen in der Ehe seit 1.7.1989 gerichtsbar ist.[12]
Im Anschluß an die kurz angeschnittene Diskussion zum feministischen Politikbegriff lassen sich für das Politikverständnis in dieser Arbeit vier weitere wesentliche Merkmale festhalten, die im folgenden ausgeführt werden.

1.1.2. Ein weiter Politikbegriff

Erstens soll ein weiter Politikbegriff verwendet werden, der jeden gesellschaftlichen Bereich als potentiell politisch, d.h. als veränderbar und demokratisierbar erachtet. Im „Kleinen Soziallexikon", herausgegeben von Edeltraud Buchberger und Walter Suk, ist zum Politikbegriff zu lesen: „Politik ist das auf die Gestaltung des Zusammenlebens der Menschen ausgerichtete, planmäßige und organisierte Handeln."[13] Politische Handlungen sind demnach nicht nur der Gang zur Wahlurne oder das Lesen von Zeitungen, sondern

9 vgl. Philipps, Ina- Maria: "Wie halt ich's mit der Politik?" Forschungsergebnisse und Hypothesen zum Verhältnis von Frauen zu Politik, in: Projektgruppe Mädchen-und Frauenarbeit: Die unentdeckte Kraft. Gestaltungsansprüche von Mädchen und Frauen, Wuppertal 1991, 13.

10 ebenda.

11 ebenda, 18.

12 vgl. Feigl, Susanne: Frauenratgeberin, hg. von Bundesministerin für Frauenangelegenheiten, Wien 1991, 166.

13 Buchberger, Edeltraud/Suk, Walter (Hg.): Solidarisch leben. Kleines Soziallexikon. 246 Stichworte zu Politik und Gesellschaft, im Auftrag der Kommission für soziale und politische Bildung der Bundesarbeitsgemeinschaft für Katholische Erwachsenenbildung in Österreich, Linz [3]1988, 114.

ebenso die Erziehung von Kindern und das soziale Engagement in der Gemeinde.
Ist in der obigen Definition planmäßiges und organisiertes, also bewußtes Handeln als politisch ausgewiesen, so erscheinen mir auch unbewußte, ungeplante und spontane Handlungsformen, bzw. auch passives Verhalten, wenn nicht unmittelbar politisch, so doch als politisch bedeutsam, wenn sie bei mehreren Menschen gleichzeitig vorkommen. Zur Erläuterung möchte ich hier ein Beispiel Alfred Grossers anführen[14]:
In einer Familie gelingt es dem Vater durch systematische Bemühungen, seine Frau und seine Kinder dazu zu bringen, lieber auf dem Land als am Meer Ferien zu machen. Die Hotelbesitzer des betroffenen Meergebietes wären ruiniert, würden gleichzeitig Millionen von entsprechenden Entscheidungen gefällt. Zudem würde sich dies auf die Wahlergebnisse dieser Regionen auswirken. Alfred Grosser zeigt hier den Zusammenhang zwischen Familienentscheidungen und Politik auf, zieht aber eine Grenze zwischen Politischem und Unpolitischem, wo sich die Entscheidungen auf den Innenbereich der Familie beziehen. So interpretiert er beispielsweise die Macht, die der Vater in dem Entscheidungsprozeß ausgeübt hat, als nicht unmittelbar politisch, da sie keinen Einfluß auf die Zukunft der organisierten Gesellschaft ausübe.
M.E. übersieht hier Grosser, daß die Form, wie der Vater seine Familie zu diesem Entschluß bringt, ob auf autoritäre oder demokratische Weise, einen Einfluß auf das soziale Verhalten der Kinder und ihre künftigen politischen Einstellungen hat.
Die Innsbrucker Politikwissenschaftlerin Sieglinde Rosenberger kritisiert Grossers Politikverständnis, wenn sie schreibt:

„Damit (mit Grossers Verständnis, d.Verf.) werden die internen Machtverhältnisse, die ihrerseits durch die Politik (z.B. Familienrecht) geformt und gestützt werden, aus dem Blick genommen, d.h. von einer Wissenschaft, die sich mit Macht beschäftigt, nicht weiter hinterfragt.“[15]

Mit diesem Beispiel kann gezeigt werden, daß immer ein Zusammenhang besteht zwischen gesellschaftlichen Mikrobereichen wie Familie, Schule etc. und dem Makrobereich des Staates und der Gesellschaft. Sozialisationsmuster und Machtverhältnisse in den Familien beeinflussen die gesamte Gesellschaft, wie sich umgekehrt gesellschaftliche Strukturen und Werte auf die Familien auswirken. Ein realitätsgerechter Politikbegriff muß diesen Zusammenhang

14 vgl. Grosser, Alfred: Politik erklären. Unter welchen Voraussetzungen? Mit welchen Mitteln? Zu welchen Ergebnissen?, München 1973, S. 15, zit. in: Pelinka, Anton: Politik- und Demokratiebegriff, in: Greiter, Almud/Hussl Richard/Pelinka, Anton/Pruner, Kurt: Politisches Alltagsverständnis. Entwicklung des Demokratie- und Politikbegriffes. Materialien und Texte zur politischen Bildung, Bd.2, Wien 1986, 3.

15 Rosenberger, Sieglinde: Frauenpolitik in Rot-Schwarz-Rot. Geschlechterverhältnisse als Gegenstand der österreichischen Politik (Reihe Studien zur politischen Wirklichkeit, hg. von Anton Pelinka, Bd.6), Wien 1992, 16.

berücksichtigen und darf die gesellschaftliche Situation von Familien, die geschlechtsspezifische Arbeitsteilung und die Rolle der Frauen darin nicht länger ausgrenzen. Sieglinde Rosenberger kritisiert an Politikwissenschaftlern wie Alfred Grosser, daß sie mit „dem Kunstgriff, einen Dualismus zwischen öffentlich/privat zu definieren“[16], die sogenannten „privaten“ Bereiche ignorieren:

„Interessen, die aus dem sogenannten privaten Teil des weiblichen Lebenszusammenhanges resultieren, bleiben somit solange unbeachtet, als sie nicht in den staatlichen Bereich transferiert werden, d.h. solange sich etablierte Gruppierungen nicht dieser Probleme und Anliegen annehmen.“[17]

Feministisch-politische Bildungsarbeit wird sich also im Interesse von Frauen eines weiten Politikbegriffes bedienen, der nicht länger mit der Trennung zwischen Öffentlichkeit und Privatraum agiert.
Ein neuer Aspekt für ein weites Politikverständnis findet sich bei Hannah Arendt, die Politik als „Sorge um die Welt“ im Sinne einer Vergrößerung von Freiheit definiert.[18] Überall dort, wo sich politisches Handeln nicht unter das sorgende Prinzip stellt, sondern anderen Logiken folgt, stellt Arendt die Existenz von Politik in Frage. Damit bringt sie in den Politikbegriff eine inhaltlich ethische Dimension ein. Diese läßt sich mit einem weiten Politikverständnis insofern verbinden, als somit jedes menschliche Handeln, das in Sorge um die Welt geschieht, als politisches Handeln bezeichnet werden kann.

1.1.3. Macht, Konflikt und Knappheit als Merkmale der Politik

Im Anschluß an den Politikwissenschaftler Anton Pelinka werden in dieser Arbeit Phänomene wie „Konflikt“, „Knappheit“ und „Macht“ als Merkmale des Politischen anerkannt.[19]
Die Gestaltung menschlichen Zusammenlebens wird immer geprägt sein von verschiedenen, zum Teil gegensätzlichen Interessen. Die Existenz dieser Gegensätze und damit verbundene Konflikte begründen Politik. Nach Hannah Arendt hat sich Politik immer mit Pluralität auseinanderzusetzen, d.h. sie muß der Tatsache Rechnung tragen, daß es nicht „den Menschen“, sondern viele Menschen gibt:

„Von Pluralität auszugehen heißt, die Differenz unterschiedlicher Meinungen und Interessen nicht nur zu denken und zuzulasssen, sondern immer schon mitzuüberlegen, in welcher Form sie sich entfalten können, statt sie nur als Hindernis wahrzunehmen.“[20]

16 ebenda.
17 ebenda.
18 vgl. Paul-Horn, Ina: Resistenz gegen die Faszination der Gewalt...a.a.O. 98.
19 vgl. Pelinka, Anton: Politik und moderne Demokratie, Kronberg/Ts. 1976, 4.
20 ebenda, 100.

Politisches Handeln heißt demnach, die Einzigartigkeit der eigenen Meinung zu riskieren, sie im öffentlichen Diskurs einzubringen und sie dann dem Prozeß der Meinungsbildung zu überlassen. Ein so verstandener konfliktorientierter Meinungsbildungsprozeß geht davon aus, daß Wahrheit in der Politik nie im vorhinein feststeht.[21]
Eng verbunden mit dem Phänomen des Konfliktes ist jenes der Knappheit, denn „nur ein nicht beliebig vermehrbares (materielles oder immaterielles) Gut führt zu Interessengegensätzen (sic!), zu Konflikten".[22]
Immer dort, wo es um die Durchsetzung von Interessen und um Konfliktregelungen geht, ist das Phänomen Macht im Spiel. Gruppen oder Personen, die bestimmte Interessen verfolgen, werden sich verschiedener Machtmittel bedienen müssen, um ihr Ziel zu erreichen:

„Macht ist das Universalinstrument für die Lebensbewältigung im sozialen Zusammenhang, das Generalmedium, durch das alles zum Mittel für die jeweils anstehenden Zwecke werden kann."[23]

Volker Gerhardt, der der neokonservativen Philosophenschule um Joachim Ritter zugeordnet werden kann, spricht von einer „Unverzichtbarkeit von Macht, wann immer es um Politik geht"[24]. An dieser Stelle erscheint es mir wichtig, einen kritischen Umgang mit Macht anzustreben. Macht ist im politischen Handeln zwar eine Realität, sie braucht aber, um nicht zur Willkür auszuwachsen, andere kontrollierende Mächte.
Ich gehe in dieser Arbeit von einem Politikbegriff aus, der in bezug steht zur Demokratie. In der Demokratie wird Macht zu einem umkämpften, knappen Gut, denn es gibt mehr MachtinteressentInnen als Machtpositionen. Der Konflikt um die Macht ist also ein Wesensmerkmal der Demokratie. Pelinka schließt daraus:

„Damit ist die Demokratie an die Politik gebunden. Erst das für die Politik konstitutive Merkmal, der Konflikt, läßt Demokratie zu. Das Phänomen des Konfliktes ist für die Politik und für die Demokratie gleichermaßen konstitutiv: Dort, wo Konflikte sind, ist Politik. Dort, wo Konflikte sind, ist Demokratie möglich. Wird ein gesellschaftlicher Bereich als „unpolitisch" deklariert, so soll er damit von vornherein der Demokratie entzogen werden. Wird ein gesellschaftlicher Bereich als „politisch" eingeordnet, so ist er grundsätzlich für die Demokratie offen."[25]

21 vgl. ebenda.
22 ebenda, 11.
23 Gerhardt, Volker: Politisches Handeln. Über einen Zugang zum Begriff der Politik, in: Gerhardt, Volker (Hg.): Der Begriff der Politik. Bedingungen und Gründe politischen Handelns, Stuttgart 1990, 298.
24 ebenda.
25 Pelinka, Anton: Politik und moderne Demokratie...a.a.O. 13.

Es ist also im Interesse feministisch-politischer Bildungsarbeit, jene Bereiche, in denen Frauen tätig sind und die Frauen betreffen, als politische und damit demokratisierbare Bereiche zu verstehen.

1.1.4. Partizipatorischer Politikbegriff

Von einem demokratischen Politikbegriff läßt sich eine logische Verbindung zu einem partizipatorischen herstellen, denn ein Sinn von demokratischer Politik liegt in der Machtbeschränkung durch Partizipation und aktive Mitgestaltung.
Daraus ergibt sich wiederum eine gewisse Nähe zum kritisch-dialektischen Politikbegriff, und zwar insofern als sich dieser „praktisch-emanzipatorisch" und „kommunikativ-kollektiv" versteht.[26] Politik hat demnach die gesellschaftlichen Ursachen von sozialer Ungerechtigkeit, überflüssiger Herrschaft und Selbstentfremdung zu analysieren und daraus Folgerungen für soziales und politisches Handeln zu ziehen. Idealerweise wird der politische Entscheidungsprozeß bezüglich gesellschaftlicher Veränderungen als „Diskurs der Betroffenen"[27] verstanden. Soziales und politisches Handeln ist zudem vor allem ein kollektiver und nicht individueller Vorgang.
Für eine feministisch-politische Bildungsarbeit erscheint diese Begrifflichkeit geeignet, da es um ein gemeinsames Reflektieren und Analysieren gesellschaftlicher Strukturen und in der Folge um gemeinsames, veränderndes Handeln gehen wird.
Es lassen sich hier Verbindungen ziehen zu jenem Verständnis von politischem Engagement, wie es Joseph Cardijn für die Katholische Arbeiterjugend in seinem Dreischritt von „sehen-urteilen-handeln" vorschlug. Die analytische Kategorie des Sehens wird mit der praktischen Kategorie des Handelns durch eine wertbezogene Kategorie des Urteilens verbunden. Wert- und praxisbezogen ist auch der kritisch-dialektische Politikbegriff.

26 vgl. Wilbert, Jürgen: Politikbegriffe und Erziehungsziele...a.a.O. 68ff.
27 ebenda, 70.

1.1.5. Politik als Phänomen in einem vernetzten System

Zuletzt möchte ich noch darauf hinweisen, daß ich in meiner Arbeit Politik nicht als isoliertes Phänomen verstehe, sondern als wesenhaft vernetzt mit allen Teilsystemen des gesellschaftlichen Gesamtsystems.[28] Das hat unter anderem zur Folge, daß eine politische Analyse nicht vor ökonomischen Gesetzmäßigkeiten haltmachen wird. Die enge Verknüpfung von Politik und Wirtschaft wird ein wichtiges Blickfeld in der feministisch-politischen Bildungsarbeit darstellen.
So wie die Ökonomie als politisches Feld betrachtet wird, so werden auch Fragen der Sozialisation und Identitätsentwicklung als gesellschaftspolitisch beeinflußte und bedeutsame Fragen behandelt werden.
Politik als vernetztes System zu verstehen, ist die Folge der Entscheidung für einen weiten Politikbegriff, wie er oben beschrieben ist.

1.2. Feminismus und feministisch-politische Bildungsarbeit – eine Standortbestimmung innerhalb feministischer Richtungen

So wie die Politikwissenschaft für den Politikbegriff keine einheitliche Definition angeben kann, so liegen auch feministische Theoretikerinnen darüber im Meinungsstreit, was der Terminus „Feminismus“ bedeute und beinhalte. Die parallele Problemlage dieser beiden Begriffe resultiert daraus, daß es sich bei beiden um interessens- und handlungsorientierte Begriffe handelt, die zudem einem geschichtlichen Wandel unterworfen sind.
Es geht mir im folgenden darum, die schillernde Qualität des Feminismusbegriffes aufzuzeigen, die sich in den verschiedenen Richtungen der modernen Frauenbewegung spiegelt. Anhand dieser Darstellung soll herausgearbeitet werden, welchem Verständnis von Feminismus und feministischer Politik diese Arbeit anhängt.

1.2.1. Zum Begriff „Feminismus“

1.2.1.1. „Feminismus“ – ein Reizwort

Zum Begriff „Feminismus“ finden sich im Duden folgende zwei Bedeutungen:

„1. Richtung der Frauenbewegung, die, von den Bedürfnissen der Frau ausgehend, eine grundlegende Veränderung der gesellschaftlichen Normen (z.B. der traditionellen Rollenverteilung) u. der patriarchalischen Kultur anstrebt.“ und

28 vgl. dazu Pelinka, Anton: Politik und moderne Demokratie...a.a.O. 11.

„2. das Vorhandensein oder die Ausbildung weiblicher Geschlechtsmerkmale beim Mann oder bei männlichen Tieren (Med., Biol.)".[29]

Abgesehen von seiner medizinischen Bedeutung ist der Begriff „Feminismus" in seiner ersten, bekannteren Bedeutung ein noch junger Begriff im deutschen Sprachraum. Er hat sich erst im Zuge der neuen Frauenbewegung Ende der 60er Jahre durchgesetzt, obwohl er auch schon im Zusammenhang mit der ersten Frauenbewegung des vorigen Jahrhunderts des öfteren auftrat. Hier allerdings wurde er vor allem von den GegnerInnen der Frauenemanzipation im diffamierenden Sinn verwendet.[30]
Die bürgerliche Frauenbewegung im 19. Jhdt. distanzierte sich von diesem Begriff und nur „die sogenannten Radikalen, der 'linke Flügel' in der bürgerlichen Frauenbewegung, hatten ... keine Probleme damit, ihre Politik zumindest mit dem Adjektiv feministisch zu versehen"[31].
Diese Vorgeschichte ist wohl ein Grund dafür, daß der Begriff Feminismus bis heute im Alltagsverständnis vieler Menschen ein negativ besetztes Reizwort geblieben ist und „feministisch" nicht selten mit „übertrieben", „radikal" und „männerfeindlich" gleichgesetzt wird.
Die in der neuen Frauenbewegung engagierten Frauen verwenden das Wort „Feminismus" als positiv besetzten Begriff und bezeichnen damit ihre Anliegen:

„Die neue Frauenbewegung hat sich vom Anbeginn ausdrücklich als feministisch verstanden, in bewußter Anknüpfung an die Ziel (sic!) der internationalen Bewegung der Frauen, aber auch zur Abgrenzung von der Bescheidenheit und Selbstbeschränkung der alten bürgerlichen Frauenbewegung und der Politik der etablierten Frauenverbände."[32]

So wird beispielsweise auch von Frauen innerhalb der Kirche die Selbstbezeichnung „feministische Frauengruppe" oder „feministische Theologinnen" immer wieder herangezogen, um von der traditionellen katholischen Frauenbewegung unterscheidbar zu sein.
Entgegen der Behauptung im Duden, daß es sich beim Feminismus um „*eine* Richtung der Frauenbewegung" handelt, kann festgehalten werden, daß sich *alle* Richtungen der modernen Frauenbewegung mit dem Begriff identifizieren. Allerdings wird hier der „Kampfbegriff" Feminismus insofern selbst zum umkämpften, als es einen Meinungsstreit bezüglich des richtigen Verständnisses von Feminismus und seiner politischen Konsequenzen gibt.

29 Duden. Das große Wörterbuch der deutschen Sprache in 6 Bänden, Bd.2, hg. u. bearb. vom Wissenschaftlichen Rat und den Mitarbeitern der Dudenredaktion unter Leitung von Günther Drosdowski, Mannheim/Wien/Zürich 1976, 819.

30 vgl. Gerhard, Ute: Feminismus, in: Lissner, Anneliese/Süssmuth, Rita/Walter, Karin (Hg.): Frauenlexikon. Traditionen, Fakten, Perspektiven, Freiburg/Basel/Wien 1988, 303.

31 ebenda.

32 ebenda, 304.

Wie der Weg zur Frauenbefreiung aussehen kann, darüber gibt es unter den Feministinnen keinen Konsens. Aus diesem Grund halte ich es auch nicht für ganz korrekt, Feminismus als „Kampfbegriff" zu definieren, wie es Ute Gerhard in ihrem Artikel tut.[33] Denn gerade jüngste Entwicklungen zeigen, daß manche Richtungen, des Kämpfens müde, sich anderen Verhaltensweisen, wie Rückzug und Besinnung auf sich selbst, verschrieben haben und sich trotzdem als feministisch bezeichnen.

1.2.1.2. „Feminismus" – ein politischer Begriff

Das Wort „Feminismus", wie es in der modernen Frauenbewegung verwendet wird, ist ein interessengeleiteter und somit politischer Begriff. Feminismus hat die Aufhebung patriarchaler Herrschaft über die Frauen zum Ziel und ist insofern ein radikaler Begriff, als er in seiner Analyse an die Wurzeln des Problems geht. Als politisch kann Feminismus bezeichnet werden, weil er die Veränderung festgefügter Machtstrukturen anstrebt, weil er ein bestimmtes Interesse vertritt und somit zu einem konfliktorientierten Begriff wird.

1.2.1.3. „Feminismus" – zwischen einem engen und weiten Verständnis

Aus der feministischen Literatur der neuen Frauenbewegung lassen sich grob zwei Verständnisformen des Feminismusbegriffes herausfiltern. Das Unterscheidungsmerkmal liegt in ihrer jeweiligen Definition von Patriarchat. Für das erste und ältere Verständnis von Feminismus ist die patriarchale Gesellschaft ein System, das Frauen unterdrückt und ausbeutet. Diese Unterdrückung wird auf drei Ebenen festgestellt:

> „... erstens durch die Kontrolle der weiblichen Sexualität, ... also durch die Unterwerfung der Frau in der Geschlechterbeziehung, zweitens durch die Verfügung über die weibliche Arbeitskraft, ... in der unbezahlten Hausarbeit und schließlich durch die Ausbeutung von 'Weiblichkeit' als eines über Jahrhunderte geformten Sozialcharakters, des 'weiblichen Arbeitsvermögens' in der sogenannten Beziehungsarbeit ..."[34]

Das Patriarchat wird als kulturelles und historisches Phänomen verstanden, das sich durch die Vorherrschaft der Männer entwickelt und durch Sozialrollenprägung und Sozialisation verfestigt hat.
Das erste und einzige Ziel des Feminismus besteht nach diesem Verständnis folglich in der Befreiung der Frauen aus den patriarchalen Zwängen, sprich zugeteilten Rollen. Selbstbestimmung und Unabhängigkeit der Frauen werden angestrebt.

33 ebenda, 301: "Der Begriff Feminismus ist...für die in der Bewegung Engagierten zu einem positiv besetzten Kampfbegriff geworden."

34 ebenda.

Die andere hier zu nennende Auffassung von Feminismus bietet durch die Einbeziehung der ökonomischen Verhältnisse eine Begriffserweiterung, und wird v.a. von marxistisch und sozialistisch orientierten Frauen eingebracht. Sie sehen die patriarchale Herrschaft strukturell verknüpft mit dem Kapitalismus und seinen Gesetzmäßigkeiten und entdecken aus diesem Grund neben der Frauenfrage die Ausbeutung der sogenannten Dritten Welt und den Raubbau an der Natur als weitere Orte der Ungerechtigkeit, die es zu bekämpfen gilt. So schreibt etwa Maria Mies, Professorin für Soziologie in Köln und seit 1969 Aktivistin der Frauenbewegung:

„... wir erkannten, dass 'unser Problem', nämlich das ausbeuterische und unterdrückerische Mann-Frau-Verhältnis, systematisch verbunden war mit anderen solchen 'verborgenen Kontinenten', vor allem mit der 'Natur' und den 'Kolonien'."[35]

Maria Mies geht auf die Suche nach einem Feminismusbegriff, der hilft, „das kapitalistische Patriarchat zu überwinden und eine Realität zu schaffen, in der weder Frauen, Männer noch Natur ausgebeutet und zerstört werden"[36]. Nach ihrem Verständnis ist Frauenunterdrückung ein wesentlicher Bestandteil der kapitalistischen, patriarchalischen Produktionsverhältnisse:

„Sie ist Bestandteil des Paradigmas ewigen Wachstums, stetig sich vergrössernder Produktivkräfte, einer unbeschränkten Ausbeutung der Natur, einer unbeschränkten Warenproduktion, stetig sich ausbreitender Märkte und unendlicher Akkumulation des fixen Kapitals."[37]

Aus diesem Grund müsse sich Feminismus mit den Wechselbeziehungen zwischen der Frauenausbeutung und der anderer Menschen und der Natur beschäftigen. Die feministische Sozialpädagogin Carola Wildt schließt sich dieser Auffassung von Feminismus an, indem sie darauf hinweist, daß sich feministische Erkenntnisarbeit nicht auf frauenspezifische Belange beschränken darf, sondern zu allen aktuellen und konkreten Erscheinungsformen von Gewalt und Zerstörung feministische Positionen und Gegensteuerungsmaßnahmen gefunden werden müssen.[38]
Als Gegenreaktion auf ein zu eng gefaßtes Feminismusverständnis, wie es sich in der ersten Begriffsdefinition zeigt, stellt Christina Thürmer-Rohr fest:

35 Mies, Maria: Patriarchat und Kapital. Frauen in der internationalen Arbeitsteilung, Zürich 1990, 23.
36 ebenda, 36.
37 ebenda, 36f.
38 vgl. Wildt, Carola: Die Zukunft der feministischen Mädchenarbeit liegt in der Gegenwart und dem, was wir daraus machen, in: Verein zur Unterstützung, Erforschung und Dokumentation feministischer Mädchenarbeit (Hg.): Dokumentation zur 7. Österreichischen Fachtagung 27.5.-1.6.1991. Zukunftsperspektiven feministischer Mädchenarbeit, Mödling 1992, 16.

„Der West-Feminismus kann sich den großen Gegensätzen Nord-Süd, West-Ost, reich-arm, weiß-schwarz, Herrschaft-Unterdrückung, Kolonialisierung-Ausbeutung nicht entziehen, indem er dem Gegensatz weißer Mann-weiße Frau einzig Priorität verleiht."[39]

Nach dieser Darstellung des Unterschiedes zwischen engem und weitem Feminismusverständnis bleibt zu klären, welchen Standpunkt ich in dieser Arbeit vertrete bzw. welche der beiden Verständnisformen mir für eine feministisch-politische Bildungsarbeit mit Frauen im kirchlichen Raum adäquat erscheint. Wurde es im Abschnitt zum Politikbegriff abgelehnt, die Realität von Frauen durch ein enges Politikverständnis als „unpolitisch" zu begreifen und dem politischen Raum zu entziehen, so soll an dieser Stelle einer Haltung widersprochen werden, die Feminismus auf die Auseinandersetzung mit Frauenfragen reduziert. Es ist das unbestrittene Verdienst der Frauenbewegung, daß sie das Persönliche als politisch erkannt und die persönliche Betroffenheit in die öffentliche Diskussion gebracht hat. Frauen drängen sich aber selber in ein politisches Eck, wenn sie lediglich zu sie direkt betreffenden Sachverhalten Stellung beziehen. Insofern Feminismus ein politischer Begriff ist, ist er nach meinem Verständnis auch ein partizipatorischer Begriff. Das wiederum bedeutet, daß Einmischung und Stellungnahme in allen gesellschaftlich-politischen Belangen gefragt sind. Feministische Politik ist also mehr als der Kampf gegen die Frauenunterdrückung, feministische Politik ist parteiliche Stellungnahme zum politischen, wirtschaftlichen und kulturellen Weltgeschehen. Feminismus, wie ich ihn verstehe, ergreift Partei für alle Unterdrückten und Ausgebeuteten, für alle Opfer des patriarchalen Kapitalismus.

1.2.1.4. „Feminismus" – ein Begriff der Ortssuche

Es läßt sich feststellen, daß sich die feministisch-politischen Forderungen und Vorstellungen im Lauf der letzten 20 Jahre immer wieder weiterentwickelt und gewandelt haben. Insofern haben wir es hier mit einem prozeßhaften Begriff zu tun. Carola Wildt spricht in diesem Zusammenhang von der Geschichtlichkeit des Feminismusbegriffes, was seine Inhalte, Ziele und Ansprüche betrifft:

„Diese Implikationen sind nicht statisch oder dogmatisch, sondern bilden sich stets in der kritischen Auseinandersetzung mit patriarchalischer Wirklichkeit und deren Gewordensein, Widersprüchen, Machtanmaßung und Wertesystem."[40]

Feminismus kann verstanden werden als bewußte „Ortssuche" von Frauen, die erkannt haben, daß sie in der patriarchalen Welt nicht beheimatet sind.[41] Was damit gemeint ist, möchte ich im folgenden kurz ausführen.

39 Thürmer-Rohr, Christina: Wir sind nicht Reisende ohne Gepäck – Fragen der letzten zwei Jahre an die weiße westliche Frauenbewegung, unveröff. Tonbandabschrift eines Vortrages am erziehungswiss. Institut der Universität Graz, Jänner 1992, 13.

40 Wildt, Carola: Die Zukunft...a.a.O. 15.

Der Begriff „Ortssuche", wie ihn Carola Wildt verwendet, entstand als Reaktion auf die Erkenntnis, daß Frauen „Menschen ohne Welt" sind. Diese Formulierung geht auf Günther Anders zurück, der schreibt: Frauen sind

„Menschen ohne Welt, weil sie gezwungen sind, innerhalb einer Welt zu leben, die nicht die ihrige ist, einer Welt, die obwohl von ihnen in alltäglicher Arbeit erzeugt und in Gang gehalten, nicht für sie gebaut, nicht für sie da ist; innerhalb einer Welt, für die sie zwar gemeint, verwendet und da sind, deren Standards, Abzweckungen, Sprache, Geschmack aber nicht die ihren, ihnen nicht vergönnt sind."[42]

Christina Thürmer-Rohr schließt sich dem Gedanken von Günther Anders an:

„Frauen stellen diese Welt mit her und erhalten sie, aber sie sind in ihr nicht wirklich zu Hause. Sie sind nur mitgenommen worden, zugelassen unter Bedingungen. Sie leben für eine Welt, in der andere sich zu Hause fühlen sollen."[43]

Janice Raymond faßt diese Erkenntnis unter dem Begriff „Weltlosigkeit" zusammen:

„Frauen sind im allgemeinen ohne eigenes Zutun, nämlich wegen der passiven und abgeleiteten Situation, in der sie seit Beginn der Geschichte in fast allen Kulturen leben mußten, zur Weltlosigkeit gekommen."[44]

Während Raymond Weltlosigkeit als Widerfahrnis der Frauen beschreibt, entläßt Thürmer-Rohr die Frauen nicht ganz aus der Verantwortung, wenn sie zu „Menschen ohne Welt" werden. Zum einen stellt die Autorin fest, daß viele Frauen diese Welt dennoch für die ihrige halten, sich keine andere vorstellen können und diese Welt, so wie sie ist, nicht verlieren wollen: „Viele vertreten sie mit dem endlosen Bemühen, dazuzugehören."[45] Zum anderen hätten Frauen keine eigene Weltsicht entwickelt, sondern immer wieder am Realitätswert ihrer Sicht gezweifelt, sie zurückgenommen und assimiliert.[46]
Zum Begriff der „Weltlosigkeit" möchte ich anmerken, daß dieser die Vorstellung von der „einen Welt" nahelegt, was der modernen Erfahrung der vielen unterschiedlichen Welten, in denen Menschen leben, widerspricht. Da allerdings alle diese Welten auf ihre Weise patriarchal geprägt sind und wir somit von einer patriarchalen Gesellschaft und Welt sprechen können, scheint es mir praktikabel zu sein, den Begriff der „Weltlosigkeit der Frauen" beizubehalten.

---

41 vgl. ebenda, 19–24.
42 Anders, Günther, zit. in: Wildt, Carola: Die Zukunft...a.a.O. 20.
43 Thürmer-Rohr, Christina: Vagabundinnen. Feministische Essays, [5]1990, 117.
44 Raymond, Janice G.: Frauenfreundschaft. Philosophie der Zuneigung, München [2]1990, 204.
45 Thürmer-Rohr, Christina: Vagabundinnen...a.a.O. 117.
46 vgl. ebenda 116f.

Die Ortssuche ist nun als Reaktion auf diese Erfahrung der Weltlosigkeit zu verstehen. Frauen gehen auf die Suche nach ihren Orten, ihrer Heimat, ihrer Welt.
Wildt beschreibt das Phänomen der Ortssuche als eines, das alle Frauen, egal ob feministisch oder nicht, verbindet. Sie versteht diese Ortssuche nicht als Weltsuche oder Suche nach Welterklärungen, sondern als „Suche nach einem Sichtbar-werden, Sichtbar-sein und Sichtbar-bleiben ganz existentiell und grundsätzlich".[47] Unabhängig davon, ob Frauen von ihrer Weltlosigkeit und ihrem Suchen wissen, ist ihr Suchen vorgesehen und „vorgeplant ist vor allem ein Ort im Leben von Frauen: der Ort beim Mann"[48].
Im Feminismus wird diese Ortssuche zu einer bewußten, deklarierten Handlung. Allerdings sind sowohl die Wege als auch die angestrebten Orte in verschiedenen feministischen Ansätzen unterschiedlich und kontrovers. Carola Wildt unterteilt die feministischen Positionen der neuen Frauenbewegung „hinsichtlich ihrer Tendenzen zu mehr Weltzugewandtheit oder zu mehr Weltabgewandtheit.[49]
Wie sich der Begriff des Feminismus in den unterschiedlichen Positionen jeweils konkretisiert, möchte ich anhand dieser Unterscheidung im folgenden skizzieren, wobei ich im wesentlichen den Ausführungen von Carola Wildt folge.

1.2.2. Weltabgewandt oder weltzugewandt – feministische Tendenzen der neuen Frauenbewegung

Die Erfahrung der Weltlosigkeit und die Erkenntnis, daß die Welt, in der wir leben, seit Jahrtausenden maßgeblich von Männern gestaltet, strukturiert und beherrscht ist, haben in den letzten 20 Jahren der neuen Frauenbewegung zu einem unterschiedlichen Umgang mit dieser Welt geführt. Die einen haben sich von ihr abgewandt, mit dem Ziel eine eigene Frauenwelt aufzubauen. Das Interesse an der übrigen Welt ging ihnen verloren. Den anderen geht es „um Kritik an, Einmischung in oder Angriff von patriarchalen Verhältnissen, Bedingungen und Strukturen, die eigene gesellschaftliche Position als Frau eingeschlossen"[50].

47 Wildt, Carola: Die Zukunft...a.a.O. 21.
48 ebenda.
49 ebenda, 17.
50 ebenda.

1.2.2.1. Weltabgewandte Positionen

1.2.2.1.1. Weiblichkeitsentwürfe – zwischen Differenz und Gleichheit der Geschlechter

Zu den weltabgewandten Richtungen zählt Wildt jene, die die „weibliche Andersartigkeit" und das historische Außerhalb-Stehen der Frauen betonen. Ihnen gehe es um Separation und um einen „weiblichen" Gegenentwurf zum männlich geprägten Welt- und Menschenbild.[51]
Eine Vertreterin dieses „gynozentrischen Feminismus", wie er immer wieder beschrieben wird,[52] ist Christa Mulack, die in ihrem Ansatz eine „neue Weiblichkeit" einfordert. Ausgehend von der Heimatlosigkeit der Frauen im Patriarchat kommt sie zu dem Schluß, daß Frauen nicht länger innerhalb der männlich geprägten Gesellschaft auf die Suche nach ihren Orten gehen, sondern sich auf ihre weiblichen Stärken und Fähigkeiten besinnen und so zu einem neuen Lebensglück kommen sollen. Die weibliche Überlegenheit gegenüber dem männlichen Geschlecht stellt sie auf biologischer, seelischer, ethisch-sozialer und geistiger Ebene fest:

> „Auf biologischer Ebene sind sie (die Frauen, d. Verf.) allein in der Lage, Kinder zu gebären und zu nähren ... Ihre sexuelle Überlegenheit wird in jedem neuen Sexualreport zum Ausdruck gebracht. Zu ihr gesellt sich eine längere Lebenserwartung von Frauen sowie ihre höhere Resistenz gegenüber Krankheiten aufgrund ihres effektiveren Immunsystems.
> Auf seelischer Ebene erleben sich Frauen als sensibler, intuitiver, ganzheitlicher, da weniger verdrängend, und selbstkritischer – also insgesamt dem Leben zugewandter.
> Auf ethisch-sozialer Ebene ... als rücksichtsvoller, kooperations- und hilfsbereiter, verantwortungsbewußter, liebevoller; ... weniger egoistisch als Männer ...
> Auf geistiger Ebene hat sich herausgestellt, daß Frauen aufgrund ihres weniger spalterischen und zergliedernden Denkens ... weitaus weniger als Männer zu aggressiven Weltanschauungen neigen ..."[53]

Wenn Frauen sich dieser ihrer Stärken erneut bewußt werden, haben sie es nach Mulack nicht mehr nötig, „ihre Energien weiterhin in einem Kampf um Gleichberechtigung zu verschleißen"[54], denn:

> „Sie brauchen keinen gesellschaftlichen Anteil an der Macht, weil sie ihre eigene Seinsmacht entdeckt haben. Ihr Leben gestaltet sich aus ihrer inneren Freiheit heraus ... Weder dem Vater Staat noch dem Vaterland fühlen sie sich verpflichtet, sondern allein Mutter Erde, von der sie leben und die sie ehren."[55]

51 vgl. ebenda.
52 Beyme, Klaus von: Theorie der Politik im 20. Jahrhundert. Von der Moderne zur Postmoderne, Frankfurt a.M. 1991, 310.
53 Mulack, Christa: Natürlich weiblich. Die Heimatlosigkeit der Frau im Patriarchat, Stuttgart 1990, 50.
54 ebenda.
55 ebenda, 51.

Mulack weist den Vorwurf, daß diese Position „apolitisch und weltfremd“ sei, zurück, indem sie auf das zu enge Politikverständnis verweist, das einem solchen Vorwurf zugrunde liege.[56] Den Rückzug der Frauen aus den gesellschaftlichen Machtstrukturen versteht sie als „aktive Handlung“, die aufgrund der Heimatlosigkeit der Frauen nötig sei.[57]
Innerhalb der neuen Frauenbewegung blieben solche Aufrufe zur „neuen Weiblichkeit“ nicht unwidersprochen und es entstand eine heftige Auseinandersetzung über Gleichheit und Differenz der Geschlechter, sowie über die Frage, wie sich feministisch-politisches Handeln zu äußern habe.
In einem ironischen Dossier beschreibt Ursel Döhmann das Lebenskonzept jener Feministinnen, die sich dem Rückzug in geschützte Frauenräume und der Besinnung auf die weiblichen Werte anschließen:

> „Wir sind auf dem Weg zu uns, fasziniert von all den Differenzen unter uns und der großen Differenz zum anderen Geschlecht. Wir sind Frauen, Lesben, treffen uns in Edertal zur Selbsterfahrung: ‘Aurawahrnehmung – Energiewahrnehmung’, ... Wir erholen uns im Sommer in Zülpich bei der ‘Bachblüten-Therapie’ oder machen ‘Weihnachtsmeditation’ in Edertal. Wir tanzen und trommeln in der Toscana.
> Wir sind beileibe nicht unpolitisch, unsere Aktionen, phantasievoll und spontan, zehren von der konsequenten Entscheidung, uns nur da einzulassen, wo das Band zwischen dem Ich und der ‘großen Politik’ ganz eng ist – wir sind nicht fremdbestimmt! ... Verschlungene, verwegene Pfade zur Selbstverwirklichung und Selbsterfahrung sind spannender, als die tausendfach abmarschierten Kampagnenrouten der Emanzipation.
> Auf der Spurensuche ins Matriarchat wird uns die germanische Runensymbolik geläufig ... .Wir haben einen Ort für Frauen geschaffen, an dem wir (...) versuchen, immer weiter zu den Quellen unserer weiblichen Kraft vorzudringen ...
> Wir haben die Botschaft verstanden. Wir richten uns ein, schaffen uns unsere häuslichen Räume, erleben das tiefe Geheimnis von Geburten, machen hie und da Teilzeitarbeit, und wenn uns mal die Decke auf den Kopf fällt, erholen wir uns in Edertal oder Zülpich, trommeln und tanzen.“[58]

In diesem Absatz wird ein „Weiblichkeitsentwurf“ ironisiert, der im Frau-Sein das ursprünglich-naturhafte, sinnliche Menschsein verkörpert und die Andersartigkeit der Frau im „Ewig-Weiblichen“ begründet sieht. Als Negation der korrupten, alles zerstörenden, frauenfeindlichen Männerwelt soll eine weibliche Gegenwelt aufgebaut werden, „in der sich weibliche Identität, Lust und Liebe ungestört entfalten kann.“[59] Dem Gegensatz „weiblich – männlich“ werden moralisierend die Attribute „gut-böse“ hinzugefügt. Betrachtet man die von Mulack angeführten starken, weiblichen Eigenschaften wie etwa sensibel, intuitiv, liebevoll, hilfsbereit, rücksichtsvoll etc., so muß festgestellt werden,

56 vgl. ebenda.

57 vgl. ebenda, 154.

58 Döhmann, Ursel: Weiblich ist die Logik des Postfeminismus! Ein Begriff hat ausgdient: Emanzipation, in: beiträge zur feministischen theorie und praxis, H.28, 13.Jg. (1990), 123 u. 125.

59 Frankfurter Frauenschule, Materialienband 7, Frankfurt 1990; zit. in: Wildt, Carola: Die Zukunft...a.a.O. 27.

daß diese mit den patriarchalen Zuschreibungen übereinstimmen. Und hier regt sich auch berechtigte Kritik von seiten anderer Feministinnen, die über die alten Rollenzuschreibungen hinauskommen wollen:

„Das Weibliche wurde immer schon als Kehrseite des Männlichen definiert und die Identifizierung von Frau und Natur diente, wie an anderer Stelle gezeigt, immer als Legitimation des Ausschlußverfahrens von Weiblichkeit aus gesellschaftlich relevanten Bereichen. So ist es auch nicht möglich, sich in diesem Negativ positiv einzurichten, es sei denn, sich in dieser Maskerade der Weiblichkeit auf die Dauer ganz zu verlieren."[60]

Ein anderer „Weiblichkeitsentwurf" hat sich im Gegensatz zur Differenzthese dem Ideal der Gleichheit der Geschlechter verpflichtet. Die Geschlechtsdifferenz wird „als Mittel zur Festschreibung des spezifisch Weiblichen verstanden"[61], die die Frau an ihren angestammten Platz kettet. Autonomie, Selbstverwirklichung und Befreiung der Frau können nach dieser Theorie nur erreicht werden durch gleiche Chancen und Rechte, um so an männlicher Macht partizipieren zu können. Am erfolgreichsten könne sich jene Frau durchsetzen, die sich männliche Werte und Vorgehensweisen angeeignet habe. Für den Bildungssektor entwickelte dieser „Defizitansatz" Bildungsangebote, die davon ausgehen, daß die Frauen männliche Fertigkeiten und Fähigkeiten lernen sollen, damit sie sich in der Gesellschaft besser behaupten können. Problematisch an diesem Ansatz ist, daß die Werte des männlich determinierten Politik- und Wirtschaftssystems nicht hinterfragt werden und die Frauen in diesem Kampf um Machtpositionen vielfach gezwungen sind, ihr Frau-Sein zu verleugnen.
Mit der Vorstellung, „die passive Frau brauche sich nur ihre aktiven 'männlichen' Anteile anzueignen, um zu einem vollständigen Menschen zu reifen"[62], bleibt auch der Defizitansatz im altherkömmlichen Bild von der „passiven" Frau.
Daraus folgernd läßt sich zur Beurteilung dieser unterschiedlichen Weiblichkeitsenwürfe sagen,

„... daß diese Alternativen, die die Position der Frau entweder in der Identifizierung mit der symbolischen Ordnung des Vaters/Mannes oder in Identifikation mit der archaischen Mutter zu bestimmen suchen, ungenügend sind, die besondere Situation, in der sich Frauen befinden, zu erfassen, da sie in der einen wie in der anderen Weise die Ordnung nur fortführen, der sie eigentlich entfliehen wollen."[63]

Auch was ihr politisches Konzept betrifft, sind beide Ansätze für eine feministisch-politische Bildungsarbeit, wie sie in dieser Arbeit entworfen werden soll,

60 ebenda, 28.
61 ebenda, 27.
62 Prengel, Annedore/Wirbel, Ute: Abschied von der Abhängigkeit. Zur historischen und biographischen Entmachtung der Frauen, in: beiträge zur feministischen theorie und praxis, H.17, 9.Jg.(1986), 71.
63 Frankfurter Frauenschule, Materialienband 7...a.a.O. 28.

unbefriedigend, da weder der Rückzug in geschützte Frauenräume noch die völlige Anpassung an vorgegebene Strukturen eine Veränderung ungerechter, ausbeuterischer Verhältnisse bewirken können.

1.2.2.1.2. Weibliche Freiheit durch „affidamento"

Einen anderen Weg zur Befreiung der Frauen aus ihrer Fremdheit im patriarchalen Gesellschaftssystem schlugen die „Mailänder Frauen"[64] vor, die sich auch dem Modell der „sexuellen Differenz" verbunden wissen:

„Die Frau darf nicht in bezug auf den Mann definiert werden ... Der Mann ist nicht das Modell, an das sich die Frau in ihrem Selbstfindungsprozeß anzupassen hat. Die Frau ist das Andere in bezug auf den Mann."[65]

Der Weg zur Freiheit besteht nach den Mailänderinnen darin, daß Frauen einander Autorität verleihen, d.h. die Ungleichheit untereinander anerkennen, um sich auf andere Frauen als Quellen beziehen zu können. Das politische Projekt bestehe darin, daß Frauen sich in allem, was sie erreichen und schaffen, auf ihren weiblichen Ursprung rückbezögen. In diesem Sinne sei die Politik der Frauen

„... kein Krieg gegen die Männer, sondern sie ist und bleibt ein Krieg gegen die Einmischung der Männer in die Beziehungen zwischen Frauen und in die Beziehungen der Frauen zur Welt."[66]

Angestrebt wird eine „Beziehung des affidamento", wo sich eine Frau einer anderen anvertraue:

„Die weibliche Freiheit entsteht nicht dadurch, daß die Frauen in die Männergesellschaft eingelassen werden oder Forderungen an diese stellen, sondern durch jenen elementaren Tauschhandel, in dem eine Frau von anderen Frauen die Anerkennung der eigenen Existenz im Austausch gegen die Anerkennung der gemeinsamen Zugehörigkeit zum weiblichen Geschlecht erhält."[67]

Zu kritisieren ist an der affidamento-Theorie, daß sie das Patriarchat rein kulturell definiert und die Weltlosigkeit der Frau nur auf symbolisch-geistiger Ebene feststellt. Die materielle Schlechterstellung und Ausbeutung der Frauen sowie anderer Völker kommen nicht in den Blick. Da unsere Welt, und im besonderen das kapitalistische Wirtschaftssystem, in dem wir leben, aber ebenso auf materiellen wie auf geistig-kulturellen Pfeilern steht, kann auch der

64 Diese sind eine durch ihre gezielten Aktivitäten berühmt gewordene italienische Gruppe von Feministinnen.

65 Liberia delle donne di Milano: Wie die weibliche Freiheit entsteht. Eine neue politische Praxis, Berlin 1988, 35.

66 ebenda, 182.

67 ebenda, 169.

Ansatz der Mailänder Frauen den „weltabgewandten", weil die Welt nicht in ihrer ganzen Realität wahrnehmenden Richtungen zugerechnet werden.

1.2.2.1.3. Selbsterfahrung – Therapismus – Egozentrismus

Eng verbunden mit dem theoretischen Konzept des Gynozentrismus sind jene Tendenzen, die sich in der feministischen Praxis entwickelt haben und mit den Stichwörtern „Selbsterfahrung – Therapismus – Egozentrismus" umschrieben werden können.
Das Zur-Sprache-Bringen eigener Erfahrungen in Selbsterfahrungsgruppen kann als wesentlicher Ausgangspunkt feministischen Denkens und feministischer Politik in den siebziger Jahren angesehen werden. Es bedurfte der geschützten Frauenräume, damit die gemeinsamen Leidens- und Stärkeerfahrungen der Frauen zur Sprache kommen konnten. Diese Frauengruppen waren auch die Quelle der Erkenntnis, daß das Persönliche politisch sei. In diesem Sinne kann die in der Frauenbewegung festzustellende Tendenz zur Selbsterfahrung, zum Ausgehen von eigenen Gefühlen und Erlebnissen als positiv und wichtig für politisches Denken und Handeln erachtet werden. Zum Anstoß der Kritik werden Selbsterfahrung und Gefühlsbezogenheit, wenn sie zu alleinigen Kriterien feministischen Handelns werden und Frauen dazu verführen, sich auf sich selbst und ihre eigenen Bedürfnisse zurückzuziehen. So wichtig es aufgrund der Entfremdung in patriarchalen Welten für Frauen war und ist, sich ihrer Identität, ihrer Gefühle, Gedanken und Bedürfnisse bewußt zu werden, so systemstabilisierend wirkt es, wenn Selbsterfahrung und Ich-Findung nicht zum Blick auf andere weiterführt und Veränderung nicht über die eigenen Grenzen hinweg angestrebt wird. Die Feministin Ursula Krechel kritisiert den engen Gesichtskreis jener Frauen, denen nur die eigene Leiderfahrung zum Thema wird:

> „So präzise manche Frauen über die eigene Unterdrückung berichten können, so wenig ausgeprägt ist ihr Sensorium für fremde Unterdrückung. 'Ja', rechtfertigte eine Protagonistin der Frauenbewegung ... diesen Widerspruch, 'ich weiß schon, daß es auch Männer gibt, die unterdrückt werden, so arme Schätze, aber das ist ja nicht mein Problem'"[68].

Christina Thürmer-Rohr spricht in diesem Zusammenhang vom „weiblichen Egozentrismus", den sie allerdings eingebunden sieht in das gegenwärtig gesamtgesellschaftliche Phänomen der Individualisierung. Der Massentypus des Narzißten sei gekennzeichnet

> „durch Abwendung vom Politischen und Desinteresse an der Geschichte, durch die wachsende Verzweiflung, die Gesellschaft noch verändern oder auch nur verstehen zu können,

68 Krechel, Ursula: Selbsterfahrung und Fremdbestimmung. Bericht aus der Neuen Frauenbewegung, erweiterte Neuausgabe, Darmstadt/Neuwied 1983, 49.

durch die Verarmung der Psyche und die einzig verbleibende Hoffnung auf die eigene, die psychische Selbstverbesserung."[69]

Einen weiteren Grund für die Ausbreitung des Egozentrismus innerhalb der neuen Frauenbewegung sieht sie in deren Inhalten und Postulaten selbst grundgelegt:

„Die Frauenbewegung hat z.B. die Selbstaufopferung der Frau zu einem vorrangigen Tagesordnungspunkt ihrer Patriarchatskritik gemacht: Es ist die Kritik an der Funktionalisierung der Arbeitskraft, ... der Frau zu einem Dasein für Andere ..."[70]

Diese Enteignung und Ichopferung der Frau habe in der Frauenbewegung zur Aufforderung geführt, „das eigene Ich zum Programm zu machen, seine sogenannte Autonomie und Unabhängigkeit anzugehen."[71] Die Folge sei gewesen, daß sich immer mehr Frauen in einen Therapismus flüchteten und „Therapie als Lebensform" wählten.[72]
Janice Raymond kritisiert an diesem Phänomen die „Überbewertung des Gefühls"[73]. Problematisch an der therapiehörigen Haltung sei folgendes:

„Selbstenthüllung wird mit Befreiung gleichgesetzt. In diesem Sinn wird die Therapie zu einer Lebensform, die unser Reden, unser Denken und unseren Umgang mit Menschen beeinflußt. Als Lebensform wird die Äußerung von Gefühlen zu einer Art Ritual, das verkündet, die bloße Äußerung ... bewirke bereits eine Veränderung des Menschen."[74]

Zu betonen ist in diesem Zusammenhang, daß jene Feministinnen, die die Haltung des Egozentrismus und Therapismus kritisieren, sehr wohl die Bedeutsamkeit von therapeutischer Hilfe als Befreiung von quälenden Gefühlen, Ängsten etc. anerkennen. Sie nehmen nur Anstoß an einer ständigen Selbstbespiegelung, die die Frauen in sich gefangenhält. Zudem stellen sie in den Konzepten von Selbsterfahrung, Selbstverwirklichung, Selbstentdeckung eine deutliche Nähe zum konventionellen bürgerlichen Denken fest, welches so tut, „als gäbe es keine Herrschaft von Menschen über Menschen und nicht die beständige Herausforderung, diese zu bekämpfen"[75]

1.2.2.1.4. Die unschuldige, gute Frau – Opferthese und Feminisierungsdebatte

Eine Vorstellung, die in der Frauenbewegung immer wieder aufgetaucht ist, und die in den letzten Jahren von männlichen und weiblichen TheoretikerInnen

69 Thürmer-Rohr, Christina: Befreiung im Singular. Zur Kritik am weiblichen Egozentrismus, in: beiträge zur feministischen theorie und praxis, H.28, 13.Jg.(1990), 9f.
70 ebenda, 13.
71 ebenda.
72 vgl. Raymond, Janice: Frauenfreundschaft...a.a.O. 207.
73 ebenda.
74 ebenda, 208f.
75 Thürmer-Rohr, Christina: Befreiung im Singular...a.a.O. 14.

des „Wendedenkens“[76] weiter propagiert wurde, ist die der weiblichen Unschuld. Sie gründet auf der Feststellung, Frauen hätten mit der männlichen Herrschafts- und Gewaltgeschichte nur insofern zu tun, als sie deren Opfer geworden seien. Entgegen den auf Aggression und Durchsetzung trainierten Männern, die sich dem technischen und militärischen Fortschritt verschrieben hätten, seien die Frauen das dem Leben zugewandte, das Leben schützende Element. Annedore Prengel beschreibt diese Einstellung von Frauen mit folgenden Worten:

> „Wir Frauen glauben, wir seien irgendwie die besseren Menschen, wir machten uns weniger die Hände schmutzig durch Ausübung von Macht ... Wir glauben und beweisen, daß wir liebenswert sind, weil wir niemanden beherrschen und ausbeuten, nichts gewaltsam zerstören, uns (zeitlich, räumlich, sprachlich ...) nicht zu viel Raum nehmen und unsere Leistungen nicht aufrechnen ... In unserem Gut-Sein fühlen wir uns moralisch überlegen: Wir Frauen sind besser als die Männer, die uns in der Hierarchie überlegen sind, uns unterdrücken und ausbeuten ... Die Opfer sind gut – die Täter sind schlecht.“[77]

Prengel kritisiert diese Betonung der moralischen Unschuld von Frauen als Rationalisierung der Machtlosigkeit, die Frauen spüren: „Die imaginierte moralische Überlegenheit ist besser auszuhalten, als die mit der Erkenntnis der Ohnmacht verbundenen Schmerzen und Kränkungen.“[78]
Seit den 80er Jahren wird die moralische Überlegenheit „des weiblichen Prinzips“ noch von anderer, auch männlicher Seite behauptet und als Rettungsanker für die in die Sackgasse geratene Technokratenwelt beschworen. Ausrufer der „Wendezeit“ wie Fritjof Capra und Rüdiger Lutz sehen in der sanften Natur der Frau, im Femininen einen Ausweg aus dem zerstörerischen Fortschrittswahn.[79] Roger Garaudy spricht von der „Feminisierung der Gesellschaft“ und ruft die Frauenbewegung auf, „sie möge doch von der Forderung nach Gleichberechtigung zu der Forderung des Rechts auf ihr Anderssein übergehen“[80]. Durch eine „Verweiblichung der politischen Kultur“ solle eine humanere Politik entstehen.[81] Man setzt auf die kreativ-befreienden, weiblichen Eigenschaften wie Emotionalität, Sinnlichkeit, Hingabe, Sensibilität, Mitgefühl, Harmonie, Geduld, Liebesfähigkeit sowie Opferbereitschaft und Selbstlosigkeit.[82]

76 vgl. Thürmer-Rohr, Christina: Wendezeit-Wendedenken-Wegdenken, in: Vagabundinnen. Feministische Essays, Berlin [5]1990, 93ff.

77 Prengel, Annedore/Wirbel, Ute: Abschied von der Abhängigkeit...a.a.O. 70.

78 ebenda.

79 vgl. Capra, Fritjof: Wendezeit. Bausteine für ein neues Weltbild. Bern/München 1983; Lutz, Rüdiger: Die sanfte Wende – Aufbruch ins ökologische Zeitalter, München 1984.

80 Garaudy, Roger: Das schwache Geschlecht ist unsere Stärke – Für eine Feminisierung der Gesellschaft, München 1985, 71; zit. in: Thürmer-Rohr, Christina: Vagabundinnen...a.a.O. 110.

81 vgl. Thürmer-Rohr, Christina: Vagabundinnen...a.a.O.106.

82 vgl. ebenda, 108.

Die Wendedenker treten dafür ein, daß sich Männer mit Hilfe der Frauen ein ganzheitlich-ökologisch-feminines Wertsystem aneignen:

„Frauen können die falschen Vorstellungen der Männer zu deren Vervollkommnung eliminieren, da sie 'neurologisch gesehen' flexibler sind und 'mehr Intuition, Sensibilität und Gefühl' besitzen. Frauen können bleiben, wie sie sind."[83]

In der Folge können die so vervollständigten Männer erneut zur Tat schreiten, die Frauen selbst verschwinden wieder in der Bedeutungslosigkeit. Kritische Feministinnen durchschauen diese Verheißungen als simple Festschreibungen althergebrachter Frauenrollen.
Die These von der guten, unschuldigen Frau, die zum Opfer des Patriarchats wird, tabuisiert dagegen die den Frauen innewohnende Aggressivität genauso wie deren Mitverantwortlichkeit an der Aufrechterhaltung des Systems.

1.2.2.2. Weltzugewandte Positionen

Die weltabgewandten feministischen Positionen propagieren, wie wir gesehen haben, einen Rückzug der Frauen aus der Welt und eine Besinnung auf die eigenen Bedürfnisse sowie die weiblichen Fähigkeiten und Stärken. Dagegen gehen die weltzugewandten oder weltbezogenen Tendenzen von der Annahme aus, daß wir eben nur diese eine, patriarchal geprägte Welt haben und es für Frauen darum gehe, in dieser Welt ihren Platz zu bestimmen, einzufordern oder am Rand stehend, zum Umdenken aufzurufen. Ein wirkliches Aussteigen aus dieser Welt sei unmöglich, weshalb die Veränderung dieser Welt der einzige Weg sei.

1.2.2.2.1. Opfer-Täter-Diskussion und Mittäterschaftsthese

Während in den 70er Jahren durch die Enttabuisierung von körperlicher Gewalt gegen Frauen und Vergewaltigung in der Ehe die Rede von der Frau als Opfer patriarchaler Gewalt im Vordergrund stand, entwickelte sich feministisches Denken in den 80er Jahren in eine Richtung weiter, wo Skepsis an der Opferrolle angemeldet und ein aktiver Anteil von Frauen an ihrer Unterdrückungssituation festgestellt wurde. Vorreiterinnen dieser Denkrichtung waren zum einen die der Kritischen Psychologie nahestehende Frigga Haug, die Anfang der 80er Jahre eine „Opfer-Täter-Diskussion" in der deutschen Frauenbewegung entfachte, zum anderen Christina Thürmer-Rohr, die ebenfalls in den 80er Jahren mit ihrer „Mittäterschaftsthese" feministisches Denken entscheidend beeinflußte.
Frigga Haug stimmt der Feststellung, daß Frauen in unserer Gesellschaft unterdrückt und folglich Opfer sind, prinzipiell zu. Sie sieht das in der gesellschaft-

83 ebenda, 98.

lichen Funktion der Frauen begründet, die lautet: „Die Frauen sind primär für die Familie da.“:

„Die Familie gilt nach wie vor als Grundeinheit der Gesellschaft, in der die Frauen den Schutz der Nachkommen gewährleisten sollen. Das Frauendasein, das Hausfrau- und Muttersein, den Mann zu reproduzieren, die Kinder zu erziehen, dafür ... jeden anderen Lebensinhalt aufzugeben, bezeichne ich ... als die gesellschaftliche Funktion der Frau.“[84]

Obwohl die Funktion der Frauen in der Familie ihre berufliche Entwicklung hemmt und sie aus den öffentlichen gesellschaftlichen Bereichen ausschließt, streben doch ein Großteil der Frauen Mutterschaft und Ehe in der herkömmlichen Weise an, „willigen sie freiwillig in ihre Unterwerfung ein.“[85] Daraus schließt Haug, daß Frauen nicht nur passive Opfer der Strukturen sind, sondern selber eine aktive Rolle im eigenen Vergesellschaftungsprozeß spielen, indem sie vorgegebene gesellschaftliche Verhältnisse durch ihre Zustimmung weiter herstellen.

Haug geht davon aus, daß gesellschaftliche Strukturen von Frauen und Männern gemachte und daher auch veränderbare sind: „D.h., der Gedanke, daß Frauen ihre eigenen Verhältnisse ändern können, setzt voraus, daß sie diese Verhältnisse auch mit herstellen ...“[86]. Als Psychologin geht Haug auf die Suche nach den Gründen, die Frauen bei der Veränderung ihrer Situation im Weg stehen und trifft auf rollenstereotype, eingefahrene Persönlichkeitsstrukturen. Deshalb plädiert sie für die Veränderung der eigenen Persönlichkeitsstruktur, d.h., daß Frauen auch Bereiche, in denen ihnen bisher Kompetenz abgesprochen wurde und die sie in der Folge emotional nicht besetzt und als langweilig empfunden haben, in ihre Persönlichkeit integrieren:

„Wenn Frauen die Bedingungen und Verhältnisse verändern wollen, unter denen sie leiden, müssen sie die von ihnen schon mit dieser Inkompetenz einverständig besetzten Bereiche in ihren eigenen Persönlichkeiten umbauen, die Sache anders wahrnehmen, d.h. sie müssen auch ihre Gefühle verändern. Das ist ein Verunsicherungsprozeß, besonders krisenhaften Ausmaßes, eine Krise, die sich allein nicht aushalten läßt.“[87]

Als einen Schritt zu dieser Selbstveränderung entwickelte Frigga Haug die sozialwissenschaftliche Methode der Erinnerungsarbeit. Dabei schreiben Frauen zu gemeinsam gewählten Stichwörtern oder Satzanfängen Erinnerungstexte, die sie dann gemeinsam daraufhin analysieren, wie sich Frauen selber in die gesellschaftlichen Verhältnisse einbauen.[88]

Frigga Haugs Ansatz ist insofern weltzugewandt, als es ihr um eine breitere Weltbezogenheit der Frauen geht. Frauen sollen nicht länger Dinge aus ihrem

84 Haug, Frigga: Erinnerungsarbeit, Hamburg 1990, 10.
85 ebenda, 13.
86 ebenda, 14.
87 ebenda, 18f.
88 vgl. ebenda, 42–83.

Denk- und Lebenshorizont ausschließen, die ihnen bisher nicht zugedacht waren.
Thürmer-Rohr verwendet im Gegensatz zu Haug den Begriff des „Opfer-Seins“ restriktiver. Indem sie das Wort „Opfer“ auf seine ursprüngliche Bedeutung zurückführt, stellt sie fest, daß Opfer die sind, „denen es ans Leben geht“[89]. Opfer hatten in politischen und religiösen Zusammenhängen den Zweck, dem Überleben oder Besser-Überleben der „Opferer“ zu dienen. Aus diesem Grund wehrt sie sich gegen eine Generalisierung des Opferbegriffes und meint dazu:

„Jetzt ist Opfer nur noch gleichbedeutend mit dem Zustand der Passivität, dem Ausgeliefertsein gegenüber fremden Kräften. Diese Passivität aber erklärt das Opfersein nicht. Ein Opfer ist nicht Opfer, weil es passiv ist, ... sondern weil es dargeboten wird, um mit seiner Gabe, dem eigenen Leben, für etwas einzustehen ... den anderen zu nutzen.“[90]

Aufgrund dieser Definition hält Thürmer-Rohr die Übertragung des Opferbegriffs auf die Situation der Frauen in der Männergesellschaft für falsch. Es wäre nicht im Interesse der Männer, daß es den Frauen in dieser Gesellschaft ans Leben geht, denn Männer sind auf Frauen in ihrer untergeordneten Position angewiesen. Thürmer-Rohr sucht nach einem Begriff, der das „strukturelle Zusammenwirken der Geschlechter“ ausdrückt, denn:

„... nicht nur der Mann ist verantwortlich für die gesellschaftliche Minderbewertung der Frau durch sein tägliches Tun und Lassen an der Frau, sondern auch die Frau ist mitbeteiligt durch ihr Tun und Lassen am Mann und an sich selbst, an der mystifizierenden Hochbewertung des Mannes, seiner Produkte und Entscheidungen, auch wenn sie an deren Erstellung ... im allgemeinen überhaupt nicht beteiligt ist.“[91]

Diese Mitbeteiligung der Frau an der Geschlechterordnung sowie an den gesellschaftlichen Verhältnissen bezeichnet Thürmer-Rohr in der Folge als „Mittäterschaft“. Mit dieser methodischen und analytischen Kategorie will Thürmer-Rohr die alltägliche geschlechtliche Interessensverquickung, die den Mann in der Position des Täters und die Frau in der Position der Mittäterin, des Mit-dem-Täter-Seins, aufdecken. Sie fordert in provokanter Weise eine Entmythologisierung der Frau als der guten, unschuldigen, sauberen Leidenden und versteht unter „Mittäterschaft“ die „Loyalität mit dem Mann und seiner Gesellschaft, Zustimmung zu seiner Herrschaft, auch noch in ihren

89 Thürmer-Rohr, Christina: Frauen in Gewaltverhältnissen. Zur Generalisierung des Opferbegriffs, in: Studienschwerpunkt "Frauenforschung" am Institut für Sozialpädagogik der TU Berlin (Hg.): Mittäterschaft und Entdeckungslust. Berichte und Ergebnisse der gleichnamigen Tagung vom 6.-10.April 1988 in Berlin, Berlin 1990, 25.

90 ebenda.

91 ebenda, 31.

abgetakelten Formen"[92]. Damit zieht sie Frauen zur Verantwortung für das, was in der patriarchalen Gesellschaft an Unrecht geschieht. Mittäterschaft ist für sie ein politischer Begriff.[93]
Ähnlich argumentiert Martha Mamozai, die in ihrer Analyse der weißen, deutschen Kolonialgeschichte aufzeigt, daß Frauen „zu Komplizinnen HERRschender Männerideologien, Mittäterinnen und Mitschuldigen geworden sind"[94].
Für Thürmer-Rohr ist Mittäterschaft insofern eine methodische Kategorie, als sie einen Weg des Fragens und Entdeckens aufzeigt, das Frauen herausführt aus dem arglosen Nicht-Wissen und dem fraglosen Mit-Tun in frauen- und menschenfeindlichen Strukturen:

„Wer das eigene Mitfunktionieren und das der anderen über alle Offensichtlichkeit hinaus ent-deckt, kann nicht mehr so gut mitfunktionieren wie zuvor. Die Ent-Deckungen sind bereits Akte der Ent-Solidarisierung, der Ent-Koppelung der Frau."[95]

1.2.3. Der in dieser Arbeit vertretene feministische Ansatz

Feminismus wird in dieser Arbeit als positiv besetzter Begriff verwendet, der das Interesse an gerechten, gleichberechtigten Verhältnissen zwischen Männern und Frauen anzeigt.
Feminismus soll weiters als analytischer Begriff verstanden werden, der die Gewalttätigkeit und Blindheit patriarchaler Strukturen gegenüber Fremden, anderen ans Tageslicht bringt.
Zusätzlich zur genauen Beschreibung des ausbeuterischen Geschlechterverhältnisses[96] analysiert ein weiter Feminismusbegriff die Zusammenhänge von Ökonomie, Kapitalinteressen, Politik und Kultur. Unsere Gesellschaft wird dabei als patriarchal-kapitalistisch, d.h. männerdominiert und kapitalorientiert, erkannt.

92 Thürmer-Rohr, Christina: Einführung – Forschen heißt wühlen, in: Studienschwerpunkt "Frauenforschung": Mittäterschaft und Entdeckungslust...a.a.O. 12f.

93 ebenda, 16.

94 Mamozai, Martha: Komplizinnen, Reinbek bei Hamburg 1990, 9.

95 Thürmer-Rohr, Christina: Mittäterschaft der Frau – Analyse zwischen Mitgefühl und Kälte, in: Studienschwerpunkt "Frauenforschung": Mittäterschaft und Entdekkungslust...a.a.O. 102.

96 Gudrun-Axeli Knapp hat Ende der 80er Jahre für die feministische Forschung das "Geschlechterverhältnis" als Analysekategorie eingeführt. Bis dahin war von der "Denkkategorie Geschlecht" die Rede, was allerdings die Gefahr der Idealisierung und Betonung der Differenz der Geschlechter beinhaltet. Die Analysekategorie "Geschlechterverhältnis" richtet den Blick dagegen mehr auf die sozialen Strukturzusammenhänge.
vgl. dazu: Cremer, Christa/Bader, Christiane/Dudeck, Anne (Hg.): Frauen in sozialer Arbeit. Zur Theorie und Praxis feministischer Bildungs- und Sozialarbeit, Weinheim/München 1990, 15f.

Feministisches Denken sucht einen Weg aus euro- und ethnozentrischen Denkformen, einen Weg aus den althergebrachten Rollenzuschreibungen, der Mythologisierung von „Männlichkeit" und „Weiblichkeit", sowie aus dem selbstverständlichen Raubbau an den Ressourcen der Natur.
Aus diesem Feminismusbegriff ergibt sich für die Ortssuche von Frauen nicht ein Zurück zu matriarchalen Wunschbildern, nicht ein Separieren von der bösen, gewalttätigen Männerwelt, sondern die Notwendigkeit der Schärfung des Blicks und die parteiliche Stellungnahme gegen alles Unrecht, das Leben zerstört und Lebensqualitäten mindert. In diesem Sinn verstandene Ortssuche sieht eine Gefahr darin, wenn Frauen sich von der Welt abwenden und ihre Befreiung allein in geschützten Frauenräumen suchen, denn:

„Hauptfolge dieser Abkehr ist, daß Frauen nicht mehr von den Bedingungen in der 'richtigen' Welt wissen und damit gegen das eigene Überleben agieren ... Je mehr Frauen sich abspalten, desto katastrophaler die Wirkung – und desto mehr entfernen sich Frauen von ihrer Teilhabe an dem, was eine gemeinsame Welt sein sollte, das heißt, eine Welt für alle, die in ihr leben."[97]

Im Gegensatz zum Separatismus ist es einem weltbezogenen Feminismusansatz, wie er in dieser Arbeit vertreten wird, wichtig, daß Frauen innerhalb dieser Welt Raum einnehmen, d.h. auch teilhaben an Macht, Geld und der Interaktion mit anderen. Nur so können sie Anstoß nehmen an der herrschenden Ethik. Vertreten wird hier ein feministischer Ansatz, der den Begriff der „Mittäterschaft" aufnimmt und für eine feministisch-politische Bildungsarbeit fruchtbar zu machen sucht. D.h. die Frage nach der Verwobenheit von Frauen in die herrschenden Verhältnisse, sowie die Frage nach der Verantwortlichkeit von Frauen sollen aufgeworfen und diskutiert werden. Das wiederum bedarf der Analyse des politischen und sozialen Umfeldes, des Sich-Kompetent-Machens in wirtschaftlichen und politischen Angelegenheiten. Fortwährende Selbstbespiegelung und Selbsterfahrung würden hier zu kurz greifen, gerade auch dann, wenn die Befreiung der Frauen in Zusammenhang gesehen wird mit der Befreiung aller Menschen.
In dieser Arbeit soll ein politischer Feminismusbegriff zum Tragen kommen, der jenseits steht von Egozentrismus und Therapismus, der sein Interesse auch auf die anderen zu richten imstande ist, der alle Strukturen der Gewalt und Unterdrückung registriert und angreift. Ich schließe mich Thürmer-Rohr an, die dazu meint:

„Die Politik, die wir brauchen, ist eine weltliche Moral, eine auf die Welt gerichtete Form der Liebe, in der die außerhalb des Einzelichs befindliche Wirklichkeit zum Impuls des Denkens und Handelns, des Analysierens und Entscheidens wird."[98]

97 Raymond, Janice G.: Frauenfreundschaft...a.a.O. 204.
98 Thürmer-Rohr, Christina: Befreiung im Singular...a.a.O. 12.

1.2.4. Der feministisch-befreiungstheologische Ansatz zur Begründung feministisch-politischer Bildungsarbeit

Die hier zu entwerfende Theorie zur Praxis feministisch-politischer Bildungsarbeit mit Frauen findet ihre Begründung nicht nur in dem oben beschriebenen Feminismusbegriff, sondern damit einhergehend in einem feministisch-befreiungstheologischen Ansatz.
Da feministische Theologie innerhalb und mit der neuen Frauenbewegung entstanden ist, zeigen sich Parallelen der feministisch-theologischen Diskussionen zu den oben beschriebenen Modellen. So wie es unterschiedliche „Feminismen" gibt, existieren auch unterschiedliche feministische Theologien.[99] Als weltabgewandte feministisch-theologische Richtungen würde ich jene bezeichnen, die sich den matriarchalen Göttinnenkulten zuwenden, von einer natürlichen Geschlechterdifferenz und der wesensmäßig guten Frau ausgehen und in der Folge für die Errichtung von Frauengemeinschaften und patriarchatsfreien spirituellen Räumen plädieren. Die Zuwendung zum Göttinnenglauben wird von den Vertreterinnen dieser Richtungen oft mit der frauenunterdrückenden Symbolik der christlichen Botschaft und Tradition begründet.[100]
Weltzugewandte feministische Theologien sind dort zu finden, wo Frauen den gesellschaftspolitischen Befreiungsbegriff betonen und zu einer radikalen gesellschaftlichen, politischen und theologischen Umkehr aufrufen. Es handelt sich hier um Ansätze feministischer Befreiungstheologie, die sowohl die Erfahrungen von Frauen als auch die Analysen der historisch-kritischen, kritisch-politischen Theologie und der Theologie der Befreiung zum Ausgangspunkt ihrer theologischen Theorie und Praxis machen.[101]
Wenn in diesen Ansätzen von Befreiung gesprochen wird, dann im Sinne einer Befreiung aus der kapitalistisch-patriarchalen Logik, wie sie u.a. von Maria Mies beschrieben wurde (vgl. 1.2.1.3.).
Es sind diese zuletzt genannten Ansätze, die mir die Begründung für eine feministisch-politische Bildungsarbeit mit Frauen in der kirchlichen Erwachsenenbildung liefern. Die Wurzeln für diese Arbeit sind also feministisch-befreiungstheologischer Natur.

99 vgl. Schüssler Fiorenza, Elisabeth: Für Frauen in Männerwelten. Eine kritische feministische Befreiungstheologie, in: Concilium 20 (1984), 33; Rieger, Renate: Befreiungstheologie, in: Gössmann, Elisabeth u.a. (Hg.): Wörterbuch der feministischen Theologie, Gütersloh 1991, 39.

100 Berühmte Vertreterinnen solcher weltabgewandter feministischer Theologien sind beispielsweise Mary Daly, Christa Mulack, Heide Göttner-Abendroth.

101 Autorinnen wie Elisabeth Schüssler Fiorenza, Dorothee Sölle, Luise Schottroff, Christine Schaumberger, Renate Rieger sind hier als Beispiele zu nennen.

1.3. Feministisch-politische Bildungsarbeit mit Frauen als positionelle kirchliche Erwachsenenbildung

Nach der Klärung der Begriffe „Politik“ und „Feminismus“ soll im folgenden der dieser Arbeit zugrundeliegende Bildungsbegriff erhellt werden. Dabei geht es mir nicht um eine vollständige historische Aufarbeitung des Begriffes, sondern um eine Klärung dessen, was in dieser Arbeit unter Bildung, speziell was unter „feministisch-politischer Bildungsarbeit mit Frauen als positioneller kirchlicher Erwachsenenbildung“ verstanden wird.

1.3.1. Bildung und Bildungsarbeit aus praktisch-theologischer Sicht

Da meine Arbeit als Beitrag zur praktischen Theologie gedacht ist, halte ich mich bei der Definition des Bildungsbegriffes vorwiegend an neuere Literatur aus diesem Bereich. Das scheint mir insofern gerechtfertigt, als sich die zitierten Autoren selbstverständlich auf allgemeine Bildungstheorien der Vergangenheit und Gegenwart beziehen. Mein besonderes Interesse bei der Erarbeitung dieses Punktes galt jenen Autoren, die sich mit Erwachsenenbildung auseinandersetzen.

1.3.1.1. Option für den Bildungsbegriff

In den letzten Jahrzehnten entstand innerhalb der Erziehungswissenschaft eine vielschichtige Diskussion um den Bildungsbegriff. Nachdem das klassische Bildungsideal jahrhundertelang für die Pädagogik leitend gewesen war, kam es in den fünfziger und sechziger Jahren des 20. Jahrhunderts mehr und mehr „in den Verdacht, überholten Zielvorstellungen nachzuhängen oder gar traditionelle Strukturen verfestigen zu wollen“[102]. Die Bildung geriet unter Ideologieverdacht, weil sie in ihrer elitären, bürgerlichen Form zum Instrument des Ausschlusses der Armen und Marginalisierten wurde.

> „Bei Comenius, Humboldt und Marx noch gerichtet auf die am Rande, die Armen, wurde Bildung bald zum Instrument ihres gesellschaftlichen Ausschlusses. So wurde das Reden von der Bildung, die alle meint, die meisten aber von ihr ausschließt, verdächtig ...“[103]

Doch trotz der Entwicklung neuer Leitbegriffe für die Pädagogik wie Lernen, Sozialisation, Emanzipation, Kompetenz und Qualifikation ist das Interesse an einem zeitgemäß verstandenen Bildungsbegriff nie ganz verstummt.[104]

102 Wehnes, Franz-Josef: Theorien der Bildung – Bildung als historisches und aktuelles Problem, in: Roth, Leo (Hg.): Pädagogik. Handbuch für Studium und Praxis, München 1991, 256.

103 Orth, Gottfried: Erwachsenenbildung zwischen Parteilichkeit und Verständigung. Zur Theorie theologischer Erwachsenenbildung, Göttingen 1990, 240.

Nicht nur Interesse, sondern eine deutliche Option für den Bildungsbegriff zeigt sich in den letzten Jahren bei den Autoren der praktischen Theologie.
So zieht Karl Ernst Nipkow den Bildungsbegriff anderen pädagogischen Kategorien wie Erziehung, Unterricht, Sozialisation etc. vor, ohne deren Bedeutung aufheben zu wollen. Diese Kategorien müssen seines Erachtens allerdings mit dem Bildungsbegriff der alteuropäischen Tradition verbunden bleiben, um nicht Instrumente der gesellschaftlichen Eingliederung und „Sozialmachung" zu werden.[105]
In der Folge betont er den gesellschaftskritischen Aspekt von Bildung und beruft sich dabei auf die Tradition des Bildungsbegriffes:

„Erziehung ist ein gesellschaftlich bequemer, Bildung ein möglicherweise gesellschaftlich unbequemer Begriff. Wer Bildung im Sinne der alteuropäischen Tradition, erst recht der Bildungsphilosophie der Aufklärung und Goethezeit meint, läßt sich auf eine nicht nur tief gegründete, sondern auch kritische Lebensverfassung ein, die sperrig werden kann."[106]

Ähnlich traditionsbezogen argumentiert Gottfried Orth, der mit einem Verweis auf Comenius einen Bildungsbegriff einfordert, der sich kritisch gegen die herrschenden Verhältnisse der Zerstörung, Ungerechtigkeit und des Unfriedens richtet. Orth will am Erbe der auf Befreiung gerichteten Traditionen des Bildungsbegriffes festhalten[107] und zitiert zur Begründung Heinz-Joachim Heydorn, für den „die Frage der Bildung die Frage nach der Liquidation der Macht"[108] ist.
Auch Berthold Uphoff bezieht sich in seinem Bildungsverständnis auf den dialektisch-kritischen Begriff Heydorns, der Bildung als Instrument der Veränderung im Prozeß der Befreiung des Menschen zu Selbstbestimmung und Identität begreift. Der Begriff Bildung habe im Gegensatz zum Begriff Erziehung einen emanzipatorischen Aspekt.[109]
Für die vorliegende Arbeit ist es unerläßlich, einen Bildungsbegriff zu definieren, der mit den bereits definierten Begriffen von Politik und Feminismus in Einklang zu bringen ist. Dies scheint bei den dargestellten Optionen praktischer Theologen für ein kritisches, befreiungsorientiertes Bildungsverständnis möglich zu sein. Denn so wie Uphoff, Orth und Nipkow von Bildung sprechen, setzen sie gesellschaftsbezogene und -verändernde Akzente, womit sich sowohl ein politisches wie auch ein feministisches Interesse verbinden lassen.

---

104 vgl. Wehnes, Franz-Josef: Theorien der Bildung...a.a.O. 256f.
105 vgl. Nipkow, Karl Ernst: Bildung als Lebensbegleitung und Erneuerung. Kirchliche Bildungsverantwortung in Gemeinde, Schule und Gesellschaft, Gütersloh 1990, 25–31.
106 ebenda, 29.
107 vgl. Orth, Gottfried: Erwachsenenbildung...a.a.O. 240f.
108 Heydorn, Heinz-Joachim: Über den Widerspruch von Bildung und Herrschaft, Frankfurt a. M. 1970, 337.
109 vgl. Uphoff, Berthold: Kirchliche Erwachsenenbildung. Befreiung und Mündigkeit im Spannungsfeld von Kirche und Welt, Stuttgart/Berlin/Köln 1991, 55.

In den folgenden Überlegungen soll dieser Verbindung von Bildungs-, Politik- und Feminismusbegriff weiter nachgegangen werden.

1.3.1.2. Grundmerkmale eines kritischen Bildungsverständnisses

Nipkow stellt einem unkritischen Bildungsbegriff, der einzig die Eingliederung des Menschen in das bestehende System zum Ziel hat, fünf Grundmerkmale des abendländischen Bildungsverständnisses gegenüber, die mir geeignet erscheinen, den Bildungsbegriff, wie er auch in dieser Arbeit verwendet wird, konkreter zu fassen.[110]
Als erstes nennt Nipkow die Verbindung von *Bildung und Politik*, die er bereits in der vorklassischen und klassischen Periode des antiken Griechenland ortet. Rhetorik und Philosphie, die beiden Säulen der griechischen Bildung, wurden nicht als Selbstzweck gelehrt, sondern sie sollten die Bürger Athens zum Mitreden und Mitentscheiden in der Polis befähigen. Nipkow spricht von einer „'ganzheitlichen' Bildung (Paideia) des Griechen", die zur „Integration der persönlichen und der öffentlichen Kultur"[111] beitrug. In diesem Verständnis von Bildung findet sich also ein politischer, die Gesamtheit der gesellschaftlichen Lebensverhältnisse (einschließlich der Staatsgeschäfte) umfassender Bezug. Neu entdeckt wurde dieser Aspekt in den Anfängen der gesellschafts- und herrschaftskritischen, bürgerlichen Aufklärung, fruchtbar gemacht für den Bildungsbegriff von Wilhelm von Humboldt und Karl Marx:

„Der 'ganzheitliche' Charakter von Bildung, der nicht nur die gleichmäßige Entfaltung aller 'Kräfte' des einzelnen umfaßt, sondern sich umfassend auf 'Welt' bezieht (W. von Humboldt), ist im Blick auf den ökonomisch-politischen Bereich im engeren Sinne von Karl Marx herausgearbeitet worden."[112]

In der gegenwärtigen Pädagogik muß der Zusammenhang von Bildung und Gesellschaft bzw. Bildung und Herrschaft, wie ihn Heydorn aufzeigt, reflektiert werden. Auch die Rede von der Bildung „nach Auschwitz" (Th. W. Adorno) verweist in diese Richtung. Dazu meint Nipkow:

„Bildung schließt notwendig die selbstkritische Aufklärung der Gesellschaft über sich selbst ein, einschließlich ihrer schuldhaften geschichtlichen Verstrickungen. Statt nur von Werten muß in einer geschichtsbewußten Bildung auch von Schuld die Rede sein."[113]

Auch Gottfried Orth formuliert seinen Begriff von Bildung in dem Bewußtsein, daß er von einer Bildung „nach Auschwitz und Hiroshima" spricht. Nur durch „hartes Abarbeiten am Stoff der Geschichte"[114], durch Erinnerung können wir

110 vgl. Nipkow, Karl Ernst: Bildung...a.a.O. 32ff.
111 ebenda, 33.
112 ebenda.
113 ebenda, 34.
114 Orth, Gottfried: Erwachsenenbildung...a.a.O 246.

in der Gegenwart ankommen. Hier ist eine Verknüpfung von Bildung und politischer Aktion für ihn notwendig.
Spricht Nipkow das Thema Schuld in diesem Zusammenhang an, so findet sich bei Orth der Begriff des Scheiterns. Eine Bildung nach Auschwitz dürfe nicht mehr einzig auf Erfolg und Optimierung hin orientiert sein, sondern müsse die individuellen und gesellschaftlichen Niederlagen und das Scheitern der Menschen wahrnehmen und behutsam durcharbeiten.[115] „Solche Bildung weiß um den Zusammenhang von Kreuz und Auferstehung: Nur was wir leiden, lernen wir."[116]
Dieses erste Grundmerkmal, das den Zusammenhang von Bildung und Politik markiert, ist für den Bildungsbegriff dieser Arbeit von zentraler Bedeutung. Aus dem Bewußtsein um die Gefahr, daß dieser Aspekt zwar immer wieder betont, letzten Endes aber doch wieder vergessen und anderen Blickrichtungen geopfert wird, soll hier ausdrücklich von „politischer Bildung" gesprochen werden.
Das zweite Grundmerkmal, das Nipkow nennt, lautet *Bildung und Utopie*.[117] Bildung habe in ihrer Geschichte ein utopisches Potential mit sich geführt, das aus griechischen und christlichen Wurzeln erwachsen sei. Sowohl die griechische Idee der „gerechten" staatlichen Ordnung und die korrespondierende Idee der „gerechten" Ordnung der Seele als auch die Rede von „einem neuen Himmel und einer neuen Erde" in der christlichen Botschaft verweisen über die bestehende Wirklichkeit hinaus. Nipkow meint, daß „Bildung nie bloß Schulung und Zurichtung für die Wirklichkeit, wie sie ist, sein sollte, sondern immer auch Bildung für eine Lebenswirklichkeit, wie sie sein könnte"[118]. Dieses utopische Moment von Bildung findet sich besonders in den Schriften Heydorns.[119] So schreibt er in seinen Erörterungen „Zur bürgerlichen Bildung", daß Bildung die Menschlichkeit inmitten der Zeit nicht untergehen lasse und damit die Utopie bewahre.[120] Bildung sei in ihrem tiefsten Kern „Antizipation kommender Geschichte".[121] An anderer Stelle verbindet er in Anlehnung an Comenius diese Antizipation mit christlichem Gedankengut:

„Der gekreuzigte Gott der Christen hat das Versprechen seiner Rückkehr gegeben, er kehrt wieder als Messias der Juden. Er kommt, wenn wir die Welt bereitet haben, als erneuerte Wirklichkeit ... Die Verwirklichung des Menschengeschlechts ist keine unendliche Aufgabe; sie will jetzt getan sein."[122]

115 vgl. ebenda, 247.
116 ebenda.
117 vgl. Nipkow, Karl Ernst: Bildung...a.a.O. 34f.
118 ebenda, 35.
119 vgl. Heydorn, Heinz-Joachim: Bildungstheoretische Schriften, Bd.1–3, Frankfurt a.M. 1980.
120 vgl. Heydorn, Heinz-Joachim: Zur bürgerlichen Bildung. Anspruch und Wirklichkeit. Bildungstheoretische Schriften, Bd.1, Frankfurt a.M. 1980, 119.
121 ebenda, 76.
122 ebenda, 218.

Für eine feministisch-politische Bildung, wie sie in dieser Arbeit entworfen werden soll, ist die Hoffnung auf eine Zeit mit einem neuen Geschlechterverhältnis Triebfeder für das Handeln. Eine Zeit wird in den Blick genommen, in der die Differenz der Geschlechter nicht länger zum Anlaß unterschiedlicher Bewertungen von Frauen und Männern genommen wird, in der Frauen und Männer gleichberechtigt und gleichwertig an der gemeinsamen Geschichte weiterarbeiten und in der die Unterdrückung der Frauen, der Natur und anderer Völker aufgehoben sein wird.

Bildung und Subjektivität ist das dritte Grundmerkmal des abendländischen Bildungsverständnisses, das sich nach Nipkow erst mit der neuzeitlichen Philosophie entwickelt habe.[123] Hier rücke die persönliche Mündigkeit und sittliche Selbstverantwortung des Subjekts, der reflektierende und fühlende, seine Umwelt selbsttätig gestaltende und handelnde Mensch in den Blickpunkt. Mündige, selbstverantwortliche Menschen sollen aus der Bildung hervorgehen, die als reflexiver Prozeß angesehen werde und selbstverantwortliches Denken und Handeln einschließe. „Bildung ohne Freigabe zum Gebrauch der eigenen sittlichen Vernunft verletzt die Würde der Person."[124]

Wird dieses Grundmerkmal ernstgenommen, so ergibt sich für ein adäquates feministisch-politisches Bildungshandeln, daß die Frauen dabei als Subjekte verstanden werden und oberste Maxime das selbstverantwortliche Denken und Handeln der Frauen ist.

Da sich Bildung seit jeher im Medium der Tradition vollzogen hat, betitelt Nipkow das vierte Merkmal *Bildung und Überlieferung*.

Hatte man früher ein eher ungebrochenes Verhältnis zur Tradition, so entwickelte sich mit der neuzeitlichen Philosophie ein kritischer historischer Umgang mit Überliefertem. Tradierte Weltbilder und moralische Verhaltensmuster verloren an Autorität und es wurde nötig, durch eigene „Interpretation und Deutung" das Verständnis für das Überlieferte wieder herzustellen.

Für eine feministisch-politische Bildungsarbeit ist dieser Aspekt von besonderer Bedeutung, da die herrschenden Überlieferungen in bezug auf Frauentraditionen und den Beitrag der Frauen zur Geschichte defizitär sind. Von daher wird es in einer solchen Bildung darum gehen, auch die verlorene Geschichte der Frauen zu thematisieren bzw. so weit wie möglich zu erinnern. Eine kritische Auseinandersetzung mit der Überlieferung ist ein Konstitutivum feministisch-politischer Bildungsarbeit mit Frauen.

Mit *Bildung und Verständigung* nennt Nipkow ein fünftes Bildungsmerkmal und findet dafür eine kurze, aber schöne Definition: „Bildung heißt: Leben im Gespräch"[125].

Damit verweist Nipkow darauf, daß Bildung zu einer „Sprachgemeinschaft als Verständigungsgemeinschaft ... über alle regionalen, nationalen und kontinen-

123 vgl. Nipkow, Karl Ernst: Bildung...a.a.O. 35

124 ebenda, 35.

125 ebenda, 37.

talen Grenzen hinweg"[126] beizutragen hat. Mittels einer „kommunikativen Ethik" soll das Schicksal aller Lebewesen dieser Erde zur Sprache kommen und zum Guten gewendet werden. Mit diesen Gedanken nähert sich Nipkow einem ökumenischen Begriff von Bildung, wie er u.a. bei Orth zu finden ist.

„Bekennt christlicher Glaube aber Jesus als den Einspruch gegen des Menschen Selbst- und Weltzerstörung, so ist damit die Parteilichkeit theologischer Erwachsenenbildung in ebenso klarer Weise festgeschrieben wie ihre Verständigungsperspektive in dem Namen Jesu angedeutet, ging Jesus den Weg nach Golgotha nicht gegen irgendjemanden, sondern für alle Menschen."[127]

„Leben im Gespräch" über alle Grenzen hinweg ist auch für eine feministisch-politische Bildungsarbeit richtungsweisend. Ein ökumenisch gefüllter Bildungsbegriff trifft sich zudem mit dem in Abschnitt 1.2. angesagten Widerstand gegen die dreifache Unterdrückungsform von Frauen, Natur und anderen Völkern in einer kapitalistisch-patriarchalen Gesellschaft.

1.3.1.3. Individuums- und subjektorientierte oder gesellschaftsorientierte Bildung?

Die gegenwärtige Diskussion um die Definition des Bildungsbegriffes steht in der Spannung zwischen subjektorientierten und gesellschaftsorientierten Ansätzen. Der Grund dafür liegt darin, daß sich der eine Teil der Autoren stärker auf die Tradition des neuhumanistischen Bildungsbegriffes (Johann Gottfried Herder, Johann Wolfgang Goethe, Friedrich Schiller, Wilhelm v. Humboldt) stützt, während die anderen in Rekurs auf die Kritische Theorie gesellschaftskritische, emanzipatorische Modelle (Heinz-Joachim Heydorn; Paolo Freire) bevorzugen.
Neuhumanistische Bildung ist bezogen auf die „Selbsthervorbringung der wahren menschlichen Gestalt, auf Entfaltung einer ästhetisch verstandenen Individualität ..."[128]. Es geht ihr in erster Linie um die dem Einzelsubjekt eigenen Möglichkeiten.
Eine Fortschreibung dieses Verständnisses findet sich in der Definition des Reformpädagogen Hermann Nohl:

„Bildung ist die subjektive Seinsweise der Kultur, die innere Form und geistige Haltung der Seele, die alles, was von draußen an sie herankommt, mit eigenen Kräften zu einheitlichem Leben in sich aufzunehmen und jede Äußerung und Handlung aus diesem einheitlichen Leben zu gestalten vermag."[129]

126 ebenda.
127 Orth, Gottfried: Erwachsenenbildung...a.a.O. 252.
128 Preul, Reiner: Bildung, in: Bitter, Gottfried/Miller Gabriele: Handbuch religionspädagogischer Grundbegriffe, Bd.1, München 1986, 69.
129 Nohl, Hermann: Die pädagogische Bewegung in Deutschland und ihre Theorie, Frankfurt a.M. ^{3}1949, zit. in: Preul, Reiner: Bildung...a.a.O. 69f.

Als jüngeren Vertreter eines individuumzentrierten Bildungsbegriffes stellt Uphoff den in der Dilthey-Tradition stehenden Wilhelm Flitner vor, der Bildung als „Werk der Erziehung am einzelnen Menschen" definiert.[130]
Der Religionspädagoge Norbert Mette verweist auf die systemstabilisierende Gefahr solcher Ansätze:

„Solange ... die Möglichkeit der harmonischen Entwicklung eines mit der Gesellschaft (und Natur) versöhnten Subjekts vorausgesetzt und das Vorhandensein dazu in Widerspruch stehender Interessen und Strukturen nicht beachtet wird, erliegen bildungstheoretische Ansätze einer trügerischen Fiktion und laufen Gefahr, um so sublimer zur bloßen Reproduktion des gesellschaftlichen Status quo und einer dem dienlichen Funktionalisierung der Individuen beizutragen."[131]

Auch wenn das neuhumanistische Bildungsverständnis in seiner Entstehungszeit „als Ausdruck des sich emanzipierenden Bürgertums ... politisch interpretiert werden"[132] kann, so muß in einer Zeit der zunehmenden Individualisierung m.E. neu nach einem politisch relevanten Bildungsverständnis gefragt werden.
Dies gelingt wohl weniger durch eine einseitige Betonung des gesellschaftskritischen Moments von Bildung, wie es in einigen emanzipatorischen Modellen der 70er Jahre zu finden war[133], sondern durch die Verbindung der Förderung individuellen Wachstums und gesellschaftlicher Veränderung. Die gegenwärtige religionspädagogische Literatur schließt sich einem solchen Bildungsverständnis an.[134]
Berthold Uphoff befragt gegenwärtige bildungstheoretische Grundpositionen kritisch auf ihre gesellschaftliche Relevanz hin und stellt fest:

„Gesellschaftliche Problembereiche, wie Umweltzerstörung, Arbeitslosigkeit, Rüstungsproblematik, Welternährung etc., lassen sich ohne eine gesellschaftstheoretische Fundierung allein durch frei entscheidende, gebildete Individuen nicht lösen. Individuum und Gesellschaft sind wechselseitig und prinzipiell konstitutiv aufeinander verwiesene Größen, und von dieser Tatsache aus ist der Bildungsbegriff zu konzipieren."[135]

Diese Verbindung von Subjekt- und Gesellschaftsorientierung gehört auch nach Preul zu den Aspekten eines zeitgemäßen Bildungsverständnisses. Er geht

130 vgl. Uphoff, Berthold: Kirchliche Erwachsenenbildung...a.a.O. 54.

131 Mette, Norbert: Erziehung, in: Bitter, Gottfried/Miller Gabriele: Handbuch religionspädagogischer Grundbegriffe, Bd. 1, München 1986, 53.

132 ebenda, 69.

133 vgl. dazu die Ansätze von Lutz von Werder und Hans-Jochen Gamm in: Kerstiens, Ludwig: Modelle emanzipatorischer Erziehung. Eine Zwischenbilanz. Voraussetzungen – Entwürfe – Kritik, Bad Heilbrunn ^{2}1975.

134 vgl. dazu Preul, Reiner: Bildung...a.a.O. 72ff; Nipkow, Karl Ernst: Bildung...a.a.O. 252–257; Orth, Gottfried: Erwachsenenbildung...a.a.O. 250f; Englert, Rudolf: Religiöse Erwachsenenbildung. Situation – Probleme – Handlungsorientierung, Stuttgart/Berlin/Köln 1992, 86f.

135 Uphoff, Berthold: Kirchliche Erwachsenenbildung...a.a.O. 59.

davon aus, daß die Definition des Bildungsbegriffes einer „anthropologischen, kultur- und gesellschaftstheoretischen Fundierung“[136] bedarf. Konzentrierten sich frühere Theorien auf das Verhältnis Individuum/Kulturtradition, so rücke gegenwärtig das Verhältnis von Individuum und Gesellschaft in den Blickpunkt:

„In gesellschaftskritischer Perspektive hat Bildung nicht zuletzt die Funktion eines Schutzes und Widerstandspotentials gegen bloße ‘Außenleitung’ (D. Riesman), insbesondere gegen entpersonalisierende und entdifferenzierende Tendenzen einer Konsumgesellschaft, die ihre Herrschaft mit den Mitteln der Bürokratie und der Bedürfnismanipulation ausübt.“[137]

Mit dieser Feststellung ist allerdings noch nichts gesagt über eine gesellschaftsverändernde Funktion von Bildung.
Eine theologische Begründung für den Zusammenhang von subjekt- und gesellschaftsorientierter Bildung leistet Gottfried Orth, indem er sich auf 1 Kor 12,26 und Gal 3,28 bezieht. Bildung zielt für ihn nicht allein auf das einzelne Subjekt, sondern durch es vermittelt auf die Menschheit in der Schöpfung:

„Mit dem einzelnen aber verwirklicht sich auch die Menschheit und Gottes Schöpfung – oder geht sie unter ... Nur wo der Zusammenhang bestehen bleibt, daß, ‘so ein Glied leidet, alle Glieder mitleiden, und so ein Glied herrlich gehalten wird, sich alle Glieder mitfreuen’ (1 Kor 12,26), wird der Gedanke der Bildung als antizipierter und vorbereitender Befreiung, am Leben gehaltener Hoffnung auf Erlösung festgehalten, einer Befreiung, die auf die Gleichheit aller zielt (Gal 3,28).“[138]

Orth spricht in diesem Zusammenhang auch die Veränderbarkeit der Gesellschaft durch Bildung an und betont mit Heydorn, daß Bildung die „Rettung des Letzten“, des am Rande der Gesellschaft stehenden Menschen einschließt.[139]
Im Anschluß daran läßt sich für das Bildungsverständnis dieser Arbeit folgendes feststellen: Bildung hat Veränderungsfunktion sowohl in bezug auf die Subjekte der Bildung als auch auf die Unrechtsverhältnisse der Gesellschaft.

1.3.1.4. Bildungsarbeit – ein handlungsorientierter Bildungsbegriff

Wenn in dieser Arbeit nicht in erster Linie von „Bildung“, sondern von „Bildungsarbeit“ gesprochen wird, so soll damit der dynamische, interaktionale und aktionale Aspekt von Bildung ausgedrückt werden. Anders gesagt, liegt dem Begriff Bildungsarbeit ein handlungsorientiertes Bildungsverständnis zugrunde, weshalb sich auch analog dazu von „Bildungshandeln“ sprechen ließe.

136 Preul, Reiner: Bildung...a.a.O. 72.
137 ebenda.
138 Orth, Gottfried: Erwachsenenbildung...a.a.O. 250f.
139 vgl. ebenda, 251.

Bildungsarbeit, wie sie hier verstanden wird, ist ein dynamischer Prozeß, der sich durch gemeinsames Suchen und Voneinander-Lernen aller Beteiligten auszeichnet. Bildung ist also ein gemeinsamer Arbeits- und Kommunikationsprozeß von LeiterInnen und TeilnehmerInnen und kann „ein Modell der Vorwegnahme einer, der Gleichheit aller Menschen entsprechenden, menschenwürdigeren Zukunft“[140] sein.
Zudem richtet sich Bildungsarbeit nicht nur auf Erweiterung von Wissen und Bewußtseinsbildung, sondern auch auf verändertes, gesellschaftliches und persönliches Handeln. In Anlehnung an Heydorn meint Uphoff dazu, daß Handeln nicht einfach dem Erkenntnisakt folge: „Erkenntnis und Aktion müssen als prinzipielle Einheit menschlicher Existenz und von daher auch als Grundstruktur für humane Bildungsprozesse begriffen werden.“[141]

1.3.2. Politische Bildungsarbeit

Obwohl im Abschnitt 1.3.1. deutlich geworden ist, daß im Bildungsbegriff die politische Komponente eine wesentliche Rolle spielt und Bildung nicht unabhängig von gesellschaftlicher Veränderung gedacht werden kann, erscheint es mir im Zusammenhang dieser Arbeit nötig, den politischen Aspekt durch die Wortkombination „politische Bildungsarbeit“ zu betonen.
Ein Grund dafür liegt darin, daß im Bereich der Religionspädagogik m.E. der politische Aspekt von Bildungsprozessen zu wenig reflektiert wird. Religiöses Lehren und Lernen und die damit verbundene Glaubenskommunikation ist für viele AutorInnen nicht selbstverständlich mit politisch-ökonomischer Wirklichkeit und mit gesellschaftlichen Strukturen verbunden, sondern wird vielfach als isoliertes Geschehen dargestellt.
Durchsucht man die Handbücher zur Religionspädagogik u.ä. Literatur[142] zum Stichwort „politische Bildung“, muß man sich Folkert Rickers Feststellung anschließen, der schreibt:

„In der enzyklopädisch angelegten und allgemein orientierenden religionspädagogischen Literatur kommt das Thema entweder überhaupt nicht oder nur als ausgesprochenes

140 Uphoff, Berthold: Kirchliche Erwachsenenbildung...a.a.O. 56.
141 ebenda.
142 Alberich, Emilio: Religionspädagogische Theorie politischen Handelns, in: Feifel, Erich u.a. (Hg.): Handbuch der Religionspädagogik, Bd.3, Zürich/Einsiedeln/Köln 1975, 79f; Frör, Kurt: Grundriß der Religionspädagogik. Im Umfeld der modernen Erziehungswissenschaft. Konstanz 1975, 113–115; Missalla, Heinrich: Politische Bildung, in: Bitter, Gottfried/Miller, Gabriele: Handbuch religionspädagogischer Grundbegriffe, Bd.1, München 1986, 313–317; Rickers, Folkert: Politische Bildung, in: Böcker, Werner/ Heimbrock, Hans-Günter/ Kerkhoff, Engelbert (Hg.): Handbuch Religiöser Erziehung. Bd.I: Lernbedingungen und Lerndimensionen, Düsseldorf 1987, 151–162;

Randthema vor ... Sonst aber bleibt seine Erörterung auf zwei Autoren beschränkt (Sander 1980;1983;1985; Rickers 1973;1980;1985)."[143]

So findet sich im Handbuch Religionspädagogischer Grundbegriffe unter dem Kapitel „Inhaltsbereiche" das Stichwort „Politische Bildung" neben anderen wie „Symbolerziehung", „Ethische Erziehung", „Sakramentenkatechese" oder „Sexualpädagogik". Hier scheint ein sektorales Verständnis politischer Bildung vorzuherrschen. Politisches Denken und Handeln ist nicht selbstverständlich in das christliche Glaubensverständnis integriert, sondern wird als getrennter Bereich verstanden. Das zeigt sich u.a. daran, daß im Kapitel „Grundmuster des Christlichen" zwar Tätigkeiten wie „staunen", „feiern", „dasein für andere", „klagen" etc. beschrieben werden, aber Aktionen wie „politisch denken und handeln" sowie „Partei ergreifen für Schwächere" dem Handbuch zufolge nicht zu den Grundmustern des Christlichen gerechnet werden. Hier verrät sich ein individualistisch-spiritualistisches Glaubensverständnis, auch wenn im selben Band im Artikel von Heinrich Missalla zur Politischen Bildung anderes, nämlich ein Anstreben gerechter Gesellschaftsstrukturen, gefordert wird:

„Wer an die allen Menschen ohne Vorbehalt geltende Liebe des Gottes Jesu Christi, des Vaters aller Menschen, und an die Botschaft Jesu vom Reich Gottes glaubt ..., der wird aufgrund eben dieses Glaubens ... jeder Entwürdigung, Entrechtung, Ausbeutung und Unterdrückung des Menschen nach Kräften wehren und sich um Regelungen, Ordnungen und Strukturen mühen, in denen allen Menschen ein Leben in Gerechtigkeit, Freiheit und Frieden ermöglicht wird."[144]

Dieses Mühen um gerechte Strukturen, verstehe ich als politisches Handeln, weshalb ich jene Bildungsarbeit, die die Entwürdigung, Entrechtung und Ausbeutung von Menschen aus christlichem Bewußtsein heraus zum Thema macht, als „politische Bildungsarbeit" bezeichnen möchte.
Da der Begriff „politische Bildung" aber aus der allgemeinen erziehungswissenschaftlichen Literatur stammt und sich dort in der Folge Theorien der Politikdidaktik entwickelten, muß an dieser Stelle auch jene Literatur zumindest ansatzweise berücksichtigt werden.
Der Mensch als „zoon politikon" ist in ein vielfältiges Netz von sozialen Beziehungen in Familie, Nachbarschaft, Gemeinde, Schule, Betrieb, Kirche, Gesellschaft, Staat etc. eingebunden. In all diesen Zusammenhängen findet soziales und politisches Lernen automatisch statt. Politische Bildungsarbeit geht über jene alltägliche Form des Lernens hinaus, indem sie als bewußter Akt bewußtes Reflektieren, Analysieren, Urteilen und Handeln beinhaltet. So führt politische Bildungsarbeit soziales und politisches Lernen auf einer reflexiven Ebene weiter. Dies geschieht sowohl im schulischen Kontext, d.h. also mit Kindern

143 Rickers, Folkert: Politische Bildung...a.a.O. 151.
144 Missalla, Heinrich: Politische Bildung...a.a.O. 313.

und Jugendlichen als auch in der Erwachsenenbildung. Ich werde mich in dieser Arbeit auf die Zielgruppe der erwachsenen Frauen beschränken.
In politikwissenschaftlichen Lexikas und in Handbüchern zur politischen Bildungsarbeit werden verschiedene Definitionen von politischer Bildung angeboten.
Sehr allgemein versteht der Politikdidaktiker Wolfgang Hilligen den Begriff „Politische Bildung" als

„(Sammel-)Bezeichnung für planmäßige Veranstaltungen in allen Bildungseinrichtungen, durch die Heranwachsende und Erwachsene befähigt werden sollen, Aufgaben in Staat und Gesellschaft mündig wahrzunehmen."[145]

Legt Hilligen in dieser Definition einen Schwerpunkt auf das Übernehmen von staatlichen und gesellschaftlichen Aufgaben, so geht es m.E. bei politischer Bildungsarbeit in einem ersten Schritt darum, Bewußtheit der eigenen politischen Verwobenheit und Verantwortung zu wecken. In diesem Sinne verstehe ich politische Bildungsarbeit auch als Bewußtseinsarbeit.
Diesen Aspekt berücksichtigt der Braunschweiger Didaktiker Walter Gagel, wenn er schreibt, daß im politischen Bildungsprozeß „Menschen in Beziehung zum Politischen gesetzt werden"[146]. Für ihn ist Bildung insofern Aktivierung, als sie „das Anregen und Zur-Tätigkeit-Bringen der im einzelnen Menschen angelegten Fähigkeiten, seines Vermögens"[147] beinhaltet. Wolfgang W. Mickel versteht Politische Bildung als

„Sammelbegriff für ein schulisches oder außerschulisches, institutionalisiertes oder freies, ... interaktionales Einwirken auf den (Mit-)Menschen, um politisches Verhalten, Handlungsbereitschaft und -kompetenz, demokratische Spielregeln und Grundwerte, Problembewußtsein und Urteilsfähigkeit usw. zu vermitteln."[148]

Mickel definiert hier Bildung als „Vermittlung" bzw. als „Einwirken". Diese Begriffe erscheinen mir insofern problematisch, als sie Assoziationen zu jenen traditionellen Bildungsformen wecken, die davon ausgehen, daß die LehrerInnen kompetent, die SchülerInnen dagegen inkompetent seien. Es entsteht ein hierarchisches Lehr-/Lerngefälle, das die Lernenden zu Objekten der Vermittlertätigkeit werden läßt. Dies würde einem Verständnis von interaktionaler Bildungsarbeit, wie sie in 1.3.1.4. definiert wurde, widersprechen.
Grundsätzlich lassen sich bei den verschiedenen Konzepten zu politischer Bildung zwei Richtungen unterscheiden: Die einen verstehen sich als system-

145 Hilligen, Wolfgang: Politische Bildung, in: Mickel, Wolfgang (Hg.): Handlexikon zur Politikwissenschaft, Ehrenwirth 1983, 362.
146 vgl. Gagel, Walter: Politische Bildung, in: Holtmann, Everhard: Politik-Lexikon, München 1991, 460.
147 ebenda.
148 Mickel, Wolfgang W.: Politische Bildung...a.a.O. 730.

konform und zielen auf Systemstabilisierung, die anderen arbeiten systemkritisch und streben nach Systemveränderung.[149] Hilligen nennt folgende Zielvorstellungen der eher konservativen, systemkonformen Didaktiker:

„Demokratie als staatliches Ordnungsprinzip; Skepsis gegenüber Demokratisierung und Strukturierung gesellschaftlicher Bereiche durch Mitbestimmung der Betroffenen; Hervorhebung der Bedeutung der Institutionen; Einschränkung des Rechtsansprüche gewährenden Sozialstaatsprinzips auf ausgleichende Hilfe für sozial Schwächere in besonderen Fällen (Subsidiaritätsprinzip); Rede von Chancengerechtigkeit statt Chancengleichheit und Ablehnung von Methoden und Intentionen der Kritischen Gesellschaftstheorie.“[150]

Kennzeichnend für dieses Verständnis von politischer Bildungsarbeit ist ein enger, gouvernementaler Politikbegriff, sowie eine staats- und institutionenzentrierte Themenwahl. Informationen über die Funktion von Institutionen stehen im Vordergrund.
Demgegenüber stellen systemkritische Didaktiker Daten über soziale Ungleichheiten, mangelnde Partizipationschancen, Fragen nach der Eignung des Marktes oder bürokratischer Regelungen für die langfristige und humane Lösung von gesellschaftlichen Aufgaben zur Diskussion.[151] Charakteristisch für ihre politische Bildungsarbeit sind folgende Punkte:

„Optionen ..., die auf strukturelle soziale Gleichheit abheben, Hervorhebung der Partizipation, die Entscheidung für die 'Fundamentalnorm Menschenwürde' ... in ihrer personalen und sozialen Dimension; insgesamt die Orientierung an einem materialen, auf Fortentwicklung angelegten Demokratiebegriff ohne Verzicht auf wesentliche Elemente der formalen Demokratie.“[152]

Für die in dieser Arbeit zu entwerfende feministisch-politische Bildungsarbeit legt sich auch aufgrund der bereits definierten Politik-, Feminismus- und Bildungsbegriffe der systemkritische und -verändernde Ansatz nahe.
Eine politische Bildungsarbeit, die die Partizipation von Frauen im Blickfeld hat, muß in dem derzeit herrschenden patriarchalen System an einer strukturellen, sozialen Gleichheit von Frauen, d.h. an einer Systemveränderung interessiert sein.
Dabei gerät sie allerdings in das Spannungsfeld zwischen Integration und Emanzipation, in dem sich politische Partizipation befindet. Der Staat und seine Institutionen haben Interesse an einer „integrativen Beteiligung“, welche verbunden ist mit einer gewissen Anpassung an das herrschende System. Politische Bildungsarbeit aber, wie sie hier verstanden wird, zielt in erster Linie auf

149 vgl. Hilligen, Wolfgang: Politische Bildung...a.a.O. 364.
150 ebenda, 364f.
151 vgl. ebenda, 366.
152 ebenda, 365.

„emanzipative Beteiligung“[153] ab, was bedeutet, daß die BürgerInnen ihr Mitspracherecht in systemkritischer, unangepaßter Form wahrnehmen.
Diese Form der Partizipation ist leichter möglich in aktuell gebildeten Interessensgruppen wie etwa BürgerInneninitiativen als in institutionalisierten Gruppierungen wie Parteien und Gewerkschaften. Das bedeutet allerdings nicht, daß für feministisch-politische Bildungsarbeit nicht auch partei- und institutionengebundene politische Partizipation von Interesse ist. Das bewußte Sich-Einmischen auf allen politischen Ebenen (vom Gemeinderat über Parteivorstandsfunktionen bis zu Elternvereinstätigkeiten und Umweltschutzgruppen) ist ein Ziel feministisch-politischer Bildungsarbeit, wie ich sie verstehe. Insofern verstehe ich politische Bildungsarbeit als Aktivierungs- und Motivationsarbeit.
Zu den Intentionen politischer Bildung gehört das mündige Verhalten des/der Bürgers/in.[154] Dieses zeige sich laut Mickel darin, daß er/sie:

„in positiv-kritischer Weise am demokratischen Ausbau von Staat und Gesellschaft ... aktiv teilnimmt, dabei seine Interessen und Bedürfnisse verfolgt, Konflikten nicht ausweicht, an den Mitbestimmungsmöglichkeiten partizipiert ..., schließlich sich von überflüssiger, dysfunktionaler Herrschaft und Abhängigkeit emanzipiert ...“[155]

Um das zu erreichen, muß politische Bewußtseins- und Willensbildung betrieben, sowie kritisches Analysieren, Urteilen und begründetes Handeln eingeübt werden. Diese von Mickel beschriebenen allgemeinen Intentionen politischer Bildungsarbeit stimmen mit meinem Politikbegriff überein und können somit als grobe Richtlinien übernommen werden. Zudem ist in Rekurs auf einen konfliktorientierten Politikbegriff das konfliktorientierte Moment im Zusammenhang mit politischer Bildung zu berücksichtigen.

1.3.3. Feministisch-politische Bildungsarbeit mit Frauen als parteiliche Erwachsenenbildung

Ein Spezifikum feministisch-politischer Bildungsarbeit liegt im Bemühen um die politische Mündigkeit und Emanzipation von Frauen.
Politische Bildungsarbeit mit feministischem Interesse ist insofern parteilich, als sie sich auf die Lebensbereiche und Interessen von Frauen bezieht und darauf achtet, daß systemkritisches Handeln sich auf die Verbesserung der Situation von Frauen richtet. „Option für die Frauen“ lautet das Stichwort für eine solche parteiliche Bildungsarbeit.

153 Die Unterscheidung von "integrativer Beteiligung" und "emanzipativer Beteiligung" findet sich bei: Stein, Gerd: Demokratie und Partizipation, in: Mickel, Wolfgang W./ Zitzlaff, Dietrich (Hg.): Handbuch zur politischen Bildung...a.a.O. 51.

154 vgl. Mickel, Wolfgang W.: Politische Bildung...a.a.O. 731.

155 ebenda.

Wenn hier von feministisch-politischer Bildungsarbeit gesprochen wird, so ist es nötig, einen kurzen Blick auf die Traditionen feministischer Bildungsarbeit zu werfen, um die hier vertretene Position auf diesem Hintergrund deutlich werden zu lassen.

Feministische Bildungsarbeit ist ein von Frauen geplantes und mit Frauen durchgeführtes gemeinsames Lernen, ein Lernen wider die kapitalistisch-patriarchalen Gesetzmäßigkeiten, ein Herausbilden von Selbstdefinition und Selbstbewußtsein der Frauen, ein Befreien der Frauen aus einengenden Denk- und Rollenmustern. Feministische Bildungsarbeit mit Frauen kann als „Befreiungsarbeit“ verstanden werden.

Feministische Bildungsarbeit hat aufgrund der in 1.2. angesprochenen verschiedenen feministischen Positionen viele Gesichter. Selbst feministische Bildungsveranstaltungen mit politischem Anspruch gehen unterschiedliche Wege.

So entwickelten sich in der politischen Frauenbildungsarbeit seit den 70er Jahren einerseits die „emanzipatorische Frauenbildung“ und andererseits die „feministische Bildung auf der Basis des Konzepts der ‘Politik der Subjektivität’“[156].

Die „emanzipatorische Frauenbildung“ steht in der Tradition sozialistischer Frauen- und ArbeiterInnenbildung und greift wie andere Erwachsenenbildungskonzepte Anfang der 70er Jahre die Leitidee der Emanzipation neu auf. Die Adressatinnen dieser Bildungsarbeit sind in erster Linie benachteiligte Frauen, wie Arbeiterinnen, Frauen ohne Berufsausbildung, Alleinerziehende, Pensionistinnen etc. Frauendiskriminierung wird nach diesem Ansatz „als das Ergebnis vielfältiger ökonomischer, sozialer, politischer und psychologischer Ursachen gesehen“[157], wobei der Schwerpunkt auf die ökonomischen Zusammenhänge gelegt wird. Als die drei Charakteristika der emanzipatorischen Bildungsarbeit werden erstens die enge Verknüpfung von Arbeit und Bildung mit dem Ziel der Demokratisierung von Wirtschaft und Gesellschaft, zweitens der systemverändernde Anspruch (Erwachsenenbildung als „Vehikel der Veränderung“) und drittens ein erfahrungs- und handlungsorientierter Lernprozeß genannt.[158]

Steht in diesem Bildungsansatz die ökonomische Abhängigkeit der Frauen im Vordergrund, so wird in der „feministischen Bildung zur Politik der Subjektivität“ die psychische Abhängigkeit als Hauptdilemma bearbeitet.[159]

156 Wurms, Renate: "Von heute an gibt's mein Programm" – Zur Entwicklung der politischen Frauenbildungsarbeit, in: Arbeitsgruppe Frauenbildung und Politik (Hg.): Von Frauen für Frauen. Ein Handbuch zur politischen Frauenbildungsarbeit, Zürich/Dortmund 1992, 29.

157 ebenda, 31.

158 vgl. ebenda.

159 vgl. ebenda, 32.

Aus diesem Grund wird in diesem Ansatz Selbsterfahrung von Frauen zur Methode individueller und kollektiver Bewußtwerdung von Unterdrückungsmechanismen:

„Wenn die Unterdrückung und Fremdbestimmung der Frau nicht nur auf ökonomische Ursachen zurückzuführen ist, sondern sich wesentlich in der Entfremdung des Körpers und der Psyche äußert, dann ist die Selbsterfahrung eine Tür zu der tiefverwurzelten Fremdbestimmung der Frau und eine Möglichkeit, sie zu entschlüsseln und zu verändern."[160]

Ab Mitte der 70er Jahre arbeiteten viele Selbsterfahrungsgruppen mit dem Slogan „Das Persönliche ist politisch" und machten in der Folge das bis dahin „Private" öffentlich.
So wichtig es war, das Artikulieren von Gefühlen, das Entdecken von kreativen Potentialen und Stärken in der Bildungsarbeit zu ermöglichen, so sehr liegt in den Selbsterfahrungsgruppen und in einer auf die eigene Person zentrierten Bildungsarbeit die Gefahr der Entpolitisierung und Individualisierung. Kritisch zu hinterfragen ist die Gleichsetzung von politischer Bildung mit Selbsterfahrung, denn soll „das Private auch politisch werden, darf es nicht im Individuellen steckenbleiben"[161].
Feministischer Bildungsarbeit wie sie hier entworfen werden soll, ist es ein Anliegen, den Zusammenhang individueller Erfahrungen mit strukturellen Bedingungen sichtbar werden zu lassen. Feministische Bildungsarbeit mit politischem Interesse wird sich in allgemein-gesellschaftliche, politische und ökonomische Probleme einmischen und sich nicht auf frauenspezifische Fragestellungen beschränken lassen. Die politische Analyse wird die Verquickung von Kapitalismus und Patriarchat kritisch unter die Lupe nehmen und gegen die dreifache Ausbeutung von Frauen, Natur und der sogenannten Dritte-Welt-Länder kämpfen.
Feministisch-politische Bildungsarbeit setzt trotz der durch menschliches Tun bedrohten Welt, trotz Umweltkatastrophen und sinnloser Kriege auf die Vernunftfähigkeit des Menschen und glaubt an die „Bildbarkeit" verantwortungsbewußten Handelns. Aus diesem Grund erscheint es nötig, daß politische Bildungsarbeit gemacht wird, die wertbezogen agiert und die jene Fähigkeiten einübt, die demokratisierte Lebensbereiche erfordern.
Wird Feminismus in erster Linie als Analyse der kapitalistisch-patriarchalen Gesellschaft verstanden und wird in diese Analyse die Mittäterschaft der Frauen einbezogen, so braucht dieser Feminismus insofern die Bildungsarbeit von Frauen mit Frauen, als sie aus dem Stand des Nicht-Wissens dieser Tatsachen, des unbewußten Mitspielens in unterdrückerischen Machtsystemen herausführen kann.

160 Wunderle, Michaela (Hg.): Politik der Subjektivität. Texte der italienischen Frauenbewegung, Frankfurt a.M. 1977, 52.

161 ebenda, 34.

Zusammenfassend läßt sich feministisch-politische Bildungsarbeit, wie sie in dieser Arbeit verstanden wird, als Reflexions-, Aktivierungs- und Befreiungsarbeit definieren.

1.3.4. Feministisch-politische Bildungsarbeit mit Frauen als positionelle kirchliche Erwachsenenbildung

Wenn es in dieser Arbeit um „positionelle kirchliche Erwachsenenbildung" geht, so ist auch diesbezüglich die Frage nach der Begrifflichkeit zu klären.

Der Begriff „kirchliche Erwachsenenbildung" bezeichnet zuerst einmal „die Gesamtheit der von den christlichen Kirchen unternommenen Erwachsenenbildungsarbeit"[162]. Bei diesem soziologischen Verständnis kirchlicher Bildungsarbeit wird weniger die konfessionelle Gebundenheit als die faktische Trägerschaft der Angebote akzentuiert.[163]
Da feministisch-politische Bildungsarbeit bisher immer wieder zwar von kirchlich engagierten Frauen durchgeführt, nicht aber von kirchlichen Institutionen sondern autonom organisiert wurde, kann TrägerInnenschaft hier nicht nur institutionengebunden, sondern muß auch personengebunden verstanden werden.[164]
Ich gehe davon aus, daß feministisch-politische Bildungsarbeit, die im kirchlichen Kontext stattfindet, durch die jüdisch-christliche Botschaft motiviert ist, was ein rein soziologisches Verständnis von kirchlicher Bildung sprengt.
Versteht man „kirchliche Erwachsenenbildung" als umfassenden Begriff für kirchliche Bildungstätigkeit, so stellt sich die Frage nach dem Ort und der Bedeutung feministisch-politischer Bildungsarbeit innerhalb dieses Bereiches.
Rudolf Englert entwirft eine Begriffshierarchie, die dem Überbegriff „kirchliche Erwachsenenbildung" verschiedene Sektoren wie „allgemeine Bildung", „musische Bildung", „politische Bildung", „religiöse Bildung" etc. unterordnet.[165] Diese Sektoren können in sich wieder differenziert werden. Feministisch-politische Bildungsarbeit würde sich hier dem Sektor „politische Bildung" zuordnen lassen, kann aber m.E. nicht vom Sektor „religiöse Bildung" getrennt gesehen werden. Hier liegt auch die Schwäche eines solchen sektoralen Verständnisses und Englert selber gibt zu bedenken, daß dieses auf ein dimensionales Verständnis hin offen bleiben müsse:

162 Englert, Rudolf: Religiöse Erwachsenenbildung...a.a.O. 22.
163 vgl. ebenda.
164 Hier denke ich an selbstorganisierte Frauengruppen, die sich einer speziellen Thematik widmen ebenso, wie an die Erste Österreichische Frauensynode, die im vierten Kapitel beschrieben wird.
165 vgl. Englert, Rudolf: Religiöse Erwachsenenbildung...a.a.O. 26.

„... so daß z.B. auch der religiösen Dimension politischer Fragen (in der politischen Bildung) oder der politischen Dimension religiöser Fragen (in der religiösen Bildung) ausreichend Rechnung getragen wird."[166]

Feministisch-politische Bildungsarbeit versteht sich integrativ in dem Sinne, daß sie musische, allgemeinbildende, feministische, religiöse und politische Aspekte in sich vereint.

Trotzdem ist ihr Ort mit dem Adressatinnenkreis der Frauen ein ganz bestimmter: es ist der Ort der Frauen und ihrer Interessen. Mit ihrer Parteilichkeit läßt sich feministisch-politische Bildung auch als „positionelle Bildung"[167] beschreiben. Sie vertritt die Position der Ausgebeuteten, Unterdrückten und Geschlagenen.

Eine Spannung dieser positionellen Konzeption besteht darin, daß feministisch-politische Bildung zwar universal gemeinte Absichten verfolgt, um deren universale Durchsetzung und Geltung aber erst ringen muß. Damit befindet sie sich in Gemeinschaft mit anderer parteilicher Bildungsarbeit, wie sie etwa im konziliaren Prozeß betrieben wurde.[168]

1.4. Zusammenfassung

Ziel dieses ersten Kapitels war es, die im Titel verwendeten Begriffe zu definieren, bzw. zu klären, in welcher Weise sie in dieser Arbeit verwendet werden und welche Interessen sich mit den Vokabeln „politisch", „feministisch", „Bildungsarbeit" und „positionelle kirchliche Erwachsenenbildung" verknüpfen.

Im Abschnitt über den „Politikbegriff" stellte sich heraus, daß es der Politikwissenschaft bislang nicht gelungen ist, eine einheitliche Definition von Politik zu finden. Ein wichtiger Grund dafür liegt im Wesen von Politik. Politik ist immer interessengeleitet, weshalb verschiedene Interessenslagen zu verschiedenen Politikbegriffen führen.

Aufgabe dieses Abschnittes war es, einen Politikbegriff herauszuarbeiten, der das Fundament für eine feministisch-politische Bildungsarbeit mit Frauen darstellen kann und im Interesse von Frauen ist.

Es wird in dieser Arbeit von einem weiten Politikbegriff auszugehen sein, der alle gesellschaftlichen Bereiche als potentiell politisch begreift, d.h., der auch die sogenannten „privaten" Bereiche wie Haushalt, Familie, Kindererziehung, Partnerschaft etc. als politisch bedeutsam erkennt. Die Probleme, die in diesen sogenannten „Privaträumen" entstehen, sind nicht unabhängig von den politi-

166 ebenda.

167 In Anlehnung an Gottfried Orth kreiert Nipkow in Zusammenhang mit der parteilichen Bildungsarbeit der neuen christlichen Laienbewegungen den Begriff "positionelle" Konzeption.
vgl. Nipkow, Karl Ernst: Bildung...a.a.O. 570f.

168 vgl. ebenda, 571.

schen und wirtschaftlichen Strukturen einer Gesellschaft zu sehen. Mit dem aus der neuen Frauenbewegung stammenden Satz „Das Persönliche ist politisch" kommt es zu einer Politisierung der Privaträume. Wenn – wie es gezeigt wurde – diese Arbeit einen der Demokratie verpflichteten Politikbegriff vertritt, dann ist mit der Politisierung der Privaträume zugleich ein Votum für die Demokratisierung dieser Bereiche ausgesprochen.

Weiters wurde einem konsensortientierten Politikbegriff ein konfliktorientierter vorgezogen, was sich auf die Tatsache gründet, daß Politik immer geprägt ist von Konflikten um knappe Güter und um Macht.

Ein demokratischer, konfliktorientierter Politikbegriff setzt die Beteiligung aller Betroffenen am politischen Geschehen voraus. Dieses partizipatorische Politikverständnis – so wurde gezeigt – ist verbunden mit dem emanzipatorischen Politikbegriff, der an der Machtbeschränkung der Herrschenden interessiert ist und daher für Partizipation, Gleichberechtigung und Demokratisierung eintritt.

Zuletzt wurde darauf hingewiesen, daß Politik immer mit anderen gesellschaftlichen Systemen, wie etwa dem Wirtschaftssystem oder dem Erziehungssystem, vernetzt ist. Eine politische Analyse wird also die Gesetzmäßigkeiten dieser anderen Systeme mitbedenken müssen.

Im Abschnitt über den Feminismus wurde gezeigt, daß wir es auch hier, wie schon beim Wort Politik, mit einem interessegeleiteten Begriff zu tun haben und daher eine Klärung und Standortbestimmung vonnöten ist.

Es wurde eine Option für einen weiten Feminismusbegriff getroffen, was besagt, daß feministisches Denken alle Unterdrückungs- und Ausbeutungsformen miteinschließt und sich nicht allein auf die Unterdrückung von Frauen beschränkt. Patriarchale Herrschaft ist nach einem weiten Verständnis strukturell verknüpft mit der kapitalistischen Ausbeutung der Dritte-Welt-Länder, sowie mit der Ausbeutung der Natur.

Feminismus ist in dieser Arbeit insofern ein politischer, konfliktorientierter Begriff, als er bestehende Unrechtsverhältnisse bekämpft.

Als politischer Begriff ist Feminismus – so wurde festgestellt – einer ständigen Weiterentwicklung, einem Prozeß unterworfen.

Daß es „den Feminismus" in einer einzigen Erscheinungsform nicht gibt, konnte mit der Darstellung der unterschiedlichen feministischen Tendenzen, die als weltzugewandt oder weltabgewandt klassifiziert wurden, aufgezeigt werden. Weltabgewandte feministische Richtungen gehen von der „weiblichen Andersartigkeit" aus und streben nach einem besseren, weiblichen Gegenentwurf zum männlich geprägten Welt- und Menschenbild. Die Abkehr von bestehenden Realitäten dieser Gesellschaft und der Rückzug auf „heile" Frauenräume ist die häufige Folge dieser Theoriebildung. Aufgrund dieser an den Phänomenen Therapismus und Egozentrismus aufgewiesenen Entpolitisierung feministischen Denkens und Handelns ergab sich für den in dieser Arbeit verwendeten Feminismusbegriff eine klare Entscheidung für die weltzugewandten Richtungen. Diesen zufolge erscheint es wichtig, daß Frauen innerhalb der realen Gegebenheiten um einen ihren Wünschen und Fähigkeiten entsprechenden Raum kämpfen und somit an Macht, Geld und öffentlicher Kommunikation partizipieren. In Zusammenhang mit den weltzugewandten Positionen wurden kurz die Opfer-Täter-Diskussion und die Entwicklung der Mittäterschaftsthese beschrieben und dabei festgestellt, daß sich eine feministische Analyse nicht vor der Mitverantwortung von Frauen an dieser Welt, in der wir leben, drücken kann, und daß es darum geht, das „Mit-dem-Täter-Sein" von Frauen aufzudecken. Ziel eines weltzugewandten Feminismus ist der geschärfte Blick für alle Formen von Unterdrückung und Ausbeutung, für die Not der anderen und ein daraus resultierendes weltbezogenes und weltveränderndes Handeln.

In Anlehnung an die feministische Diskussion zwischen Weltabgewandtheit und Weltzugewandtheit wurde anschließend darauf verwiesen, daß sich die vorliegende Arbeit nicht nur einem weltzugewandten Feminismusbegriff, sondern – damit in Zusammenhang stehend – einer feministisch-befreiungstheologischen Tradition verpflichtet weiß.

Die Diskussion um einen für diese Arbeit adäquaten Bildungsbegriff bestimmte den dritten Abschnitt des ersten Kapitels. In einem ersten Schritt wurde die Option für einen Begriff von Bildung getroffen, der kritische, befreiungsorientierte Aspekte in sich birgt. In Anlehnung an Nipkow wurden mit „Bildung und Politik", „Bildung und Utopie", „Bildung und Subjektivität", „Bildung und Überlieferung" sowie „Bildung und Verständigung" fünf Merkmale eines kritischen Bildungsverständnisses vorgestellt und in ihrer Bedeutung für eine feministisch-politische Bildungsarbeit diskutiert. Schon diese fünf Merkmale ergaben, daß Bildung stets der Verbindung von Individuum und Gesellschaft Rechnung zu tragen hat und eine einseitige Schwerpunktsetzung auf Subjektorientierung oder Gesellschaftsorientierung den Charakter von Bildung verfehlen würde. Weiters wurde festgestellt, daß diese Arbeit einem handlungsorientierten Bildungsbegriff verpflichtet ist. Mit dem Begriff „Bildungsarbeit" soll der interaktionale und aktionale Aspekt von feministisch-politischer Bildung betont werden.

Die Verwendung des Ausdrucks „feministisch-politische Bildungsarbeit" erfordert eine Positionsbestimmung innerhalb der Politikdidaktik, sowie innerhalb der feministischen Bildung.

Wenn hier von „politischer Bildung" gesprochen wird, dann nicht in einem systemstabilisierenden, sondern in einem systemkritischen Sinn. Politische Bildung intendiert eine emanzipative Partizipation von BürgerInnen am demokratischen Ausbau von Staat und Gesellschaft, was unter anderem einen konfliktorientierten Bildungsbegriff zur Folge hat.

Feministische Bildung, wie sie in dieser Arbeit entworfen wird, versteht sich als Alternative zu den bisher entwickelten Traditionen feministischer Bildung, wobei wichtige Elemente dieser Traditionen aufgegriffen werden sollen. So haben die Erkenntnisse der emanzipatorischen Frauenbildung, wonach Frauendiskriminierung ökonomische Ursachen hat, ebenso ihre Geltung wie die Thesen der subjektorientierten feministischen Bildung, die ihr Hauptaugenmerk auf psychische und körperliche Phänomene der

Fremdbestimmung der Frauen werfen. In einer feministisch-politischen Bildungsarbeit geht es um die Verbindung von individueller und kollektiver Befreiung einerseits und um die Bewußtmachung der Zusammenhänge von individuellen Erfahrungen mit strukturellen, ökonomischen und gesellschaftlichen Bedingungen andererseits. Über die Opferthese hinaus soll ein Bildungswissen erarbeitet werden, das die Mittäterschaft von Frauen reflektiert und Frauen aus dem Status der Passivität befreit.
In diesem Sinne ist feministisch-politische Bildungsarbeit Reflexions-, Aktivierungs- und Befreiungsarbeit.
Im letzten Abschnitt des ersten Kapitels wurde versucht, den Ort feministisch-politischer Bildungsarbeit mit Frauen innerhalb kirchlicher Erwachsenenbildung zu bestimmen. Dabei wurde weniger auf ein sektorales Verständnis abgehoben, als auf ein positionelles. Es handelt sich um parteiliche Bildungsarbeit, die ihren Ort bei den Frauen hat und ihr Interesse auf die „Letzten der Gesellschaft“, die Ausgebeuteten und Unterdrückten (inklusive der Natur und anderer Völker) richtet.

2. Paulo Freire und Ruth C. Cohn - zwei Bildungsansätze und ihre Relevanz für eine feministisch-politische Bildungsarbeit mit Frauen

Für die Entwicklung einer Theorie der Praxis feministisch-politischer Bildungsarbeit mit Frauen erscheint mir die Auseinandersetzung mit bereits erprobten Ansätzen pädagogischen Handelns notwendig. Von Interesse sind dafür in erster Linie solche Ansätze, die in ihrer Theorie und Praxis die politische Dimension von Bildung berücksichtigen.
Aus diesem Grund werde ich in diesem zweiten Kapitel die befreiende Bildungsarbeit des Brasilianers Paulo Freire und die Themenzentrierte Interaktion (TZI) der Schweizerin Ruth Cohn vorstellen und ihren möglichen Beitrag zu einer feministisch-politischen Bildungsarbeit diskutieren. Anschließend versuche ich, die beiden Ansätze zu verknüpfen und dadurch weiterzuentwickeln.

2.1. Die befreiende Bildungsarbeit Paulo Freires

> *Die Aufdeckung der Realität ist ohne eindeutig auf diese Realität ausgerichtete politische Aktion schlichtweg sinnlos ... Nur in der Einheit von Praxis und Theorie, von Aktionen und Reflexionen können wir den entfremdenden Charakter des Alltags aufdecken ...*
> *Paulo Freire, in: Der Lehrer ist Politiker und Künstler, 55.*

Ausgangspunkt für Freires befreiende Bildungsarbeit ist die lateinamerikanische Situation der Unterdrückung und Ausbeutung des Volkes durch Großgrundbesitzer und diktatorische Staatsmächte. Paulo Freire betont in dieser Situation die „Politizität der Erziehung", d.h. die Eigenschaft der Erziehung, politisch und nicht neutral zu sein[1] und er entwickelt eine für die Unterdrück-

1 vgl. Schulze, Trudi und Heinz (Hg.): Zukunftswerkstatt Kontinent. Volkserziehung in Lateinamerika, München 1989, 28.

ten parteiergreifende Pädagogik. Von daher kann seine Theorie und Praxis als „politische Bildungsarbeit" bezeichnet werden, was für mich wiederum ein Grund war, sie für diese Arbeit auszuwählen.
Paulo Freire ist weit über Lateinamerika hinaus bekannt geworden und wurde im deutschsprachigen Raum vor allem in den 70er Jahren, der Hochblüte emanzipatorischer Pädagogik, vielfach rezipiert.[2] Aber auch heute beziehen sich gesellschaftskritische PädagogInnen auf Freire, und vor allem im Kontext kritischer kirchlicher Erwachsenenbildung ist sein Ansatz noch präsent.[3]
Es geht mir nicht um eine umfassende Darstellung und Diskussion Paulo Freires, sondern um ein überblickhaftes Vorstellen seiner praktischen Theorie sowie um eine kritische Würdigung und um die Diskussion darüber, was seine Überlegungen zu einer feministisch-politischen Bildungsarbeit beitragen können.

2.1.1. Zur Person Paulo Freire

Die Lebenserfahrungen Paulo Freires sind eng verknüpft mit seiner Pädagogik. Er entwickelte seine praktische Theorie nicht in einem praxisfernen Elfenbeinturm, sondern er ist ein Pädagoge, der das, was ihm in seinem Leben widerfuhr, in seine pädagogische Theorie aufnahm und der diesen Zusammenhang offenlegt. Er versucht zu leben und in seiner Praxis zu verwirklichen, was er denkt und schreibt. Aus diesem Grund erscheint es unerläßlich, seine persönliche und berufliche Entwicklung in einem kurzen Abriß darzulegen.[4]
Paulo Freire wurde am 19.9.1921 in Recife, der Hauptstadt des Bundesstaates Pernambuco geboren. Diese Gegend im Nordosten Brasiliens wird als „Elendsprovinz" bezeichnet, weil der Alltag der Menschen hier von Gewalt, Ausbeutung und Unterdrückung bestimmt ist. Von den ca. 25 Millionen EinwohnerInnen sind ca. 15 Millionen AnalphabetInnen.[5] 45% der Kinder sterben vor Vollendung ihres ersten Lebensjahres an Unterernährung und Krankheit.[6]
Paulo Freire stammt aus einer kleinbürgerlichen Familie – sein Vater war Polizeibeamter – und er litt als Kind an Unterernährung und der typischen Hungerkrankheit Tuberkulose. Er erfuhr am eigenen Leib, „was der Hunger

2 So wurden beispielsweise seine Bücher in 18 Sprachen übersetzt.
3 vgl. Wegenast, Klaus/Lämmermann, Godwin: Gemeindepädagogik...a.a.O. 141–143.
4 In diesem Abschnitt beziehe ich mich in erster Linie auf biographische Angaben aus Freires Büchern bzw. Interviews und auf folgende Sekundärliteratur:
Persie, Michael: Befreiung und Umkehr für die Zukunft. Paulo Freire, Theologie der Befreiung und praxisverändernde Bildung. Mit einem Vorwort von Prof. Wilhelm Dreier, München 1984; Simpfendörfer, Werner: Porträt Paulo Freire, in: Dabisch, Joachim/Schulze, Heinz (Hg.): Befreiung und Menschlichkeit. Texte zu Paulo Freire, München 1991; Gerhardt, Heinz-Peter: Paulo Reglus Neves Freire. A Profile, engl. unveröffentl. Manuskript, Köln 5.1.1993.
5 vgl. Persie, Michael: Befreiung und Umkehr...a.a.O. 65.
6 vgl. Simpfendörfer, Werner: Porträt Paulo Freire...a.a.O. 4.

der Entwicklungs- und Lernfähigkeit eines Kindes antut“[7]. Er galt als geistig zurückgeblieben, was er heute auf die Unterernährung zurückführt, da sich mit aufsteigender wirtschaftlicher Situation der Familie seine schulischen Leistungen besserten.[8] Mit elf Jahren, so erzählte er später, beschloß er in einem Gelübde, sein Leben dem Kampf für die Hungernden zu widmen.[9]

In mehreren Interviews machte Freire deutlich, wie sein Elternhaus seine eigene menschliche und pädagogische Haltung beeinflußte. Während seine Mutter ihn und seine Geschwister katholisch erzog, stand der Vater der Religion eher distanziert gegenüber. Das hinderte ihn aber nicht daran, dem Glauben seines Sohnes mit Hochachtung und Interesse zu begegnen und ihn zu dessen Erstkommunion in die katholische Kirche zu begleiten. Freire sagt über seinen Vater:

> „Mein Vater ... war außergewöhnlich offen ... Er war immer auf der Suche, und jeder von uns hatte das Recht, ‘nein’ zu sagen zu ihm. Das ist phantastisch, denn zu jener Zeit war dies im Nordosten Brasiliens keineswegs üblich ... .Er sprach niemals über seine Autorität, weil er wußte, daß er Autorität war. So lernte ich von klein an, mit ihm und meiner Mutter zu dialogisieren. Dies war die erste Quelle, aus der ich schöpfte.“[10]

Die Form des respektvollen, dialogischen Umgangs mit EducandInnen wurde zu einem Grundpfeiler in Freires Pädagogik. Auch in einem zweiten Punkt war das eigene Erleben prägend für die spätere Theorie: Paulo Freire lernte noch vor dem Schulbesuch von seinen Eltern lesen und schreiben, indem sie ihn mit Wörtern aus seinem kulturellen Umfeld, seinen eigenen Wörtern, in den Alphabetisierungsprozeß einführten. Dazu meint Freire:

> „Es ist interessant, festzustellen, daß ich viele Jahre später, als ich in Brasilien mit der Alphabetisierung begann, genau mit den Wörtern der Betroffenen begann und nicht mit den Wörtern des Lehrers.“[11]

Freires Leben ist eines des Lernens und Lehrens. Schon im Alter von 16/17 Jahren gab er Portugiesischunterricht. Mit 20 Jahren begann er das Jurastudium. Anschließend arbeitete er ein Jahr in einem Rechtsanwaltsbüro, gab aber diesen Beruf auf, weil er entdeckte, „daß das Recht fast immer im Dienst von Unterdrückung und Ausbeutung stand, das Recht der Besitzenden gegen die Habnichtse war“[12]. Er studierte schließlich Pädagogik, wurde Lehrer und später Professor. 1944 heiratete er Elza Maria Oliveria, eine Primarschulleh-

7 Lange, Ernst: Einführung, in: Freire, Paulo: Pädagogik der Unterdrückten. Bildung als Praxis der Freiheit. Mit einer Einführung von Ernst Lange, Reinbek bei Hamburg 1973, 9f.

8 vgl. Persie, Michael: Befreiung und Umkehr...a.a.O. 65.

9 vgl. Lange, Ernst: Einführung...a.a.O. 10.

10 Freire, Paulo: Der Lehrer ist Politiker und Künstler. Neue Texte zu befreiender Bildungsarbeit, Reinbek bei Hamburg 1981, 89f.

11 ebenda, 90.

12 Simpfendörfer, Werner: Porträt Paulo Freire...a.a.O. 5.

rerin und spätere Schuldirektorin, die Freires Auseinandersetzung mit pädagogischen Fragestellungen förderte. Sie beschäftigte sich vor allem mit Fragen des Spracherwerbs und der Kommunikation. Ihr Einfluß auf Freires Arbeit war groß. Sie hat ihn fast vierzig Jahre hindurch begleitet, mit ihm gemeinsam vier Kinder aufgezogen und starb 1986 an einem Herzleiden. Freire heiratete nach ihrem Tod eine ehemalige Studentin.[13]

Freires berufliche Tätigkeitsfelder waren im Laufe seines Lebens vielfältig, den Bereich der Pädagogik aber verließ er bis zum heutigen Tag nicht. Freire lehrte bereits an der Universität in Recife, als er 1946 beauftragt wurde, den Erziehungs- und Ausbildungssektor des Servico Social da Industria (= SESI: Sozialdienst der Industrie) zu leiten. Das hatte zur Folge, daß er zehn Jahre mit LehrerInnen und Eltern von ArbeiterInnenkindern arbeitete und im Dialog mit den ArbeiterInnen nicht nur deren Leben kennenlernte, sondern dabei auch idealistisch-naive Vorstellungen von Bildungsarbeit überwand. Freire erzählt, daß er anfangs in der Elternarbeit mit ArbeiterInnen Piaget zitiert und gegen das Schlagen der Kinder gepredigt habe. Daraufhin habe ihm ein Arbeiter erklärt, daß es nicht fehlende Liebe zu den Kindern wäre, sondern eine Folge der schlechten Arbeits- und Wohnsituation, warum sie ihre Kinder schlagen würden.[14] Freire lernte, daß es nicht darauf ankam, elitäre Vorträge zu halten, sondern darauf, mit den Eltern über ihre konkrete Lebenswirklichkeit und Praxis zu diskutieren. Er schreibt, daß SESI zu einer seiner „Universitäten" wurde und er dort entdeckte, was nötig war, wenn er ein Lehrer des Volkes sein wollte: „Ich muß Lernender des Volkes werden."[15]

Nach seiner Promotion 1959 bekam er den Lehrstuhl für Geschichte und Erziehungsphilosophie an der Universität in Recife. Parallel dazu war er Koordinator des Projektes für Erwachsenenbildung der „Bewegung für Volkskultur". In dieser Bewegung entstanden die „Kulturzirkel", in denen Menschen in Gruppen kulturelle, politische und wirtschaftliche Themen diskutierten, die ihnen ein Anliegen waren.

1962 begann Freire mit seiner berühmt gewordenen Alphabetisierungsarbeit im Nordosten Brasiliens. Die Tatsache, daß durch Freires Methode in sehr kurzer Zeit eine große Zahl von Erwachsenen lesen und schreiben lernte (z.B. 300 ArbeiterInnen in 45 Tagen[16]), beeindruckte die Öffentlichkeit, und in der Folge konnte diese Arbeit mit Unterstützung der Regierung durchgeführt werden. Freire ging es allerdings nicht um mechanisches Lernen der Lese- und Schreibtechnik, sondern um die Verknüpfung der Alphabetisierung mit der Bewußtmachung der realen Unterdrückungssituation.

13 vgl. Gerhardt, Heinz-Peter: Paulo Reglus Neves Freire...a.a.O. 1.

14 vgl. Freire, Paulo: Der Lehrer ist Politiker und Künstler...a.a.O. 40f.

15 Freire, Paulo: Der Lehrer ist Politiker und Künstler...a.a.O. 41.

16 Wölflingseder, Maria: Gesellschaftliche Veränderung. Von oben – von unten. Eine Studie über gesellschaftliche Veränderung aus der Sicht Paulo Freires und Fritjof Capras unter besonderer Berücksichtigung gegenwärtiger New Age-Strömungen, Linz 1992, 29.

Diese politisch-revolutionäre Dimension seiner Arbeit war schließlich auch der Grund für seine Inhaftierung nach dem Militärputsch im März 1964. Er verbrachte 75 Tage im Gefängnis und wurde anschließend mit seiner Familie nach Chile ausgewiesen. Dort lebte er viereinhalb Jahre, arbeitete als Professor an der Katholischen Universität von Santiago und entwickelte als UNESCO-Experte für Bildungsfragen seine pädagogische Theorie weiter. 1969 folgte er der Einladung zu einer zweijährigen Gastprofessur an der Harvard-Universität in den USA. Im Zuge dieser Tätigkeit war es sein Anliegen,

> „die Stimme der 'Dritten Welt' in der 'Ersten Welt' hörbar zu machen, ihr vorzuhalten, wie sie durch ihre 'kulturelle Invasion', durch ihre als Wohltätigkeit getarnte Unterwerfung und Selbstentfremdung die Völker der Dritten Welt zum Schweigen brachte, stillstellte, mundtot machte."[17]

Die Stimme der Dritten Welt hörbar machen konnte Freire in der darauffolgenden Zeit auch in Europa. Ernst Lange, beigeordneter Generalsekretär und Abteilungsdirektor für „Ökumenische Aktivitäten", lud Freire nach Genf ein, um dort im neugeschaffenen Büro für Bildungsfragen des Ökumenischen Weltkirchenrates mitzuarbeiten. Von 1973–1980 lebte Freire in der Schweiz, leitete die Erziehungsabteilung des Weltkirchenrates, gründete mit anderen brasilianischen ExilantInnen das Institut für Kulturelle Aktion (= IDAC) und arbeitete als Berater bzw. Koordinator bei verschiedenen Alphabetisierungsprogrammen auf der ganzen Welt mit.[18]
In der Zeit nach 1974 konzentrierte er seine Arbeit auf die von portugiesischer Herrschaft befreiten afrikanischen Länder. Von 1975 bis 1979 wirkten Paulo und Elza Freire gemeinsam mit dem IDAC-Team am Neuaufbau des Erziehungswesens in Guinea-Bissau, São Tomé und auf den Kapverden mit.[19]
Am 2. Juli 1980 konnten Freire und seine Frau nach 16 Jahren Exil wieder in ihre Heimat zurückkehren.[20] Sie mußten Brasilien, dessen Wirklichkeit sich in den 16 Jahren verändert hatte, neu kennenlernen. Freire wurde von der katholischen Universität in São Paulo eingeladen, mit Postgraduierten zu arbeiten, zudem unterrichtete er an der staatlichen Universität von Campinas. In der Diözese von São Paulo arbeitete er auf Einladung von Kardinal Arns gemeinsam mit MitarbeiterInnen des IDAC im Alphabetisierungsteam. Freire war nach seiner Heimkehr vielseitig engagiert in Brasilien. So trat er beispielsweise

17 Simpfendörfer, Werner: Porträt Paulo Freire...a.a.O. 7.

18 Freire war in den Ländern Nicaragua, Grenada, Peru, Ekuador, Argentinien, Mexiko, Indien, Fidschi, Frankreich, England, Schweden, Australien, Madagaskar tätig. vgl. Schulze, Trudi und Heinz (Hg.): Zukunftswerkstatt Kontinent...a.a.O. 26.

19 An dieser Stelle sei vermerkt, daß sich das IDAC-Team 1970–1979 auch an der Bildungsarbeit mit Frauen im Rahmen der feministischen Bewegung in der Schweiz beteiligt hat. vgl. Wölflingseder, Maria: Gesellschaftliche Veränderung...a.a.O. 32.

20 Über das Datum der Rückkehr Freires finden sich in der Literatur unterschiedliche Angaben. Simpfendörfer nennt den 2. Juli 1980 (s.S.11), Heinz-Peter Gerhardt dagegen spricht vom März 1980 (s.S.12).

auch der Partei der ArbeiterInnen bei, was für ihn einen weiteren Lernschritt bedeutete, da er zuvor keiner Partei angehörte. Bei all seinem Tun achtete er nach wie vor auf die Verbindung zwischen theoretischer und praktischer Arbeit, welche er in seinen Büchern forderte.
Nach dem Wahlsieg der Arbeiterpartei in São Paulo ernannte der neue Regierungschef Luiza Erundina de Sousa am 3.1.1989 Paulo Freire zum Sekretär im Erziehungskabinett. Zwei Jahre später, am 27.5.1991 trat Freire von dieser Position zurück, um seine wissenschaftliche Tätigkeit wieder aufzunehmen. Im November 1992 verlor die Arbeiterpartei die freien Wahlen an einen früheren, vom Militär ernannten, Regierungschef vor allem durch die Stimmen von ArbeiterInnen, Arbeitslosen und BürgerInnen der Mittelschicht.
Der deutsche Erwachsenenbildner und Schüler Paulo Freires, Heinz-Peter Gerhardt, stellt angesichts dieses Rückschlages die Frage: „Was lief falsch mit dem Bewußtseinsbildungsprozeß in den wenigen Jahren einer Erziehungspolitik à la Freire?“[21]
Diese Frage ist berechtigt, und Paulo Freire hat sie sich vermutlich auch selber gestellt, denn er ist ein lernender Lehrer geblieben.
Das zeigt sich auch an der Tatsache, daß er sich mit der Kritik, die an seiner pädagogischen Theorie geübt wurde, immer wieder neu auseinandergesetzt hat. Teilweise hat er daraufhin seine Aussagen so modifiziert, daß sie weniger Mißverständnisse hervorrufen konnten. In vielen Interviews bewies er die Fähigkeit zur Selbstkritik, so etwa, wenn er bemerkt, daß auch er alte Vorstellungen tief in sich habe, die ihn vor Naivität nicht schützten.[22]
Freire wurde immer wieder mit dem Vorwurf der Widersprüchlichkeit konfrontiert, weil er offen sowohl zu seiner christlichen wie auch marxistischen Haltung stand. Dazu meint er in einem Interview:

> „Je mehr ich Marx begreife ... desto mehr verstehe ich die Evangelien ... D.h. im Grunde genommen hat mich Marx gelehrt, die Evangelien wieder neu zu lesen. Für viele Leute klingt das absurd ... bin ich ein Mann voller Widersprüche ... Ich sehe keinen Widerspruch in meiner christlichen Haltung, für eine Gesellschaft zu arbeiten und zu kämpfen, die sich nicht auf Ausbeutung einer Klasse durch eine andere gründet. Nicht zuletzt möchte ich sagen, daß sowohl meine christliche Haltung wie meine Annäherung an Marx sich nicht auf der Ebene eines Intellektuellen vollzogen, sondern immer im Konkreten.“[23]

An anderer Stelle betont er die christliche Motivation seines Handelns, das ihn in der Folge zur Auseinandersetzung mit marxistischer Gesellschaftsanalyse veranlaßte:

21 "What went wrong with the 'conscientizaçâo' process in the few years of an educational administration à la Freire?" Gerhardt, Heinz-Peter: Paulo Reglus Neves Freire...a.a.O. 13f.
22 vgl. Freire, Paulo: Der Lehrer ist Politiker und Künstler...a.a.O. 44.
23 ebenda, 48f.

„In meiner Jugend bin ich zu den Bauern gegangen, später als Lehrer zu den Arbeitern und immer habe ich es auf Grund meines christlichen Glaubens gemacht. Wenn ich dann bei diesen Menschen war, schickten mich diese zu Marx ... Dann ging ich also zu Marx, und ich sah überhaupt keinen Grund, weshalb ich mich nicht weiter mit Christus treffen sollte."[24]

Zusammenfassend läßt sich Freire als charismatische Persönlichkeit beschreiben, als Pädagoge mit Liebe zu den Menschen und Achtung vor ihnen, mit Autorität und der Fähigkeit zu Selbstkritik sowie dem Willen, selbst Lernender zu bleiben. Heinz-Peter Gerhardt, der Freire persönlich kennt, charakterisiert ihn als einen Mann mit einem großen Sinn für Humor und gleichzeitig voll Abscheu gegenüber allen Arten von Ungerechtigkeit.[25]

2.1.2. Befreiende Bildungsarbeit – Theorie der Praxis und pädagogische Haltung Paulo Freires

Der Darstellung von Freires Theorie der Praxis sei ein kurzer Hinweis auf die unterschiedlichen Einflußfaktoren, die ihn geprägt haben, vorangestellt. Da war zum einen die konkrete historische Situation, in der Freire seine Pädagogik entwickelte, und da waren zum anderen die verschiedenen philosophischen-anthropologischen Denkansätze, auf die er sich bezog.
Zum Einfluß der historischen Situation verweist Dimas Figueroa darauf, daß „die Ausbildung Freires Theorie und Praxis der Erziehung in eine Zeit weltweiter politischer Gärung und moralischer Empörung"[26] fiel. Es war die Zeit der weltweiten Proteste gegen Faschismus, Neokolonialismus und gegen die ungerechte Verteilung der Güter. Freire selbst nennt als Fundamentalthema dieser Epoche „das der Herrschaft, das seinen Gegensatz, nämlich das Thema der Befreiung"[27] miteinschließt, als Ziel, das es zu erreichen gelte.
Dieses regionale und globale gesellschaftliche Klima „ermöglichte das von Hoffnung stimulierte, uneingeschränkte Engagement Freires ... für eine humane Gesellschaftsordnung"[28].
Etwas genauer beschreibt Michael Persie die konkreten historischen Einflüsse Brasiliens auf Paulo Freire. Er nennt die durch Präsident Vargas geförderte politische Bewegung des Populismus (1930–1960), in der „die Masse allmählich ein selbständiger Faktor wurde."[29] Ende der 50er, Anfang der 60er Jahre entstanden christliche und marxistische Volksbewegungen, die zusam-

24 ebenda, 95.
25 "Paulo Freire is a man with a great sense of humor yet at the same time a man disgusted with all types of injustice." Gerhardt, Heinz-Peter: Paulo Regulus Neves Freire...a.a.O. 1.
26 Figueroa, Dimas: Paulo Freire zur Einführung, Hamburg 1989, 13.
27 Freire, Paulo: Pädagogik der Unterdrückten. Bildung als Praxis der Freiheit. Mit einer Einführung von Ernst Lange, Reinbek bei Hamburg 1973, 85.
28 Figueroa, Dimas: Paulo Freire...a.a.O. 14.
29 Persie, Michael: Befreiung und Umkehr...a.a.O. 69.

menarbeiteten. Christlich orientierte Gruppierungen wie die Bewegung für Volkskultur (MCP) oder die Bewegung für Basisbildung (MEB) prägten das Denken und Handeln Paulo Freires. Die Praxis der Befreiung eilte der Theorie voraus und enthielt christliche, populistische und marxistische Komponenten:

„Der Populismus erkannte durch das christliche, dialogische Prinzip das Volk als mitgestaltendes Subjekt an, das Christentum entdeckte durch seine Situation und die marxistische Gesellschaftsanalyse seine historische Dimension und seinen gesellschaftsverändernden Auftrag. Marxismus galt nicht als Lehre, sondern als Instanz der Gesellschaftsanalyse."[30]

Was die philosophischen und anthropologischen Denkansätze betrifft, die auf Freire Einfluß hatten, finden sich in der Sekundärliteratur lange Autorenlisten mit unterschiedlichen Schwerpunktsetzungen.[31] Gleichzeitig wird darauf verwiesen, daß Freire oft gegensätzliche Philosophien zitiere, kein homogenes wissenschaftliches Vokabular verwende und ihm folglich Eklektizismus vorgeworfen werden müsse. Freire bekennt sich aber gegenüber seinen Kritikern dazu, weil er sich nicht durch eine bestimmte philosophisch-pädagogische Richtung etikettieren lassen will.[32] Figueroa nennt folgenden komplexen Bezugsrahmen für Freires Theoriebildung:

„... die aufklärerischen Theorien von Descartes, Kant und Hegel, die Theorie-Praxis-Vermittlung des frühen Marx, die Existenzphilosophien Jaspers', Sartres und Gabriel Marcels, die Theorie von Bernanos, den Personalismus Mouniers und Maritains, die Ethnologien Gilberto Freyres und Lévi-Strauss', die analytische Sozialpsychologie Erich Fromms, die kritische Theorie Herbert Marcuses, den Utopiebegriff Leszek Kolakowskis, die Sprachtheorien Bubers und Chomskys und die Abhängigkeitstheorie André Gunder Franks. Am entscheidensten geprägt ist sie aber durch die Wissenssoziologie Karl Mannheims, die Sprachtheorien Ferdinand de Saussures und Charles Ballys sowie durch die Phänomenologie Edmund Husserls."[33]

Persie würde dieser Liste noch Autoren wie den Jesuiten P. Henrique de Lima Vaz und den französischen Dominikaner Thomas Cordonnel anfügen, „wobei ersterer in Anlehnung an Marx und Hegel das geschichtliche Bewußtsein betonte und Cordonnel die politische Komponente hinzufügte"[34].
Wenn sich vermutlich bei den einen oder anderen angeführten Denkansätzen über den Einfluß auf Freire diskutieren ließe, diese Listen einzuschränken oder zu erweitern wären, so kann anhand dieser Darstellung doch aufgezeigt werden, daß sich Freires Theorie und Praxis aus vielfältigen Wurzeln nährt.

30 ebenda, 70.
31 Im Gegensatz zu Persie, der mehr den Einfluß christlicher Philosophen auf Freire betont (vgl. Persie 72), legt Figueroa sein Hauptaugenmerk auf die prägende Wirkung der Sprachtheorie Ferdinand de Saussures und der Phänomenologie Edmund Husserls für Freires Theorie (vgl. Figueroa 15).
32 vgl. Persie, Michael: Befreiung und Umkehr ... a.a.O. 68.
33 Figueroa, Dimas: Paulo Freire ... a.a.O. 14f.
34 Persie, Michael: Befreiung und Umkehr...a.a.O. 72.

Ein weiteres Kennzeichen der Schriften Freires ist, daß sie weniger streng wissenschaftlich-systematisch, sondern eher assoziativ-reflektierend verfaßt sind. Umso mehr gilt dies für die vielen Interviews und Briefe Freires. Ich werde daher in der folgenden Darstellung seiner Theorie und Praxis nicht chronologisch vorgehen, sondern jene Zentralbegriffe herausgreifen, die sich wie ein roter Faden durch sein Werk ziehen.

2.1.2.1. Anthropologische Grundaussagen

Um Freires Theorie der Praxis nachvollziehen zu können, ist es nötig, seine Grundaussagen zum „Wesen des Menschen" zu kennen. Freire entwickelte keine systematische anthropologische Theorie, aber er versuchte, an verschiedenen Stellen seines Werkes seine Sicht von den Menschen deutlich zu machen.

Die Situationalität der Menschen

Mit der Aussage „Menschen sind, weil sie in einer Situation sind"[35], verweist Freire darauf, daß Menschen nicht losgelöst von der konkreten Wirklichkeit existieren, sondern immer in zeitlich-räumlichen Bedingungen, die sie prägen und von denen sie geprägt werden, verwurzelt sind. In diesem Zusammenhang betont er auch die Geschichtlichkeit der Menschen im Sinne ihrer aktiven Teilnahme an der Geschichte:

> „Es gibt keine historische Wirklichkeit, die nicht menschlich ist. Es gibt keine Geschichte ohne Menschen und keine Geschichte für Menschen. Es gibt nur Geschichte von Menschen, von Menschen gemacht und (wie Marx gezeigt hat) eine Geschichte, die umgekehrt auch sie macht."[36]

Als Wesen der Geschichte leben die Menschen in konkreten Situationen, die ihr Bewußtsein von der Welt bestimmen. Umgekehrt bestimmt wiederum dieses Bewußtsein die Haltung der Menschen und ihre Art, mit der Wirklichkeit umzugehen.[37] In diesen Zitaten kommt bereits eine der wichtigsten Säulen in Freires Theorie zum Vorschein: die dialektische Beziehung zwischen Menschen und Welt.

Menschen als Wesen mit Bewußtsein

Im Gegensatz zum Tier haben Menschen das Bewußtsein ihrer selbst. Sie können sich selber erkennen und zugleich die Tatsache, daß sie von der Um-

35 Freire, Paulo: Pädagogik der Unterdrückten...a.a.O. 91.
36 ebenda, 109f.
37 vgl. ebenda, 109.

welt getrennt sind. Der Mensch hat die ontologische Berufung, Subjekt zu sein. Allein diese prinzipielle Potentialität, dieses Bewußtsein zu erlangen, macht ihn schon zum Menschen.[38]
Mit der Rede von der Intentionalität des Bewußtseins bezieht sich Freire auf die Denkansätze Husserls und Sartres und will damit „jede Ideologie zurückweisen, welche dem Unterdrückten das menschliche Wesen abspricht und ihn nicht als Mitglied der Menschheit anerkennen will."[39]

Menschen als Wesen der Praxis

Die unterschiedlichen Situationen und Existenzweisen der Menschen in der Welt führen nach Freire zu zwei Reaktionsmustern: Während die einen keine andere Möglichkeit sehen, als sich an die vorgegebene Realität anzupassen, versuchen die anderen, die objektive Wirklichkeit zu erkennen und verändernd in sie einzugreifen. Diese menschliche Aktivität nennt Freire „Integration":

„Integration resultiert aus der Fähigkeit, sich der Realität anzupassen, (sic!) und zugleich aus der kritischen Befähigung, eine Auswahl zu treffen und diese Realität zu transformieren ... .Die integrierte Person ist Person als Subjekt. Im Kontrast dazu ist die angepaßte Person nur Person als Objekt."[40]

Passivität und Anpassung sind für Freire demnach ein Symptom der Entmenschlichung. Aktivität und Engagement in der Welt dagegen ist die menschenwürdige Existenzform. Die Fähigkeiten zur Entfaltung der menschlichen Existenz als „bewußte, kritische Integration in die gegebenen gesellschaftlichen Verhältnisse mit dem Ziel ihrer Veränderung"[41] sind allen Menschen gegeben. Die realen Lebensbedingungen können die Entwicklung dieser Fähigkeiten aber behindern oder verunmöglichen. Ohne Praxis, schreibt Freire, „können Menschen nicht wahrhaft menschlich sein"[42], und er meint damit, daß der Mensch auf die Herausforderung der Welt mit seiner Praxis antwortet.
Maria Wölflingseder verweist auf den spezifischen Gebrauch des Wortes „Praxis" bei Freire, der sich aus der portugiesischen Sprache ergibt, wo „práctica" das alltägliche Handeln sowie körperliches und geistiges Arbeiten bezeichnet:

„Praxis (práxis) – in der portugiesischen Sprache wird dieses Wort synonym mit práctica (Praktizieren) gebraucht – bezeichnet bei Freire eigentlich bereits die dialektische Einheit von Praktizieren und Theorie."[43]

38 vgl. Persie, Michael: Befreiung und Umkehr...a.a.O. 74.
39 Figueroa, Dimas: Paulo Freire...a.a.O. 28.
40 Freire, Paulo: Erziehung als Praxis der Freiheit. Beispiele zur Pädagogik der Unterdrückten, Reinbek bei Hamburg 1977, 10f.
41 Kühlmann, Michael: Lernen als Bewußtseinsbildung. Paulo Freires Konzept als Ansatz für befreiendes Lernen im Alter, Dortmund 1990, 168.
42 Freire, Paulo: Pädagogik der Unterdrückten...a.a.O. 58.
43 Wölflingseder, Maria: Gesellschaftliche Veränderung...a.a.O. 37.

Freire selbst schreibt dazu:

„Für das dialektische Denken sind Welt und Aktion eng aufeinander angewiesen. Aber Aktion ist nur dann menschlich, wenn sie nicht nur in einer Beschäftigung, sondern auch in einer Überlegung besteht, das heißt, wenn sie nicht von der Reflexion getrennt ist."[44]

Praxis bedeutet also das aktive Umgehen mit der Wirklichkeit und schließt geistige und körperliche Tätigkeit, Aktion und Reflexion ein. In diesem Zusammenhang unterscheidet Freire die Menschen als „Wesen der Praxis" von den Tieren „als Wesen reiner Aktivität".[45]
Praxis ist für Freire insofern wichtig, als sie das menschliche Mittel ist, durch das die Welt verändert wird. Sie hat für den Menschen allerdings nur dann positive Bedeutung, wenn sie zur Humanisierung von Welt beiträgt und zur Befreiung des Menschen anleitet.[46]

Menschen als Wesen des Dialogs

„Dialog ist die Begegnung zwischen Menschen, vermittelt durch die Welt, um die Welt zu benennen."[47] So definiert Freire jenes kommunikative Geschehen zwischen Menschen, das für ihn zur ontologischen Bestimmung der Menschen gehört. Menschsein bedeutet, mit anderen und mit der Welt in Beziehung zu stehen, in Dialog zu treten.[48] Der Mensch ist „das 'Dialogwesen', das mit seinen Mitmenschen über die Umwelt und mit der Umwelt durch den Dialog mit den Mitmenschen vermittelt ist"[49].
Freire kann diesen Dialog, das Benennen der Welt nicht unabhängig von der Praxis der Menschen und somit der Veränderung der Welt denken. Menschlich existieren heißt für ihn die Welt benennen und sie verändern. Dazu sind Sprache, Dialog und Arbeit nötig:

„Wenn es also dadurch zu einer Verwandlung der Welt kommt, daß Menschen ihr Wort sagen und die Welt benennen, dann drängt sich der Dialog auf als die Weise, durch die Menschen ihrem Sinn als Menschen gerecht werden. So ist der Dialog eine existentielle Notwendigkeit ... ein Akt der Schöpfung ... Er ist die Eroberung der Welt um der Befreiung der Menschen willen."[50]

Michael Persie meint, man könne „bei P.Freire von einer regulativen Idee des Dialoges sprechen"[51]. Es sei Aufgabe des Menschen, mit der Welt und ande-

44 Freire, Paulo: Pädagogik der Unterdrückten...a.a.O. 40.
45 ebenda, 105.
46 vgl. Persie, Michael: Umkehr und Befreiung...a.a.O. 77.
47 Freire, Paulo: Pädagogik der Unterdrückten ... a.a.O. 72.
48 vgl. Freire, Paulo: Erziehung als Praxis der Freiheit...a.a.O. 9.
49 Lange, Ernst: Einführung ... a.a.O. 20.
50 Freire, Paulo: Pädagogik der Unterdrückten ... a.a.O. 72.
51 Persie, Michael: Befreiung und Umkehr...a.a.O. 79.

ren Menschen zu kommunizieren, denn ohne Dialog gäbe es keine Benennung, ohne Benennung keine Veränderung der Welt und daher keine Menschwerdung.
In Zusammenhang mit seinen Überlegungen zum dialogischen Wesen des Menschen kommt Freire auf Tugenden wie Liebe, Demut, Glaube, Vertrauen und Hoffnung zu sprechen.[52] Diese Haltungen seien zugleich für die Veränderung der Welt nötig:

> „Dialog kann freilich nicht existieren, wo es an der tiefen Liebe für Welt und Menschen fehlt. Die Benennung der Welt als Akt der Schöpfung und Neuschöpfung ist nicht möglich, wo dieser Vorgang nicht von Liebe durchdrungen ist."[53]

Zusammenfassend kann gesagt werden, daß Freire von einem optimistischen Menschenbild ausgeht, wenn er den Menschen als situationales Wesen mit Bewußtsein, als Wesen der Praxis und des Dialogs beschreibt. Er betont damit die Geschichtlichkeit, die schöpferische Aktivität und Intersubjektivität des Menschen.[54]

2.1.2.2. Freires Analyse zum Phänomen der Unterdrückung

Dem humanistischen Menschenbild Freires, das die Freiheit und das Subjektsein des Menschen betont, steht die konkrete historische Wirklichkeit der Unterdrückung und Ausbeutung, der Entfremdung der Menschen in Ländern der sogenannten Dritten Welt, aber auch in den reichen Industrieländern gegenüber: „... Humanisierung ... ist des Menschen wahre Berufung ... Sie wird zerstört durch Ungerechtigkeit und Ausbeutung, durch Unterdrückung und die Gewalt der Unterdrücker."[55] Diese Wirklichkeit wird für Freire zur Herausforderung für die Entwicklung seiner Theorie und Praxis einer befreienden Bildungsarbeit.
Im folgenden möchte ich seine Analyse zum Phänomen der Unterdrückung vorstellen, allerdings nicht ohne auf die historische Bedingtheit dieser Analyse zu verweisen (60er, 70er Jahre) und nicht ohne zu betonen, daß Freire selbst heute manches vermutlich konkreter formulieren würde.

52 vgl. Freire, Paulo: Pädagogik der Unterdrückten...a.a.O. 72ff; Kühlmann, Michael: Lernen als Bewußtseinsbildung...a.a.O. 172ff.

53 Freire, Paulo: Pädagogik der Unterdrückten...a.a.O. 72f.

54 Bendit und Heimbucher sehen Freires Menschenbild in der christlich-existentialistischen Tradition eines Gabriel Marcel. Sie meinen, daß Freire dessen Thesen zu "Transzendentalität, Aufgabencharakter, Freiheit, schöpferische Aktivität, Intersubjektivität" des Menschen aufnimmt.
vgl. Bendit, René/Heimbucher, Anton: Von Paulo Freire lernen. Ein neuer Ansatz für Pädagogik und Sozialarbeit, Weinheim und München [3]1985, 35.

55 Freire, Paulo: Pädagogik der Unterdrückten...a.a.O. 31.

Unterdrücker versus Unterdrückte – Ein Verhältnis gegenseitiger Abhängigkeit

Mit den Begriffen „Unterdrückte" und „Unterdrücker" setzt sich Freire vor allem in seinem berühmtesten Buch „Die Pädagogik der Unterdrückten" auseinander, wobei er sich bei der Beschreibung dieses Verhältnisses in manchen Punkten am Herr-Knecht-Schema Hegels orientiert. Wie Hegel stellt Freire zwei Daseinsformen der Menschen fest, die sich in gegensätzlichen Bewußtseinsformen manifestieren. Während die „Herren" von einem Bewußtsein der Selbständigkeit und des „Fürsichseins" geprägt sind, sind die „Knechte" durch Unselbständigkeit charakterisiert. Ihnen wird „das Leben oder das Sein für ein Anderes" zum Wesen.[56] Die „Herren" bezeichnet Freire als „Unterdrücker", die „Knechte" als die „Unterdrückten". Beide Daseinsformen sind eng verknüpft mit dem herrschenden Wirtschafts- und Sozialsystem. Die Unterdrücker charakterisiert Freire als Menschen mit einem starken „Besitzerbewußtsein":

„Bei ihrer hemmungslosen Leidenschaft zu besitzen entwickeln die Unterdrücker die Überzeugung, daß es ihnen möglich ist, alles in Objekte ihrer Erwerbsmacht zu verwandeln. Daher rührt ihr streng materialistisches Konzept der Existenz. Geld ist das Maß aller Dinge und Profit das primäre Ziel ... Für sie ist Sein gleich Haben, und Sein bedeutet für sie, die Klasse der 'Habenden' zu sein."[57]

Es gehe den Unterdrückern in ihrem Leben allerdings nicht nur ums „Haben", sondern immer auch um ein „Mehrhaben", das sie als ihr Recht ansehen. Ein Recht, welches sie durch Anstrengung und den Mut zum Risiko erworben hätten. In ihrer Lebenslogik gefangen, verstehen sie nicht, „daß ihr Monopol des Mehrhabens ein Vorrecht ist, das andere und sie selbst enthumanisiert".[58] Allerdings sei den Unterdrückern sehr wohl bewußt, daß eine eventuelle Solidarisierung der Unterdrückten eine Gefahr für ihre Monopolstellung bedeute. Aus diesem Grund sehen sich die reaktionären Parteien, welche als Vertreter der Habenden fungieren, gezwungen, „alles zu tun, um die Entstehung eines Klassenbewußtseins bei den Unterdrückten zu verhindern".[59]
Weiters charakterisiert Freire das Unterdrücker-Bewußtsein als nekrophil und sadistisch, da es bei seinem Eifer zu besitzen, dahin tendiere, alles und alle, die ihm begegnen, zu 'entseelen'.[60]

56 vgl. ebenda, 37 sowie: Figueroa, Dimas: Paulo Freire...a.a.O. 40f; 45; 101–105. Figueroa kritisiert, daß Freire Hegels Dialektik von Herr und Knecht unkritisch rezipiere, weil er nicht auf die darin enthaltene Verschleierung der bürgerlichen sozialen Wirklichkeit hinweise. (vgl. Figueroa 45)

57 Freire, Paulo: Pädagogik der Unterdrückten...a.a.O. 45.

58 ebenda.

59 Freire, Paulo: Der Lehrer ist Politiker und Künstler...a.a.O. 57.

60 vgl. Freire, Paulo: Pädagogik der Unterdrückten...a.a.O. 46.

Mehr als mit dem Bewußtsein und Verhalten der Unterdrücker beschäftigt sich Freire mit jenem der Unterdrückten, weil sie seiner Meinung nach jene sind, die dieses enthumanisierende Verhältnis aufbrechen können: „So sind es ausschließlich die Unterdrückten, die durch ihre Selbstbefreiung auch ihre Unterdrücker befreien können", schreibt er in seinem Buch „Pädagogik der Unterdrückten".[61] Voraussetzung für diesen Schritt ist es allerdings, daß die Unterdrückten ihr eigenes Verhalten und Bewußtsein kritisch reflektieren lernen. Solange sie im Unterdrückten-Bewußtsein verharren, wird der Status Quo im Verhältnis zwischen Unterdrückern und Unterdrückten erhalten bleiben.

Charakteristisch für die Unterdrückten ist, daß sie sich „an einem bestimmten Punkt ihrer existentiellen Erfahrung vom Unterdrücker und seiner Lebensweise unwiderstehlich angezogen"[62] fühlen. Besonders in der unterdrückten Mittelschicht, so sagt Freire, sei der Wunsch, die Lebensweise der Unterdrücker zu übernehmen, zu bemerken:

> „Die Sehnsucht, diese Lebensweise zu teilen, wird übermächtig. In ihrer Entfremdung wollen die Unterdrückten um jeden Preis dem Unterdrücker gleichen, sie möchten ihn imitieren, sie möchten ihm nachfolgen."[63]

Diese Identifikation mit dem Unterdrücker hängt auch damit zusammen, daß, psychoanalytisch gesprochen, die Unterdrückten „das Bild des Unterdrückers internalisiert und seine Richtlinien akzeptiert haben".[64] Dadurch, so meint Freire, werden die Unterdrückten zu zwiespältigen Wesen, die einen anderen „behausen".[65] Die Ambivalenz des Unterdrückten-Bewußtseins besteht in einer Mischung von Leiden und Lust am Unterdrücker, von Liebe und Haß gegen die Herren.[66]

61 ebenda, 43.
Die Vorstellung Freires, nach der die Befreiung nur von den Unterdrückten ausgehen könne, kritisiert Figueroa als "abstraktes Gedankengebäude, das zu idealistisch übersteigerten Erwartungen führt. Freires Aufwertung der befreienden Rolle der Unterdrückten ist dafür das beste Beispiel." Figueroa, Dimas: Paulo Freire...a.a.O. 87.

62 Freire, Paulo: Pädagogik der Unterdrückten...a.a.O. 48.

63 ebenda.

64 ebenda, 34. Was Freire nur andeutet, führt Wölflingseder in ihrer Freire-Rezeption, bezugnehmend auf den Psychoanalytiker Igor Caruso, genauer aus. Dieser verweist darauf, daß die pathogene Identifikation mit dem Unterdrücker zur Ausbildung eines sadistischen Über-Ichs führt, welches das Ich erdrückt: "Eine Folge dieser Identifizierung ist die Entfremdung des eigenen Ichs im Über-Ich des Unterdrückers, dessen Weltanschauung man teilt (jene aber ist es ja gerade, die dem eigenen Ich keinen Raum mehr läßt)." Caruso, Igor A.: Soziale Aspekte der Psychoanalyse, Reinbek bei Hamburg 1972, 82; zit. in: Wölflingseder, Maria: Gesellschaftliche Veränderung...a.a.O. 134.

65 vgl. Freire, Paulo: Pädagogik der Unterdrückten...a.a.O. 117.

66 vgl. ebenda, 21.

Eine weitere Folge des Internalisierungsverhältnisses zum Unterdrücker ist das Phänomen der Selbsterniedrigung, das die Unterdrückten charakterisiert. Selbsterniedrigung kommt nach Freire dadurch zustande, daß die Unterdrückten die sie abwertenden Äußerungen der Unterdrücker übernehmen:

„Sie hören so oft, daß sie zu nichts nutze sind, nichts wissen und unfähig sind, etwas zu lernen – daß sie krank sind, faul und unproduktiv –, so daß sie schließlich von ihrer eigenen Unfähigkeit überzeugt werden."[67]

Durch die Selbsterniedrigung fehlt den Unterdrückten jedes Selbstvertrauen in die eigenen Kräfte, in ihr eigenes Denken. Erst wenn sie in den organisierten Kampf für ihre Befreiung eintreten, beginnen sie, an sich selbst zu glauben.[68] Freire beschreibt die Unterdrückten als emotional Abhängige, die sich „wie 'Dinge' fühlen, die dem Unterdrücker gehören".[69] Für sie bedeute Sein nicht Haben, sondern „unter" dem Unterdrücker und von ihm abhängig zu sein. Diese emotionale Abhängigkeit kann nun wiederum auf Seite der Unterdrückten zu nekrophilem, lebenszerstörendem Verhalten sich selbst und ihren eigenen Leuten gegenüber führen.[70] Die Unterdrückten, so meint Freire, leiden an einem inneren Zwiespalt. Auf der einen Seite entdecken sie, daß sie ohne Freiheit nicht wirklich existieren können, auf der anderen Seite fürchten sie sich vor der Freiheit, denn ein Leben in Freiheit würde verlangen, daß sie ihre alte Daseinsform der Anpassung aufgeben und durch Autonomie und Verantwortung ersetzen.[71] Daran aber hindere sie jenes „magische Bewußtsein", das den Tatsachen eine überlegene Kraft zumißt, der man sich unterwerfen muß. Fatalismus ist eine Ausdrucksform des magischen Bewußtseins und äußert sich darin, daß Menschen angesichts der Übermacht der Tatsachen die Hände in den Schoß legen und resignieren, weil sie es für unmöglich erachten, Widerstand zu leisten.[72]

Kulturelle Invasion, Mythologisierung und Manipulation als Instrumente der Unterdrückung

Wie schon beschrieben, haben die Unterdrücker starkes Interesse an der Aufrechterhaltung der oppressiven Ordnung. Dieses Ziel wird mit den verschiedensten Mitteln – „vom härtesten zum raffiniertesten, vom unterdrückerischsten zum besorgtesten"[73] zu erreichen versucht. Im folgenden sollen einige davon angeführt werden.

67 ebenda, 49.
68 vgl. ebenda, 51.
69 ebenda, 50.
70 vgl. ebenda, 51.
71 vgl. ebenda, 34f.
72 vgl. Freire, Paulo: Erziehung als Praxis der Freiheit...a.a.O. 49.
73 Freire, Paulo: Pädagogik der Unterdrückung...a.a.O. 116.

Als „Kulturelle Invasion“ bezeichnet Freire jenen Vorgang, bei dem die Herrscher die Kultur und Sprache der Untertanen vernichten. Sie dringen ein in den kulturellen Zusammenhang der Unterdrückten, ohne diesen zu respektieren und drängen ihnen ihre Sicht der Welt auf. Sie blockieren die Kreativität der Überfallenen, indem sie ihre Ausdrucksmöglichkeiten lahmlegen. Diesen Akt der Gewalt bezeichnet Freire auch als „Antidialog“.[74] Das bedeutet, die Unterwerfung geschieht nicht nur wirtschaftlich, sondern auch kulturell, indem die Unterdrückten ihres Wortes, ihres Ausdrucks und ihrer Kultur beraubt und gezwungen werden, Sprache und Kultur der Unterdrücker anzunehmen. Kulturelle Unterwerfung führt zur kulturellen Verfälschung derer, die überfallen werden, denn diese gehen nach und nach auf die Werte, Normen und Ziele der Eindringlinge ein. Die kulturelle Invasion ist dann gelungen, wenn die Unterdrückten gelernt haben, die Wirklichkeit mit den Augen der Unterdrücker zu sehen, statt mit ihren eigenen.[75] Kulturelle Invasion geschieht häufig über Erziehung und Schulsystem. Sowohl im institutionellen Bildungswesen als auch in informellen Lernprozessen, die sich im Klima von Gewalt und Angst ständig vollziehen, können die Unterdrücker mit ihren Mythen das Bewußtsein der Menschen besetzen.[76] Die Einlagerung von Mythen in das Bewußtsein der Unterdrückten gelingt im besonderen durch eine Form von Bildung, die Freire die „Bankiers-Methode“ nennt. Dies ist ein antidialogisches, unkommunikatives Verfahren, bei dem davon ausgegangen wird, daß die LehrerInnen die Wissenden, die SchülerInnen dagegen die Unwissenden sind. Die SchülerInnen werden wie leere Behälter behandelt, die es zu füllen gilt. Je vollständiger ein/e LehrerIn die SchülerInnen mit ihnen fremden Wissen anfüllt, umso besser ist er/sie. Die Aktivität der SchülerInnen dagegen besteht lediglich darin, die „Einlagen“, die die LehrerInnen machen, entgegenzunehmen, zu ordnen und aufzustapeln. Freire erklärt auch das Hintergrundinteresse dieser Art von Erziehung:

„Die Möglichkeit der Bankiers-Erziehung, die kreative Kraft der Schüler zu minimieren oder zu vernichten und ihre Leichtgläubigkeit zu stimulieren, dient den Interessen der Unterdrücker, denen es darum geht, daß die Welt weder erkannt noch verwandelt wird.“[77]

Ein weiteres Instrument der Unterwerfung, das eng mit Erziehung und Bildung verknüpft ist, ist die „Mythologisierung der Wirklichkeit“ durch die Unterdrücker. Unter Mythen versteht Freire in diesem Zusammenhang verzerrte Sichtweisen der Wirklichkeit, Erklärungsmuster, die es verhindern, die Wirklichkeit selbständig und kritisch wahrzunehmen. Die Unterdrücker lagern Mythen in das Bewußtsein der Menschen ein, um den Status quo zu erhalten. Freire nennt in „Pädagogik der Unterdrückten“ einige dieser Mythen:

74 vgl. ebenda, 129.
75 vgl. ebenda, 130.
76 vgl. ebenda, 131.
77 ebenda, 59.

„Der Mythos, daß die unterdrückerische Ordnung eine 'freie Gesellschaft' sei – der Mythos, daß alle Menschen die Freiheit haben zu arbeiten, wo sie wollen, so daß, wenn sie ihren Vorgesetzten nicht mögen, sie ihn verlassen und sich nach einem anderen Job umsehen können – der Mythos, daß diese Ordnung die Menschenrechte respektiert und deshalb der Achtung wert ist – der Mythos, daß jeder Fleißige selbst ein Unternehmer werden kann – ja schlimmer noch der Mythos, daß jeder Straßenhändler so viel sei wie ein Unternehmer oder der Besitzer einer großen Fabrik. Der Mythos des allgemeinen Rechts auf Erziehung, während von allen brasilianischen Kindern, die in die Grundschule eintreten, nur ein winziger Teil jemals die Universität erreicht ... Der Mythos von der Liebe und Großmut der Eliten, wobei sie eigentlich nichts anderes tun als 'gute Taten' selektiver Art zu fördern (später zum Mythos der 'absichtslosen Hilfe' umgearbeitet, den auf internationaler Ebene Papst Johannes XXIII. scharf kritisiert hat). ... Der Mythos, daß Aufstand eine Sünde wider Gott ist. Der Mythos vom Privateigentum als Grundlage persönlicher menschlicher Entwicklung (solange die Unterdrücker die einzig wahren menschlichen Wesen sind). Der Mythos vom Fleiß der Unterdrücker und der Faulheit und Unehrlichkeit der Unterdrückten und schließlich der Mythos der natürlichen Unterlegenheit der letzteren und der Überlegenheit der ersteren."[78]

Wenn Freire diese Mythen speziell im Kontext Lateinamerikas findet, so nennt er für die europäischen Industrieländer Mythen wie den ungebrochenen Glauben an die Technologie und ihre Effizienz.[79] Darüberhinaus können wir heute eine Reihe neuer Mythen in unserer zivilisierten Welt orten. Nach wie vor aber trifft zu, daß die entscheidenden Träger der Mythologisierung neben Erziehung und Bildung die Massenmedien sind:

„All diese Mythen ... deren Internalisierung für die Unterwerfung der Unterdrückten entscheidend ist, werden ihnen durch eine wohlorganisierte Propaganda von Slogans mit Hilfe der Massen'kommunikationsmittel' dargeboten – als ob eine derartige Entfremdung wirkliche Kommunikation herstellen würde."[80]

Mit der Mythologisierung der Wirklichkeit soll das Denken des Volkes betäubt werden. Ein weiteres Instrument, um Betäubung zu erreichen, ist die „Manipulation". „Mit Hilfe der Manipulation versuchen die herrschenden Eliten die Massen ihren Zielen anzupassen"[81], schreibt Freire.

Kultur des Schweigens als Folge der Unterdrückung

Die oben angeführten Instrumente der Unterdrückung berauben die Unterdrückten ihres eigenen Denkens, ihrer eigenen Kultur und ihrer Sprache. Ernst Lange verweist darauf, daß in der Schule die Sprache des Volkes systematisch abqualifiziert und durch die Kunstsprache der 'Gebildeten' verdrängt werde. Diese Sprache aber sei für die Menschen erfahrungs- und sinnlos. Die

78 ebenda, 118.
79 vgl. Freire, Paulo: Der Lehrer ist Politiker und Künstler...a.a.O. 139.
80 Freire, Paulo: Pädagogik der Unterdrückten...a.a.O. 119.
81 ebenda, 127.

Volkssprache werde in die Kneipen, Küchen und Toiletten verbannt, wodurch die Mitsprache der Unterdrückten in den Entscheidungsprozessen der Gesellschaft nicht mehr zu befürchten sei.[82]
Das Phänomen der „schweigenden Masse“ bezeichnet Freire als „Kultur des Schweigens“, und sie ist für ihn eine Folge des unterdrückerischen Systems: „Das Thema des Schweigens läßt auf eine Struktur der Stummheit im Angesicht der überwältigenden Macht der Grenzsituationen schließen.“[83] Die „Kultur des Schweigens“ entsteht dadurch, daß die Unterdrückten den Mythos von ihrer absoluten Unwissenheit verinnerlichen. Das äußert sich dann beispielsweise in folgender Aufforderung an den/die Lehrende/n: „Verzeihen Sie, wir, die wir nichts wissen, sollten lieber still sein und Ihnen zuhören, denn Sie wissen es ja viel besser.“[84]
Wenn Freire den Menschen als Wesen des Dialogs beschreibt, dann ist für ihn apathisches Schweigen ein Phänomen von Entfremdung, das es zu bekämpfen gilt.

2.1.2.3. Elemente der befreienden Bildungsarbeit Freires

Die pädagogische Haltung Freires

Obwohl Freire mit der Entwicklung einer bestimmten Methode der Bildungsarbeit (Alphabetisierungsmethode) berühmt geworden ist, geht es ihm in seiner Theorie und Praxis befreiender Bildungsarbeit im Grunde nicht darum, Methoden und pädagogische Techniken zu entwickeln. Er betrachtet diese als zweitrangig im Gegensatz zur pädagogischen Haltung, mit der ein/e LehrerIn im Bildungsprozeß den Menschen, mit denen er/sie arbeitet, gegenübertritt. Freire ist ein Prophet pädagogischer Haltung, was im folgenden näher auszuführen sein wird.
Als voraussetzende Forderung an alle, die befreiende Bildungsarbeit machen wollen, nennt Freire die Liebe zum Leben und zu den Menschen. Nur mit dieser positiven Grundeinstellung sei Befreiung und der für die Befreiung nötige Dialog möglich: „Wenn ich nicht die Welt liebe, wenn ich nicht das Leben liebe, wenn ich nicht die Menschen liebe, kann ich nicht in den Dialog eintreten.“[85]
Neben der Liebe nennt Freire „das Vertrauen in das Volk“ als „die unverzichtbare Vorbedingung für einen revolutionären Wandel“[86]. Wahrer Humanismus bestehe aus dem Vertrauen in die Fähigkeiten der Menschen. LehrerInnen der befreienden Bildungsarbeit sind einem solchen Humanismus verpflichtet. Nur aus diesem Vertrauen heraus kann Kameradschaft mit den Un-

82 Lange, Ernst: Einführung...a.a.O. 12.
83 Freire, Paulo: Pädagogik der Unterdrückten...a.a.O. 88.
84 Freire, Paulo: Erziehung als Praxis der Freiheit...a.a.O. 49.
85 Freire, Paulo: Pädagogik der Unterdrückten...a.a.O. 73.
86 ebenda, 47.

terdrückten entstehen. Freire, der befreiende Bildungsarbeit auch als „demokratische Erziehung" bezeichnet, nennt an anderer Stelle Glaube, Liebe und Mut als notwendige Haltungen für diese Erziehung:

„Demokratie und demokratische Erziehung basieren auf dem Glauben an den Menschen, auf der Überzeugung, daß Menschen nicht nur die Fähigkeit besitzen, die Probleme ihres Landes, ihres Kontinentes, ihrer Welt, ihrer Arbeit und die Probleme der Demokratie selbst zu diskutieren, sondern auch die Verpflichtung dazu. Erziehung ist eine Tat der Liebe, und damit eine Tat des Mutes. Sie darf keine Furcht vor der Analyse der Realität haben oder der schöpferischen Diskussion aus dem Wege gehen, wenn sie sich nicht selber als Farce enthüllen will."[87]

Hand in Hand mit dem Glauben an die Fähigkeiten der sogenannten einfachen Leute geht bei Freire der Respekt vor ihrem Wissen. Daraus folgt, daß sich Lehrende nicht als Alleswissende verstehen, die den Lernenden ihr Wissen weitergeben, sondern daß die Lehrenden zuerst zu den Menschen gehen müssen, um von diesen zu lernen.[88] Auf diese Weise wird der Lehrer zum „Lehrer-Schüler" und der Schüler zum „Schüler-Lehrer". Befreiende Bildungsarbeit muß nach Freire bei der Lösung des Lehrer-Schüler-Widerspruchs einsetzen, so daß beide gleichzeitig Lehrer und Schüler werden.
„Wenn ich", schreibt Freire „... an die Fähigkeit der sog. einfachen Leute glaube, dann kann ich nicht zu den Bauern gehen und ihnen Wissen beibringen wollen. Ich kann nicht zu den Studenten in die Seminare gehen und so tun, als ob sie leere Köpfe hätten und sie mit meinem Wissen füllen wollen. Ich glaube nicht an mein Wissen. Ich glaube an ein Wissen, das wir gemeinsam in schöpferischer Weise – durch Neugier, Wißbegier, Interesse – immer wieder neu schaffen."[89] In einem Gespräch im Juni 1991 stellt Freire fest, daß „die ganz großen Lehrer und die ganz großen Lehrerinnen nicht jene sind, die ganz viel wissen, sondern jene, die lernen können"[90]. Nur ein lernender Mensch könne auch unterrichten, meint er.
Wenn Freire dieses wechselseitige Lehren und Lernen in einer befreienden Bildungsarbeit zum einen betont, hält er zum anderen gleichzeitig an der Rolle und der Wichtigkeit des Lehrers fest:

„... Daß der revolutionäre Erzieher Genosse und Kamerad seiner 'Schüler' werden soll, bedeutet nicht, daß er von seiner Verantwortung zurücktreten soll; sogar dann nicht, wenn das heißt, in bestimmten Momenten die Praxis anzuleiten."[91]

Freire will nicht im Sinne non-direktiver Erziehung mißverstanden werden, weil er nicht an die Existenz solcher Erziehung glaubt. Er hält es für falsch, die

87 Freire, Paulo: Erziehung als Praxis der Freiheit...a.a.O. 43.
88 vgl. Freire, Paulo: Der Lehrer ist Politiker und Künstler...a.a.O. 89.
89 ebenda, 99.
90 Ilse Schimpf-Herken: Erziehung heute – wozu?, in: Dabisch, Joachim/Schulze, Heinz (Hg.): Befreiung und Menschlichkeit. Texte zu Paulo Freire, München 1991, 25.
91 Schulze, Trudi und Heinz (Hg.): Zukunftswerkstatt Kontinent...a.a.O. 30.

SchülerInnen sich selbst ausgeliefert zu lassen. Mit seiner Vorstellung vom Lehrer-Schüler und Schüler-Lehrer will er sowohl gegen eine autoritäre Haltung als auch gegen eine spontaneistische Haltung eintreten, die „die Rolle des Lehrers verneint und den Schüler sich selbst im Erkenntnisakt überläßt“[92].
Worum es Freire in seinem respektvollen Umgang mit den Lernenden und mit der Forderung nach Vertrauen in die Fähigkeiten der Menschen geht, ist, daß die Lernenden ihren eigenen Wert als Person entdecken und Selbstvertrauen gewinnen.[93] Nötig dafür erscheint ihm die „Praxis der Toleranz“ und er fordert die LehrerInnen auf, diese in sich entwickeln: „Es ist nämlich die Toleranz, die mich lehrt, mit dem Anderen zu leben, bzw. auch mit dem Gegensätzlichen zu kämpfen, mich auseinanderzusetzen.“[94]
Wenn Freire, wie in einem der obigen Zitate, Erziehung als schöpferischen Prozeß beschreibt, so stimmt das mit seiner Vorstellung von LehrerInnen als schöpferischen Menschen überein. LehrerInnen sollen seiner Meinnung nach nicht neutrale TechnikerInnen sein, die pädagogische Methoden anwenden, sondern PolitikerInnen und KünstlerInnen. Deshalb legt er viel Wert auf die schöpferische Phantasie der Lehrenden, die im Bildungsprozeß wirksam werden kann.[95]
Mit dem Ausspruch „Als Lehrer sind wir Politiker und auch Künstler“[96] betont Freire nicht nur die Kreativität, sondern auch die Politizität der Erziehung. Er hält fest, daß es nie eine neutrale Erziehung geben wird, weil Erziehung immer die Eigenschaft hat, politisch zu sein. Erziehung ist immer „ein Handeln im Sinne einer Klasse: der an der Macht, oder der in Opposition. Das ist Politizität.“[97] Wenn in der LehrerInnenausbildung der Schwerpunkt auf Methoden und Techniken gelegt wird, bestehe die Gefahr einer Vernachlässigung der politischen Dimension von Bildungsarbeit.[98]
Eine pädagogische Haltung, die von der Zusammengehörigkeit von Politik und Erziehung geprägt ist, ist immer auch von dem Bewußtsein begleitet, daß eine Veränderung des Erziehungssystems nur dann möglich ist, „wenn auch die Gesellschaft selbst radikal verändert wird“[99]. Für befreiende Bildungsarbeit ist es nötig, daß die Lehrenden den geschichtlichen Prozeß bewußt leben und stets als Lernende darin bleiben.
Im Juni 1985 hielt Freire anläßlich der Weltkonferenz über Erwachsenenbildung eine Rede „Über die notwendigen Fähigkeiten von engagierten Pädago-

92 Freire, Paulo: Der Lehrer ist Politiker und Künstler...a.a.O. 44.
93 vgl. Freire, Paulo: Erziehung als Praxis der Freiheit...a.a.O. 52f.
94 Ilse Schimpf-Herken: Erziehung heute – wozu?...a.a.O. 25.
95 vgl. Freire, Paulo: Dialog als Prinzip. Erwachsenenalphabetiserung in Guinea Bissau, Wuppertal 1980, 33.
96 Freire, Paulo: Der Lehrer ist Politiker und Künstler...a.a.O. 88.
97 Schulze, Trudi und Heinz (Hg.): Zukunftswerkstatt Kontinent...a.a.O. 55.
98 vgl. Freire, Paulo: Der Lehrer ist Politiker und Künstler...a.a.O. 111.
99 ebenda, 84.

gen"[100], in der weitere Aspekte deutlich werden, die sich für die pädagogische Haltung Freires anführen lassen.
„Übereinstimmung von Wort und Tat" ist die erste Fähigkeit, die er einfordert, um darauf hinzuweisen, daß sich eine absolute Übereinstimmung von Reden und Handeln zwar nicht erreichen lasse, es aber darum gehe, die Kluft zwischen Wort und Tat zu verringern.[101]
Als weitere Fähigkeit nennt er den richtigen Umgang mit der Spannung zwischen „Wort und Schweigen". Es gehe darum, als Lehrende/r nicht nur zu reden, sondern auch zuhören zu lernen, auf das Wort der Lernenden zu hören und sich ihrem Wort zu stellen, sich damit auseinanderzusetzen.[102] Die Achtung vor dem Wort der SchülerInnen inkludiert auch die Achtung vor ihren Fragen.
Drittens sollen PädagogInnen kritisch mit der Spannung zwischen „Subjektivität und Objektivität", Bewußtsein und Welt, Praxis und Theorie umgehen können. Dazu gehört das Wissen, daß sich die Subjektivität verändert, indem sich die Objektivität ändert, und daß Verwandlung prozeßhaft geschieht. „Ich verwandle, verändere mich, indem ich verändere. Die Geschichte formt mich, erschafft mich, indem ich sie gestalte (und nicht nur ich habe dieses Privileg)."[103]
Die vierte Fähigkeit engagierter PädagogInnen bestehe darin, daß sie die Spannung zwischen dem Hier und Jetzt ihrer selbst und dem Hier und Jetzt der SchülerInnen nicht nur intellektuell verstehen, sondern sie auch leben: „Wir müssen in unserer Arbeit ausgehen vom Verständnis der Dinge, von der Sichtweise von Welt und Gesellschaft derer, mit denen wir arbeiten."[104]
Fünftens nennt Freire die Notwendigkeit, die „Einheit von Theorie und Praxis in ihrer Widersprüchlichkeit zu leben"[105], denn beide bedürfen einander.
Die sechste Fähigkeit engagierter PädagogInnen bestehe darin, daß sie die Haltungen „Geduld und Ungeduld" leben, ohne eine davon zu vernachlässigen. Die Weisheit bestehe in der Ausgewogenheit, denn die Überbetonung der Geduld führe zu Vertröstungssprüchen, die Überbetonung der Ungeduld „in einen Aktivismus, der vergißt, daß es eine Geschichte gibt"[106].
Die siebte und letzte Fähigkeit beschreibt Freire als „Lesen des Textes und Kon-Textes"[107], womit er meint, daß man Texte nur verstehen könne, wenn man auch die Wirklichkeit zu lesen verstehe. Das sollen LehrerInnen den SchülerInnen vorleben.

100 Freire, Paulo: Über die notwendigen Fähigkeiten von engagierten Pädagogen, in: Schulze, Trudi und Heinz (Hg.): Zukunftswerkstatt Kontinent...a.a.O. 32ff.
101 vgl. ebenda, 35.
102 vgl. ebenda, 36.
103 ebenda, 38.
104 ebenda, 39.
105 ebenda, 40.
106 ebenda.
107 ebenda, 41.

Gerade diese Rede von 1985 zeigt, daß es Freire in Theorie und Praxis nicht um die Vermittlung perfekter, zielführender Techniken und Methoden für das pädagogische Handeln geht, sondern darum, daß die Lehrenden sich zu Persönlichkeiten entwickeln, die in respekt-, liebe- und vertrauensvoller Haltung auf die Menschen zugehen und so zu deren Befreiung und Stärkung des Selbstvertrauens beitragen können.

Bewußtseinsbildung und befreiende Bildungsarbeit

Wenn Freire von Bewußtsein spricht, ist dieses immer im dialektischen Verhältnis zur Realität zu denken. In der Auseinandersetzung mit dem menschlichen Bewußtsein ist sowohl die individuelle Entwicklung des Bewußtseins als auch die historische, gesellschaftliche Abhängigkeit der Bewußtseinsentfaltung zu berücksichtigen.[108] Das Bewußtsein bildet sich durch die Konfrontation des Menschen mit der Welt, weshalb Freire die Menschen als „Wesen mit Bewußtsein“[109] beschreibt.
In seinem Buch „Erziehung als Praxis der Freiheit“ setzt sich Freire mit der Bewußtseinsbildung (Conscientização)[110] auseinander. Er beschreibt im Zuge dessen drei Bewußtseinsebenen, auf denen das brasilianische Volk seine Wirklichkeit wahrnimmt: „semi-transitives“, „naiv-transitives“ und „kritisch-transitives“ Bewußtsein. Die Übergänge zwischen den drei Bewußtseinsebenen sind nach Freire fließend und kommen in verschiedenen Situationen unterschiedlich zum Tragen.[111]
Menschen mit einem „semi-intransitiven Bewußtsein“ haben demnach eine begrenzte Erfahrungswelt, so „daß Herausforderungen von außerhalb des Bereiches der biologischen Bedürfnisse“[112] nicht an sie heranreichen.
Die Welt mit ihren Problemen und Konflikten erscheint ihnen als gegeben und unveränderbar, weshalb sie in Passivität verharren. Kühlmann faßt die Kennzeichen dieser von Freire beschriebenen Bewußtseinsebene so zusammen: unkritische Anpassung, mangelndes Engagement, Unfähigkeit, wirkliche Kausalität zu erfassen, unlogisches Verhalten, Unfähigkeit zum Dialog, Ausbildung von Herrschaftsabhängigkeiten, ohne es zu wissen und zu erkennen, Akzeptieren von allgemeinen Formeln und Vorschriften, Fehlen jeglicher Kreativität, Unfähigkeit, Probleme zu erkennen, die außerhalb der biologischen Bedürfnisse liegen, Unfähigkeit unterscheiden und differenzieren zu können.[113]

108 vgl. Kühlmann, Michael: Lernen als Bewußtseinsbildung ... a.a.O. 244.
109 vgl. ebenda, 180ff.
110 Der Begriff "Bewußtseinsbildung" wurde für Freire im Laufe der späteren Jahre seiner theoretischen Auseinandersetzung auf Grund mißbräuchlicher Verwendung immer problematischer, weshalb er ihn auch kaum mehr verwendet. Dem ursprünglichen Anliegen treu bleibend, kämpft er nun gegen den Mißbrauch dieses Begriffes an.
111 vgl. Freire, Paulo: Erziehung als Praxis der Freiheit...a.a.O. 23 ff.
112 ebenda, 23.
113 vgl. Kühlmann; Michael: Lernen als Bewußtseinsbildung ... a.a.O. 246.

Menschen wechseln zum „transitiven Bewußtsein", „wenn sie ihre Kraft vergrößern, die Angebote und Probleme ihres Kontextes zu begreifen und auf sie zu reagieren"[114]. Transitivität des Bewußtseins mache „durchlässig" und fähig, in einen Dialog mit Menschen und Welt einzutreten. Die zweite Bewußtseinsebene beschreibt Freire als „naiv-transitive" folgendermaßen:

„Naive Transitivität ... ist gekennzeichnet durch die Übervereinfachung der Probleme, durch Sehnsucht nach der Vergangenheit, durch die Unterschätzung des einfachen Mannes, durch eine starke Tendenz zur Gruppenbildung, durch mangelndes Interesse an genauen Analysen, begleitet von einer betonten Vorliebe für phantasiereiche Erklärungen, durch Unsicherheit der Argumentation, durch einen stark emotionalen Stil, durch das Übergewicht der Polemik über den Dialog und durch magische Erklärungen."[115]

Menschen mit diesem Bewußtseinszustand seien, wenn sie sich nicht weiterentwickeln, in Gefahr, durch sektiererische Irrationalität in Fanatismus zu geraten.

Anstrebenswert ist nach Freire das „kritisch transitive Bewußtsein", das sich auszeichnet durch den Versuch, Verzerrungen und vorgefaßte Meinungen bei der Problemanalyse zu vermeiden sowie durch die Ablehnung einer passiven, Verantwortung abschiebenden Haltung. Schlüssigkeit der Argumentation und die Praxis des Dialogs sind charakteristisch für dieses Bewußtsein.[116]

Die Bewußtseinsebene der kritischen Transitivität ist nur durch einen fortdauernden Lernprozeß zu erreichen, der nicht zum Abschluß gebracht werden kann. Sie sei ein Kennzeichen demokratischer Staaten, meint Freire.

Kühlmann verweist im Zusammenhang mit den drei Bewußtseinsebenen darauf, daß die Weiterentwicklung der Menschen in Richtung der kritisch-transitiven Ebene nicht im Interesse der Herrschenden sei und diese daher mit Verschleierungsaktionen die gesellschaftlichen Widersprüche und Konflikte zu verleugnen suchen. Es seien nämlich gerade die existierenden Widersprüche und Konflikte, die den Anstoß für die Bewußtwerdung geben könnten.[117]

Freire weiß, daß fortschreitende Bewußtwerdung im Sinne der Unterdrückten ist, weil sie zur Humanisierung beiträgt und er überlegt, wie der Prozeß der Bewußtseinsbildung initiiert werden kann. Dabei wird klar, daß Bewußtwerdung und Bewußtseinsbildung nur dort eintreten können, wo Menschen „zwischen sich und der Welt Beziehungen der Veränderung herstellen"[118].

Freire bezeichnet Bewußtseinsbildung als Erkenntnisakt, der eine Enthüllung der Realität darstellt. Bewußtseinsbildung als Erkenntnisakt ist ein Prozeß, der

114 Freire, Paulo: Pädagogik als Praxis der Erziehung...a.a.O. 23.

115 ebenda, 24.

116 vgl. ebenda.

117 vgl. Kühlmann, Michael: Lernen als Bewußtseinsbildung ... a.a.O. 247.

118 Freire, Paulo: Pädagogik der Solidarität. Für eine Entwicklungshilfe im Dialog. Mit einem Vorwort von Adam Weyer, Wuppertal 1974, 84.

die Mythologisierung der Wirklichkeit durch die Unterdrücker aufdeckt und die Welt entschleiert.[119]
Nach Freire darf Bewußtseinsbildung nicht von einem von der Welt isolierten Bewußtsein ausgehen oder davon, daß sich die Veränderung der Welt im Inneren des Bewußtseins vollziehe: Veränderung kann nur in der Welt selbst, in der Geschichte durch die Praxis des Veränderungsprozesses geschehen.[120]
Der Bewußtseinsbildungsprozeß sei zum Scheitern verurteilt, wenn er nicht über die Enthüllung der Realität zur Organisierung einer Veränderungspraxis führe. Bewußtseinsbildung als Element befreiender Bildungsarbeit ist für Freire ein „Unterfangen der Veränderung"[121]. Allerdings darf das nicht dahingehend mißverstanden werden, daß Bewußtseinsbildung allein Konzeptionen und Wertvorstellungen der Menschen ändern solle. Befreiende Bildungsarbeit fordert auch zu Strukturveränderungen heraus.

„Es geht also um eine wechselseitige Änderung geistiger Strukturen und struktureller Wandlungen. Von daher erklärt sich der Name 'psycho-soziale' Methode für die Bewußtseinsbildung nach P. Freire, weil sie sich auf geistig-kulturellen und praktisch-strukturellen Ebenen bewegt und somit Strategie der Veränderung sein will."[122]

Freire, der den Begriff der Bewußtseinsbildung in den 50er Jahren in den christlich-humanistischen Volksbildungskreisen kennengelernt hat, entdeckt, wie sehr dieser Begriff auf verschiedenste Weise mißbraucht und mythologisiert wird, weshalb er sich in der Folge der „Entmythologisierung der Bewußtseinsbildung" verschreibt.[123] Freire wendet sich erstens gegen jene, die Bewußtseinsbildung als magische Hilfe verstehen, mit der die emotionalen Probleme von Gruppen und Personen gelöst werden können. Zweitens kritisiert er alle, die Bewußtseinsbildung als Instrument gesellschaftlichen Handelns zur Durchsetzung revolutionärer Veränderung ansehen, weil er auch dieses Verständnis als magisch bezeichnet. Als drittes Mißverständnis von Bewußtseinsbildung nennt er die Vorstellung, man könne in Seminaren die Antwort auf eine Reihe beängstigender gesellschaftlicher Probleme finden und diese durch versöhnlerische Lösungen beseitigen. Diesen Mythologisierungen von Bewußtseinsbildung stellt Freire die kritische, dialektische Haltung gegenüber, die „Bewußtseinsbildung nicht als magische Wahrheit zur Problemlösung"[124] versteht. Menschen mit dieser Haltung wissen, daß sich Wirklichkeit nur in der historischen Praxis und nicht aus dem Bewußtsein der Menschen heraus verändert.

119 vgl. Freire, Paulo: Der Lehrer ist Politiker und Künstler...a.a.O. 80f.
120 vgl. ebenda, 81.
121 ebenda.
122 Persie, Michael: Befreiung und Umkehr...a.a.O. 101.
123 Freire, Paulo: Der Lehrer ist Politiker und Künstler...a.a.O. 73ff.
124 ebenda, 76.

Bewußtseinsbildung ist also nicht befreiend ohne die Praxis der Veränderung, gleichzeitig spielt aber das Bewußtsein bei der Veränderung der Wirklichkeit eine zentrale Rolle.

Dialog als Prinzip befreiender Bildungsarbeit

Wie schon in dem Abschnitt über „Kulturelle Invasion" festgestellt wurde, ist die unterdrückerische Wirklichkeit eine antidialogische. Die Herrschenden haben kein Interesse an einem wahrhaften Dialog mit den Unterdrückten. Freire sieht im Anti-Dialog eine Entfremdung der Menschen, da er das menschliche Wesen als dialogisches versteht. Aus diesem Grund muß sich befreiende Bildungsarbeit in seinem Sinne dem Dialog verpflichten. Nur im Dialog findet die „Ausweisung der Herren" aus dem Bewußtsein der Unterdrückten statt. Der Dialog „ist die Eroberung der Welt um der Befreiung der Menschen willen"[125], und hat methodische, philosophische und theologische Qualitäten.[126] Über ihn will Freire zu Demokratie und Humanismus kommen.
Das Wesen des Dialogs ist eine auf Liebe, Demut, Glauben und gegenseitiges Vertrauen gründende horizontale Beziehung zwischen den am Dialog Beteiligten. Zudem ist der Dialog getragen von Hoffnung, die in der Unvollendetheit des Menschen gründet und gemeinsam mit anderen nach Humanität und Aufhebung von Ungerechtigkeit sucht. Dialog könne nicht in einem Klima der Hoffnungslosigkeit geführt werden, denn diese sei „eine Form des Verstummens, der Weltverleugnung und der Weltflucht"[127].
Ein weiteres Charakteristikum echten Dialogs ist, daß er kritischem Denken nicht aus dem Weg geht. Kritisches Denken sucht „die fortwährende Verwandlung der Wirklichkeit zugunsten der dauernden Humanisierung der Menschen"[128].
In seinem Buch „Erziehung als Praxis der Freiheit" stellt Freire Dialog und Anti-Dialog gegenüber und verweist darauf, daß nur der Dialog wirkliche Kommunikation schafft, während der Anti-Dialog lediglich „Kommuniqués" hervorbringt, die die Herrschenden an die Untertanen weitergeben. Dem Dialog schreibt Freire die Matrix „liebevoll, bescheiden, hoffnungsvoll, vertrauensvoll, kritisch" zu, dem Anti-Dialog „lieblos, arrogant, hoffnungslos, mißtrauisch, akritisch".[129] Bildungsarbeit, die Menschen aus ihrer Selbsterniedrigung befreien und zu einem aufrechten Gang verhelfen will, muß dialogisch sein. Freire zitiert dazu Karl Jaspers, welcher schreibt:

125 Freire, Paulo: Pädagogik der Unterdrückten...a.a.O. 72.
126 vgl. Simpfendörfer, Werner: Porträt Paulo Freire...a.a.O. 10.
127 Freire, Paulo: Pädagogik der Unterdrückten...a.a.O. 75.
128 ebenda, 76.
129 vgl. Freire, Paulo: Erziehung als Praxis der Freiheit...a.a.O. 50f.

„Dialog ist der einzige Weg, nicht nur in den vitalen Fragen der politischen Ordnung, sondern bei allen Ausdrucksformen unseres Seins. Durch den Glauben aber hat der Dialog Macht und Bedeutung: durch den Glauben, an den Menschen und seine Möglichkeiten, durch den Glauben, daß ich nur dann wirklich ich selbst werden kann, wenn die anderen Menschen ebenfalls sie selbst werden können."[130]

Dialogische Bildungsarbeit, die Lernende und Lehrende als Subjekte eines gemeinsamen Suchprozesses ernst nimmt, bildet einen Gegensatz zur antidialogischen Bankiers-Methode, welche vorwiegend aus dem Reden der LehrerInnen und dem Schweigen der SchülerInnen besteht. Menschen wachsen nicht im Schweigen, sondern im Wort, in der Arbeit und in der Aktion-Reflexion. Daher ist der Dialog existentiell notwendig und Recht aller Menschen, nicht nur einiger Privilegierter, die die Welt allein benennen wollen. „Im Benennen der Welt treten die Menschen in Kommunikation, und die Aktion wird zur Kooperation, um die Welt zu verwandeln".[131]
Werden hier Bewußtseinsbildung und Dialog als Elemente befreiender Bildungsarbeit vorgestellt, so sei darauf verwiesen, daß es nicht darum geht, diese in Form von Methoden zu begreifen und anzuwenden, sondern darum, sie aus der von Freire geforderten pädagogischen Haltung der Demut und des Vertrauens in die Fähigkeiten der Schüler-Lehrer heraus zu praktizieren.[132]

Alphabetisierung und befreiende Bildungsarbeit

Wie schon angedeutet, ist Paulo Freire mit seinem im Nordosten Brasiliens begonnenen Alphabetisierungsprogramm berühmt geworden. Im Laufe seiner Arbeit stellt er zwei Formen von Analphabetismus vor, die es zu bekämpfen gelte: den linguistischen und den politischen. Letzterer finde sich vor allem in den reichen, westlichen Industrieländern, während beispielsweise das Volk von Guinea Bissau, mit dem Freire in den siebziger Jahren zusammenarbeitete, zwar eine hohe linguistische Analphabetenquote aufwies, dafür aber politisch höchst gebildet war.[133]
Die Besonderheit von Freires Alphabetisierungsarbeit liegt darin, daß es ihm nicht nur um die Vermittlung der Lese- und Schreibtechnik geht, sondern gleichzeitig um die Entdeckung der Wirklichkeit, um Bewußtseinsbildung im oben beschriebenen Sinn. Anders gesagt, er verbindet mit der linguistischen Alphabetisierung eine politische. Um dies zu erreichen, hat er mit seinen MitarbeiterInnen das Konzept der Kodierung und Dekodierung generativer Themen entwickelt. Ein ForscherInnenteam lebt mit den Menschen eine gewisse Zeit zusammen und beobachtet ihre Situation. Dabei sucht das Team gemeinsam mit der Bevölkerung des betreffenden Gebietes, in dem die Alphabetisierung stattfinden soll, nach Themen und Wörtern, die für die Menschen von

130 ebenda, 50f.
131 Persie, Michael: Befreiung und Umkehr...a.a.O. 79.
132 vgl. ebenda, 91.
133 vgl. Freire, Paulo: Dialog als Prinzip...a.a.O. 16.

existentieller Bedeutung sind. Diese werden als „generative" Themen und Wörter bezeichnet, weil sie als Assoziationsgrundlage für die Gruppendiskussionen dienen, in denen wiederum neue Wörter und Themen entstehen können. Die generativen Wörter werden „kodiert", d.h. bildlich dargestellt, um dann in der Diskussion „dekodiert" zu werden. Wichtig ist, daß es sich bei den generativen Themen um alltägliche Probleme oder Situationen im Leben der Menschen handelt. Der Prozeß des Suchens nach generativen Themen und Wörtern sowie die Kodierung und Dekodierung verlangen nach echtem Dialog, nach kritischer, intensiver Auseinandersetzung mit den Menschen. In diesem Dialog soll die bewußte Reflexion der jeweiligen Situation der Menschen möglich sein. Erst nach dieser Diskussionsphase wird mit dem Lesen und Schreiben der Wörter begonnen. Die portugiesische Sprache ermöglicht es, nach der Trennung eines Wortes in seine Silben, aus diesen Silben neue Wörter zu kombinieren. Auf diese Weise können die Lernenden, sobald sie ein Wort schreiben und lesen können, mehrere Wörter neu kombinieren.[134] Da Freires Methode der Alphabetisierung bei Wörtern ansetzt, welche die Menschen unmittelbar betreffen, ist höchste Lernmotivation gegeben und konnten innerhalb von zwei Monaten Gruppen von etwa 25 Leuten dazu gebracht werden, Zeitungen zu lesen, sowie national- und lokalbezogene Probleme zu diskutieren.[135]

Ein wichtiges Charakteristikum an Freires Arbeit ist, daß er die Sprache der Menschen ernstnimmt, weil er weiß, daß er nur so ihre Wirklichkeit kennenlernen kann:

> „Wenn ich mit dem Volk arbeite, muß ich gleichzeitig mit ihm lernen und seine Wirklichkeit kennenlernen. Ich muß seine Art und Weise des Verstehens begreifen, seine Sprache zum Beispiel. Ich muß auch die Syntax der Menschen kennenlernen, d.h. die Struktur ihres Denkens."[136]

Zusammenfassend läßt sich sagen, daß es Freire um eine befreiende, humanistische Bildungsarbeit geht, die den Blick für die Wirklichkeit schärft und auf politische und soziale Veränderung ausgerichtet ist. Bewußtseinsbildung (conscientizaçâo), wie er sie versteht, ist ein

> „Lernvorgang, der nötig ist, um soziale, politische und wirtschaftliche Widersprüche zu begreifen und um Maßnahmen gegen die unterdrückerischen Verhältnisse der Wirklichkeit zu ergreifen"[137].

134 Da es für die vorliegende Arbeit nicht nötig ist, die linguistische Alphabetisierung im Detail vorzustellen, sei auf folgende Literatur, die sich eingehend damit auseinandersetzt, verwiesen: Freire, Paulo: Erziehung als Praxis der Freiheit...a.a.O. bes. 54–59;86–88; sowie: Wener, Leokadia K.: Alphabetisierung und Bewußtwerdung. Eine Studie zur Methode Paulo Freire, verbunden mit einer Einführung in die Morphem-Methode, Mettingen 1991.

135 vgl. Figueroa, Dimas: Freire Paulo...a.a.O. 65f.

136 Freire, Paulo: Der Lehrer ist Politiker und Künstler...a.a.O. 113.

137 Freire, Paulo: Pädagogik der Solidarität...a.a.O. 37.

Befreiend und menschlich kann Bildungsarbeit nur sein, wenn sie dialogisch stattfindet und echte Kommunikation zwischen Menschen, die bereit sind, voneinander zu lernen, darstellt. Das Ernstnehmen der Lernenden geschieht u.a. dadurch, daß die Lehrenden Sprache, Denken und Situation der Menschen, mit denen sie arbeiten, studieren. All seiner Theorie und Praxis liegt aber eine lebens- und menschenbejahende, liebende Haltung zugrunde sowie die Überzeugung, daß es nicht auf die Entwicklung perfekter pädagogischer Methoden und Techniken ankomme, sondern auf die politische Dimension von Erziehung.[138]

2.1.3. Kritische Würdigung des Werks Paulo Freires aus feministischer Sicht

Kritik an Paulo Freires Bildungstheorie wurde von verschiedenen Seiten laut[139]. Es soll im folgenden aber nicht darum gehen, diese Kritik zu rezipieren, sondern Freires Ansatz aus feministischer Perspektive zu diskutieren und zu fragen, was dieser zum Konzept einer feministisch-politischen Bildungsarbeit beitragen kann.
Was einer Leserin der 90er Jahre schnell ins Auge springt, ist der androzentrische Duktus der anthropologischen Aussagen Freires.[140] Freire spricht vom Menschen, ohne zu berücksichtigen, daß es den Menschen nur als Mann oder Frau gibt. Wenn er vom Menschen als Wesen der Praxis, des Dialogs und als Wesen mit Bewußtsein spricht, so müßte er zusätzlich vom Menschen als geschlechtlichem Wesen sprechen. Die Frage nach der Bedeutung des Geschlechts für die Anthropologie scheint aber in seinen Werken nicht auf, was einer androzentrischen Sichtweise Vorschub leistet.
In Zusammenhang damit steht Freires Sprache, vor allem in den ersten Werken, in der Frauen nicht genannt, sondern höchstens mitgemeint sind. An seinen Wortschöpfungen „Lehrer-Schüler", „Schüler-Lehrer", aber auch an anderen oft verwendeten Wörtern wie „Unterdrücker", „Unterdrückter" läßt sich seine androzentrische Sprachweise aufzeigen. Anne Dudeck, die sich in ihrer Bildungsarbeit mit Frauen auf Freire stützt, schreibt dazu: „Heute fällt es mir

138 vgl. Freire, Paulo: Der Lehrer ist Politiker und Künstler...a.a.O. 111f.

139 vgl. u.a. Figueroa, Dimas: Freire Paulo ... a.a.O. ; Knopf, Detlef/Möller, Doris/Schmidt, Michael: Alltagsorientierung in der Bildungsarbeit mit Erwachsenen. Eine kritische Analyse von Paulo Freires Konzept der "consientización", Bensheim 1978, bes.169–173.

140 Unter Androzentrismus verstehe ich jene Sicht-, Denk- und Handlungsweise, die vorgibt, geschlechtsneutral zu sein, in Wahrheit aber geschlechtliche Differenz und damit die Unterschiedlichkeit von Mann-Sein und Frau-Sein in unserer Gesellschaft ausblendet.
vgl. dazu: Becker-Schmidt, Regina: Frauenforschung: Eine Einführung, in: Floßmann, Ursula (Hg.): Offene Frauenfragen in Wissenschaft-Recht-Politik (Reihe Sozialwissenschaftliche Materialien, Bd.29), Linz 1991, 13.

schwer, Freires Sprache zu lesen, Frauen kommen nicht vor, er fragt nicht nach dem Geschlechterverhältnis innerhalb sozialer Gruppen."[141]
Freire selbst muß wohl bereits persönlich mit dieser oder ähnlicher Kritik konfrontiert worden sein, denn in seiner Rede zur Weltkonferenz über Erwachsenenbildung 1985 gibt er zu:

„Ich merke an, ich brachte bisher noch nicht den Mut auf, mich mit der machistischen Grammatik unserer Sprachen kritisch auseinanderzusetzen. Das hieße in diesem Fall herauszustellen, daß sich hinter dem Begriff 'Pädagoge' Mann und Frau verbergen."[142]

Es fällt auf, daß Freire in späteren Interviews öfters weibliche und männliche Sprachformen verwendet. Auch in seinem jüngsten Buch „A pedagogia da esperanca" (Pädagogik der Hoffnung) zeigt sich ein neuer Umgang mit der Sprache, wenn er von „Bauer und Bäuerin", „Lehrer und Lehrerin" spricht.[143]
Bei seiner Analyse zum Phänomen der Unterdrückung kommt Freire nicht auf das Geschlechterverhältnis zu sprechen, sondern beschränkt sich auf die Beschreibung der Unterdrückung der Armen durch die Reichen. Daß diese Unterdrückung für Frauen und Männer unterschiedliche Auswirkungen hat, erwähnt Freire in seinen Hauptwerken aus den frühen siebziger Jahren nicht.[144]
Aus dem Jahr 1985 ist dann allerdings folgende Bemerkung Freires festgehalten, die sich wohl aus der Konfrontation mit sich ihrer Situation bewußtgewordenen Frauen erklären läßt: „Als Pädagoge ist mir unbegreiflich, warum das Phänomen des Machismus und seine Analyse nicht längst Eingang gefunden haben in Grundkurse kritischen Denkens."[145] Daraus läßt sich schließen, daß Freire die Problematik des Geschlechterverhältnisses inzwischen erkannt, sich aber nicht näher damit auseinandergesetzt hat.
Auch wenn sich in seinen Büchern keine feministischen Analysen finden, bot seine Theorie und Praxis, die als ein Grundstein in der Herausbildung latein-

141 Dudeck, Anne: Frauenbilder. In Widersprüchen lernen – Widersprüche lernen, in: Cremer, Christa/Bader, Christiane/Dudeck, Anne (Hg.): Frauen in sozialer Arbeit. Zur Theorie und Praxis feministischer Bildungs- und Sozialarbeit, Weinheim/München 1990, 202.

142 Freire, Paulo: Über die notwendigen Fähigkeiten von engagierten Pädagogen...a.a.O. 37.

143 Freire, Paulo: A pedagogia da esperanca, Brasilien 1993. Die Informationen zu diesem Buch verdanke ich dem Paulo-Freire-Experten Heinz Schulze. Es ist bisher nur in Portugiesisch erschienen und beinhaltet einen Rückblick Freires auf die Entwicklung der Pädagogik der Unterdrückten in Verbindung mit seiner Arbeits- und Lebensgeschichte.

144 Die feministische Theologin Mary Daly kritisiert schon 1973, daß Freire zwar scharfsinnig über die Namenlosigkeit der Unterdrückten schreibe, die prototypische Namenlosigkeit der Frauen aber kein einziges Mal erwähne.
Vgl. Daly, Mary: Jenseits von Gottvater, Sohn & Co, München ^{2}1982, Anmerkung 12, 222.

145 Freire, Paulo: Über die notwendigen Fähigkeiten von engagierten Pädagogen...a.a.O. 37.

amerikanischer Volkserziehung verstanden werden kann, wohl auch Anstöße für die lateinamerikanische Volkserziehungsarbeit mit Frauen, wie sie in den vergangenen Jahren stattgefunden hat.[146]
Die allgemein und abstrakt gehaltene Analyse des Unterdrückungsprozesses ermöglicht es, diese auch auf die Unterdrückung der Frauen anzuwenden. Anne Dudeck kritisiert, daß Freires Konzept keine Kriterien dafür biete, „wie ich den 'gesellschaftlichen Gegner' als solchen entlarven kann, wenn er gleichzeitig in meinem Alltag mein Geliebter, mein Freund, mein Vater, mein Sohn, mein Bruder ist"[147]. Aber trotz dieser Leerstelle in Freires Theorie hat seine Analyse, wie „Unterdrücktsein" angeeignet wird und sich in der Persönlichkeitsstruktur verfestigt, für sie Gültigkeit.
Die Methoden der Mythologisierung und Manipulation durch die Massenmedien dienen in einer kapitalistisch-patriarchal geprägten Gesellschaft dazu, Frauen bestimmte Richtlinien und Wertmaßstäbe vorzugeben. „Urgeschichte" aller weiteren kapitalistisch-patriarchalen Mythologien ist der Mythos von der angeborenen Männlichkeit und Weiblichkeit mit den ihnen zugeschriebenen Rollenstereotypen. Die Unterdrückung durch diesen Mythos trifft mit seiner einengenden Wirkung allerdings nicht nur Frauen, sondern auch Männer. Einen Folgemythos, der sich in den letzten Jahren besonders stark entwickelt hat und der durch Werbung und Kosmetikindustrie verkündet wird, beschreibt Naomi Wolf in ihrem Buch „Der Mythos Schönheit".[148] Sie zeigt darin auf, wie die herrschenden Schönheitsnormen die Energien vieler potentiell starker, durchsetzungsfähiger Frauen binden und wie körperliche Unvollkommenheiten und deren kosmetische Beseitigung zum Hauptthema der Frauen werden. Selbsthaß, zwanghaftes Kreisen um sich selbst sowie die in den letzten Jahren massenhaft auftretenden Eßstörungen sind die Folgewirkungen dieses unterdrückerischen Mythos. Die Haupttriebfedern des Schönheitsmythos sind

> „politische und finanzielle Interessen, die Kontrolle von Emotionen und sexuelle Repression. Der Schönheitsmythos hat nichts mit Frauen und Weiblichkeit zu tun, sondern mit Institutionen und Macht"[149].

Frauen, die mit aller Kraft versuchen, den herrschenden Schönheitsidealen gerecht zu werden und sich der Mythologisierung von Schönheit beugen, haben diese internalisiert.
Das von Freire beschriebene Phänomen der „Behausung" des Unterdrückers, d.h. der Internalisierung seiner Wertvorstellungen und Richtlinien durch die Unterdrückten spiegelt sich also auch in den Erfahrungen von Frauen. Frauen

146 vgl. Beispiele aus der Volkserziehungsarbeit mit Frauen; in: Schulze, Trudi und Heinz (Hg.): Zukunftswerkstatt Kontinent...a.a.O. 253ff.

147 Dudeck, Anne: Frauenbilder...a.a.O. 202.
Mir scheint es allerdings auch problematisch, die Frage des hierarchischen Geschlechterverhältnisses so zu individualisieren, wie es Dudeck hier macht.

148 vgl. Wolf, Naomi: Der Mythos Schönheit, Reinbek bei Hamburg 1991.

149 ebenda, 16.

lernen sich in hierarchischen Geschlechterverhältnissen mit den Augen anderer zu sehen und messen sich an männlichen Wertmaßstäben. „Das Verhältnis der Frau zu sich selbst läßt sich zeigen am Spiegel. Der Spiegel, das sind die Blicke der Anderen, die vorweggenommenen Blicke der Anderen."[150]
Freire beschreibt, wie aus der Tatsache, daß sich die Unterdrückten mit den Augen der Unterdrücker sehen lernen, Selbsterniedrigung und geringes Selbstvertrauen erwächst.[151] Eine Frau berichtet über dieses Phänomen, das zur Alltagserfahrung von Frauen gehört, folgendes:

„Ich habe mich lange Zeit nur mit den Augen meines Mannes gesehen. Er hielt mich für eine schlechte Mutter, also hielt ich mich auch für eine schlechte Mutter. Bis ich zu dem Punkt kam, wo ich mich selber wahrnehmen konnte, wie ich bin."[152]

Barbara Sichtermann definiert in diesem Zusammenhang feministische Forschung als „die konsequente Betrachtung der Welt vom eigenen Standpunkt der Frau, nicht vom geliehenen des Mannes aus"[153]. Diese Definition mag als Option auch für eine feministisch-politische Bildungsarbeit mit Frauen gelten und trifft sich mit der Feststellung Freires, daß der Unterdrücker aus dem Bewußtsein der Unterdrückten „exmittiert" werden müsse.[154]
So wie Freire die Ambivalenz unterdrückten Bewußtseins, „die kranke Mischung von Leiden und Lust am Unterdrücker, von Liebe und Haß gegen die Herren" aufzeigt, so wird dieses Phänomen auch in feministischer Literatur immer wieder angesprochen. Die Psychoanalytikerin Frigga Haug zum Beispiel findet mit ihrem Forscherinnenteam in den Erinnerungsgeschichten von Frauen die Lust an der Unterwerfung:

„In unseren Geschichten entdeckten wir einen Zusammenhang von Spaß und Unterwerfung oder anders: wir übten uns nicht geknechtet, sondern lustvoll in bestimmte herrschende Strukturen ein ..., sodaß wir im folgenden mit der These arbeiten: das Sklavinnenverhalten von Frauen steht im Bündnis mit dem Spaß."[155]

Hiermit ist jene Widersprüchlichkeit, jene gespaltene Bewußtseinsform angesprochen, die für ein unterdrücktes Dasein typisch ist. Freire stellt dazu fest: „Der Unterdrückte fängt erst an sich zu entwickeln, wenn er 'Wesen für sich selbst' wird dadurch, daß er den Widerspruch, in dem er gefangen ist, überwindet."[156]

150 Lenk, E.: Die unbewußte Gesellschaft, München 1983, 87; zit. in: Akashe-Böhme, Farideh: Frausein – Fremdsein, Frankfurt a. M. 1993, 90.
151 vgl. Freire, Paulo: Pädagogik der Unterdrückten...a.a.O. 49.
152 Freies Zitat aus dem Gespräch mit einer Freundin.
153 Sichtermann, Barbara: in: Courage 6, Berlin 1982, 17; zit. in: Cremer, Christa/Bader, Christiane/Dudeck, Anne (Hg.): Frauen in sozialer Arbeit...a.a.O. 13.
154 vgl. Lange, Ernst: Einführung...a.a.O. 21.
155 Haug, Frigga (Hg.): Sexualisierung der Körper (Reihe Frauenformen), Berlin/Hamburg ^{3}1991, 47.
156 Freire, Paulo: Pädagogik der Unterdrückten...a.a.O. 137.

Für Frauen bedeutet die Überwindung dieses Widerspruchs, daß sie nicht beim bloßen Klagen über das sexistische Gebaren der Männer stehenbleiben, sondern an der Veränderung des eigenen Verhaltens arbeiten. Damit brechen sie die alte Opfer-Täter-Vorstellung auf und nützen ihre Aktivität in Richtung Befreiung.
So wie Freire das Herr-Knecht-Schema Hegels für seine Beschreibung von Unterdrückung rezipiert, bietet es zwar, wie oben angedeutet, Ansatzpunkte für eine feministisch-politische Bildungsarbeit, es genügt aber nicht, wenn man die Situation von Frauen in unserer Gesellschaft verstehen will. Kritisierbar an Freires Theorie ist, daß er – zumindest in seinem Buch „Pädagogik der Unterdrückten" – mit seiner Analyse im Abstrakten bleibt und keine soziologischen Querverbindungen herstellt. Der Begriff „Unterdrückte" wird von ihm zu abstrakt verwendet, was ihm auch Kritik einbrachte.[157] Ein zweites Problem liegt in Freires Rede von „Unterdrücker" und „Unterdrücktem". Diese Sprechweise kann dazu verführen, die gesellschaftlichen Unterdrückungsverhältnisse, um die es Freire letztlich ja geht, individualistisch zu interpretieren und an Einzelpersonen festzumachen. Strukturelle Gewalt, Unterdrückung durch Institutionen, Gesetzgebung, Wirtschaftsmechanismen etc. können mit den Begriffen „Unterdrücker", „Unterdrückte" allein nicht erfaßt werden, sondern bedürfen einer differenzierteren Analyse. Diese vereinfachende Rede mag Freire auch zu jener idealistischen Sichtweise verführt haben, die ihn postulieren läßt, daß allein die Unterdrückten die Akteure der Befreiung sein können und müssen. Es liege an den Unterdrückten, sich selbst und ihre Unterdrücker zu einem humanen Zusammenleben zu befreien.[158] Figueroa bezeichnet diese Vorstellung Freires als „abstraktes Gedankengebäude, das zu idealistisch übersteigerten Erwartungen führt"[159].
Wenn Freire in der Weiterentwicklung seiner Theorie mehr und mehr den marxistischen Klassenbegriff zur Gesellschaftsanalyse heranzieht, so hat sich die feministische Theorie dahingehend entwickelt, daß sie den marxistischen Klassenbegriff nicht mehr als einzige Schichtungskategorie für hierarchisch organisierte Gesellschaften akzeptiert, sondern das Geschlechterverhältnis mit seiner derzeitigen Geschlechterhierarchie in den Blick nimmt. Geschlecht wird als soziale Strukturkategorie betrachtet, das Männern und Frauen ihren Platz in der Gesellschaft zuweist und soziale Schichtung und Gliederung zur Folge hat.[160]
Diese spezifische Form des modernen Geschlechterverhältnisses hat sich mit Beginn des Kapitalismus im 18./19. Jahrhundert entwickelt. Es entstand eine „duale Ökonomie"[161], die die Gesellschaft in zwei voneinander getrennte Be-

157 vgl. Freire, Paulo: Der Lehrer ist Politiker und Künstler...a.a.O. 46.
158 vgl. Freire, Paulo: Pädagogik der Unterdrückten...a.a.O. 32.
159 Figueroa, Dimas: Paulo Freire...a.a.O. 87.
160 vgl. Becker-Schmidt, Regina: Frauenforschung...a.a.O. 11f.
161 Unter "dualer Ökonomie" wird die Tatsache verstanden, daß unser derzeitiges Wirtschaftssystem auf zwei getrennt voneinander existierenden Säulen ruht, nämlich der

reiche, in „Marktökonomie“ und „Familienökonomie“ schied und gleichzeitig die Geschlechter je einem der beiden Bereiche zuordnete. Allerdings sind die Frauen in dieses System doppelt eingebunden: Es wird ihnen die für die Marktökonomie notwendige Reproduktionsarbeit in Familie und Haushalt zugeschrieben und zugleich wird ihre Arbeit innerhalb der Marktökonomie dann gefordert, wenn männlicher Arbeitskräftemangel herrscht. Die duale Ökonomie ist also „der systematische Ort für die Entstehung der modernen Geschlechterhierarchie und der geschlechtsspezifischen Arbeitsteilung“[162]. Dieses System bewirkte, daß die Beziehungen zwischen Frauen und Männern in verschiedenen Lebens- und Arbeitsbereichen vielfach durch Trennung und Hierarchisierung charakterisiert sind und so zu Herrschaftsverhältnissen werden konnten.[163] Frauendiskriminierung steht also in einem strukturellen Zusammenhang und kann nicht losgelöst von wirtschaftlichen und politischen Strukturen analysiert werden. Wenn in der feministischen Theorie vom Geschlechterverhältnis gesprochen wird, so wird seit der Opfer-Täter-Debatte die Ambivalenz und Widerspruchsstruktur desselben mitbedacht. Die Analysen konzentrieren sich nicht mehr auf die Gemeinsamkeiten von Frauen, sondern auf die Widersprüche von Gleichzeitigem und Ungleichzeitigem, von Angleichung und Differenzierung zwischen den Geschlechtern.[164]
Die aktuellen feministischen Analysen zur gesellschaftlichen Situation von Frauen gehen also weit über das hinaus, was Freire mit dem Geschehen zwischen Unterdrücker und Unterdrücktem beschreibt. Die beiden Theorien finden sich aber an jenem Punkt wieder, wo es um die historische Gewordenheit der analysierten Verhältnisse geht. Freires Theorie und Praxis beruhen auf der Geschichtlichkeit der gesellschaftlichen Bedingungen, die die Vorausetzung für die Veränderbarkeit dieser Bedingungen darstellt. Ähnliches läßt sich in feministischer Literatur finden, wenn z.B. die Sozialwissenschaftlerin Sigrid Metz-Göckel und die Pädagogin Elke Nyssen feststellen:

> „Eine Dimension von Utopie liegt in dem Grundgedanken und Phänomen der historischen Genese der aktuellen Geschlechterverhältnisse, deren Veränderung und Veränderbarkeit. Geschlechterverhältnisse sind in dieser Sicht prinzipiell gestaltbar. Um diese Veränderbarkeit in Richtung der Emanzipation von Frauen und Männern zu wenden, müssen Subjektpotentiale der Frauen anerkannt, erweitert und gelebt werden.“[165]

---

außerhäuslichen Berufsarbeit, die auf Produktion abzielt und der innerhäuslichen Familienarbeit, die auf Reproduktion der Arbeitskraft ausgerichtet ist. vgl. Metz-Göckel, Sigrid/Nyssen, Elke: Frauen leben Widersprüche. Zwischenbilanz der Frauenforschung, Weinheim/Basel 1990, 19.

162 ebenda.

163 vgl. Cremer, Christa/Bader, Christiane/Dudeck, Anne (Hg.): Frauen in sozialer Arbeit...a.a.O. 12

164 vgl. Metz-Göckel, Sigrid/Nyssen, Elke: Frauen leben Widersprüche...a.a.O. 21.

165 ebenda, 18.

Die Veränderbarkeit geschichtlich entstandener Strukturen ist ein Motor sowohl für Freires befreiende Bildungsarbeit als auch für feministisch-politische Bildungsarbeit mit Frauen. Im folgenden soll Freires Bildungspraxis daraufhin befragt werden, wieweit sie Anstöße für feministisch-politische Bildungsarbeit geben kann.

2.1.4. Anstöße der befreienden Bildungsarbeit Paulo Freires für eine feministisch-politische Bildungsarbeit

Da Freire seine Theorie und Praxis im lateinamerikanischen Kontext entwickelte, stellt sich für EuropäerInnen die Frage, wie weit sein Ansatz der befreienden Bildung auch für den Kontext reicher Industrieländer relevant ist. Eine Antwort darauf gibt Freire selbst, wenn er sagt:

> „Europäer und Nordamerikaner mit ihren technischen Gesellschaften brauchen nicht nach Lateinamerika zu gehen, um prophetisch zu werden. Sie brauchen nur in die Außenbezirke ihrer großen Städte zu gehen, ohne 'Naivität' oder 'Berechnung', und sie werden dort genug Stoff finden, der sie dazu veranlaßt, ihre eigene Position zu überdenken. Sie werden sich verschiedenen Ausdrucksformen der Dritten Welt gegenübersehen."[166]

Ludwig Kerstiens, der sich in den 70er Jahren kritisch mit den Modellen emanzipatorischer Pädagogik auseinandersetzte, stellt Freires Ansatz positiv heraus und plädiert für ein Ernstnehmen desselben auch im europäischen Kontext, da „seine Thesen über die befreiende Erziehung allgemein bedeutsam"[167] seien.
Michael Persie erbringt in seinem Buch „Befreiung und Umkehr" den Aufweis, daß es in Europa bereits viele praktische Versuche gibt, Freires Theorie und Praxis umzusetzen und stellt die verbindenden Elemente von Paulo Freire, Theologie der Befreiung sowie der praxisverändernden Bildung Wilhelm Dreiers dar.[168] Persie sieht vor allem Freires Erkenntnis, daß sogenannte wertneutrale Pädagogik den Mythos des heimlichen Lehrplans der Mächtigen verschleiert, als möglichen Anknüpfungspunkt für die Pädagogik der Ersten Welt.[169]
Die genannten Punkte bezüglich der Bedeutsamkeit Freires für die europäische Pädagogik haben auch für feministisch-politische Bildungsarbeit ihre Gültigkeit. Darüberhinaus ist aber konkreter nach der Anwendbarkeit in diesem speziellen Bildungsbereich zu fragen.

166 Freire, Paulo: Erziehung als Praxis der Freiheit...a.a.O. 137.
167 Kerstiens, Ludwig: Modelle emanzipatorischer Erziehung...a.a.O. 86.
168 vgl. Persie, Michael: Befreiung und Umkehr...a.a.O. 172–189; 190ff.
169 ebenda, 116.

2.1.4.1. Anstöße zur pädagogischen Haltung

Wenn Freire die Liebe zu den Menschen und das Vertrauen in ihre Fähigkeiten als Voraussetzung für befreiende Bildungsarbeit bezeichnet, dann gilt das in ganz ähnlicher Weise für feministisch-politische Bildungsarbeit. Eine Frau, die keine Liebe für andere Frauen aufbringt, die die Kultur der Zuneigung zu Frauen nicht kennt, kann keine befreiende Bildungsarbeit mit Frauen machen. Bildungsarbeit mit Frauen ist eine Praxis gelebter Frauenfreundschaft und knüpft an alten Frauentraditionen der Zuneigung, wie sie Janice Raymond in ihrem Buch „Frauenfreundschaft“[170] beschreibt, an.
Die feministische Erziehungswissenschaftlerin Wiltrud Gieseke sieht einen Zusammenhang zwischen der für Frauen nötigen Liebe zum eigenen Geschlecht und der Kraft, gesellschaftliche Veränderungen herbeizuführen:

„Frauen können meiner Ansicht nach in dieser Gesellschaft erst dann ihren je individuellen Platz finden, wenn sie ihr Geschlecht akzeptieren, respektieren und lieben lernen. Erst dann ist Kraft genug vorhanden, um gesellschaftliche Veränderungen zu erwirken.“[171]

Sie plädiert daher für eine konstruktive Auseinandersetzung beispielsweise mit den eigenen Müttern, denn Frauen, die ihre Mutter mit Feindseligkeit oder Verachtung betrachten, oder aber sie idealisieren, werden individuelle und gesellschaftliche Emanzipationsprozesse nicht maßgeblich unterstützen können.[172]
Offenes, waches Interesse an den Frauen und ihren unterschiedlichen Lebensformen, sowie großer Respekt vor dem Erfahrungs- und Alltagswissen, vor den Gedanken der Frauen sind notwendige Grundvoraussetzungen für eine Zusammenarbeit mit ihnen. Ebenso gehört zu diesen Voraussetzungen die eigene Bescheidenheit im Bildungsprozeß, die gekoppelt ist mit der Lust immer Neues von anderen dazuzulernen und mit der Fähigkeit, zu schweigen und anderen Frauen zuzuhören.
Als ein wichtiges Element für eine befreiende Bildungsarbeit mit Interesse an gesellschaftlicher Veränderung nennt Freire die Fähigkeit, die Spannung zwischen Geduld und revolutionärer Ungeduld zu leben.[173] Diese Mahnung, weder Geduld noch Ungeduld zu verlieren, scheint mir für eine feministische Bildungsarbeit gerade in einer Zeit, wo Feminismus vielfach als überkommen hingestellt bzw. das Phänomen des Rückschlags („Backlash“)[174] in Form neuer

170 vgl. Raymond, Janice G.: Frauenfreundschaft ... a.a.O.

171 Gieseke, Wiltrud: Von der fehlenden Liebe zum eigenen Geschlecht, in: Gieseke, Wiltrud (Hg.): Feministische Bildung – Frauenbildung, Pfaffenweiler 1993, 41f.

172 vgl. ebenda, 42.

173 vgl. 2.1.2.3.1.

174 vgl. Faludi, Susan: Die Männer schlagen zurück. Wie die Siege des Feminismus sich in Niederlagen verwandeln und was Frauen dagegen tun können. Reinbek bei Hamburg 1993.
Die These der Amerikanerin lautet, daß in den 80er Jahren für die Frauen die Zeit des

Frauenfeindlichkeit festgestellt wird, als zukunftsweisend. Geduld, Kontinuität und Ausdauer sind in jeder Befreiungsarbeit nötig, denn jahrhundertelang gewachsene Strukturen und Systeme können nicht von heute auf morgen verändert werden. Das betrifft vor allem auch das Patriarchat. Gerade auf Grund der Tatsache, daß Frauen und Männer in Kooperation patriarchale Strukturen aufrechterhalten, beide auf ihre Weise auch davon profitieren, ist es ein langer, mühsamer Weg zur Befreiung der Frauen. Feministisch-politische Befreiungsarbeit steht somit in Kontrast zur Schnellebigkeit unserer Zeit, zum schnell machbaren technologischen Fortschritt und auch in Gegensatz zu einem auf den Quantensprung hoffenden, magischen Wendedenken, wie es sich in esoterischen Kreisen findet. Sie steht in der Tradition alter Befreiungsbewegungen. Maria Wölflingseder beschreibt den Kampf dieser Befreiungstradition so: Es ist ein nicht mit Wundern gepflasterter, wenig sensationeller Weg, „den seit Jahrhunderten Millionen von Menschen gegangen sind, die je nach ihren Kräften und Möglichkeiten, je nach ihrem Mut für mehr Freiheit, Gerechtigkeit und Frieden in der Welt gekämpft haben“[175]
Geduld und ein langer Atem sind vonnöten, wenn Frauen in ihrem Bemühen um Gleichberechtigung nicht resignieren und verzweifeln wollen. Aber ebenso brauchen sie die antreibende Kraft der revolutionären Ungeduld, die sie hoffend tätig werden läßt. An Erfolg zu glauben und doch nicht mit schnellen Erfolgen zu rechnen – das ist die Spannung, die Frauen auszuhalten haben, denn „unserem Tun sind historische Grenzen gesetzt, deren wir uns in unserem Kampf bewußt sein müssen“[176].
Wenn Freire in seinen Schriften gegen die vermeintliche Neutralität von Bildung auftritt und von der Politizität der Erziehung und Bildung spricht, ist dies für einen feministisch-politischen Ansatz eine Selbstverständlichkeit. Politizität in Zusammenhang mit feministisch-politischer Bildungsarbeit bedeutet Parteilichkeit für Frauen. Marianne Weg geht soweit, daß sie sagt: „Wenn Frauen lernen, ist das Politik!“[177]. Für sie ist Frauenbildungsarbeit gleichzeitig Frauenpolitik, wenn sie Lern- und Erkenntnisprozesse anregt, „in denen Frauen neue Lebenskonzepte entwickeln ... in einem wechselseitigen Verbund mit konkreter Arbeit an der Umgestaltung ‘der Welt’ gemäß den Bedürfnissen von Frauen.“[178]

Backlash v.a. in Form gezielter Medienberichterstattung begann und der Anteil der Frauen an Macht, Geld und Einfluß wieder zurückging. Sie interpretiert dies als Reaktion auf die neue Frauenbewegung und als Wiedererwachen einer neuen Frauenfeindlichkeit.

175 Wölflingseder, Maria: Gesellschaftliche Veränderung...a.a.O. 120.

176 ebenda, 116.

177 Weg, Marianne: Wenn Frauen lernen, ist das Politik!, in: Jurinek-Stinner, Angela/Weg, Marianne (Hg.): Frauen lernen ihre Situation verändern. Was kann Bildungsarbeit dazu beitragen?, München/Wien/Baltimore 1982, 101.

178 ebenda, 108.

Ganz im Sinne Freires stellt sie fest: „Politisch ist die Frauen-Bildungsarbeit, weil sie individuelle und kollektive Prozesse der Interessenentdeckung und -durchsetzung meint."[179]
Wie für Freire ist auch für Marianne Weg Bildungsarbeit eng verknüpft mit politischem Handeln. Feministisch-politische Bildungsarbeit geht aber an der Stelle über Freire hinaus, wo sie auch die sogenannten „privaten" Orte der Frauen zum politischen Thema macht. In Abgrenzung zu einem männlich geprägten, engen Politikverständnis entwickelte die Frauenbewegung das Motto „Das Private ist politisch" und brachte dies in die Bildungsarbeit ein.[180]
Anders als Freire wird eine Theorie feministisch-politischer Bildung, wie sie hier entworfen werden soll, auch nicht von „Lehrerinnen" und „Schülerinnen" sprechen, sondern von Teilnehmerinnen am gemeinsamen Bildungsprozeß. Dies ergibt sich allein schon aus dem außerschulischen Kontext, in dem diese Bildungsarbeit geschieht. Die persönliche Betroffenheit, die jede Leiterin von feministisch-politischen Bildungsveranstaltungen mitbringt, stellt einen zusätzlichen Aspekt im Rollenverständnis der Leiterin dar und verstärkt das Bewußtsein vom gegenseitigen Lehren und Lernen.

2.1.4.2. Anstöße zum dialogischen Handeln

Ein Verdienst Freires ist es, aufgezeigt zu haben, daß befreiende Bildungsarbeit nur dann zu einer Demokratisierung der Gesellschaft beitragen wird können, wenn sie den Dialog als Prinzip ernstnimmt.
Aus feministisch-politischer Sicht ist dialogisches Handeln im Bildungsprozeß unabdingbar, gerade wenn es darum geht, daß Frauen sich als Subjekte ihres Denkens und Redens begreifen lernen. Im Dialog geht es Freire um das Benennen der Welt durch jene, die bisher in einer von anderen definierten und benannten Welt gelebt haben. Für Frauen ist das Benennen der Welt, d.h. das Sichtbarmachen der eigenen Situation, Denk- und Lebensweise, das selbständige Definieren von Problemlagen ein wichtiger Schritt auf dem Weg zur eigenen Ortsfindung, zum Abbauen des Fremdheitsgefühls in einer von Männern definierten Weltordnung. Dieses Benennen der Welt durch den Dialog unter den Frauen entspricht einem weltzugewandten Verständnis von Feminismus.[181] Freire versteht die „Benennung der Welt als Akt der Schöpfung und Neuschöpfung", als Akt der Liebe zur Welt, zu sich selbst und zu den anderen, was als wichtiger Anstoß für eine feministisch-politische Bildungsarbeit mit Frauen gelten kann.
Ein anderer wesentlicher Aspekt des Dialogs im Bildungsprozeß betrifft das dadurch entstehende gleichberechtigte Verhältnis zwischen Teilnehmerinnen

179 ebenda.
180 vgl. Schiersmann, Christiane: Frauenbildung. Konzepte, Erfahrungen, Perspektiven, Weinheim/München 1993, 31.
181 In der Folge kann diese Einübung des Dialogs unter den Frauen zur verstärkten dialoghaften Auseinandersetzung mit Männern und Frauen im Alltag ermutigen.

und Leiterin. Alle Teilnehmenden sind für den Prozeß gemeinsam verantwortlich, wenn auch auf unterschiedliche Weise.

2.1.4.3. Anstöße zur Bewußtseinsbildung

Anstrebenswert ist für eine feministisch-politische Bildungsarbeit, daß sie das „kritisch transitive Bewußtsein", wie es Freire beschreibt, bei Frauen fördert, das heißt das differenzierte, offene Wahrnehmen und Interpretieren der Wirklichkeit, das getragen ist von Verantwortungsgefühl und Dialogbereitschaft.
Kritisch-transitives Bewußtsein setzt sich mit der Mythologisierung der Wirklichkeit auseinander und hinterfragt diese. Es geht auf die Suche nach gesellschaftlichen Widersprüchen und Konflikten, ist also konflikt- und problemorientiert, allerdings nicht aus Selbstzweck, sondern im Sinne einer Befreiung der Frauen und Männer aus sie einengenden Strukturen.
Den wichtigsten Anstoß in bezug auf Bewußtseinsbildung gibt Freire aber mit seiner „Entmythologisierung der Bewußtseinsbildung", d.h. mit dem Zurechtrücken falscher Hoffnungen und Erwartungen. Bewußtseinsbildung bringt keine Veränderung in Gang, wenn sie sich nicht mit konkreter, historischer Praxis verbindet. Das bedeutet für eine weltzugewandte, feministisch-politische Bildungsarbeit, daß sie fragt, welche gegenwärtigen Strukturen und Bedingungen konkret verändert werden müssen, damit Befreiung zu mehr Menschlichkeit passieren kann. Sie bleibt mit ihren Themen nicht im wohligen Seminarraum, sondern geht an die Öffentlichkeit.

2.1.4.4. Alphabetisierung in Zusammenhang mit feministisch-politischer Bildungsarbeit

Anders als in Lateinamerika ist in den Industrieländern Mitteleuropas linguistische Alphabetisierung durch die allgemeine Schulpflicht garantiert. Politische Alphabetisierung dagegen wird von den offiziellen Bildungsinstitutionen kaum oder nur am Rande praktiziert, weil politische Mündigkeit und Kritikfähigkeit nicht im Interesse der Machthabenden liegen.[182] Erziehung soll eher Haltungen der ahnungslosen Gutgläubigkeit, des pflichterfüllenden Gehorsams und der Untertänigkeit einüben. Gerade hier kann Freires Ansatz zu einem Kampf gegen das Nicht-Verstehen von politischen und wirtschaftlichen Machtmechanismen anregen, zu einer Alphabetisierung in Politik und

182 Dies konnte ich anhand einer von mir durchgeführten Bildungsveranstaltung mit Kindergärtnerinnen wieder deutlich erfahren. Als Ergebnis unseres Seminars zum Thema „Meine Rolle und mein Wert als Kindergärtnerin in der Gesellschaft" schickten wir ein Positionspapier mit politischen Forderungen an die zuständigen Landesstellen mit dem Ergebnis, daß dem Religionspädagogischen Institut, welches das Seminar veranstaltete von einer dieser Stellen eine Rüge erteilt wurde mit dem Verweis, es solle sich doch wieder auf seine eigentlichen Aufgaben (gemeint war die religionspädagogische Weiterbildung der Kindergärtnerinnen) besinnen.

Ökonomie. Der Zukunftsforscher Robert Jungk sprach sich 1976 in seinem Buch „Der Jahrtausendmensch" in Anlehnung an Freire gegen den neuen, politischen Analphabetismus aus. Der zeige sich darin, daß die Menschen der hochindustrialisierten Länder in der „Kenntnis der komplexen wirtschaftlichen Interessengewebe, in die ihr Leben und ihre Arbeit verstrickt sind"[183], Analphabeten sind.
Maria Wölflingseder zeigt in diesem Zusammenhang das politische Desinteresse, den Rückzug in die private Innerlichkeit auf und zitiert US-amerikanische Jugendstudien, die vom „Zeitalter der Gleichgültigkeit" sprechen. Gleichgültigkeit herrsche bei vielen Menschen gegenüber allen sozialen, politischen, ökonomischen und ökologischen Problemen, die unsere Welt und den Fortbestand der Menschheit bedrohen.[184]
Gerade in einer solchen Zeit aber ist Alphabetisierung in politischen und ökonomischen Belangen für Männer und Frauen vonnöten, denn Desinteresse ergibt sich oft auch aus fehlendem Bewußtsein und daraus resultierenden Ohnmachtsgefühlen den herrschenden Strukturen und Gesetzmäßigkeiten gegenüber.
Frauen sind in spezieller Weise von weltwirtschaftlichen Marktmechanismen betroffen: Weltweit leisten sie fast zwei Drittel der Arbeitsstunden, erhalten aber nur ein Zehntel des Welteinkommens und besitzen weniger als ein Hundertstel des Welteigentums.[185] Die „Feminisierung der Armut", die sowohl in den sogenannten Entwicklungsländern wie auch in den Industrieländern festgestellt wird, setzt sich weiter fort. Feministisch-politische Bildungsarbeit ist daher verpflichtet, die Hintergründe dieser Mechanismen verstehbar zu machen, aus der Sicht der Frauen zu analysieren, zu kritisieren und alternative Wirtschaftsmodelle anzustreben.
Die Schweizer Ökonomin Mascha Madörin sprach 1992 in einem Referat im Wiener Rathaus von der „Alphabetisierung in Wirtschaftsfragen":

„Zum anderen müssen wir dafür sorgen, daß Frauen in Wirtschaftsfragen eine politische Kompetenz bekommen. D.h., wir müssen eine Art 'Alphabetisierung in Wirtschaftsfragen' für uns alle durchführen."[186]

Dies scheint ihr nötig, weil sie eine Blockade bei Frauen beobachtet, wenn es um Fragen der Ökonomie geht. Es existiere unter uns Frauen ein Grundgefühl, daß wir Wirtschaftsfragen nicht verstehen können, was wiederum mit dem sexistischen und frauenverachtenden Diskurs zusammenhänge, der in Wirtschaftstheorien unterschwellig zu finden sei.

183 Jungk, Robert: Der Jahrtausendmensch, Reinbek bei Hamburg 1976, 135.
184 vgl. Wölflingseder, Maria: Gesellschaftliche Veränderung...a.a.O. 79.
185 Plakat der Misereor-Fastenaktion 1990, in: Kohler-Spiegel, Helga/Schachl-Raber, Ursula: Wut und Mut. Feministisches Materialbuch für Religionsunterricht und Gemeindearbeit, München 1991, 58.
186 Madörin, Mascha: Zur neuen Welt(un)ordnungspolitik. Fünf Thesen aus feministischer Sicht, in: Frauensolidarität 41, (1993) 9.

Was Madörin in bezug auf die Ökonomie feststellt, gilt wohl in ähnlicher Weise für die Politikwissenschaften und die herrschenden politischen Strukturen. Alphabetisierung in Ökonomie und Politik muß daher in einer feministisch-politischen Bildungsarbeit das Geschlechterverhältnis in seine Analyse und Urteilsbildung einbauen.
Freire richtete seine Theorie und Praxis auf die Befreiung der unterdrückten Menschen in Lateinamerika und in anderen sogenannten „Dritte-Welt-Ländern". Feministisch-politische Bildungsarbeit erweitert diese Sichtweise, indem sie den dreifachen Unterdrückungszusammenhang des patriarchalen Kapitalismus in den Blick nimmt und auch auf die allgemeine Benachteiligung von Frauen, sowie auf die Ausbeutung der Natur zusätzlich hinweist.

2.2. Die Themenzentrierte Interaktion (TZI) Ruth C. Cohns

In einer brutal ungerechten und heute der „Endlösung" zueilenden Welt ist TZI ... ein Beitrag zur Möglichkeit, persönliches und gesellschaftliches Zerstörungspotential wahrzunehmen, zu verstehen, sich selbst einzugestehen und damit Kraft und Zuversicht zu gewinnen, es überwinden zu helfen.
Ruth C. Cohn, in: Zur Tat befreien, 5

Als zweiten Ansatz pädagogischen Handelns möchte ich die von Ruth Cohn in den 60er Jahren in den USA gegründete und inzwischen auch in Europa weithin bekannte TZI behandeln. TZI ist ein Kommunikations- und Kooperationsmodell für die Arbeit mit Gruppen, das sich an humanistischen Werten orientiert und das sowohl das persönliche Wachstum der TeilnehmerInnen wie auch ihr gesellschaftlich-politisches Bewußtsein fördern will. Ruth Cohn versteht die TZI als „gesellschaftstherapeutischen Ansatz"[187], als

„Ausdruck einer Idee, daß es doch so etwas geben müsse, was wir mitten im Grauen der Welt tun könnten – ihm etwas entgegenzusetzen, kleine Schritte, kleine winzige Richtungsänderungen"[188].

187 Matzdorf, Paul/Cohn, Ruth C.: Das Konzept der Themenzentrierten Interaktion, in: Löhmer, Cornelia/Standhardt, Rüdiger (Hg.): TZI. Pädagogisch-therapeutische Gruppenarbeit nach Ruth C. Cohn, Stuttgart 1992, 42.

188 Ockel, Anita/Cohn, Ruth C.: Das Konzept des Widerstands in der themenzentrierten Interaktion. Vom psychoanalytischen Konzept des Widerstandes über das TZI-Konzept der Störung zum Ansatz einer Gesellschaftstherapie, in: Petzold, Hilarion (Hg.): Widerstand. Ein strittiges Konzept in der Psychotherapie, Paderborn 1981, 256.

Ein solches Verständnis von TZI ist auch der Grund, warum ich dieses Modell hier aufgreife und der Frage nachgehe, wieweit es für eine feministisch-politische Bildungsarbeit relevant sein kann.
Da TZI derzeit in der Pädagogik eines der meistdiskutierten und -rezipierten Modelle darstellt[189], findet sich dazu neben den Primärwerken Ruth Cohns eine Fülle von Sekundärliteratur. Ich werde im folgenden nur insoweit auf diese Diskussion eingehen, als es für die Entwicklung einer Theorie zur feministisch-politischen Bildungsarbeit von Interesse ist.
Um die Geschichtlichkeit von TZI, die Gründe für ihre Entwicklung, verstehen zu können, erscheint es mir nötig, der Darstellung dieses pädagoischen Ansatzes ein Porträt der Gründerin Ruth Cohn voranzustellen.

2.2.1. Zur Person Ruth Cohn

Sterntalerkind[190]

Sterntalerkind stand still.
Es strich mit den Händen über sein Haar
und über den Leib, wo kein Hemd mehr war.
Jetzt lief es nicht weiter. Jetzt hatte es Zeit.
Es sah nach oben; ein funkelndes Kleid
Senkt sich ihm sorgsam um Schultern und Blick –
Aus fallenden Tüchern mit goldnem Gestick.

Ruth Charlotte Cohn, die 1992 zu ihrem 80. Geburtstag als berühmte Vertreterin der humanistischen Psychologie und Pädagogik, sowie als Begründerin der TZI gefeiert und von Richard von Weizsäcker mit dem Großen Verdienstkreuz für ihre psychologisch-pädagogische Arbeit gewürdigt wurde, wollte in ihrer Kinder- und Jugendzeit Lyrikerin werden.
Das obige, aus den 30er Jahren stammende Gedicht enthält m.E. drei für Ruth Cohn typische Aspekte: Da ist zum ersten das heimatlos gewordene Sterntalerkind, das all ihr Hab und Gut an Ärmere verschenkt, weil es die Not der

189 vgl. Kroeger, Matthias: Ruth C. Cohn 80 – WILL 25 – WILL Europa 20. Festrede beim Jubiläumsakt in GWATT am 24.4.92, in: Themenzentrierte Interaktion, H.2, 6.Jg.(1992), 41.
Der Pädagoge Hartmut von Hentig zählt TZI zum "Gemeingut aller pädagogischen Reformbemühungen" und nennt es "das vermutlich erfolgreichste Mittel der Humanisierung des Unterrichts und sozialpädagogischer Maßnahmen".
Hentig, Hartmut von: Ruth C. Cohn – Würdigung, in: Themenzentrierte Interaktion, H.2, 6.Jg.(1992), 34.

190 Cohn, Ruth C.: zu wissen dass wir zählen. Gedichte und Poems. Mit Scherenschnitten von Annemarie Maag-Büttner, Bern 1990, 58.

anderen sieht und tilgen will. Die Berührungspunkte zu Ruth Cohn bestehen zum einen darin, daß die junge Jüdin ihre Heimatstadt Berlin am 31. März 1933 nach der Machtergreifung Hitlers verließ, zunächst in die Schweiz und später nach Amerika flüchtete. Zum anderen war Ruth Cohn von Kindheit an offen für die Not anderer und half z.B. in den Ferien in der „Zentralstelle für private Fürsorge“, wo sie das Elend der Wirtschaftskrise, der Arbeitslosigkeit und Armut miterlebte.[191] Zweitens beschreibt dieses Gedicht jenes kontemplative Moment, das im Sich-etwas-zufallen-Lassen besteht. Ruth Cohn erzählt 1987 in einem Interview, wie sehr diese intuitive Fähigkeit ihr Leben geprägt hat und fügt hinzu: „Wichtig finde ich, daß man auffängt, was einem so vom Himmel fällt.“[192] Ein drittes Charakteristikum, das Ruth Cohn auszeichnet und das in diesem Gedicht implizit mitschwingt, ist ihre Religiosität, ihre Verankerung im Glauben an eine Göttlichkeit, die über sie selbst hinausweist, der Blick „nach oben“.

Obwohl Ruth Cohn also ursprünglich Lyrikerin werden wollte, hat sie den Großteil ihres Lebens erfolgreich und freudvoll mit therapeutischer und pädagogischer Arbeit verbracht.

Den Vernunftgründen des Vaters folgend, die besagten, daß sich eine Frau notfalls auch selbständig versorgen können müsse, suchte sie nach einem „realistischen“ Beruf. Diesen fand sie, nachdem sie eine Psychoanalytikerin – die Mutter ihres ersten Freundes – kennengelernt hatte. Es faszinierte sie „die Möglichkeit, Menschen, denen es schlecht ging, von ihrem Kummer zu befreien und gleichzeitig ihre Lebensgeschichte kennenzulernen“[193].

Ruth Cohn wurde im August 1912 als zweites Kind einer gutbürgerlichen deutsch-jüdischen Familie in Berlin geboren.[194] Ihren Vater, den Bankkaufmann Arthur Hirschfeld, erlebte Ruth Cohn als überlegen, ernst, auch liebevoll, als Herr im Hause, der immer wieder ihr Wissen abprüfte. Ihre Mutter Elisabeth Hirschfeld, geb. Heiden-Heimer, war Pianistin und eine Frau mit sonnigem Gemüt bis hin zum Illusionären. Sie traurig zu machen, empfand Ruth als Sünde.[195]

In einem Haushalt mit zwei Dienstmädchen und einem Kinderfräulein wuchs sie in einer behüteten, wohlhabenden Atmosphäre auf. In ihrer Schulzeit machte sie persönlich keine antisemitischen Erfahrungen, doch die Machtergreifung Hitlers erschütterte ihr bis dahin im großen und ganzen sorgenfreies Leben. Sie flüchtete nach Zürich, wo sie in erster Linie Psychologie und Psychiatrie, aber auch Pädagogik, Theologie, Literatur und Philosophie stu-

191 vgl. Zundel, Edith: Ruth Cohn. Themenzentrierte Interaktion, in: Zundel, Edith und Rolf: Leitfiguren der Psychotherapie. Leben und Werk, München 1987, 67.

192 Cohn, Ruth C.: Es geht ums Anteilnehmen...a.a.O. 103.

193 Cohn, Ruth C./ Farau, Alfred: Gelebte Geschichte der Psychotherapie. Zwei Perspektiven, Stuttgart 1991, 211.

194 Die Daten zum Lebenslauf entnehme ich der tabellarischen Lebensübersicht von Ruth C. Cohn in: Löhmer, Cornelia / Standhardt, Rüdiger (Hg.): TZI. Pädagogisch-therapeutische Gruppenarbeit nach Ruth C. Cohn, Stuttgart 1992, 371–374.

195 vgl. Zundel, Edith: Ruth Cohn...a.a.O. 73.

dierte. 1934–1939 erfolgte ihre eigene Analyse und Ausbildung zur Psychoanalytikerin. Die gesamte Studienzeit war überschattet von den Auswirkungen des Nationalsozialismus in Deutschland und so standen neben ihrer Psychoanalyse „die Fragen, weshalb es Kriege, Nationalsozialisten, Morde gibt, im Vordergrund“[196]. In der Erfahrung der todbringenden „Exklusivitätsphilosophie“ der Nationalsozialisten, eines Denkens, das in „Wir“ und „Die-da“ trennt und es ermöglicht, daß eine mächtige Gruppe eine schwächere tötet, liegen die Wurzeln für die Betonung der humanistischen Werte in der TZI.[197]
1938 heiratete sie ihren langjährigen Lebenspartner Hans-Helmut Cohn, der ebenfalls deutsch-jüdischer Abstammung war und Medizin studierte. 1939/40 arbeiteten beide in einer psychiatrischen Klinik in St. Gallen. Im Februar 1940 kam Tochter Heidi zur Welt, dreieinhalb Monate später wurde fälschlicherweise Alarm gegeben, die deutsche Armee hätte die Schweizer Grenze überschritten. Diese Minuten der Todesangst wurden für Ruth Cohn zu einem Schlüsselerlebnis, denn sie und ihr Mann sahen sich vor die Wahl gestellt zwischen Freitod oder Folter, zwischen schmerzloser Tötung ihres Kindes und der Möglichkeit seines grausamen Ermordetwerdens. Mitten in ihren qualvollen Überlegungen bot die ihnen kaum bekannte Verwalterin der Klinik an, daß sie das Baby als uneheliches Kind der achtzehnjährigen Tochter bei sich aufnehmen würde. Für Ruth Cohn wurde diese Frau zum Beispiel dafür, wie lebenswichtig es ist, sich inmitten eigener Ängste um Menschen und Angelegenheiten zu kümmern, die mit einem selbst vordergründig nichts zu tun haben. Ruth Cohn schreibt dazu:

> „Es war die Grenzerfahrung, von der ich spüre, daß sie mein Leben mitbestimmt hat. Es geht in der Humanistischen Psychologie und der angewandten humanistischen Pädagogik um das Wie der Lebensförderung und Liebe gegen Mord und Grausamkeit. Alles andere ist recht nebensächlich.“[198]

Im April 1941 erhielt dann das Ehepaar die Ausreisevisa und die Einwanderungserlaubnis für die Vereinigten Staaten. Über diese Erfahrung des Flüchtling-Seins erzählt Ruth Cohn, daß sie hier die gesellschaftliche Not am stärksten gefühlt und deren Bedeutung erkannt habe, was sich später auf die Entwicklung von TZI auswirkte: „Da bin ich also wirklich vom Individuellen zur Gesellschaft gegangen, durch die Sachlage.“[199]
Der berufliche Neubeginn gestaltete sich für Ruth Cohn schwierig, weil ihr als Psychoanalytikerin das in den USA für therapeutische Arbeit erforderliche Medizinstudium fehlte. So ließ sie sich 1941/42 an der pädagogisch progressiven Bankstreet School in „Early Childhood Progressive Education“ ausbil-

196 Cohn, Ruth C.: Es geht ums Anteilnehmen...a.a.O. 57.
197 vgl. Cohn, Ruth C.: Von der Psychoanalyse zur themenzentrierten Interaktion. Von der Behandlung einzelner zu einer Pädagogik für alle, Stuttgart [11]1992, 7.
198 Cohn, Ruth C./Farau, Alfred: Gelebte Geschichte ... a.a.O. 466.
199 Cohn, Ruth C.: Es geht ums Anteilnehmen ... a.a.O. 86.

den. In den Jahren 1941–1944 studierte sie erneut Psychotherapie, um den Master's Degree zu erlangen. 1944 kam ihr Sohn Peter zur Welt, zwei Jahre später trennte sie sich von ihrem Mann und zog mit beiden Kindern in die Nähe von New York City, wo sie eine psychoanalytische Praxis aufbaute. Es war für sie auf Grund von Krankheit, psychischem Schmerz, finanziellen Schwierigkeiten und Überbelastung durch das Alleinerzieherinnen-Dasein eine harte Zeit, in der sie nicht durch Studium, sondern wie sie sagt, „vom Leben" lernte.[200] So wurde ihr der Zusammenhang zwischen Armut und Krankheit deutlich, woraus die hautnah erlebte Erkenntnis entstand:

„Krankheit und Armut tragen zur Fortsetzung von psychologisch und pädagogisch pathogenen Situationen bei. Wir brauchen therapeutische Pädagogik und gerechtere ökonomische Verhältnisse!"[201]

Von 1946–1972 führte sie eine private psychotherapeutische Praxis in New York City, die ihr und ihren Kindern den Lebensunterhalt sicherte. In diesen Jahrzehnten kam sie mit den verschiedensten VertreterInnen neuer psychotherapeutischer Schulen in Kontakt und entwickelte ihre eigene Arbeit von der klassischen Psychoanalyse über die interpersonelle Beziehungstherapie Harry Stack Sullivans und die holistische, den Menschen als physisch-psychische Einheit betrachtende Therapie hin zur Erlebnistherapie weiter. Elemente wie die empathische, partizipierende Haltung des Therapeuten (Sullivan), die Einbeziehung körperlicher Empfindungen in die therapeutische Arbeit (Elsa-Gindler-Schule), die Betonung des Hier-und-Jetzt und die bewußte Förderung des menschlichen Potentials nahm sie in ihre therapeutische Tätigkeit auf.[202] Hinzu kam in diesen Jahren die Entdeckung, daß die Arbeit mit Gruppen zusätzliche therapeutische Möglichkeiten eröffnet, die in der Einzeltherapie nicht gegeben sind.
Ein wichtiger Ausgangspunkt für Cohns therapeutische Weiterentwicklung in Richtung Erlebnistherapie und Themenzentrierter Interaktion war ein Workshop mit PsychotherapeutInnen im Ausbildungsstadium zum Thema „Gegenübertragung". Mit diesem Thema griff Cohn zum einen ein unter PsychoanalytikerInnen bestehendes Tabu auf – über die Gegenübertragungen der TherapeutInnen auf ihre KlientInnen und den daraus entstehenden Schwierigkeiten wurde auch in der Ausbildung und Supervision nicht gesprochen –, zum anderen praktizierte sie in diesem Workshop eine völlig neue Methode: Mit der

200 ebenda, 58.
201 Cohn, Ruth C./ Farau, Alfred: Gelebte Geschichte ... a.a.O. 230.
202 Cohn nennt folgende Kriterien des erlebnistherapeutischen Modells: Begegnung in Partnerschaft; größtmögliche Authentizität; Betonung des Hier-und-Jetzt; Holismus; Achten auf Realitätsgehalt von Therapiesitzungen; Übungen zur Wahrnehmungsfähigkeit und Urteilsbildung; Betonung des Subjektiven des Menschen; nicht-hierarchische Wertmaßstäbe; Zuwendung zum Potential des Menschen; autonome Entscheidungen im Sinne der Selbstverwirklichung; in: Cohn, Ruth C./Farau, Alfred: Gelebte Geschichte...a.a.O. 278f.

Angst der TeilnehmerInnen vor diesem Thema rechnend, beschloß sie selbst einen Fall aus ihrer Praxis in freien Assoziationen vorzutragen und von den TeilnehmerInnen supervidieren zu lassen. Dazu schreibt sie:

„Daß ich den Mut aufbrachte, meine Schwierigkeiten mit einer Patientin in freien Assoziationen vorzutragen, war eine schwere, doch zweifellos die fruchtbarste Entscheidung meines professionellen Lebens."[203]

Dieser Workshop wurde für Ruth Cohn auf Grund der Lebendigkeit und Offenheit des Prozesses zur Schlüsselerfahrung in bezug auf die Interaktionen zwischen den TeilnehmerInnen, weshalb sie in ihm die Geburtsstunde der TZI sieht. Sie stellte sich anläßlich dieses und der daraufffolgenden Workshops die Frage,

„... ob dies Erlebnis nur durch das Thema der Gegenübertragung zustande kommen könne oder ob es möglich wäre, die methodischen Ansätze dieses Workshops auch mit anderen Themen zu verbinden. Die Beantwortung dieser Frage lag in der allmählichen Entwicklung und Erarbeitung der Themenzentrierten Interaktion."[204]

Als Mitglied der American Academy of Psychotherapie (AAP) lernte sie die Arbeit vieler hervorragender TherapeutInnen kennen, u.a. die Gestalttherapie von Fritz Perls, bei dem sie 1965/66 eine Zusatzausbildung machte.[205]
Nach weiteren Erfahrungen in der Arbeit mit Gruppen gründete sie mit der Unterstützung von KollegInnen wie Norman Liberman und Frances Buchanan 1966 das „Workshop Institute for Living-Learning" (WILL) in New York, ein Institut für die Ausbildung, Forschung und Praxis von TZI.
1968 kam Ruth Cohn zum ersten Mal wieder nach Europa, genauer nach Wien zum Internationalen Kongreß für Gruppenpsychotherapie, der auf Grund der dort geknüpften Beziehungen der Auftakt zu ihrer Arbeit in Europa war. Die Psychotherapie steckte in Europa zu dieser Zeit im Vergleich zu den USA noch in Kinderschuhen und so war Ruth Cohn vor allem als Informantin über Gestalttherapie, Transaktionsanalyse, Bioenergetik, Erlebnistherapie usw. gefragt. Erst nach dieser Anfangsphase gab sie ihrem eigenen Interesse, TZI bekanntzumachen, Raum. TZI verbreitete sich unter TherapeutInnen, LehrerInnen, Geistlichen und SozialarbeiterInnen, in privaten und öffentlichen Institutionen erstaunlich schnell.[206] 1972 wurde von deutschen und schweizerischen KollegInnen WILL-Europa gegründet und mit der Ausbildung von TZI-GruppenleiterInnen begonnen.

203 ebenda, 266.
204 ebenda, 271.
205 Mit der Entwicklung der TZI setzt sich Ruth Cohn von Fritz Perls insofern ab, als sie über die von ihm mitgeprägte Philosophie des "I am I and you are you" und des "self-support" als vorrangiger Lebensaufgabe hinausgeht. Sie kritisiert, daß hier die interdependente Perspektive oft zu kurz komme.
vgl. Cohn, Ruth C./Farau, Alfred: Gelebte Geschichte ... a.a.O. 320.
206 vgl. ebenda, 383.

In den Jahren seit 1968 hatte Ruth Cohn die Arbeit in ihrer Privatpraxis zugunsten der Verbreitung von TZI zurückgestellt, 1973 schloß sie die Praxis ganz. Eine neue Arbeits- und Wohnstätte fand sie 1974 nahe der Ecole d'Humanité, einem Alternativschulprojekt in Goldern am Hasliberg im Berner Oberland, wo sie seither lebt und arbeitet.
Ihre Vierzig Quadratmeter-Wohnung am Hasliberg – Ruth Cohn nennt sie „die große Aussicht mit kleiner Wohnung"[207] – wurde zum Anziehungspunkt für viele FreundInnen, Bekannte und SchülerInnen. Helga Herrmann schreibt in ihrem Porträt zum 80. Geburtstag Cohns:

„Ruth hat die Gabe, Menschen anzuziehen und um sich zu versammeln ... .Sie ist eine bezaubernde Gastgeberin, schafft mit leichter Hand eine Atmosphäre von Selbstverständnis und Einfachheit, ermöglicht so ein Einschwingen auf das Wesentliche, die Begegnung im Austausch."[208]

Ruth Cohn wird von denen, die sie persönlich kennen, als Meisterin des Dialogs beschrieben. Sie sei „auf ansteckende Weise offen, spontan, fähig zu intuitiver Einfühlung und vor allem bereit zu akzeptieren"[209].
Auch Helga Herrmann spricht von „ansteckender Offenheit", die Ruth Cohn in Gesprächen ausstrahle:

„Ihre kämpferische Art, Position zu beziehen, ihr konzentriertes Zuhören, wenn das Gegenüber eine andere Sicht vertritt; nachdenkliches Nach-innen-Lauschen, Teilhabenlassen an Umdenkungsprozessen und manchmal das schlichte Eingestehen eines Irrtums – dies alles bewirkt eine Atmosphäre von ansteckender Offenheit."[210]

Ruth Cohns kommunikative Fähigkeit und persönliche Offenheit entdeckt auch, wer ihre Bücher liest oder Interviews mit ihr verfolgt, denn sie versteckt sich nicht hinter allgemeinen, Objektivität vorschützenden Statements, sondern macht ihre Sichtweise der Dinge transparent und versteht es, das Gesagte mit einer für sie im Moment aktuellen Situation oder einer persönlichen Erfahrung zu verknüpfen. So provoziert sie bei LeserInnen und HörerInnen eigene Assoziationen zum Thema und ermutigt „ich" statt „man" zu sagen. „Das Gespräch, nicht der Small talk, ist Ruths Stärke und erklärtes Ziel"[211], meint Helga Herrmann. Lebendiges, echtes Gespräch ist für die Pädagogin Cohn die wichtigste Form sinnvollen Lernens und sie sagt: „jawohl, ich habe Sendungsbewußtsein, ich möchte alles Lernen von dem Unsinn des Unlebendigen und Unwesentlichen befreien".[212]

207 ebenda, 390.
208 Herrmann, Helga: Ruth C. Cohn – Ein Porträt, in: Löhmer, Cornelia/Standhardt, Rüdiger (Hg.): TZI. Pädagogisch-therapeutische Gruppenarbeit nach Ruth C. Cohn, Stuttgart 1992, 24.
209 Zundel, Edith: Ruth Cohn...a.a.O. 72.
210 Herrmann, Helga: Ruth C. Cohn...a.a.O. 20f.
211 ebenda, 25.
212 Zundel, Edith: Ruth Cohn...a.a.O. 71.

Eine weitere Aufgabe sieht sie als Psychotherapeutin und Pädagogin darin, „Verdrängungstendenzen im Menschen entgegenzutreten“[213]. Zu diesem Verdrängten gehören ihrer Ansicht nach nicht nur persönliches Leid, sondern genauso gesellschaftlich Verdrängtes, das verdrängte Leid ausgebeuteter, gefolterter Menschen und zerstörter Natur. Die TZI soll ihrem Verständnis nach eine Form von Gesellschaftstherapie sein, die gegen die Verdrängungen ankämpft. Vor allem im letzten Jahrzehnt wurde sie immer mehr zur prophetischen Warnerin und trat ein für den „Widerstand gegen den Ausverkauf der Menschlichkeit und des Lebens“:

„Ich fühle mich heute, in dieser Zeit, so, wie ich mich 1932 in Deutschland fühlte, mit dem absoluten Bewußtsein: Wer nicht blind ist, sieht, was auf uns zukommt; und wenn wir jetzt nichts dagegen tun, wird es bald zu spät sein ... .Und ich weiß heute: Die Welt steht buchstäblich vor dem Abgrund. Aber ich war kürzlich in Amerika, und dort traf ich – noch stärker als in Europa – auf die Haltung: Es ist alles gar nicht zu schlimm. Oder: Es wird schon noch irgendwie ein Wunder passieren. Oder: Man kann ja doch nichts machen; die Mächtigen sind zu mächtig. Und ich kann nur wiederholen: Wenn jetzt nichts Entscheidendes geschieht, dann ist es zu spät.“[214]

Auf die Frage, wie dieser Kampf gegen den Untergang ausschauen könnte, antwortet Cohn des öfteren mit der Fabel von den zwei Fröschen, die in einen Milchtopf fielen. Während der eine Frosch aus Panik schrie, alle viere von sich streckte und ertrank, strampelte der andere solange, bis er sich erschöpft aber lebendig auf einem Haufen Butter wieder fand. Sie sagt von sich:

„Ich bin der Frosch, der strampelt. Der Rest ist weder Ihre noch meine Sache; das übersteigt unsere Macht. Natürlich braucht es eine Massenbewegung; aber ich kann sie nicht allein erzeugen. Ich kann sie fördern helfen; ich kann tun, was in meinen Mitteln steht. Ich bin weder allmächtig noch ohnmächtig; ich bin partiell mächtig.“[215]

In Zusammenhang mit Ruth Cohns prophetischer Ader steht ihre, wie sie es selbst nennt, „Wertbesessenheit“[216], die sich in ihrem Engagement für humanistische, lebensbejahende Werte äußert. Immer wieder betont sie, daß wir Werte brauchen, die über den Einzelnen, über die Nation hinausgreifen, weil wir BewohnerInnen einer Welt und voneinander abhängig sind. Ein Kernsatz ihrer Wertphilosophie lautet: „Ich bin für mich und andere da“, womit sie gegen persönlichen und nationalen Egoismus auftritt.[217]
Für Ruth Cohn besteht eine Affinität zwischen dem Ethischen und dem Religiösen, die sich auch in ihrer Vorstellung von TZI ausdrückt: „... um TZI zu benutzen, braucht man einen Glauben an Werte, und zwar vielleicht als höch-

213 Cohn, Ruth C.: Es geht ums Anteilnehmen ... a.a.O. 184.
214 ebenda, 165.
215 ebenda, 171.
216 ebenda, 71.
217 vgl. ebenda, 168f.

sten Wert das Leben – ich will es erhalten. Ich will Leben nicht stören, ich will es fördern."[218]
An anderer Stelle sagt sie auf die Frage nach einer ihr besonders wichtigen Hinterlassenschaft:

„Ich habe versucht, die jüdisch-christliche Botschaft von Versöhnung und Liebe als humanistische Wertvorstellung in meiner Weise für unser Jahrhundert auszudrücken, und wünsche mir, daß TZI und anderes, was weiterführt, sie ins 21. Jahrhundert hineintragen wird."[219]

Auf Grund ihrer kämpferischen Haltung in bezug auf Werthaltungen wird Ruth Cohn von manchen mit der spanischen Heiligen Theresa von Avila, von anderen mit Paulo Freire verglichen.[220] Dieser „Zufall" scheint mir besonders für diese Arbeit, in der es mir um die Verbindung der Ansätze von Ruth Cohn und Paulo Freire geht, von besonderem Interesse.
Selbst wenn Ähnlichkeiten zwischen diesen beiden großen PädagogInnen festzustellen sind, garantiert allein schon ihre unterschiedliche Herkunft und Lebensgeschichte gravierende Verschiedenheit. Besteht z.B. eine Ähnlichkeit darin, daß beide Zugang zu Religiosität haben und sie der Glaube und die Hoffnung verbindet, daß letztlich die Menschlichkeit siegen werde, so finden sich bei Cohn und Freire jeweils sehr spezifische religiöse Denkweisen. Ruth Cohn lebt seit langem mit einer pantheistischen Vorstellung von Göttlichkeit, die in allem Lebenden zu finden sei und spricht immer wieder von der universalen Verbundenheit, die alles mit allem vereint. In ihrem Aufsatz „Das innere Jenseits"[221] kommt eine „Theologie der Innerlichkeit"[222] zum Ausdruck. Cohn beschreibt darin, wie für sie in der Wendung ins Innere Transzendenz erlebbar wird.
Ein Spezifikum von Ruth Cohn, das m.E. übereinstimmt mit ihrer Lehre von Authentizität und mit ihrem Leben im Hier-und-Jetzt, besteht darin, daß sie sich in den letzten Jahren sehr bewußt und auch öffentlich, z.B. in einem Fernsehgespräch mit anderen alten Menschen, über die Angst vorm Altwerden auseinandersetzt. In einem Interview bemerkt sie kritisch:

„Man spricht immer vom Wachsen, man spricht nie vom Verwelken. Das ist sehr schwer, vor allem zu merken, daß es gut ist. Ich weiß, daß ich verschiedenes (sic!) nicht mehr kann. Was tue ich damit? Wie lebe ich damit? Was es auch immer sein mag: weniger hören,

218 Scheidt, Jürgen vom: Interview mit Ruth C. Cohn, in: Themenzentrierte Interaktion, H.2, 6.Jg.(1992), 8.
219 Herrmann, Helga: Ruth C. Cohn...a.a.O. 33.
220 vgl. Zundel, Edith: Ruth Cohn...a.a.O. 79.
221 vgl. Cohn, Ruth C.: Das innere Jenseits, in: Cohn, Ruth C.: Von der Psychoanalyse zur TZI...a.a.O. 224–232.
222 Raguse, Hartmut: Theologische Implikationen der TZI, unveröff. Manuskript eines Referates, gehalten in Mainz, Sept. 1994, 3.

weniger sehen, weniger Freunde haben, weniger nützlich sein. Und den Sinn gerade im 'weniger haben' sehen."[223]

Ruth Cohn wird wohl in die Geschichte eingehen als bedeutende Pädagogin und Psychotherapeutin des 20. Jahrhunderts, als Persönlichkeit mit großer Sensibilität für die Wirklichkeit, mit tiefem Interesse an den Menschen, als Kämpferin für ein menschenwürdiges Leben und vielleicht auch als „anarchistische Poetin"[224].

2.2.2. Themenzentrierte Interaktion – Darstellung der theoretischen Grundannahmen und methodischen Überlegungen dieses pädagogischen Systems[225]

Ruth Cohn entwickelte die TZI für die Arbeit in Gruppen und versuchte dabei ein pädagogisches System theoretisch zu begründen, das ihrer Praxiserfahrung nach zu lebendigem Lernen und Lehren führt. Im folgenden soll es um die Darstellung des Modells der TZI gehen, wobei ich mich zum einen an die Primärtexte von Ruth Cohn halte, zum anderen auch an Texte von TZI-Graduierten (= TZI-LeiterInnen die Menschen zu TZI-GruppenleiterInnen ausbilden können), die gemeinsam mit Ruth Cohn an der Theoriebildung zur TZI weitergearbeitet haben.[226]

2.2.2.1. Anthropologisch-ethische Grundannahmen und existentielle Postulate der TZI

Ruth Cohns Werk enthält zwar keine explizite, systematische Anthropologie, dafür aber stellt die Autorin den methodischen Überlegungen drei Axiome und zwei existentielle Postulate voran, die anthropologische und ethische Aussagen enthalten. Ich werde im folgenden zuerst die Axiome und Postulate vorstellen und danach die darin (und auch in anderen Texten Cohns) enthaltenen anthropologischen Aussagen zusammenfassend anführen.

223 Cohn, Ruth C.: Es geht ums Anteilnehmen...a.a.O. 61.

224 Steffensky, Fulbert: Innen und Außen. Wie entkommen wir den beiden Gefängnissen? in: Themenzentrierte Interaktion, H.2, 7.Jg.(1993), 6.

225 In Anschluß an Helmut Reiser spreche ich hier von TZI als pädagogischem System, weil der TZI eine Systematik zugrundeliegt, die alle Ebenen des Denkens und des Handelns einschließt. vgl. Reiser, Helmut/Lotz, Walter: Themenzentrierte Interaktion als Pädagogik, Mainz 1995, 11.

226 Dazu gehören v.a. Paul Matzdorf, emerit. Professor für Allgemeine Pädagogik und Matthias Kroeger, Prof. für Kirchen- und Theologiegeschichte.

Die Axiome der TZI

Die TZI-Axiome sind für Ruth Cohn „der Boden, auf dem die TZI-Methodik verstanden werden muß“[227]. Sie sieht in ihnen die „unabdingbare Voraussetzung für ein Konzept humanen, therapeutischen und pädagogischen Handelns“[228]. Wer mit TZI arbeiten will, muß diese Grundsätze als human-existentiell unverzichtbar anerkennen, ansonsten könne die TZI zur sich selbst verneinenden Technologie werden.[229] Die Axiome sind existentielle, wertgebundene Aussagen, die erstens eine Wertbasis für humanes Handeln zum Zwecke der konstruktiven Veränderung der inneren und äußeren Wirklichkeit bieten. Zweitens sind sie Ausgangpunkte der Reflexion über den Menschen, seine Erfahrungen und seine Umwelt zwecks der Bewußtwerdung des Erkennens von sich erweiternden Möglichkeiten. Und drittens stehen sie untereinander in einem interdependenten Zusammenhang.[230] Wie wichtig für Ruth Cohn die drei Axiome sind, läßt sich auch daran ablesen, daß sie sie nach einer ersten kurzen Auflistung 1975[231] in späteren Texten immer ausführlicher darstellt. Am ausführlichsten geschieht dies in dem mit Paul Matzdorf gemeinsam verfaßten Artikel zum Konzept der TZI, auf den ich mich im folgenden vorwiegend beziehen werde.[232]

Das erste, existentiell-anthropologische Axiom[233]:

„Der Mensch ist eine psycho-biologische Einheit und ein Teil des Universums. Er ist darum gleicherweise autonom und interdependent. Die Autonomie des Einzelnen ist um so größer, je mehr er sich seiner Interdependenz mit allen und allem bewußt wird.“[234]

227 Cohn, Ruth C./Farau, Alfred: Gelebte Geschichte ... a.a.O. 356.
228 Matzdorf, Paul/Cohn, Ruth C.: Konzept der TZI...a.a.O. 54.
229 vgl. Cohn, Ruth C./Farau, Alfred: Gelebte Geschichte...a.a.O. 356.
230 vgl. Matzdorf, Paul/Cohn, Ruth C.: Konzept der TZI...a.a.O. 54.
231 vgl. Cohn, Ruth C. Von der Psychoanalyse zur TZI...a.a.O. 120.
232 vgl. Matzdorf, Paul/Cohn, Ruth C.: Konzept der TZI...a.a.O. 54–65.
233 Matzdorf findet für dieses erste Axiom folgende Kurzformulierung: "Autonomie und Interdependenz als universelle Strukturgesetzlichkeit der Welt und der menschlichen Wirklichkeit."
Matzdorf, Paul: Das "TZI-Haus". Zur praxisnahen Grundlegung eines pädagogischen Handlungssystems, in: Cohn, Ruth C./Terfurth, Christina (Hg.): Lebendiges Lehren und Lernen. TZI macht Schule, Stuttgart 1993, 344.
234 Cohn, Ruth C./Farau, Alfred: Gelebte Geschichte...a.a.O. 356.

Ergänzend zu diesem ersten Grundsatz gilt folgendes:

„Menschliche Erfahrung, Verhalten und Kommunikation unterliegen interaktionellen und universellen Gesetzen. Geschehnisse sind keine isolierten Begebenheiten, sondern bedingen einander in Vergangenheit, Gegenwart und Zukunft."[235]

Im ersten Axiom finden sich explizit Aussagen zur anthropologischen Frage nach dem Wesen des Menschen. Auf der Basis des Holismus werden Grundaspekte menschlichen Seins formuliert, und es wird davon ausgegangen, daß der Mensch nicht sinnvoll nach sich selbst fragen kann, ohne zugleich alle und alles einzubeziehen. Wenn hier gesagt wird, der Mensch sei autonom und interdependent, so bedeutet das, der Mensch ist biologisch und geistig eigenständig, eine lebendige Einheit und zugleich in wechselseitiger Abhängigkeit mit Mitmenschen und anderen Gegebenheiten. Diese dialektische Verschränkung von Eigenständigkeit und Anteilhaftigkeit des Menschen gilt für Ruth Cohn als eine entscheidende Lebensrealität: „Ich bin um so autonomer, je mehr ich die Welt bewußt in mich einlasse"[236], schreibt sie in ihrem Buch „Gelebte Geschichte der Psychotherapie". Anders gesagt, bedeutet für Ruth Cohn wachsendes Selbstbewußtsein immer zugleich wachsendes Weltbewußtsein. Wenn Ruth Cohn von Interdependenz spricht, meint sie also nicht nur eine interpersonelle, sondern eine weltweite, universale Interdependenz, die es zu erkennen und zu spüren gilt:

„Wir müssen unsere Zusammengehörigkeit als Gemeinschaft auf der Erde nicht nur erkennen, sondern sie auch zu spüren beginnen. Wir sind schicksalhaft an denselben Lebensatem, dieselbe Lebensluft und denselben Lebensrhythmus gebunden. Wir müssen versuchen, diesen Atem nicht der Gewalttätigkeit unserer autistischen Seite des Privilegiertseins oder der von uns gewählten oder über uns diktierenden Regierungen zu opfern."[237]

An dieser Stelle wird deutlich, wie eng Ruth Cohns anthropologische Aussagen mit ethischen Gedanken verknüpft sind. Zur Erhaltung der Erde und zur Verwirklichung eines menschenwürdigen Lebens scheint es ihr nötig, daß wir sowohl unsere Autonomie als auch unsere Interdependenz wahrnehmen. Als eine der wesentlichsten Aufgaben für human-politisch eingestellte TZI-Gruppen nennt sie daher die Entdeckung der eigenen existentiellen Situation in ihren sozialen, zeitlichen und universalen Bezügen. Daraus ergeben sich Themen der Wahrnehmung und Erfahrung der eigenen Person bis zu gesellschafts- und umweltbezogenen Aufgaben.[238] Ausdrücklicher als im ersten finden sich ethische Überlegungen im zweiten Axiom.

235 Cohn, Ruth C.: Von der Psychoanalyse zur TZI...a.a.O. 120.
236 Cohn, Ruth C./Farau, Alfred: Gelebte Geschichte...a.a.O. 357.
237 ebenda, 542.
238 vgl. Matzdorf, Paul/Cohn, Ruth C.: Konzept der TZI...a.a.O. 58.

Das zweite, philosophisch-ethische Axiom[239]:

„Ehrfurcht gebührt allem Lebendigen und seinem Wachstum. Respekt vor dem Wachstum bedingt bewertende Entscheidungen. Das Humane ist wertvoll; Inhumanes ist wertbedrohend."[240]

In diesem Grundsatz wird der Wert des Lebens postuliert und folglich die Ehrfurcht vor der Natur und dem Leben als Handlungsmaxime genannt. Das Humane drückt sich nach Cohn „als liebendes, erkennendes und danach handelndes Verhalten" aus und ist daher wertvoll, das Inhumane besteht im absondernd „Sündigen", Achtungslosen und ist daher wertbedrohend.[241]
Angesichts dieses ethischen Axioms beschäftigt sich Ruth Cohn mit der Frage nach den Werten, ihrer Herkunft und ihrer Gültigkeit. Dabei kommt sie zu folgendem Verständnis von Gut und Böse:

„Ich glaube nicht, daß Auserwählten ein absolutes Gut und Böse offenbart wird. Doch ich glaube, daß uns ein 'unabdingbares' Gut und Böse führt, dessen Richtung nicht statisch und unbeweglich gebunden, sondern inneren und äußeren Gegebenheiten zugeordnet ist. Tat und Täter können nur in ihren Gesamtzusammenhängen ethisch verstanden werden. Ethische Werte sind unabdingbar, und sie sind prozeßabhängig."[242]

Zugleich formuliert sie die Hypothese eines angeborenen, organismischen Werte-Sinns, der wie andere Sinne entwickelt werden oder verkümmern kann. Dieser Werte-Sinn diene der „Bewußtheit und Förderung des Lebens und seiner universalen Verbundenheit".[243]
Die Entwicklung des Werte-Sinns entspringe organismischen Quellen, die das heranwachsende Gewissen in der Interaktion mit seiner Umgebung und mit Ereignissen energetisch füllen. Der ethische Werte-Sinn ist eine zu übende Fähigkeit, die ganzheitlich gefördert werden müsse und nicht nur durch verbal-rationale Sätze gelernt werden könne:[244]

„Unsere vorwiegend verbal-normative Ethik kann nur dann tragfähig werden, wenn die Verbindung mit den sinnlichen Seiten des Gefühlsbereichs hergestellt wird und ein organismisches Gleichgewicht zustande kommt."[245]

239 Die von Matzdorf formulierte Kurzformel lautet: "Ehrfurcht vor allem Lebendigen und seinem Wachstum – Wert- und Sinnhaftigkeit unseres Daseins." Matzdorf, Paul: Das "TZI-Haus"...a.a.O. 344.
240 Cohn, Ruth C.: Von der Psychoanalyse zur TZI...a.a.O. 120.
241 vgl. Matzdorf, Paul/Cohn, Ruth C.: Konzept der TZI...a.a.O. 62.
242 Cohn, Ruth C./Farau, Alfred: Gelebte Geschichte...a.a.O. 467.
243 vgl. ebenda, 468.
244 vgl. ebenda, 468f.
245 ebenda, 471.

Ruth Cohn sieht im Werte-Sinn also eine sinnlich-geistige, ganzheitliche Wahrnehmungsfähigkeit, eine Quelle der Ethik, die Empathie für alles Lebendige in seinem Zusammenhang ermöglicht.[246]

Das dritte, pragmatisch-politische Axiom[247]:

> „Freie Entscheidung geschieht innerhalb bedingender innerer und äußerer Grenzen. Erweiterung dieser Grenzen ist möglich. Unser Maß an Freiheit ist, wenn wir gesund, intelligent, materiell gesichert und geistig gereift sind, größer, als wenn wir krank, beschränkt oder arm sind und unter Gewalt und mangelnder Reife leiden. Bewußtsein unserer universellen Interdependenz ist die Grundlage humaner Verantwortung."[248]

Mit dem letzten Satz des dritten Axioms: „Bewußtsein unserer universellen Interdependenz ist die Grundlage humaner Verantwortung" wird die Verbindung aller drei Axiome deutlich. Achim Battke, der sich mit der Ethik Ruth Cohns auseinandersetzte, verdeutlichte, daß das Bewußtsein der Interdependenz die eigentliche Grundlage der Ethik wie des ganzen Systems der TZI ist.[249]
Matzdorf und Cohn stellen fest, daß im dritten Axiom die pragmatisch-politischen bzw. demokratisch-politischen Aspekte des TZI-Systems formuliert sind. Menschliche Existenz ist geprägt vom anthropologischen Paradox der „Freiheit in Bedingtheit", d.h., in jeder Situation sind innere und äußere Grenzen wirksam. Entscheidend ist aber nun, daß die Grenzen veränderbar sind, daß die Situationen, in denen wir leben, historischen Charakter haben und prinzipiell Wandel und Veränderung unterliegen. Folglich bedeutet das dritte Axiom, daß die Bewußtheit menschlicher Entscheidungsfähigkeit und ihrer erweiterbaren Grenzen die Voraussetzung für gesellschaftspädagogische Ansätze schafft.[250]
Zusammenfassend lassen sich die Axiome als Aussagen über das Wesen des Menschlichen definieren, „die das humanistische Anliegen der TZI legitimieren und begründen sollen."[251] Achim Battke bündelt die Ethik der TZI, wie sie sich in den drei Axiomen zeigt, in drei Punkten:

> „Die Grundlage humaner Verantwortung ist das Bewußtsein unserer universellen Interdependenz.

246 vgl. Battke, Achim: Mitten im Grauen der Welt ... kleine Schritte. Eine Annäherung an die Ethik der TZI, in: Themenzentrierte Interaktion, H.2, 6.Jg (1992), 75.

247 Matzdorf verwendet folgende Kurzformel: "Innere und äußere veränderbare Grenzen – Freiheit in Bedingtheit." Matzdorf, Paul: Das "TZI-Haus"...a.a.O. 344.

248 Cohn, Ruth C.: Von der Psychoanalyse zur TZI...a.a.O. 120.

249 vgl. Battke, Achim: Mitten im Grauen...a.a.O. 70.

250 vgl. Matzdorf, Paul/Cohn, Ruth C.: Konzept der TZI...a.a.O. 64.

251 Matzdorf, Paul: Die humanistischen Axiome der TZI. Grundlagen und Perspektiven für pädagogisches, therapeutisches und politisches Handeln, in: Birmelin, Rolf u.a. (Hg.): Erfahrungen lebendigen Lernens. Grundlagen und Arbeitsfelder der TZI, Mainz 1985, 51.

Humane Verantwortung orientiert sich an der Wertbejahung allem Lebendigen gegenüber. Diese Wertbejahung ist nicht nur eine Entscheidung der Vernunft, sondern „Ehrfurcht", d.h. eine ganz-menschliche Haltung der Achtung, Scheu und Fürsorge.
Die Realität des wert- und somit lebensbedrohenden 'Inhumanen' verlangt unsere Aufmerksamkeit."[252]

Aus den Axiomen und ihren anthropologisch-ethischen Implikationen ergeben sich zwei existentielle Postulate der TZI, die als unverzichtbare Spielregeln zu verstehen sind. Diese Forderungen verdeutlichen, wie die Axiome im persönlichen Leben und im Gruppenleben zum Ausdruck kommen sollen.[253]

Die existentiellen Postulate der TZI

Das erste Postulat

„Sei dein eigener Chairman/deine eigene Chairwoman, sei die Chairperson deiner selbst. Dies bedeutet: Sei dir deiner inneren Gegebenheiten und deiner Umwelt bewußt. Nimm jede Situation als Angebot für deine Entscheidungen. Nimm und gib, wie du es verantwortlich für dich selbst und andere willst."[254]

Etwas konkreter formuliert es Ruth Cohn in Form eines Zuspruchs so:

„Du bist ... deine eigene Leitperson. Höre auf deine inneren Stimmen – deine verschiedenen Bedürfnisse, Wünsche, Motivationen, Ideen; brauche all deine Sinne – höre, sehe, rieche, nimm wahr. Gebrauche deinen Geist, dein Wissen, deine Urteilskraft ... Wäge Entscheidungen sorgfältig ab. Niemand kann dir deine Entscheidungen abnehmen. Du bist die wichtigste Person in deiner Welt, so wie ich in meiner."[255]

In diesem Postulat geht es um die zunehmende Bewußtwerdung sowohl eigener körperlicher Empfindungen, wechselnder Gefühle, tiefverankerter Grundstimmungen, gedanklicher Eingebungen, Phantasien, Wertungen als auch um die Wahrnehmung der anderen und des Gruppengeschehens. Das Chairperson-Postulat ermutigt, sich selbst zu akzeptieren, wie man ist. Zugleich fordert es auf, „in der Bewußtheit seiner selbst und der Situation Entscheidungen zu treffen und die Verantwortung dafür zu übernehmen."[256]
Im Chairperson-Postulat wird nicht nur die Realität des Ich, sondern auch die des Du und des Wir angesprochen. Annedore Schultze hat das Chairperson-Postulat daher erweitert zu dem Satz: „ich leite mich und lasse/schaffe Gelegenheit, daß die anderen sich auch selbst leiten können"[257].

252 Battke, Achim: Mitten im Grauen...a.a.O. 70.
253 vgl. Cohn, Ruth C./Farau, Alfred: Gelebte Geschichte...a.a.O. 357.
254 ebenda, 358.
255 Cohn, Ruth C.: Von der Psychoanalyse zur TZI...a.a.O. 164.
256 Matzdorf, Paul/Cohn, Ruth C.: Konzept der TZI...a.a.O. 67.
257 Schultze, Annedore: Das gesellschafts-politische Anliegen der TZI, in: Standhardt, Rüdiger/Löhmer, Cornelia (Hg.): Zur Tat befreien. Gesellschaftspolitische Perspektiven der TZI-Gruppenarbeit, Mainz 1994, 120.

Cohn/Matzdorf bezeichnen dieses erste Postulat als zentrale Grundbotschaft von TZI, denn das Ansprechen meiner selbst oder des anderen durch das Chairperson-Postulat sei die schlechthin zentrale, therapeutische und politische Intervention der TZI. Sie sei der Ausdruck menschlicher Individualität und Solidarität.[258]
Das Chairperson-Postulat anerkennt die Realität, daß Menschen verschieden sind, anders in ihren Wünschen und Bedürfnissen, gleichzeitig ermutigt es zu Gemeinsamkeit, die durch echten Dialog entstehen kann. Für die TZI gilt Gemeinschaftlichkeit als politische Basis jeder persönlichen und gesellschaftlichen Therapie anstatt Individualismus oder Kollektivismus.[259]

Das zweite Postulat

„Beachte Hindernisse auf deinem Weg, deine eigenen und die von anderen. Störungen und Betroffenheiten haben Vorrang; ohne ihre Lösung wird Wachstum verhindert oder erschwert."[260]

Ruth Cohn geht in diesem Postulat davon aus, daß menschliches Wachstum und Lernen immer wieder von inneren und äußeren Widerständen verhindert oder gehemmt wird. Ein erster Schritt besteht darin, den faktischen Vorrang dieser Störungen anzuerkennen und sich in einem zweiten Schritt soweit damit auseinanderzusetzen, daß Lernen und Wachstum wieder möglich sind.
Dieses Postulat entspricht also dem psychoanalytischen Grundsatz, daß Widerstände vor dem Inhalt bearbeitet werden sollen, allerdings meint der Begriff „Störung" mehr als nur die inneren Widerstände. Störungsquellen können alle inneren emotionalen Vorgänge, wie Schmerz, Freude, Angst, Zerstreutheit, Frustration, Antipathie etc., aber auch äußere Gegebenheiten, wie unerträglicher Lärm, giftige Dämpfe, eine kaputte Heizung, Zeitdruck, vorgegebene Arbeitsstrukturen u.v.a.m. sein.[261]
Störungen sind insofern eine Chance zur Wirklichkeitserkenntnis, als sie auf die Realität in individuellen, sozialen und natürlichen Bereichen verweisen. So spiegelt eine Gruppe individuelle und gesellschaftliche Probleme, wie Tabus, Vorurteile, Mißverhältnisse und destruktiven Zeitgeist: „Die Gemeinsamkeiten persönlicher Störungen werden in allgemeinen Themen sichtbar, ebenso wie sich kollektive Störungen im individuellen Verhalten zeigen."[262]

258 vgl. Matzdorf, Paul/Cohn, Ruth C.: Konzept der TZI...a.a.O. 67.
259 vgl. ebenda.
260 ebenda, 69.
Um unnötigen Mißverständnissen vorzubeugen, wäre es nach Annedore Schultze besser, sich nach der englischen Fassung der Texte von Ruth Cohn zu halten, wo es genau übersetzt lautet: "Emotionale Verstörtheiten nehmen sich Vorrang." Diese Aussage traf Schultze u.a. in einem von mir besuchten TZI-Methodenkurs. vgl. auch Schultze, Annedore: Das gesellschafts-politische Anliegen der TZI ...a.a.O. 120.
261 vgl. ebenda.
262 ebenda, 70.

Durch die Bewußtmachung von hemmenden Bedingungen und Zwängen kann der Weg für die Suche nach Revidierungsmöglichkeiten eröffnet werden. Letztendlich ist das Ziel dieses zweiten Postulates die Freisetzung des gefangenen lebendigen Potentials.[263]

Die den Axiomen und Postulaten implizite Anthropologie

Grundlegend für das Verständnis vom Menschen sind für Ruth Cohn und die TZI das psychoanalytische Wissen über den Menschen und das Menschenbild der Humanistischen Psychologie. Dieses besagt zum einen, daß egoistische und destruktive Gefühle zum Menschsein gehören und folglich akzeptiert und wahrgenommen werden müssen. Zum anderen geht es aber davon aus, daß Menschen nicht nur auf Grund von impulsiven Gefühlen handeln müssen, sondern innehalten und abwägen können.[264]
Damit verbunden ist die Vorstellung vom Menschen als lern- und veränderungsfähigem Wesen, der Glaube an die Veränderungsmöglichkeit von negativen Kräften im Menschen.[265] So schreibt Ruth Cohn:

„Ich glaube, es ist möglich, daß jedes Schulkind und jeder Regierende begreifen wird: Überleben und leben ist für alle möglich, wenn wir es wirklich wollen. Wir haben die emotionalen und die intellektuellen Fähigkeiten – Hände, Herzen und Köpfe –, uns zu solidarisieren und uns von unserer Besitzmanie zu heilen."[266]

Menschwerdung ist für sie verknüpft mit einer Erweiterung des Selbstverständnisses und des Erkennens „was uns zu Menschen als Menschen und was uns zu Tötern und Leichen macht"[267].
Wenn Cohn in obigem Zitat die emotionalen und intellektuellen Fähigkeiten anspricht, dann verweist das auf einen weiteren Eckpfeiler des in der TZI angenommenen Menschenbildes: Der Mensch ist „ein psycho-biologisches Wesen, das wahrnimmt und fühlt und denkt und glaubt"[268]. Davon ausgehend ist ein dem Menschen entsprechendes Lernen immer ein ganzheitliches, d.h. Geist, Körper und Gefühle einschließendes.
In den Axiomen wird der Mensch – der Humanistischen Psychologie entsprechend – als autonom, frei, selbstbestimmt und selbstverantwortlich beschrieben. Das für die TZI Charakteristische ist, daß dem ein anderer Wesenszug des Menschen gleichgewichtig danebengestellt wird: die Interdependenz, das Verflochten- und Eingebunden-Sein in Beziehungen und Kontexte. Der Mensch ist autonom und interdependent, eigenständig und in universaler Ab-

263 vgl. Matzdorf, Paul: Das "TZI-Haus"...a.a.O. 355.
264 vgl. Cohn, Ruth C./Farau, Alfred: Gelebte Geschichte...a.a.O. 436.
265 vgl. Cohn, Ruth C.: Es geht ums Anteilnehmen...a.a.O. 57.
266 Cohn, Ruth C./Farau, Alfred: Gelebte Geschichte...a.a.O. 544.
267 ebenda.
268 Cohn, Ruth C.: Es geht ums Anteilnehmen...a.a.O. 25.

hängigkeit. Erst die Akzeptanz dieser Tatsache führt zu realistischer und wirklicher Freiheit.[269]

Der Mensch „ist ein Wesen, das seine Vergangenheit, Gegenwart und Zukunft prägt und selbst von ihnen geprägt wird"[270]. Dieser Satz Ruth Cohns beinhaltet die Vorstellung vom Menschen als „Mitschöpfer" der Welt, als partizipierender Partner im Universum: „Wir sind nicht wie die Dinosaurier dem Schicksal ausgeliefert, sondern können entscheiden, ob wir die Katastrophe unseres Untergangs mitverantworten oder bekämpfen werden."[271] Gleichzeitig werden die Möglichkeiten des Menschen, in die Geschehnisse der Welt und in die Ereignisse des eigenen Lebens einzugreifen, von Ruth Cohn realistisch eingeschätzt, indem sie immer wieder die „Teilmächtigkeit" des Menschen betont und vor Selbstüberforderung und Selbstüberschätzung, aber auch vor Selbstunterschätzung warnt: „Ich bin nicht ohnmächtig/Ich kann nicht gar nichts. Ich bin nicht allmächtig/Ich kann nicht alles. Ich bin teilmächtig: Ich kann, was ich kann."[272]

Ruth Cohn beschreibt den Menschen als Wesen mit Verantwortung, ausgestattet mit einem angeborenen, entwicklungsfähigen Werte-Sinn. „Menschlichkeit ist eine angeborene Fähigkeit, die der Stimulierung und Pflege bedarf"[273], woraus sich für sie ergibt, daß der humane Mensch höher entwickelt ist als der inhumane[274]. Charakteristisch für das in der TZI wirksame Menschenbild ist die positive, zutrauende Sicht vom Menschen. Ruth Cohn bestreitet die These, der Mensch sei sinnlos in die Welt geworfen und stellt dagegen, daß der Sinn des Menschseins in der Verwirklichung des individuellen Selbst, das Teil der Gemeinschaft aller ist, bestehe[275]. Individuelle Selbstverwirklichung und Menschheitsverwirklichung sind für sie untrennbar miteinander verknüpft auf Grund des autonom-interdependenten Wesens des Menschen.[276]

269 vgl. Kroeger, Matthias: Anthropologische Grundannahmen der Themenzentrierten Interaktion, in: Löhmer, Cornelia/Standhardt, Rüdiger (Hg.): TZI. Pädagogisch-therapeutische Gruppenarbeit nach Ruth C. Cohn, Stuttgart 1992, 97f.

270 Cohn, Ruth C.: Es geht ums Anteilnehmen...a.a.O. 25.

271 Cohn, Ruth C./Farau, Alfred: Gelebte Geschichte...a.a.O. 445.

272 Cohn, Ruth C./Terfurth, Christina (Hg.): Lebendiges Lehren und Lernen. TZI macht Schule, Stuttgart 1993, 331.

273 Cohn, Ruth C.: Es geht ums Anteilnehmen...a.a.O. 117.

274 vgl. Cohn, Ruth C./Farau, Alfred: Gelebte Geschichte...a.a.O. 468.

275 ebenda, 443.

276 vgl. ebenda, 435.

2.2.2.2. Methodische Überlegungen zur pädagogischen Haltung[277] der TZI

Ruth Cohn entwickelte TZI aus der Einsicht heraus, daß Individualität und Gemeinschaftlichkeit dem Werte nach ebenbürtig sind, „weil Persönlichkeit und Gemeinschaftlichkeit untrennbar miteinander verbunden sind."[278] Zugleich will sie mit TZI menschliches Feindbilddenken, Grausamkeit und Gleich-Gültigkeit überwinden helfen. Ein drittes Ziel, das Cohn mit TZI verfolgt, ist das Praktizieren „Lebendigen Lernens", das sie kontrapunktisch gegen das in Schulen und Universitäten weitverbreitete „tote Lernen" setzt.[279]
Paul Matzdorf versuchte das System von TZI anhand eines „TZI-Haus-Modells"[280] zu veranschaulichen, in dem vier Ebenen zu sehen sind: auf der ersten Ebene die Axiome zur Legitimation und Begründung, auf der zweiten Ebene die existentiellen Postulate als methodische Prinzipien der Interaktion, auf der dritten Ebene ES-ICH-WIR-GLOBE, Struktur-Prozeß-Vertrauen sowie der partizipative Leitungssstil als Interaktionsmethoden und auf der vierten Ebene die sogenannten Hilfsregeln. Neben diesem Haus findet sich in der Grafik ein Baum, der für Matzdorf das Kernanliegen von TZI symbolisiert: Die Förderung von Lebendigkeit und Wachstum.[281]

ICH-WIR-ES-GLOBE – Die vier Faktoren jeder Gruppe

Jede Gruppeninteraktion ist geprägt von den vier Faktoren ICH (die Person und ihre Anliegen), WIR (die Gruppe und ihre Interessen), ES (das Thema oder die gemeinsame Aufgabe) und GLOBE (das Umfeld der Gruppe, situative, soziale, natürliche Gegenwartsumgebung inklusive Vergangenheit und

277 Ich spreche hier bewußt von pädagogischer "Haltung". Denn wie auch Paulo Freire distanziert sich Ruth Cohn im Zusammenhang mit ihrem pädagogischen System der TZI von dem Wort "Methode", "weil es dazu verleiten kann, den Aspekt der 'Einstellung und Haltung', die dem System innewohnt, zu übersehen." in: Cohn, Ruth C.: Von der Psychoanalyse zur TZI...a.a.O. 120.

278 Cohn, Ruth C./Farau, Alfred: Gelebte Geschichte...a.a.O. 351.

279 vgl. Cohn, Ruth C.: Es geht ums Anteilnehmen...a.a.O. 17ff.

280 Matzdorf, Paul: Das "TZI-Haus"...a.a.O. 339.

281 vgl. ebenda, 340.
An dieser Stelle bleibt zu fragen, warum Matzdorf nicht ein in sich lebendigeres Symbol für die TZI gesucht hat, als ein Haus. Der TZI entspricht es m.E. nicht ganz, sie in Form eines starren Gebäudes darzustellen. Der Prozeß der ständigen Weiterentwicklung und die Gewachsenheit der TZI würden besser durch etwas in sich Lebendiges repräsentiert. Die TZI-Graduierte Annedore Schultze hat beispielsweise in einem TZI-Methodenkurs die TZI mit einem Baum verglichen, der in der Geschichte von Ruth Cohn wurzelt.

Zukunft).[282] Ruth Cohn erfand für den Zusammenhang dieser vier Faktoren das Symbol des gleichseitigen Dreiecks in einer Kugel.[283]

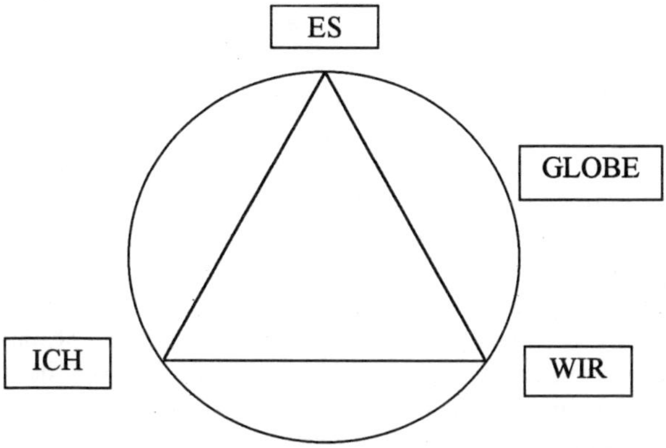

Diese Darstellung soll neben der Zusammengehörigkeit von ICH-WIR-ES-GLOBE deren Gleichgewichtigkeit im Gruppenprozeß symbolisieren.
Um die Bedeutung dieser Basisfaktoren von TZI-Gruppenarbeit besser zu verstehen, scheint es mir nötig, sie kurz, in Anlehnung an Ruth Cohns Erklärungen[284], zu erläutern:
Das ICH ist insofern für jeden Gruppenprozeß wichtig, als niemand anderer als ich selbst meine Gedanken, Gefühle, Körperempfindungen wahrnehmen und äußern kann. Auch die Einsicht, daß niemand außer mir für mich entscheiden kann, ist von Bedeutung. Je mehr ich mich nach innen wende und mir meine eigene Perspektive von der Außenwelt schaffe, umso besser kann ich entscheiden, wie ich Mitwirkende/ran meinem Lebensprozeß bzw. am Gruppenprozeß sein will. Dafür ist es nötig, sensibel zu werden für eigene Gefühle, Gedanken etc. und meine Selbstkenntnis zu erweitern. Zu dieser Selbstbewußtheit gehört auch die Erkenntnis, daß ich nur ich bin, weil ich auch Wir-Anteil bin: Wir-Anteil meiner Eltern, meiner Nächsten und Fernsten, Wir-Anteil der Menschheit und des Universums. Je mehr ich die offene, suchende Haltung in mir fördere, um so leichter wird es mir, offen und tolerant mit anderen zu sein und den Satz zu leben: „Liebe deinen Nächsten wie dich selbst – er ist wie du eigenständig und interdependent.“[285]

282 vgl. Matzdorf, Paul/Cohn, Ruth C.: Konzept der TZI...a.a.O. 70.

283 In ihrem Buch "Gelebte Geschichte der Psychotherapie" beschreibt Ruth Cohn, wie es über einen Traum, den sie hatte, zur Entwicklung dieses Symbols kam; vgl. dazu: Cohn, Ruth C./Farau, Alfred: Gelebte Geschichte...a.a.O. 343.

284 ebenda, 353–356.

285 ebenda, 353.

Das WIR der Gruppe ist eine Gestalt, die durch die Interaktion der jeweiligen Ichs entsteht. Es ist, wie jede Gestalt, mehr als die Summe ihrer Teile. Das WIR ist von zentraler Bedeutung für die Ichs, weil jeder Mensch sich in der Beziehung zu den anderen und in der Zuwendung zur Aufgabe verwirklicht. Das WIR lebt von dem, was die TeilnehmerInnen einbringen, nicht davon, daß sie sich für die Gruppe aufgeben oder Verantwortung abgeben. „Das Wir wird stärker nicht durch Mitglieder, die sich selbst aufgeben, sondern durch die, die sich eingeben."[286]
Das ES ist das Thema oder die Aufgabe der Gruppe. Die Bedeutung des ES für eine Gruppe (Familie, Verein, etc.) reicht soweit, daß sie auseinanderfällt, wenn sie kein gemeinsames Thema mehr hat. Eine optimale Arbeitssituation dagegen besteht, wenn das Thema, die Aufgabe von allen Ichs als eigenes Anliegen und in Bezogenheit aufeinander gewollt und getragen wird. Ruth Cohn warnt vor der Beliebigkeit der Themen und betont, daß die Konstruktivität eines Themas für die einzelnen und die Umwelt durch Realitäts- und Wertbestimmung beurteilt werden müsse. Nicht alle Themen sind unter Berücksichtigung der Axiome TZI-gemäß, sondern nur „generative"[287], lebensfördernde Themen, die allgemein-humanistische Werte und die Lebensbedürfnisse einer Gruppe einbeziehen und „nicht auf die Leichen eines anderen Erdteils oder der Zukunft ihr Haus bauen."[288]
Was den GLOBE betrifft, unterstreicht Ruth Cohn, daß sein Einfluß auf jede Gruppe genauso wesentlich ist wie jener der Ich-,Wir- und Es-Faktoren. Sie tut dies aus der Erfahrung heraus, daß die Wichtigkeit des Globe bei TZI-PraktikerInnen oft zu wenig bewußt ist. Zum Globe gehören die Außenwelt, die Menschen und Geschehnisse außerhalb der Gruppe. Sie sind auch in ihrem Außensein in der Gruppe wirksam, genauso wie die räumlichen, finanziellen Bedingungen unter denen die Gruppe arbeitet. „Der Globe weitet sich zum Kosmos aus; denn alles hängt mit allem und allen zusammen, wann und wo es auch geschah, geschieht und geschehen wird."[289] Aus diesem systemischen Bewußtsein heraus betont Ruth Cohn, daß wir uns mit den Einwirkungen des Globe auf uns sowie mit unseren Einwirkungen auf ihn beschäftigen müssen, denn: „Wer den Globe nicht kennt, den frißt er."[290] Aus diesem Grund sei es für die Arbeit mit Gruppen unerläßlich, Ort, Zeit, Zusammenstellung der Gruppenmitgleider (soziale Schicht, Geschlecht, Alter, Bildung etc.) sowie die Hierarchien, von denen die Gruppe abhängt, zu berücksichtigen. Genauso entscheidend können die ökonomischen, politischen, sozialen Bedingungen sein, unter denen eine Gruppe zusammenkommt. Wichtig in Zusammenhang mit dem Globe ist die Einsicht, daß nicht nur der Globe die Gruppe beeinflußt,

286 ebenda, 354.
287 Ruth Cohn übernimmt hier bewußt den von Paulo Freire geprägten Terminus der "generativen Themen".
288 Cohn, Ruth C./Farau, Alfred: Gelebte Geschichte...a.a.O. 354.
289 ebenda, 355.
290 ebenda.

sondern daß die Gruppe umgekehrt Einfluß auf den Globe hat. Laut Cohn schaffen wir sich selbst erfüllende Prophezeiungen, wenn wir verneinen, daß wir Einfluß haben können, „während gezieltes Bewußtsein die kooperative Stärke von Möglichkeiten erhöht."[291]

Zusammengefaßt läßt sich das TZI-Modell folgendermaßen ausdrücken:

„Der Mensch ist in seiner Autonomie (Ich-Aspekt) ein dialogisches Wesen (Wir-Aspekt), das sich in der dialogischen Interaktion mit einem Stückchen der Welt befaßt (thematischer Aspekt), in der es mit anderen Menschen lebt (Globe)."[292]

In dieser Formulierung ist eine anthropologische Aussage enthalten, die sich in den Axiomen und Postulaten nicht in dieser Ausdrücklichkeit fand: Der Mensch wird hier als dialogisches Wesen beschrieben.
Wie bereits oben erwähnt, ist für Ruth Cohn die Anerkennung und Förderung der Gleichgewichtigkeit der genannten vier Faktoren von zentraler Bedeutung. Aus diesem Grund ist das TZI-Modell nicht ohne die Gleichgewichtigkeitshypothese, der Rede von der „dynamischen Balance", zu denken und zu praktizieren.
Es geht darum, ICH-WIR-ES-GLOBE in dynamischer Balance zu halten, d.h., ihre Wichtigkeit gleichermaßen zu berücksichtigen.

„Die Aussage, daß Ich, Wir, Es in einer Gruppe gleichgewichtig angesehen werden sollen, bedeutet nicht, daß diese Faktoren immer gleich viel Arbeitszeit beanspruchen müssen. Dies wäre ... sinnlos ... Von 'gleicher-Wichtigkeit-sein' ist eine qualitative und keine quantitative Bestimmung."[293]

Der Begriff der „dynamischen Balance" bezieht sich nicht nur auf das TZI-Modell, sondern ist auch ein allgemeiner Lebensbegriff. Er drückt die Notwendigkeit aus, Gegenpole im Leben einzubeziehen. Störungen entstehen im einzelnen Menschen, wenn der Wechsel von Aktivität und Ruhe, Geben und Nehmen, Fühlen und Denken, Nähe und Distanz, Zuhören und Sprechen etc. mißachtet wird.

Struktur – Prozeß – Vertrauen: Die Bedingungen lebendigen Lernens

Damit lebendiges Lernen entstehen kann und um es Menschen zu ermöglichen, sich aus ihren Verengungen zu befreien, ist Vertrauen nötig, jenes Urvertrauen, das jeder/jedem Einzelnen sagt, daß sie/er wichtig und wertvoll ist. Vertrauen entsteht, so schreibt Ruth Cohn, „wenn jemand wirklich zuhört, anerkennt, entgegnet, ernst nimmt, weiterführt und nicht recht haben muß".[294] Anders

291 ebenda, 356.
292 Matzdorf, Paul/Cohn, Ruth C.: Konzept der TZI ... a.a.O. 74.
293 Cohn, Ruth C./Farau, Alfred: Gelebte Geschichte...a.a.O. 593f, Anmerkung 12.
294 Cohn, Ruth C.: Von der Psychoanalyse zur TZI...a.a.O. 214.

gesagt, Vertrauen wird möglich im offenen Dialog. Um ein vertrauensvolles Klima in einer Gruppe zu fördern, bedarf es aber auch der Kenntnis bedingender Strukturen und genauer Überlegungen, welche Struktur in welcher Situation geeignet ist. Zu beachten sind räumliche, zeitliche, intentionale, inhaltliche und methodische Strukturen. Ist zum einen Strukturierung für die Vertrauensbildung nötig, so sind zum anderen vorgeplante Strukturen nur dann hilfreich, wenn sie flexibel gehandhabt werden unter Berücksichtigung des Prozesses der Gruppe, der von ständiger Veränderung geprägt ist.

„TZI-Strukturierung bedeutet: Vorplanen mit allen bekannten Fakten und Wahrscheinlichkeiten und Offen-Sein für Wahrnehmung im Hier-und-jetzt des Prozesses, um notwendige Umstellungen vornehmen zu können. Starre Planung und Planlosigkeit sind gleichermaßen unbrauchbar."[295]

Für die Arbeit in Gruppen ist also die Reflexion über das Zusammenwirken von Struktur, Prozeß und Kommunikationsklima von großer Bedeutung, wobei der Beachtung von Strukturmängeln Priorität einzuräumen ist, denn sie können zu Vertrauenslosigkeit und zum Scheitern des Gruppenprozesses führen. Wenn die Strukturen dagegen situations- und menschengerecht sind, erhöhen sich das Vertrauen und die Qualität der Prozesse.

Zum LeiterInnenverhalten in TZI-Gruppen

Ruth Cohn ist der Überzeugung, daß eine Gruppe, wenn sie aus mehr als fünf oder sechs Mitgliedern besteht, einen oder zwei GruppenleiterInnen braucht, denn wenn keine Leitung delegiert ist, die gewisse Funktionen wahrnimmt, sinkt das Niveau der TZI-Arbeitsgruppe. Allerdings wird das LeiterInnenverhalten auf ganz bestimmte Weise definiert, sodaß die Leitungsfunktion nicht gleichzusetzen ist mit hierarchischer Macht und Freiraum für autoritäre Willkür oder distanziertem Verhalten.
Ein wesentliches Verständis der TZI-LeiterIn ist das der partizipativen Teilnahme, was bedeutet, daß der/die LeiterIn am Gruppenprozeß mit gleicher Gewichtigkeit wie alle anderen teilnimmt. Seine/ihre Aufgabe besteht in erster Linie darin, Mensch zu sein und erst in zweiter Linie darin, die Funktion der Gruppenleitung auszuüben.[296] Die Funktion besteht darin, die dynamische Balance zwischen ICH-WIR-ES und deren Zusammenhang mit dem GLOBE zu beachten und bei Ungleichgewicht Interaktionen zu setzen, die die vernachlässigten Faktoren fördern.
Die Kunst der TZI-Gruppenleitung besteht darin, als partizipierende/r LeiterIn Chairperson der Gruppe und Chairperson meiner selbst zu sein. Letzteres bedeutet, daß ich auch als LeiterIn meine eigenen Interessen, Vorlieben, Gedan-

295 ebenda, 206.
296 vgl. Cohn, Ruth C./Farau, Alfred: Gelebte Geschichte...a.a.O. 368.

ken und Gefühle wahrnehme und wie die anderen TeilnehmerInnen „selektiv authentisch“[297] äußere. Das wichtigste pädagogische und therapeutische Werkzeug ist die eigene Persönlichkeit, weshalb Ruth Cohn an TZI-Leitende die Forderung stellt, ihre Selbst- und Menschenkenntnis stetig zu erweitern und ihre Gefühle zu „schulen“:

„Empathie, Takt und Mut sind nicht nur schicksalhaft an konstitutionelle Elemente gebunden oder von Kindheitserlebnissen bestimmt; Gefühle können erzogen und nacherzogen werden. Der Gruppenleiter braucht allgemeines Wissen vom Menschen, Erfahrung in Gruppendynamik und Gruppentherapie, die Kenntnis vieler technischer Hilfsmittel und vor allem 'erzogene Gefühle'.“[298]

Zur Persönlichkeit eines/r LeiterIn gehört für Ruth Cohn auch, daß sie/er persönliche Wärme, Toleranz, positive Einstellung zum Menschen und konstruktive Werteinstellung mitbringt.[299] An dieser Stelle wird deutlich, daß TZI-Leitung vor allem eine bestimmte Haltung und Persönlichkeit erfordert und erst in zweiter Linie methodisches Know-How.
Ein von LeiterInnen der TZI verlangtes methodisches Können ist die Themenformulierung und -einführung. Unter „Thema“ wird in der TZI das formulierte Anliegen verstanden, das als verbal formulierter Fokus der Aufmerksamkeit dient. Die Themenfindung gehört zu den wichtigen Vorarbeiten der Leitung ebenso wie die Themenformulierung, bei der einige Kriterien zu beachten sind. Ein adäquates Thema ist kurz und klar, ansprechend, nicht langweilig, auf die Sprache der Teilnehmenden zugeschnitten. Es verletzt niemanden, schließt niemanden aus, läßt Raum für freie Einfälle, Gedanken und Bilder, hat gefühlsmäßigen Aufforderungscharakter, eröffnet neue Horizonte, verstößt nicht gegen die Wertaxiomatik der Menschenrechte und die Axiome der TZI.[300]
Bei der Themeneinführung, die am Anfang jeder Gruppenarbeit steht, obliegt es den LeiterInnen den Prozeß der Themenfindung transparent zu machen und somit die geleistete Vorarbeit auszuweisen, wie auch den TeilnehmerInnen den Einstieg ins Thema bzw. Einspruchsmöglichkeiten zu erleichtern. Nur wenn das Thema von der Gruppe akzeptiert wird, kann es bearbeitet werden. In der Themeneinführung sollte auch darauf geachtet werden, daß jede/r der TeilnehmerInnen ihren/seinen eigenen Zugang zum Thema finden kann, weil sie individuell verschieden sind und auch verschiedene Bedürfnisse und Anliegen haben.
Ein weiterer Punkt im LeiterInnenverhalten der TZI besteht in der klaren Bewußtheit über den Verantwortungsbereich. LeiterInnen sind für ihr eigenes Lernen und Lehren in der Gruppe verantwortlich, aber nur teilverantwortlich

297 "Selektiv authentisch" bedeutet: "Alles was ich sage, soll echt sein, nicht alles, was echt ist, soll ich sagen." ebenda, 370.

298 Cohn, Ruth C.: Von der Psychoanalyse zur TZI...a.a.O. 114.

299 vgl. ebenda.

300 vgl.Matzdorf, Paul/Cohn, Ruth C.: Konzept der TZI...a.a.O. 79f.

für das der TeilnehmerInnen, denn diese tragen für sich selbst Verantwortung. Die Verantwortung der LeiterInnen liegt u.a. darin, dem hippokratischen Eid zu folgen, d.h. den TeilnehmerInnen keinen Schaden zuzufügen. Weiters ist es Leitungsaufgabe, dem/der einzelnen TeilnehmerIn zu geben, was er/sie wirklich braucht, sowie die Verschiedenheit der TeilnehmerInnen zu akzeptieren. Ein Leitspruch Ruth Cohns für das LeiterInnenverhalten lautet: „Weniger zu geben als nötig, ist Diebstahl; mehr zu geben, ist Mord."[301]
Ruth Cohn versteht TZI-Gruppenleitung als urdemokratisches Grundmodell. Minoritätsansichten werden ebenso wichtig genommen wie die der Majorität und es wird nach echtem Konsens gesucht. Zudem werden autoritäre und antiautoritäre Rollen und Strukturen abgebaut und die hierarchische LeiterInnenposition zugunsten funktioneller Gruppenleitung aufgehoben.[302]
Betrachtet man das TZI-Symbol des Dreiecks in der Kugel in dem Wissen, daß TZI-LeiterInnen auf die dynamische Balance der vier Faktoren zu achten haben, so ergeben sich zusammenfassend für die LeiterInnenkompetenz vier Aspekte: Personalkompetenz (betrifft Chairperson-Postulat), Sozialkompetenz (betrifft Kooperation, Solidarität, soziale Verantwortung), Fachkompetenz (betrifft fachspezifische Inhalte und Methoden) und Feldkompetenz (betrifft den engeren und weiteren Globe).[303]
Scheint das bisher Gesagte sehr hohe Ansprüche zu stellen, so ist unter TZI-Leitung keinesfalls Unfehlbarkeit oder Perfektionismus zu verstehen. Auch braucht sich der/die LeiterIn nicht dem Zwang auszusetzen, es allen TeilnehmerInnen von vorneherein recht machen zu müssen. Ruth Cohn formulierte dazu zwei pädagogische „Zauberformeln", die der eigenen Überforderung Abbitte leisten. Die erste „pädagogisch-therapeutische Sicherheits-Zauberformel" lautet: „60:20:20", was bedeutet:

> „Sechzig Prozent der Leute ist alles, was ich sage oder tue, gleichgültig, zwanzig Prozent der Leute finden mich und was ich sage und tue grauenhaft, und zwanzig Prozent finden mich und was ich sage und tue großartig."[304]

Cohn sieht es als therapeutische Tat, wenn ein/e LeiterIn akzeptiert, daß ihn/sie nicht alle Menschen lieben und hassen werden.
Die zweite „pädagogisch-therapeutische Projekt-Planungs-Formel" lautet:

> „Wenn der Tag kommt und ich fange mit den Menschen des Projekts an zu arbeiten, 'weiß' ich, daß 'alles', was ich vorbereitet habe, falsch war; und ich verwende den Rest der Zeit, um es richtigzustellen."[305]

Den „zauberhaften Realismus" dieser Formel sieht sie darin, daß er

301 Cohn, Ruth C.: Es geht ums Anteilnehmen...a.a.O. 52.
302 vgl. Matzdorf, Paul/Cohn, Ruth C.: Konzept der TZI...a.a.O. 84f.
303 vgl. Matzdorf, Paul: Das "TZI-Haus"...a.a.O. 378.
304 Cohn, Ruth C.: Von der Psychoanalyse zur TZI...a.a.O. 205.
305 ebenda, 206.

„seinen Hauch auf unstetig schlagende Herzen und verkrampfte Magenmuskeln legen kann, weil er zugleich persönliche Verantwortlichkeit bejaht und den einzelnen vom Wahn der Perfektion und der Erfolgspsychose befreit."[306]

Die TZI-Kommunikationshilfen[307]

Die TZI-Kommunikationshilfen stellen für Teilnehmende und Leitende Möglichkeiten der Intervention und des Gesprächsverhaltens dar. Sie entsprechen den Axiomen und Postulaten und können TZI-gemäße Zusammenarbeit fördern.
Ich werde im folgenden diese Kommunikationshilfen anführen und ansatzweise erläutern.[308] Zu betonen ist in diesem Zusammenhang, daß diese von Cohn im Imperativ formulierten Hilfen nicht als obligatorisch, sondern als hilfreiche Möglichkeiten für einen offenen Dialog zu verstehen sind. Ruth Cohn empfiehlt den LeiterInnen, die Kommunikationshilfen situationsgemäß zu vermitteln bzw. am besten selbst anzuwenden, nicht aber die TeilnehmerInnen frontal im Sinne von Regeln damit zu konfrontieren.

* *„Sei zurückhaltend mit Verallgemeinerungen."*
Diese Kommunikationshilfe beschreibt Ruth Cohn aus der Erfahrung heraus, daß Verallgemeinerungen die Eigenart haben, den Gruppenprozeß zu unterbrechen oder abzuschließen.

* *„Wenn du eine Frage stellst, sage, warum du fragst und was deine Frage für dich bedeutet. Sprich für dich selbst und vermeide das Interview."*
Oft sind Fragen Vermeidungsspiele, eigene Erfahrungen preiszugeben, oder sie dienen als Werkzeug inquisitorischer Machtkämpfe. Das Interview ersetzt dann den Dialog. Echte Kommunikation ist ebenso ansteckend wie defensives Reden.

* *„Sei authentisch und selektiv in deinen Kommunikationen. Mache dir bewußt, was du denkst, fühlst und glaubst, und überdenke vorher, was du sagst und tust."*
Wenn jemand selektiv und authentisch ist, begünstigt er/sie Vertrauen und Verständnis. Kommunikation verlangt Takt und Timing. Aufrichtigkeit ohne Selektivität kann schaden.

306 ebenda, 207.
307 Obwohl in der TZI-Literatur immer wieder von TZI-Hilfsregeln gesprochen wird, ziehe ich den Terminus Kommunikationshilfen vor, weil er dem Anliegen Ruth Cohns gerechter wird.
308 Ausführliche Erläuterungen finden sich in: Matzdorf, Paul/Cohn, Ruth C.: Konzept der TZI...a.a.O. 76ff; Cohn, Ruth C./Farau, Alfred: Gelebte Geschichte...a.a.O. 361ff; Cohn, Ruth C.: Von der Psychoanalyse zur TZI...a.a.O. 123ff.

* *„Halte dich mit Interpretationen von anderen so lange wie möglich zurück. Sprich statt dessen deine persönlichen Reaktionen aus."*

* *„Beachte Signale aus deiner Körpersphäre und beachte diese auch bei anderen Teilnehmern."*

Körpersprache sagt viel über bewußte und unbewußte Gefühle aus. Die nonverbale Sprache ist oft eindrucksvoller als die verbale.[309]

2.2.2.3. Das gesellschaftstherapeutische und politische Anliegen der TZI

Wird schon aus dem bisher Gesagten deutlich, daß es sich bei TZI um einen gesellschaftstherapeutischen, politischen Ansatz handelt, so soll diese Tatsache im folgenden genauer in den Blick genommen und begründet werden.
Ruth Cohn betont immer wieder, daß die Idee zur TZI „aus der Weltnot des 20. Jahrhunderts" entstand, die sich für sie persönlich in jungen Jahren besonders im Nationalsozialismus manifestierte.[310] In der letzten Zeit gilt Cohns Engagement vor allem den Fragen zum Überleben der Menschheit in einer zerstörten Umwelt.[311] Sie entwickelte die TZI, um mit ihr an der Humanisierung von Menschen und Welt zu arbeiten, in dem Bewußtsein, daß Humanisierung einerseits und politische Systemveränderungen andererseits Hand in Hand gehen müssen, wenn das Phänomen von Ungerechtigkeit verändert werden soll.[312] Eines der größten Anliegen Cohns ist, daß sich die Menschen ihrer gesellschaftspolitischen Verantwortung bewußt werden und anteilnehmen an dem, was in der Welt geschieht:

„Anteilnehmen gehört zu uns als Teilhabende an dieser Welt. An was und wie wir anteilnehmen, beruht auf unseren Fähigkeiten und unserer persönlichen Geschichte ... Als Anteilnehmende antworten wir auf Geschehnisse – sind wir ver-antwort-lich."[313]

Dieses ver-antwort-liche Anteilnehmen setzt sensible Wahrnehmungsfähigkeit voraus. Deshalb will Ruth Cohn mit TZI ihre eigenen Sinne und die anderer schulen, um das Leiden in der Welt wahrnehmen zu können:

309 vgl. Matzdorf, Paul/Cohn, Ruth C.: Konzept der TZI...a.a.O. 76ff.

310 vgl. Pöhlmann, Horst Georg: Interview mit Ruth C. Cohn, in: Studienstelle der Deutschen Evangelischen Arbeitsgemeinschaft für Erwachsenenbildung, Karlsruhe (Hg.): Was will eigentlich die Themenzentrierte Interaktion, Informationspapier der Studienstelle, H.24 (1978), 7.

311 vgl. Cohn, Ruth C./Klein, Irene: Großgruppen gestalten mit Themenzentrierter Interaktion. Ein Weg zur lebendigen Balance zwischen Einzelnen, Aufgaben und Gruppe, Mainz 1993, 52–116.

312 Pöhlmann, Horst Georg: Interview mit Ruth C.Cohn...a.a.O. 7.

313 Cohn, Ruth C.: Es geht ums Anteilnehmen...a.a.O. 8.

„Ich möchte aus meinem Zimmer, aus meiner Blumen- und Wasserfall- und Vogelwelt heraus Augen haben, die über die Wiesen und Berge und über nationale Grenzen und Meere hinausschauen können zu den Booten, die auf kalten Wellen schwimmen, mit Frauen und Kindern, die von Piraten vergewaltigt und des letzten Reiskorns und der letzten Kleidung beraubt werden. Ich möchte Ohren haben, die Schreie der Versinkenden zu hören, und die Schreie von Männern in Folterkellern, denen hungrige Hunde ihre mit Fett bestrichenen Penisse abfressen, und die Schreie der Kinder und Eltern, die gegenseitig die Pein des Marterns ihrer Geliebten mit anschauen müssen. Das ist das Eigentliche, was ich mit TZI möchte."[314]

Ein wesentlicher Aspekt für diese Sensibilitätsschulung besteht darin, daß sich TZI mit den gesellschaftlichen und individuellen Verdrängungstendenzen bezogen auf Leid- und Unrechtssituationen konfrontiert. Wie das vor sich gehen kann, analysieren Anita Ockel und Ruth Cohn in dem Artikel „Das Konzept des Widerstands in der themenzentrierten Interaktion"[315]. Sie stellen darin fest, daß uns Gewalt und Grauen in der Welt durch die Medien so nahegerückt sind, daß wir uns nicht mehr entziehen können. Auf die unerträgliche Furcht vor der Bedrohung reagieren wir mit den unterschiedlichsten Abwehrmustern, die von Resignation bis zum Nicht-ernst-Nehmen, von der Rationalisierung bis zur Regression reichen. Gefühlsleere, Ohnmachts- und Schuldgefühle, Verkennung der Realität, Abhängigkeit und Lähmung sind die Folgeerscheinungen. Mit den Abwehrmustern verlieren wir die Möglichkeit, etwas Sinnvolles gegen den Angstauslöser zu unternehmen.[316] Anita Ockel und Ruth Cohn zeigen auf, daß TZI als pädagogische Therapie versuchen muß, die Angst auf ein erträgliches Maß herabzusetzen, um der Lähmung entgegenzuwirken. Cohn spricht in diesem Zusammenhang von der Notwendigkeit, „die Balance zu erfahren, daß es auch Positives gibt, Schönheit, Freude, so daß wir nicht selbst im Elend versinken"[317].
Neben der Wahrnehmung der negativen wie positiven Realität betont Cohn, wie wichtig jeder kleinste Schritt in Richtung Humanität ist. Diese Wertschätzung von kleinen, scheinbar unbedeutenden Handlungen kann die einzelnen in ihrer Aktivität stärken und zu Größerem ermutigen. Mit der durch TZI angestrebten verantwortlichen Anteilnahme ist immer das Erkennen der eigenen Möglichkeiten und Grenzen politischen Handelns verbunden. Cohn nennt TZI eine „Breitentherapie" oder „Gesellschaftstherapie", die „wachstumsfördernde und heilende Kräfte sowohl im einzelnen Menschen als auch in der Gesellschaft anzuregen vermag"[318]. Das geschieht zum einen dadurch, daß in TZI-Gruppen generative Themen, d.h. existentielle, gesellschaftlich und weltweit bedeutsame Themen bearbeitet werden. Zum anderen ist das System der TZI so angelegt, daß es jene menschlichen Fähigkeiten

314 Cohn, Ruth C./Farau, Alfred: Gelebte Geschichte...a.a.O. 374.
315 Ockel, Anita/Cohn, Ruth C.: Das Konzept des Widerstands in der themenzentrierten Interaktion...a.a.O. 255–282.
316 vgl. ebenda, 257ff.
317 ebenda, 265.
318 Matzdorf, Paul/Cohn, Ruth C.: Konzept der TZI...a.a.O. 40.

fördert, die für politisches Handeln vonnöten sind. Dies möchte ich im folgenden anhand einiger bereits eingeführter TZI-Elemente erläutern.
Mit seiner Betonung von Autonomie und Interdependenz ist das erste Axiom in einer Zeit der Individualisierung und eines zunehmenden Egozentrismus von eminent politischer Bedeutung. Mit dem Satz „Ich bin für mich und andere da" richtet sich Ruth Cohn sowohl gegen eine krankmachende masochistische Haltung als auch gegen persönlichen, nationalen und religiösen Egoismus, der seinerseits zu einem krankmachenden Zustand des Abgetrenntseins von der Welt führt.[319] Wenn in TZI von Selbstverwirklichung gesprochen wird, so ist damit immer die soziale Eingebundenheit des Menschen und damit die Grenzsetzung durch die Ansprüche anderer Menschen und anderer Leben berücksichtigt.

„Diese Version der Selbstverwirklichung ist individuell, sozial und politisch realistisch. Wir können uns weder von Luft noch von Pflanzen, Tieren oder Menschen isolieren, wenn wir uns selbst verwirklichen wollen ... Selbstverwirklichung und Menschheitsverwirklichung sind untrennbar miteinander verknüpft."[320]

Achim Battke zeigt auf, daß die Axiome der TZI ihren ethischen Grund im unendlichen Leid, das Menschen einander zufügen, haben, und daß sie einen „Protest gegen menschlich verursachtes Leid in seinen schlimmsten Formen"[321] darstellen. Selbstverwirklichung habe folglich im Dienste eines Engagements gegen die Tendenzen der Grausamkeit in uns und um uns herum zu stehen.[322] Das TZI-gemäße Verständnis von Selbstverwirklichung zu klären, erscheint mir insofern notwendig, als gerade das Chairperson-Postulat für egozentrische Selbstverwirklichungsmanie mißbraucht werden kann, wenn es nicht im Cohnschen Sinn angewandt wird. Das Chairperson-Postulat soll befähigen, sensibel zu werden für die eigene innere und äußere Realität sowie für die der anderen und in der Folge zur Anerkennung der Verschiedenheit der Menschen führen, die die Basis für echten Dialog ist:

„Wenn ich mich selber, so wie ich bin, wahrnehme, dann sehe ich auch den anderen als Menschen mit seinen Stärken und Schwächen, mit seinen Fehlern und Fähigkeiten, mit seinen Ängsten und Freuden. Ich entdecke Gemeinsames, eine Annäherung wird möglich – Vertrauen kann wachsen und das Mißtrauen abgebaut werden."[323]

Mit der Beachtung des dritten Axioms, kann die TZI die Wahrnehmung der inneren und äußeren Grenzen schulen und den Blick frei machen für die Erweiterungsmöglichkeiten dieser Grenzen und die bestehenden Handlungs-

319 vgl. Cohn, Ruth C.: Es geht ums Anteilnehmen...a.a.O. 169.
320 Cohn, Ruth C./Farau, Alfred: Gelebte Geschichte...a.a.O. 435.
321 Battke, Achim: Mitten im Grauen der Welt...a.a.O. 74.
322 vgl. ebenda.
323 Miescher, Elisabeth: TZI im gesellschaftspolitischen Bereich – am Beispiel der Friedensarbeit, in: Birmelin, Rolf u.a. (Hg.): Erfahrungen lebendigen Lernens. Grundlagen und Arbeitsfelder der TZI, Mainz 1985, 184.

möglichkeiten. Der TZI-Kompaß lehrt uns, „daß wir in engsten Strukturen einen Handlungsspielraum haben, ein kleines Stück Welt gestalten können – nicht die ganze“[324].
Politisch relevant wird TZI auch dann, wenn die vier Faktoren THEMA-ICH-WIR-GLOBE in dynamischer Balance gehalten werden und nicht einer davon das Gruppengeschehen permanent dominiert. Für Matthias Kroeger bedeutet das Bemühen um diese Balance in TZI folgendes:

„... nicht zuzulassen, daß die Sachen die Menschen terrorisieren und beherrschen, aber auch nicht zuzulassen, daß sich die Menschen über die Sachenwelt hinwegsetzen, oder sich ihr entziehen; denn die Sachenwelt kann innerlich wie äußerlich die Menschen erdrücken. Das wissen wir. Diesem Bewußtsein dient der Gedanke des Globe und dient die Technik der TZI, aus toten und inhumanen Stoffen und Sachen menschliche Themen gestalten zu lernen. Es ist das Herzstück der TZI, diese Balance und diesen Brückenbau zu üben.“[325]

Kroeger macht hier indirekt den kämpferisch-politischen Charakter von TZI in zweierlei Hinsicht deutlich. Zum einen geht es um das Erkennen von bestehender Unterdrückung durch die „Sachenwelt“, das Bewußtmachen von Sachzwängen und die schrittweise Befreiung daraus. Zum anderen soll in der TZI der realistische Blick auf die „Sachenwelt“ und die aktive Beteiligung in ihr geübt werden. TZI kämpft gegen die Flucht aus Realität, Politik und Verantwortung. Zudem bekommt TZI mit ihrem Streben nach der Balance von THEMA-ICH-WIR-GLOBE auf dem Hintergrund herkömmlichen Lernens und Lehrens einen revolutionären Charakter. Totes Lernen kann zu lebendigem Lernen werden, tote Stoffe zu menschlichen, lebendigen Themen, wobei gleichzeitig die persönlichen Kompetenzen der einzelnen ebenso wie die Dialogfähigkeit der Gruppe gestärkt werden. Besonderes Augenmerk aber richtet sich in der Betrachtung von TZI als politischen Ansatz auf den Globe, der den gesellschaftlichen, politischen, ökonomischen, religiösen und kulturellen Kontext des Geschehens in der Gruppe symbolisiert. Politisch wird die Arbeit mit TZI dann, wenn der Einfluß des Globe auf die Einzelnen und die Gruppe bewußtgemacht und thematisiert wird und wenn umgekehrt der Einfluß der Einzelnen und der Gruppe auf den Globe in seinen Grenzen und Möglichkeiten erkannt und aktivierend diskutiert wird. Nur wenn dem „Zusammenhang von Subjektivität und Gesellschaft, von Institution und Personalität“[326] Rechnung getragen wird, kann der Gefahr der Trennung und Entfremdung von Sachen- und Menschenwelt, von Innen- und Außenwelt, von Politik und Moral entgegengewirkt werden. Diese Trennung und Entfremdung hat in den westlich-europäischen Gesellschaften mit der neuzeitlichen Industrialisierung ihren Durchbruch gefunden und sich bis heute verschärft

324 ebenda, 186.
325 Kroeger, Matthias: Ruth C. Cohn 80...a.a.O. 43.
326 Matthias Kroeger, zit. in: Bernstein, Reiner: Den Globe einbeziehen. Plädoyer für mehr politische Lebendigkeit, in: Themenzentrierte Interaktion, H.4, 4.Jg.(1990), 25.

weiterentwickelt.[327]. TZI will an der Versöhnung der einander entfremdeten Bereiche arbeiten, oder anders gesagt, Politik, Wirtschaft, Öffentlichkeit humanisieren sowie Menschen politisieren und sie in ihrer Sachkompetenz und ihrem öffentlichen Beteiligungswillen stärken. Kroeger meint in diesem Zusammenhang:

„TZI ist methodische und technische Pragmatik gegen die drohende Eigengesetzlichkeit der reinen Innerlichkeit und der reinen Sachlichkeit. Daher (sic!) unsere Aufgabe, stets persönlich zu bleiben, das Persönliche aber immer zu überschreiten, uns nicht um uns selber zu drehen, also (in TZI-Sprache) themen- und globe-fähig zu werden."[328]

Wenn Kroeger hier von „globe-fähig"-Werden spricht, so meint er damit, daß der Globe in TZI-Gruppen aufgewertet werden muß und alle Beteiligten Kompetenzerweiterung in der Globewahrnehmung und -reflexion benötigen. Allerdings plädiert er dafür, den Globe „angemessen dosiert" in die TZI-Arbeit hereinzuholen, denn zuviel Globe sei ebenso gefährlich, weil er erschlage, wie zu wenig, weil das die Arbeit illusorisch mache.[329] Erschlagen könne ein Zuviel an Globe insofern, als die Situation, in der wir leben, objektiv belastend bleibe und durch zuviel Zwiespalt und Bedrückung das notwendige Wachstum behindert und vermindert werde.[330]. An dieser Stelle kann ich Kroeger insofern nicht zustimmen, als ich meine, daß die Thematisierung des Globe nur dann erschlägt, wenn sie aus rein kritischer oder ohnmächtiger Position heraus geschieht, nicht aber, wenn die eigenen Einflußmöglichkeiten bewußtgemacht werden, in gemeinsamer, solidarischer Arbeit nach Handlungsmöglichkeiten gesucht und diese auch in die Tat umgesetzt werden. Meines Erachtens besteht die beste Möglichkeit, in TZI globe-gerecht zu arbeiten dann, wenn sich die Intentionen des Ausgangsthemas einer Gruppe auf Globe-Faktoren beziehen.
Eine andere Möglichkeit zeigt Astrid Schreyögg auf, die in ihrem Aufsatz „'Globe' – die unbekannte Größe" einen Versuch startet, das Kontext-Ver-

327 vgl. Kroeger, Matthias: Ruth C. Cohn 80...a.a.O. 43.

328 ebenda, 44.

329 ebenda, 48.
Diese Äußerungen Kroegers stehen in Zusammenhang mit einer in der TZI-Literatur der letzten Jahren verstärkt geführten Diskussion über die Bedeutung des Globe und seine Vernachlässigung in der praktischen TZI-Gruppenarbeit.
vgl. dazu: Schreyögg, Astrid: "Globe" – die unbekannte Größe. Ein Versuch zur Präzisierung des Kontext-Verständnisses in der TZI, in: Themenzentrierte Interaktion, H.1, 7.Jg.(1993), 12–28; Bernstein, Reiner: Den Globe einbeziehen...a.a.O. 22–26; Andres, Stefan: Einmal mehr unseres "globe" bewußt sein. Aufbruch von innen – Manifest für eine Ethik der Zukunft, in: Themenzentrierte Interaktion, H.2, 6.Jg.(1992), 84–86; Cohn, Ruth C.: Wir sind Teil des Universums und wir nehmen Anteil: Der Globe, in: Themenzentrierte Interaktion, H.1, 2.Jg.(1988), 3–6. Cohn, Ruth C.: Der Globe – vom nächsten bis zum fernsten Umfeld, in: Cohn, Ruth C./Terfurth, Christina (Hg.): Lebendiges Lehren und Lernen. TZI macht Schule, Stuttgart 1993, 144–173; Standhardt, Rüdiger/Löhmer, Cornelia (Hg.): Zur Tat befreien. Gesellschaftspolitische Perspektiven der TZI-Gruppenarbeit, Mainz 1994.

330 vgl. Kroeger, Matthias: Ruth C. Cohn 80...a.a.O. 48.

ständnis in der TZI zu präzisieren und an einem Praxisbeispiel zu zeigen, wie der Globe in themenzentrierter Arbeit die ihm gebührende Beachtung finden kann.[331] Schreyögg sieht den Weg darin, daß Kontextfaktoren in diagnostischer wie methodischer Hinsicht berücksichtigt werden. Sie fordert in der Folge, daß TZI entsprechend ihrer Anwendungsfelder durch gegenstandsangemessene Systemkonzepte bereichert werden sollte, d.h., daß die LeiterInnen über diagnostisches Inventarium verfügen sollten, mit dem sie soziale Kontexte erfassen können. Sie selbst zieht in ihrer Supervisions-Praxis Systemdiagnostik heran und verwendet methodische Elemente, mit denen Systemphänomene erlebbar gemacht werden. Letzteres erscheint ihr besonders leicht möglich durch den Einbezug von Soziodrama oder Methoden wie „Rollentausch“ und „Doppelgänger“.[332]
Einer der jüngsten Vorschläge zur größeren Beachtung des Globe in der TZI stammt von dem Psychologen und TZI-Graduierten Günter Hoppe, der ein drittes Postulat einfordert, das folgendermaßen lautet:

„Setz Dich mit Deiner äußeren Welt, Deinem Globe um Dich herum und seinem Abbild in Dir auseinander. Greife ein und verändere, was Du im Sinne der Humanisierung verändern kannst.“[333]

Die Kurzformel dazu lautet: „Misch Dich ein! Greif ein!“ Er versteht dieses Postulat als psychopolitische Forderung, die auf unsere Situation als TeilhaberInnen einer entfremdeten Welt antwortet. Zudem meint er, daß die Anerkennung dieses Postulats humanistische politische Aktivität intensiver und direkter ermögliche, als es bei WILL bislang üblich gewesen sei.[334] Das Anliegen, das hinter diesem Postulat steht, erscheint mir wichtig, allerdings bezweifle ich, daß seine imperativische Form und sein appellhafter Charakter wirklich geeignet sind für die Motivation zu politischen Aktivitäten.[335]
Mit der hier angeschnittenen Diskussion um die Bedeutung des Globe für die TZI kann darauf verwiesen werden, daß das Globe-Verständnis in der TZI-Literatur weder von Ruth Cohn noch von anderen bisher präzisiert wurde. In Zukunft wird es aber auch darum gehen, wie Schreyögg richtig erkennt, Methoden zu entwicklen, die den Globe in der TZI-Arbeit präsent werden lassen.

331 vgl. Schreyögg, Astrid: "Globe" – die unbekannte Größe...a.a.O. 12–28.

332 ebenda, 22.

333 Hoppe, Günter: "Misch Dich ein! Greif ein!" Ein drittes Postulat für die TZI?, in: Standhardt, Rüdiger/Löhmer, Cornelia (Hg.): Zur Tat befreien...a.a.O. 76.

334 vgl. ebenda.

335 Ruth Cohn wendet gegen dieses dritte Postulat ein, daß es zu aktivistisch und zu wenig allgemein – im Sinne persönlicher Entscheidungsfreiheit – formuliert sei. Ihr Alternativvorschlag lautet: "Verantworte Dein Tun und Dein Lassen – persönlich und gesellschaftlich".
vgl. Cohn, Ruth C.: Verantworte Dein Tun und Dein Lassen – persönlich und gesellschaftlich. Offener Brief an Günter Hoppe, in: Themenzentrierte Interaktion H.2, 8.Jg.(1994), 85–87.

Das der TZI gemäße LeiterInnenverständnis ist ein weiterer Baustein, der die TZI-Gruppenarbeit zu politischer Bildungsarbeit machen kann. Der Abbau der Hierarchie in der Gruppenleitung hat gesellschaftliche Relevanz. Ruth Cohn selbst sagt dazu, daß die partizipierende und funktionale Art des Gruppenleitens eine Situation schafft, in der eine Veränderung zur Eigenständigkeit, zur Demokratisierung und Humanisierung der eigenen Person sowie der kleinen Gruppe gefördert wird, was auch einen Schritt in der Entwicklung der Gesellschaft bedeutet.[336] Diese Demokratisierung durch TZI ist nicht zufällig, denn TZI beruht auf der demokratischen Idee.[337] Den Zusammenhang von TZI und Demokratisierung diskutieren Karl Trojer und Helga Modesto, wobei beide auf die Bedeutung des Chairperson-Postulates verweisen.[338] Modesto sieht im Chairperson-Postulat die Anleitung zum demokratischen Verhalten:

> „Autonomie ist dabei die Chance, die autonome Entfaltung des eigenen Freiraums als 'beglückende Entdeckung' zu erleben. In der Dependenz ist dabei die Herausforderung, dem Mitmenschen in gleicher Weise und authentisch wie einer Chairperson zu begegnen. Dieses Streben nach Eigenwohl und Gemeinwohl zugleich verwirklicht sich ideal in der TZI-Gruppe, 'in der Ichs und Wirs ein Maximum an Autonomie bei voller Akzeptierung der Interdependenz als Realität finden'."[339]

Wenn alle TeilnehmerInnen sich selbst als Chairperson ernstnehmen und danach handeln, kann es von seiten der Leitung oder anderer TeilnehmerInnen nicht zu unkontrolliertem und permanentem Machtmißbrauch kommen.

Abschließend möchte ich mich auf Hans Ballhausen und Annedore Schultze beziehen, die das gesellschaftspolitische Anliegen der TZI herausarbeiten und betonen, daß die TZI mit ihren Axiomen und Postulaten eine politische Grundhaltung fordert und fördert. Sie stellen fest, daß Gesellschaftspolitik nicht ohne gesellschaftstherapeutisches Denken und Handeln global zu verwirklichen ist.[340] Diesem Gedanken von der TZI als Gesellschaftstherapie will ich genauer nachgehen. Ballhausen spricht in diesem Zusammenhang auch von „psychopolitischem Lernen", das er definiert „als eine bildungsorientierte Auseinandersetzung mit unbewußten oder abgewehrten Bedürfnissen, Gefühlen und Ängsten des einzelnen, die zur Aufrechterhaltung des Status quo der Anpassungs- und Unterwerfungsbereitschaft dienen."[341]

336 vgl. Ockel, Anita/Cohn, Ruth C.: Das Konzept des Widerstands...a.a.O. 276.

337 vgl. Cohn, Ruth C.: Es geht ums Anteilnehmen...a.a.O. 95.

338 Trojer, Karl: Kann TZI einen wesentlichen Beitrag zu zeitgemäßerem politischen Handeln bieten? oder: Zukunft mitgestalten – aus dem Glauben an die Sinnhaftigkeit allen Lebens, in: Themenzentrierte Interaktion, H.2, 3.Jg.(1989), 3–9; Modesto, Helga: Demokratisches Verhalten in der TZI-Gruppe: Eine Herausforderung an die chairperson, in: Themenzentrierte Interaktion H.1, 4.Jg.(1990), 48–57.

339 Modesto, Helga: Demokratisches Verhalten in der TZI-Gruppe...a.a.O. 48.

340 vgl. Ballhausen, Hans/Schultze, Annedore: Das gesellschaftspolitische Anliegen der TZI, in: Löhmer, Cornelia/Standhardt, Rüdiger (Hg.): TZI...a.a.O. 125.

341 ebenda, 130.

Die Notwendigkeit für ein solches Lernen sieht er in drei gesellschaftlichen Faktoren unserer Zeit begründet: Erstens nennt er die Zunahme der gesellschaftlichen Differenzierungs- und Spaltungsprozesse, die zur Entwicklung des „Fortschrittgedankens" und der „Zweidrittelgesellschaft" führte. Als Reaktion auf diese Realität haben nach Hans Ballhausen viele Menschen das verstärkte Bedürfnis, den Brechungen des gesellschaftlichen Alltags emotional-kognitiv eine identitäts- und sicherheitsstiftende Einheit entgegenzusetzen. New Age, neue Spiritualität, Magie, Astrologie können diesem neuen Bedürfnis nach einem Mythos Rechnung tragen. In der TZI gehe es nun darum, „das andere der Vernunft" nicht zu leugnen, sondern unter Zuhilfenahme psychoanalytischer und sozialpsychologischer Theoriebildung in Beziehung zu den Widersprüchen und Brüchen der Vergesellschaftungsprozesse zu setzen. Zweitens stellt Ballhausen mit Richard Sennet „Verfall und Ende des öffentlichen Lebens" zugunsten einer Privatisierung und Individualisierung des Sozialen fest. Der Bedeutungsschwund der politischen Öffentlichkeit habe zur Problembelastung des Privaten geführt. Zugleich werde die politische Öffentlichkeit immer mehr durch eine in den Massenmedien hergestellte Simulation sozialer Wirklichkeit ersetzt. Die Orientierungssuche werde an die Normen dieser Ersatzalltage gekoppelt, was zur Schwächung der Subjektstellung gegenüber der objektiven gesellschaftlichen Wirklichkeit führe. In diesem Zusammenhang bestehe der gesellschaftstherapeutische, politische Beitrag von TZI darin, sich auf die psychisch determinierte Ich-Schwäche zu beziehen. Drittens nennt Ballhausen die universelle Gefährdung durch die moderne Risikogesellschaft, die die Gefahren ökologischer und atomarer Bedrohung ausblendet. Er zitiert Ulrich Beck, der schreibt:

„In der Risikogesellschaft werden derart der Umgang mit Angst und Unsicherheit biographisch und politisch zu einer zivilisatorischen Schlüsselqualifikation und die Ausbildung der damit angesprochenen Fähigkeiten zu einem wesentlichen Auftrag der pädagogischen Institutionen."[342]

Ziel dieses psychopolitischen Lernens ist die Förderung individueller und kollektiver Wahrnehmungs- und Handlungsfähigkeit, sodaß Menschen, sich selbst verändernd und Prozesse bei anderen anstoßend, in die gegenwärtigen Abläufe unterstützend, mittragend, tolerierend oder auch in wirksamer Gegenwehr eingreifen.[343] Ballhausen meint, daß die Förderung der Ich-Stärke und das Wachstum der inneren Freiheit des Individuums als Kraftzentrum gesellschaftlichen Widerstands wichtige Anliegen der politischen Bildung sind. Da mit den klassischen Mitteln wie kritische Aufklärung und Vermittlung von politischer Handlungskompetenz allein dies nicht zu erreichen ist, bezieht er in seine politische Bildungsarbeit TZI immer mehr ein.[344]

342 Beck, Ulrich: Risikogesellschaft...a.a.O. 102.

343 vgl. Ballhausen, Hans/Schultze, Annedore: Das gesellschaftspolitische Anliegen der TZI...a.a.O. 126.

344 vgl. ebenda, 127.

2.2.3. Kritische Würdigung der TZI in Hinblick auf feministisch-politische Bildungsarbeit

Ruth Cohn hat die TZI nicht aus feministischem Bewußtsein heraus gegründet[345], aber sie hat durch die Zusammenarbeit mit anderen Frauen auch die Dimensionen der Frauenunterdrückung kennengelernt und war z.B. offen für die Einführung einer neuen, frauengerechteren Sprache in der TZI. So spricht sie beispielsweise heute nicht mehr wie ursprünglich von „chairman", sondern von „chairperson" oder „chairman und chairwoman". Bemerkenswert erscheint mir auch, daß neben Ruth Cohn gut die Hälfte der Graduierten Frauen sind. Wer TZI-Seminare besucht, wird die Erfahrung machen, daß sowohl unter den Graduierten als auch unter den TeilnehmerInnen viele selbstbewußte Frauen zu finden sind. TZI scheint also ein pädagogischer Ansatz zu sein, der Frauen anspricht und wachsen läßt. Wie weit TZI aber auch in feministisch-politischer Bildungsarbeit anwendbar ist, soll im folgenden geklärt werden.

„Was kannst du, was kann ich als Frau heute tun? Ich bin sehr pessimistisch über die Prozesse in der Welt, und doch möchte ich meinen Beitrag dazu geben, daß die Welt nicht in Trümmer geht."[346]

Dieser Ausspruch Ruth Cohns trifft sich insofern mit der Intention feministisch-politischer Bildungsarbeit, als sie hier bewußt die möglichen Aktivitäten von Frauen in den Blick nimmt und eine verantwortungsvolle, aktive Haltung vertritt. Die Frau, die hier spricht, versteht sich als Subjekt und bekundet Interesse an der Teilhabe am öffentlichen Leben und am Weltgeschehen.
Wie schon im vorigen Abschnitt dargestellt, setzt sich Ruth Cohn aber auch mit den psychischen Widerständen auseinander, die Menschen davon abhalten, auf gesellschaftliche Ungerechtigkeiten und auf die Not anderer aktiv zu reagieren. Als einen Ausweg propagiert sie die Balance in der Wahrnehmung von Positivem, Schönem und tragischem Elend. Ob an dieser Stelle allerdings nicht die Gefahr von Schönfärberei und politischer Verharmlosung lauert, ist zu fragen. Hartmut Raguse warnt davor, daß diese Haltung zur Norm für GruppenleiterInnen werden und damit ein harmonistisches Weltbild, das spätestens seit Auschwitz „epochal unmöglich" sei, propagiert werden könnte. Er tritt dagegen dafür ein, „dem Bösen nüchtern ins Auge zu blicken, ob es nun daneben etwas Gutes gibt oder nicht"[347]. Um jene Angst zu vermindern, die

345 "An die Emanzipation der Frauen dachte ich noch nicht. Ich hatte die Ungerechtigkeit gegen Frauen noch nicht bemerkt! Ungerechtigkeit gegen ein kleines Mädchen hatte ich ja mit sechs Jahren bekämpft und gesiegt." in: Cohn, Ruth C./Farau, Alfred: Gelebte Geschichte...a.a.O. 461.

346 Cohn, Ruth C.: Es geht ums Anteilnehmen...a.a.O. 93.

347 Raguse, Hartmut: Kritische Bestandsaufnahme der TZI, in: Löhmer, Cornelia / Standhardt, Rüdiger (Hg.): TZI...a.a.O. 271.

zur Verdrängung schrecklicher, grausamer politischer Wirklichkeit führt, baut Raguse als Psychoanalytiker auf „das verinnerlichte und unzerstörbare gute Objekt“ und als Theologe auf Gott: „Beide schützen meinen Glauben an Gerechtigkeit und meine inneren Ideale vor Korruption und Zerstörung“[348], schreibt er und meint weiter, daß diese Verinnerlichung einen Teil der Angst vor der Destruktivität nehmen kann. Wie aber Menschen zu diesem „verinnerlichten und unzerstörbaren guten Objekt“ bzw. zu einem Glauben an Gott kommen können, läßt er offen. Raguses Kritik ist hier insofern wertvoll, als sie vor dem naiven Blick auf das Schöne und Gute in der Welt warnt und die Notwendigkeit der klaren Wahrnehmung von bedrohenden, unterdrückerischen und ungerechten Zuständen betont. Andererseits können innerliches Vertrauen auf das Gute und der Glaube an Gott nur dann möglich werden, wenn Gutes, Bewahrendes, Schützendes, Schönes in der Welt erfahren und wahrgenommen wird oder wurde. Insofern erscheint mir Ruth Cohns Plädaoyer für die bewußte Wahrnehmung der positiven Geschehnisse didaktisch sinnvoll, allerdings unter der Voraussetzung, daß es nicht dabei bleibt, sondern dies nur als ein Schritt zur Aktivierung des Engagements gegen Unrecht und Unterdrückung gesehen wird. Ruth Cohn selber Harmonisierung und Schönfärberei vorzuwerfen, wäre unredlich, denn sie ist eine realistische, weltzugewandte Frau. Ihr Realismus verhilft ihr auch zu einem unvoreingenommenen Blick den eigenen Schwächen und Fehlern gegenüber, eine Fähigkeit, die sie mit Hilfe der TZI auch bei den GruppenteilnehmerInnen anstrebt. Die Wahrnehmung der eigenen Schattenseiten kann feministisch gesehen Frauen davor schützen, sich in der unschuldigen Opferrolle zu gefallen und ihnen zu einem realistischen Selbstbild verhelfen, das auch ihre Mittäterschaft am patriarchalen Machtsystem bewußt macht. Wenn ich fähig bin, den Feind in mir und in meinem Handeln zu entdecken, dann kann ich aus der Position des passiven Opfers heraustreten und aktiv an meiner eigenen Weiterentwicklung, aber auch an der Veränderung der Umwelt arbeiten. In TZI-Gruppen wird nach Ruth Cohn geübt, sich selbst und andere nicht zu unterdrücken. In bezug auf Frauen spricht sie in diesem Zusammenhang von der oftmaligen Selbstunterdrückung der Frauen, aus der sie sich befreien müßten:

> „Es gibt zu viele Frauen, die sich selbst unterdrücken: 'Ich muß alles für meine Kinder tun, ich muß für meinen Mann dasein, und für mich selbst bleibt nichts mehr übrig.' ... Das sind dann oft so wehe-volle Frauen, die immerzu leiden.“[349]

An anderer Stelle nennt sie verinnerlichte Minderwertigkeitsgefühle als Grund für die falsche Bescheidenheit, die Frauen häufig an den Tag legen. Sie fordert Frauen auf, sich daraus zu befreien und nach Handlungsalternativen Ausschau zu halten:

348 ebenda.
349 Cohn, Ruth C.: Es geht ums Anteilnehmen...a.a.O. 95.

„Z.B. wenn ich bei einem Kongreß in einem Auditorium bin und sage, daß ich viel lieber mit anderen zusammen auf dem Podium wäre als allein ... dann beeilen sich die Männer, ganz schnell nach vorne zu kommen und die Frauen schleichen bestenfalls hinterher. Das liegt dann nicht mehr an der Politik, sondern an dem verinnerlichten Minderwertigkeitsgefühl. Es liegt also nicht alles an der Außenwelt. Es liegt jetzt schon daran, daß jede sich selbst sagen muß: Ich kann das, oder ich kann das nicht. Und wenn ich's nicht kann, dann lern' ich's vielleicht noch."[350]

Das Bewußtmachen der Lernfähigkeit von Frauen ist für feministisch-politische Bildungsarbeit von zentraler Bedeutung, denn nur so ist die Befreiung aus gelernten Verhaltensmustern und Minderwertigkeitsgefühlen möglich. Unterstreichen läßt sich aus feministisch-politischer Sicht auch Cohns Aussage, daß wir Frauen um unser eigenes Leben betrogen sind, „wenn wir uns nicht erlauben können, aggressiv zu sein und unsere Stimme auch in der Politik hörbar werden zu lassen"[351].

Trotz der hier angeführten Zitate läßt sich Ruth Cohn nicht explizit feministischer Theoriebildung zuordnen, denn es geht ihr mit der Entwicklung von TZI um einen humanistischen Ansatz, bei dem Frauen und Männer in gleicher Weise teilnehmen sollten. TZI ist also in sich keine feministische Bildungsarbeit, dennoch läßt sich dieser Ansatz in einigen Punkten, die im folgenden genannt werden, mit feministisch-politischen Anliegen verbinden.

Wie der dieser Arbeit zugrundeliegende weite Politikbegriff so schließt auch TZI die Demokratisierung aller Lebensbereiche ein. Demokratisierung macht im Verständnis von Ruth Cohn beispielsweise nicht halt vor dem Privatbereich der Familie. Das zeigt sich an jener Stelle, wo sie Vorschläge bringt, wie eine Familie TZI-gemäß die anfallende Hausarbeit aufteilen könnte.[352] Da Ruth Cohn mit TZI an der Demokratisierung der Gesellschaft mitarbeiten will, trifft sich ihr Anliegen mit dem feministisch-politischer Bildungsarbeit.

Die Art und Weise, wie der Demokratiebegriff in der TZI-Literatur beispielsweise von Helga Modesto rezipiert wird, ist allerdings kritisch zu befragen. Modesto meint in ihrer Analyse zum Verhältnis von TZI und Demokratie, daß die Haltung der TZI in zwei Punkten über das klassische Demokratieverständnis hinausgehe. Erstens stehe TZI dem demokratischen Prinzip der Mehrheitsentscheidung kritisch gegenüber, da sie die Unterdrückung der Minderheit durch Mehrheitsbeschlüsse nicht wolle. Aus diesem Grund werde in TZI versucht, die Bedürfnisse der Minderheit ernstzunehmen, zur Sprache zu bringen und zu Lösungen zu kommen, mit denen alle Beteiligten zufrieden sind. TZI sei daran interessiert, eine Atmosphäre der Partnerschaftlichkeit, Geschwisterlichkeit und Solidarität zu fördern, denn nur so sei der/die einzelne TeilnehmerIn auch bereit, einmal Wünsche zurückzustellen, wohl in dem Wissen, ernstgenommen zu sein und nicht zugunsten Bevorzugter unterdrückt zu werden. Zweitens gehe TZI, anders als das traditionelle Demokra-

350 ebenda, 100.
351 ebenda, 102.
352 ebenda, 131.

tieverständnis, nicht von der Gleichheit aller aus, sondern von der Verschiedenheit aber Gleichwertigkeit. Gleichheit berge die Gefahr der Nivellierung, was wiederum gegen die Individualität der Einzelnen stehe. Zusammenfassend läßt sich sagen, daß Modesto TZI als Übungsfeld für „'ein Mehr-als-Demokratie' in Richtung auf Geschwisterlichkeit in Solidarität"[353] versteht.
Diese Darstellung Modestos scheint mir insofern problematisch, als ihr ein idealistisches Demokratieverständnis zugrundeliegt, das die realpolitischen Dimensionen demokratischer Entscheidungen ausblendet. Der öffentliche politische Diskurs über die in der Gesellschaft bestehenden Interessensgegensätze wird oftmals nicht in einer Atmosphäre des Vertrauens und der Solidarität geführt, sondern in einem Klima von Konkurrenz. Mit diesem Phänomen umgehen zu lernen, müßte auch im Interesse von TZI liegen, wenn sie Männer und Frauen zur Anteilnahme an der politischen Öffentlichkeit befähigen will. Wenn Modesto hier den Begriff „Geschwisterlichkeit" verwendet, müßte sie auch die Schattenseiten von Geschwisterlichkeit mitbedenken. Geschwisterlichkeit kann auch mörderisch sein.[354] An dieser Stelle läßt sich auch die Kritik Carl-Josef Leffers verstehen, der in der TZI eine „Konsensideologie" ortet. Er findet diese Suche nach Konsens und Kompromiß zwar wünschenswert, aber in vielen Entscheidungssituationen unpraktikabel und unrealistisch.[355] Problematisch erscheint es mir auch, wenn Modesto in ihrer Argumentation die hart erkämpfte Gleichheit vor dem Gesetz wegwischt zugunsten eines Postulats der Gleichwertigkeit. Ist auf das humane Verständnis von der Gleichwertigkeit der Menschen nicht zu verzichten, so ist auch die Gleichheit der Menschen vor dem Gesetz unverzichtbar und muß der Kampf um diese Gleichheit und Gleichbehandlung fortgesetzt werden.
Demokratisierung muß, wie im ersten Kapitel dieser Arbeit aufgezeigt, also auch Konfliktorientiertheit einschließen, das heißt, sie benötigt die Fähigkeit, über Interessensgegensätze zu verhandeln und Konflikte darüber auszutragen. Gerade aber was die Konfliktorientiertheit betrifft, wird von verschiedenen Seiten Kritik an der TZI-Gruppenarbeit laut: Schon in der frühen Diskussion um TZI wird bezweifelt, wie weit Aggressionen in TZI zugelassen und bearbeitet werden. Während Kroeger 1974 meint, Aggressionen können im akzeptierenden Klima einer TZI-Gruppe konstruktiv ausgetragen werden, fragt Ermann 1977, ob nicht durch eine allzu gütige Haltung der Gruppenleitung destruktive Elemente dauerhaft ausgeklammert werden.[356]

353 ebenda.

354 vgl. Raguse, Hartmut: Vermiedene Themen in Gruppen am Beispiel der TZI, in: Themenzentrierte Interaktion H.1, 6.Jg.(1992), 93.

355 vgl. Leffers, Carl-Josef: Erwachsenenbildung – Förderung individuellen Wachstums und/oder sozialen Wandels? Sozialethische und ideologiekritische Problemanalyse angewandter Methoden Humanistischer Psychologie im Bereich der Erwachsenenbildung. Mit einem Vorwort von Wilhelm Dreier, Münster 1980, 290.

356 vgl. Raguse, Hartmut: Kritische Bestandsaufnahme der TZI...a.a.O. 266.

Carl-Josef Leffers sieht in der TZI „eine implizite Tendenz zur Konflikteliminierung“[357]. Er macht seine These daran fest, daß Ruth Cohn mit TZI gegen das in unseren Erziehungssystemen vorherrschende Rivalitätsprinzip, also gegen das Gesetz des Siegens und Verlierens ankämpfe und das Kooperationsprinzip als unabdingbar betrachte. Stimmt er ihr auch grundsätzlich zu, daß Kooperation notwendig sei, so kritisiert er, daß sie Rivalität ausschließlich mit Angststeigerung und Verunsicherung in Zusammenhang bringe und somit positive Aspekte von Rivalität als Erweiterung der „personal competence“ unbeachtet blieben.[358] In ähnlicher Weise kritisiert Hartmut Raguse die „Ächtung der Rivalität“ in TZI-Gruppen, denn für ihn ist die Möglichkeit und Freude an Rivalität ein Zeichen von Erwachsensein und Reife. Nicht Rivalität selber sei destruktiv, sondern der Drang, den Gegner vernichten zu müssen. Dieser entstehe aus der Phantasie, sich in Konkurrenzsituationen nie durchsetzen zu können. Die Tabuisierung der Rivalität in TZI-Gruppen verhindere, die mit Rivalität verbundenen Konflikte durchzuarbeiten und fördere insofern Destruktion.[359]

Die in diesen kritischen Stimmen enthaltene Forderung nach Thematisierung von Rivalität, Konkurrenz und damit verbundener Aggression ist berechtigt und sowohl für TZI-Gruppenarbeit wie auch für feministisch-politische Bildungsarbeit wichtig. Gleichzeitig ist an Raguse kritisch zurückzufragen, warum er die Fähigkeit zu rivalisieren als Zeichen für Erwachsensein hervorhebt und nicht dasselbe für die Fähigkeit zur Kooperation feststellt.

Ich kann mich angesichts dieser kritischen Männerstimmen nicht der Vermutung erwehren, daß männliche Identität sich immer noch leichter über Konkurrenz und Rivalität finden läßt als über Kooperation. Frauen sind anders sozialisiert, weshalb es m.E. nicht zufällig ist, daß Ruth Cohn verstärkt auf das Kooperationsprinzip setzt, eine Fähigkeit, die von der erwachsenen Frau in unserer Gesellschaft verlangt wird.

Für eine feministisch-politische Bildungsarbeit führt diese Polarisierung von Rivalitäts- und Kooperationsprinzip insofern nicht weiter, als für politisches Handeln die Fähigkeit des Umgehens mit Konkurrenz und Aggression gegenüber RivalInnen ebenso nötig ist wie die Fähigkeit zur Kooperation. Beides zu erlernen, erscheint mir in der Arbeit mit TZI möglich, wenn sich LeiterInnen und TeilnehmerInnen dieser Herausforderung bewußt stellen.

Einen Mangel an Konfliktorientierung in TZI machen Leffers und Raguse auch an dem Balance-Modell fest. Während das Balance-Prinzip für Raguse eine Illusion darstellt und er es für sinnvoller hält, den gelassenen Umgang mit unvermeidlichen Frustrationen zu lernen[360], bezeichnet Leffers es als „Ideologie der Konfliktverharmlosung bzw. -vermeidung“[361]. Er bevorzugt ein

357 Leffers, Carl-Josef: Erwachsenenbildung...a.a.O. 287.

358 vgl. ebenda.

359 vgl. Raguse, Hartmut: Kritische Bestandsaufnahme der TZI...a.a.O. 269f.

360 ebenda, 271.

361 Leffers, Carl-Josef: Erwachsenenbildung...a.a.O. 287.

zeitweiliges Zulassen von Extremen in der Gruppenarbeit, weil dadurch über das Erfahrungslernen eine individuelle Klärung der eigenen Interessen in bezug auf das Thema und den Gruppenprozeß möglich sei. Zudem sei somit die Chance zur Interessenartikulation und -durchsetzung, sowie zur Konfliktaustragung und Entscheidungsfindung bei Interessensgegensätzen gegeben. Für ihn ist die Balancesteuerung in TZI gleichzusetzen mit Konfliktvermeidung.[362]

M.E. liegt dieser Kritik ein Mißverständnis darüber zugrunde, was mit der dynamischen Balance in TZI gemeint ist. Diese hat nicht ein harmonisches, konfliktfreies Arbeiten zum Ziel, sondern den lebendigen Dialog, der durch die balancierte Berücksichtigung von THEMA-ICH-WIR-GLOBE gefördert werden soll. Lebendiger Dialog schließt aber Konflikthaftigkeit ein. Unter „dynamischer Balance" wird nicht die permanente Gleichzeitigkeit der vier Elemente oder eine absolute zeitliche Ausgewogenheit verstanden. Es geht darum, daß alle vier Faktoren situationsgemäß während des Prozesses berücksichtigt werden, d.h. es kann der Schwerpunkt einmal mehr bei diesem dann wieder bei jenem Element liegen. Konfliktvermeidung durch Balancesteuerung ist insofern eine Fiktion, als es keine Gruppenleitung geben wird, die es immer allen TeilnehmerInnen recht machen kann. Egal wie ich eine Gruppe leite, es wird bei manchen Frustrationen und Unzufriedenheit hervorrufen. Die Chance, die eigenen Interessen zu entdecken und zu artikulieren, besteht also auch in TZI. Allerdings ist hier wie in anderen Arbeitsformen mit Gruppen die Konfliktfähigkeit der Gruppenleitung Voraussetzung für eine konstruktive Konfliktkultur.

Im ersten Kapitel dieser Arbeit wurde ein partizipatorisches und emanzipatorisches Politikverständnis postuliert, weshalb die TZI daraufhin zu befragen ist, ob sie sich mit einem solchen vereinbaren läßt. Ruth Cohn hat wiederholt von der notwendigen Anteilnahme der Menschen an ihrer Umwelt gesprochen. Das bedeutet, daß sich in der TZI auch das partizipatorische Anliegen politischer Bildungsarbeit finden läßt. Ist der Begriff der Anteilnahme auch weiter gefaßt, so ist Partizipation eine konkrete, politische Handlungsform von Anteilnahme. Beide Begriffe implizieren die Aktivität des Subjekts ebenso wie das Interesse an der Machtbeschränkung der Herrschenden und der Beschränkung zerstörender Umwelteinflüsse.

Schwieriger ist die Frage nach dem emanzipatorischen Beitrag von TZI. Die Tatsache, daß der TZI vorgefaßte Normen in Form von Axiomen und Postulaten zugrundeliegen, stößt bei Verfechtern emanzipatorischer Bildungsarbeit wie Vogt und Leffers auf heftige Kritik.[363] Damit werde ein Grundelement emanzipatorischen Lernens, „nämlich die Chance für Individuen und Gruppen, ihr Handeln selbst zu bestimmen"[364], mißachtet. Vogt meint, TZI sei nicht in

362 ebenda, 287f.

363 vgl. ebenda, 286; sowie: Raguse, Hartmut: Kritische Bestandsaufnahme der TZI...a.a.O. 267.

364 Leffers, Carl-Josef: Erwachsenenbildung...a.a.O. 286.

der Lage, emanzipatorisches Lernen zu fördern, weil sie das Ziel, eigene „Chairperson“ zu sein, vorgebe. Auch wenn dieses Ziel an sich befreiend sei, erzeuge es durch die Vorgabe des Leiters/der Leiterin im Sinne von Paul Watzlawick eine „Metakomplementarität“.[365] Raguse verweist in dieser Diskussion auf Dieter Funke, der „in der Aufforderung, die eigene ‘Chairperson’ zu sein, wiederum nicht eine zu erfüllende Regel, sondern die transzendentale Voraussetzung verantwortlichen Handelns“[366] sieht. Emanzipatorisches Lernen, wie es von der hier zu entwerfenden feministisch-politischen Bildungsarbeit verstanden wird, hat selbstbestimmte und selbstbewußte BürgerInnen zum Ziel, die fähig sind, ihre Bedürfnisse, Gedanken und Überzeugungen in der Öffentlichkeit zu artikulieren und dafür einzutreten. Die TZI bietet mit ihrem Chairperson-Postulat gute Übungsmöglichkeiten dafür, da es zur Selbst-Leitung ermuntert. Chairperson kann ich sowohl sein, indem ich mich vorgegebenen Strukturen und Normen anpasse, weil ich sie für vernünftig halte, als auch, indem ich mich solchen Strukturen und Normen widersetze.
Wenn die Frauenbewegung sagt, „das Persönliche ist politisch“, dann kommt eine ähnliche Haltung auch in der TZI zum Tragen. Das Arbeiten an der eigenen Persönlichkeit, an der Chairperson hat insofern politischen Charakter, als daraus politisch mündige, selbstverantwortliche, realistische BürgerInnen erwachsen sollen, die durch Ich-Stärke gefeit sind vor der Verführung durch selbsternannte Führer- und Retterfiguren und denen die Sorge um die Welt ein Anliegen ist. Die Arbeit an der eigenen Persönlichkeit hat zum Ziel, daß man zunehmend Anteil nimmt an Mitmenschen, Umwelt und Politik. Mit diesem Anspruch soll einem überzogenen Individualisierungsstreben und einem in Selbsterfahrungsgruppen häufig auftretenden Egozentrismus entgegengewirkt werden. Die hier angesprochene Balance von Autonomie und Interdependenz in der TZI läßt sich mit einem weltzugewandten Feminismus verbinden, dem es immer auch um den Blick auf die anderen, die Ausgebeuteten und Unterdrückten geht.
Obwohl also in der TZI-Theorie die Gleichzeitigkeit von Selbstverwirklichung und Menschheitsverwirklichung postuliert wird und sich daraus der Gedanke eines Ineinander von Selbst- und Welterfahrung nahelegt, wird immer wieder Kritik an einer zu selbstbezogenen Praxis in den TZI-Gruppen geübt.[367] Mag sein, daß die Ursache dafür in einer zuwenig ausformulierten Theorie zur Wahrnehmung und Einbeziehung des Globe zu suchen ist, mag aber auch sein, daß fehlendes politisches Denken und Handeln auf Interessenslagen und Sozialisationsfaktoren der TZI-Lehrenden und -Lernenden zurückzuführen ist.[368] Interessant zu beobachten ist, daß jene AutorInnen, die mit politischer Bildungsarbeit befaßt waren, bevor sie TZI kennenlernten, TZI sehr gut in ihre

365 vgl. Raguse, Hartmut: Kritische Bestandsaufnahme der TZI...a.a.O. 267.
366 ebenda.
367 vgl. Bernstein, Reiner: Den Globe einbeziehen...a.a.O. 22–26.
368 Die erstere Position findet sich in dem Artikel von Schreyögg, die zweitere vertritt Bernstein.

Arbeit einbeziehen können[369], während jene, die aus rein therapeutischen Kontexten kommen oder aus persönlichkeitsbildendem Interesse auf TZI stießen, eher Schwierigkeiten haben, mit TZI politisches Denken und Handeln zu verbinden. Elisabeth Miescher beschreibt, daß sich ihre friedenspolitische Arbeit durch in der TZI Erlerntes, wie Kritik- und Konfliktfähigkeit, Balance zwischen ernsthaftem Einsatz und lockerer Gelassenheit, größeres Vertrauen in Gruppenprozesse etc., verbessert habe. Gleichzeitig bemerkt sie: „Neben TZI brauche ich Gandhi und Martin Luther King. Ihre Ideen sind eine Ergänzung und treffen sich mit TZI."[370]

Für feministisch-politische Bildungsarbeit folgt daraus, daß TZI dann hilfreich ist, wenn die Leiterinnen und Teilnehmerinnen zusätzlich über feministisches und politisches Interesse verfügen und feministisch-politische Analysekriterien in das gemeinsame Lernen miteinbeziehen. Wenn hier von Analysekriterien gesprochen wird, inkludiert das ein Verständnis von TZI, in dem nicht nur unmittelbares Erleben geschieht, sondern wo eine deutende Reflexion der Gruppen-, Selbsterfahrungs- und Themenbearbeitungsprozesse selbstverständlich ist. Die Betonung dessen scheint mir wichtig zu sein, weil Raguse in seiner Kritik an TZI die Tabuisierung solcher Reflexionsprozesse in TZI-Gruppen beklagt. Ich stimme mit ihm überein, wenn er sagt, daß „die deutende Reflexion von Prozessen, die zwischen den einzelnen, den Themen und der Gruppe ablaufen, eine der wichtigsten Lernmöglichkeiten in der Gruppenarbeit ist"[371].

Neben gruppendynamischen Kenntnissen zur Benennung der Prozesse scheinen mir aber auch soziologische und politische Kenntnisse vonnöten, sowie ein genaues Wissen um die Strukturen und Mechanismen der kapitalistisch-patriarchalen Gesellschaft, in der wir leben. Denn nur so kann ich in kritische Distanz zu mir und meinen Gefühlen gehen und fragen, inwiefern sie die Folge meines Vergesellschaftungsprozesses als Frau sind. Grundvoraussetzung für diese kritische Distanznahme ist aber die in TZI geübte akzeptierende Haltung mir selbst und meinen Gefühlen gegenüber. Diese Akzeptanz schützt vor Selbstverachtung und vorschnellen Schuldzuweisungen, der Interpretations- und Deutungsprozeß dagegen verhilft zu einem erweiterten gesellschaftlichen Wissen und zu einer Analyse von Vergesellschaftungsprozessen.

Anders als Ruth Cohn, die den Globe sehr weit faßt und sich in Gefahr begibt, schließlich alles damit zu meinen, ist es die Aufgabe feministisch-politischer Bildungsarbeit, den Globe genauer zu definieren, um sich auch konkreter auf ihn beziehen zu können. Der Globe besteht für Frauen in erster Linie aus den Machtstrukturen und Lebensbedingungen einer kapitalistisch-patriarchal geprägten Gesellschaft, die sie in ihren Gefühlen, Lebens- und Handlungsweisen beeinflußt und an der sie selber unterschiedlich mitwirken.

369 vgl. dazu Artikel von Miescher und Ballhausen.
370 Miescher, Elisabeth: TZI im gesellschaftspolitischen Bereich...a.a.O. 187.
371 Raguse, Hartmut: Kritische Bestandsaufnahme der TZI...a.a.O. 272.

In einem weiteren Punkt wird eine feministisch-politische Bildungsarbeit vom Denken Ruth Cohns abweichen. Dort, wo sie anstatt klarer politischer Optionen und Strategien auf das von Fritjof Capra geprägte Wendezeit-Denken zurückgreift und Ideen, wie die des Quantensprungs vertritt.[372] Feministisch-politische Bildungsarbeit wird dagegen die altbekannten Mühen der Entwicklung politischer Handlungsmöglichkeiten und langsamer gesellschaftlicher Veränderungen auf sich nehmen müssen.

2.3. Befreiende Bildungsarbeit Paulo Freires und Themenzentrierte Interaktion Ruth Cohns – Versuch einer wechselseitig-kritischen Fortschreibung

Die pädagogischen Handlungsmodelle von Paulo Freire und Ruth Cohn haben, wenn wir ihre Entstehungs- und Praxisorte betrachten, wenig miteinander zu tun. Auch lassen sich die Theorien beider Ansätze jeweils so interpretieren, daß sie sich in der Folge ausschließen. Da ist dann auf der einen Seite der politische, auf marxistisches Gedankengut zurückgreifende und Revolution begrüßende Ansatz von Paulo Freire, dem es um die Befreiung der Unterdrückten in der sogenannten Dritten Welt geht. Auf der anderen Seite steht der psychologische, auf das Individuum und seine Selbstentfaltung ausgerichtete Ansatz von Ruth Cohn, der unter der Fahne eines idealistischen Humanismus gemäßigte Reformen in der sogenannten Ersten Welt anstrebt, die nur von den Individuen ausgehen können. So gesehen gäbe es wenig Verbindungsmöglichkeiten, dafür aber Kontroversen zwischen den beiden Modellen.
Man kann aber auch, wie es etwa Paul Matzdorf versucht, das Hauptinteresse auf die Gemeinsamkeiten und Strukturanalogien konzentrieren und in beiden Konzepten Grundzüge einer 'befreienden Erziehung' und damit einer politisch engagierten Pädagogik aufzeigen.[373]
Ich werde im folgenden versuchen, der Unterschiedlichkeit der beiden Ansätze ebenso nachzugehen wie ihren Gemeinsamkeiten und die Frage stellen, wie eine wechselseitig-kritische Fortschreibung der beiden Ansätze aussehen könnte. Inwiefern ein solcher Verbindungsversuch von TZI und befreiender Bildungsarbeit Handlungsperspektiven für eine feministisch politische Bildungsarbeit liefern kann, soll in einem späteren Kapitel geklärt werden.

372 vgl. Cohn, Ruth C./Farau, Alfred: Gelebte Geschichte...a.a.O. 445.
373 vgl. Matzdorf, Paul: Die 'Problemformulierende Methode' Paulo Freires und Ruth C. Cohns 'Themenzentrierte Interaktion'. Versuch eines pädagogischen Kommentars. Erster Teil, in: Themenzentrierte Interaktion H.2, 5.Jg.(1991), 64–77; Zweiter Teil, in: Themenzentrierte Interaktion H.1, 6.Jg.(1992), 56–79.

2.3.1. Zu den Unterschieden der beiden pädagogischen Handlungstheorien

Der augenfälligste Unterschied zwischen den beiden Ansätzen liegt in ihren geographischen Entstehungsorten und der damit verbundenen weltpolitischen Situation. Freires befreiende Bildungsarbeit ist ein Produkt Lateinamerikas und somit geprägt von den wirtschaftlichen und politischen Bedingungen eines sogenannten Dritte-Welt-Landes. Ruth Cohn und ihre TZI dagegen haben ihre Heimat in den westlichen Industriestaaten Nordamerikas und Westeuropas. Zu den Entstehungsbedingungen von TZI ist es wichtig zu ergänzen, daß Ruth Cohn die Zeit des Nationalsozialismus in Deutschland als Jüdin erlebte. Ohne diese Tatsache wäre TZI wohl nicht entstanden. Die Gegensätzlichkeit der beiden Pädagogiken verstärkt sich, wenn man die Praxisorte des jeweiligen Ansatzes und die damit konfrontierten Menschen heranzieht. Freires Ausgangspunkt für seine Arbeit war die Alphabetisierung von BäuerInnen in der ärmsten Region Nordbrasiliens und nach wie vor gilt sein Engagement den Ausgebeuteten und Mittellosen, ArbeiterInnen und BäuerInnen. Cohns Ausgangspunkt war die psychoanalytische Praxis, die therapeutische Arbeit mit Menschen, die sich diese Auseinandersetzung mit sich selbst finanziell leisten konnten. Und nach wie vor finden sich vor allem Frauen und Männer aus dem besseren Mittelstand in den TZI-Gruppen, beruflich arbeiten viele als PädagogInnen und TherapeutInnen. ArbeiterInnen, BäuerInnen oder Arbeitslose verirren sich kaum in TZI-Seminare, die von WILL-International angeboten werden. Allerdings wollte Ruth Cohn mit TZI über die übliche Klientel psychoanalytischer Praxis hinausgehen und eine pädagogische Praxis entwerfen, die an allen Orten und für alle Menschen, angefangen von den Familien, Schulen bis hin zu Betrieben und Managementbereichen brauchbar und hilfreich ist für eine verbesserte, humanere Kommunikationsstruktur. Ein Unterschied, der sich aus diesen Überlegungen ergibt, ist, daß bei Freire von parteiergreifender Pädagogik gesprochen werden kann, während Cohn einen universalen Anspruch erhebt.

Wenn oben die Organisation „WILL-International" genannt wurde, läßt sich daran ein weiterer, wenn auch eher äußerer Unterschied festmachen. Ruth Cohn gründete mit MitarbeiterInnen ein Ausbildungsinstitut für MultiplikatorInnen und ermöglichte es so, daß Frauen und Männer nach bestimmten Richtlinien und vorgeschriebenen Seminarbesuchen zu TZI-LeiterInnen ausgebildet werden können. Eine vergleichbare Organisation oder Ausbildungsstruktur gibt es für die befreiende Bildungsarbeit Freires nicht.

Die unterschiedliche gesellschaftliche und politische Ausgangslage der Entwicklung beider Ansätze hat auch unterschiedliche Anliegen zur Folge. Geht es Freire um den Befreiungsprozeß der Unterdrückten, der mit der Bewußtwerdung der Unterdrückungssituation beginnt und kritisches Handeln, politische Aktion zur Folge hat, will Cohn die einzelne Person in ihrer Identität stärken, um Dogmatismus und faschistische Massenphänomene zu unterbinden. Freires Interesse gilt einer gesellschaftlichen Gruppe, Cohns Interesse richtet sich auf die Entwicklung des Individuums. Diese Unterschiedlichkeit läßt sich auf die geistigen Entstehungsorte der beiden Ansätze zurückführen. Freires Pädagogik liegen philosophisch-politische Theorien zugrunde, die sich mit dem Gegensatz von Herrschaft und Befreiung auseinandersetzen, von Bedeutung für ihn sind auch befreiungstheologische und marxistische Überlegungen. Seine Theorie und Praxis wird daher der emanzipatorischen Pädagogik zugerechnet. Der geistige Hintergrund, auf dem TZI entstand, war die humanistische Psychologie, die sich in den 50er/60er Jahren in den USA entwickelte. Nicht allgemeine gesellschaftliche Analysen stehen hier im Vordergrund, sondern der Mensch mit seinen Bedürfnissen, Fähigkeiten und Schwächen. Die Möglichkeiten der Befreiung des Menschen aus seelischen Nöten, Ängsten und Unsicherheiten bestimmen die psychologischen Theorien. Auf diesem Wissen aufbauend entwickelte Cohn die TZI, die nun aber auch den Anspruch hat, über die einzelnen Menschen hinaus gesellschaftstherapeutisch zu wirken. Diese unterschiedlichen Ansatzpunkte finden ihren sprachlichen Ausdruck darin, daß Freire von „Befreiung" spricht und Cohn von „wachsen und heilen".

Paulo Freire entwickelte seine problemformulierende Methode mit dem Ziel, gleichzeitig mit der Alphabetisierung die Menschen aus dem Bewußtseinsstand der Naivität und der „Kultur des Schweigens" zu herrschaftskritischem Denken und Handeln zu befreien. Mit der Suche nach den generativen Themen setzt Freire bei den konkreten gesellschaftlichen, wirtschaftlichen und politischen Problemen an, die das Leben der Menschen bedrängen. Die problemformulierende Methode dient der kritischen Analyse dieser Tatbestände und der Entschleierung der mythologisierten Wirklichkeit. Vergleicht man damit die Anweisungen Ruth Cohns für die Themenformulierung in TZI-Gruppen, so zeigt sich, daß die Themen positiv formuliert sein sollen und den individuellen Bezug der einzelnen TeilnehmerInnen berücksichtigen sollen. Nicht die gemeinsame Erfahrung steht also im Vordergrund, sondern die je persönliche, nicht kritisches Denken, sondern positives. Wahrnehmung der Wirklichkeit im Sinne Ruth Cohns bedeutet sensibel werden für die innere und äußere Realität und zwar mit Blick sowohl auf „individuelle und gesellschaftliche mißglückte Lösungen von Problemen, die zu Verstörtheiten, Krankheiten und gesellschaftlicher Disbalance führen"[374] als auch mit Blick auf die vielfältigen Fähigkeiten der Menschen. Der Mensch kann sein Bewußtsein der inneren und äußeren Situation erweitern und damit die Möglichkeit gewinnen, kreative und konkrete Lösungen für sein Handeln zu finden.[375]

Hier zeigt sich auch, daß Cohn die Hoffnung auf Veränderung am Individuum festmacht, Freire dagegen spricht von der befreienden Aktion der Unterdrückten, also von einem Kollektiv.

Ein Zentralbegriff in Freires Pädagogik ist der der „Praxis", sie erst gibt der Bewußtseinsbildung Legitimation. Mit seiner Entmythologisierung von Bewußtseinsbildung stellt sich Freire gegen eine pädagogische Bewußtwerdung,

374 Matzdorf, Paul/Cohn, Ruth C.: Konzept der TZI...a.a.O. 44.

375 vgl. ebenda.

die nur „in aseptischer Form, in der Intimität der Seminare" stattfindet, aber ohne Erkenntnis der politischen Dimensionen und Implikationen" und ohne politisch-praktische Konsequenzen bleibt. Eine solche Bildungsarbeit verfehle ihren Veränderungszweck völlig.[376] Ruth Cohn dagegen vertritt ein traditionelleres Verständnis von Bewußtseinsbildung, die ein Umdenken der Menschen bewirken solle. Durch die Veränderung der einzelnen Menschen hofft sie auf die Veränderung von Strukturen. Ihre Hoffnung geht von der Sinnhaftigkeit vieler kleiner verändernder Schritte bis zur Capraschen Idee vom Quantensprung des Geistes, die eine plötzliche Totalmutation menschlichen Denkens und Handelns für möglich hält: „Ein heilendes Engpaß-Erlebnis könnte zum Aufdecken von Irrlehren ... und zur Heilung der Erde führen und das Recht des Stärkeren überwinden helfen."[377]

Konkrete politische Überlegungen, wie sich wirtschaftliche und gesellschaftliche Unrechtsverhältnisse durch solidarisches Handeln verändern ließen, finden sich dagegen bei Ruth Cohn nicht. Wenn konkrete politische Handlungsstrategien auch bei Freire fehlen, so bleibt seine Hoffnung immer geknüpft an menschliches Tun. Die Möglichkeit, die Situation der Unterdrückung zu überwinden, sieht er in einer Revolution, die eine Gemeinschaft von Menschen im Prozeß fortwährender Befreiung eröffnet.[378]

Ein Grund für die Unterschiedlichkeit ihrer Utopien ist wohl in der unterschiedlichen Religiosität der beiden PädagogInnen zu finden. Vertritt Ruth Cohn eine pantheistische, ökospirituelle und kosmische Religiosität, die sich nicht auf eine bestimmte Konfession bezieht, so betont Freire seine christlichen, jesuanischen Wurzeln, die für ihn zur Quelle des parteilichen Engagements für die Armen werden. Die individuelle Gottsuche Ruth Cohns und das auf Gemeinschaft beruhende christliche Bekenntnis Freires stehen sich gegenüber und finden Ausdruck in ihren Hoffnungen aber auch in der Ausfaltung ihrer Pädagogik.

Das Interesse dieses Abschnitts bezog sich darauf, die Gegensätzlichkeiten zwischen den beiden pädagogischen Handlungstheorien herauszuarbeiten. Im folgenden soll es nun um die Frage gehen, wo sich Gemeinsamkeiten bei Ruth Cohn und Paulo Freire entdecken lassen.

2.3.2. Gemeinsamkeiten und Übereinstimmungen der beiden pädagogischen Handlungstheorien

Die Idee, daß über die Unterschiedlichkeiten hinweg ein gemeinsames Interesse und übereinstimmende Vorgehensweisen bei Cohn und Freire zu orten sind, findet sich auch bei Ruth Cohn selber. In ihrem Buch „Gelebte Geschichte der Psychotherapie" stellt sie interessanterweise gerade am Beginn

376 vgl. Wölflingseder, Maria: Gesellschaftliche Veränderung...a.a.O. 112.

377 Cohn, Ruth C./Farau, Alfred: Gelebte Geschichte...a.a.O. 446.

378 vgl. Freire, Paulo: Pädagogik der Unterdrückten ... a.a.O. 115.

ihres Kapitels über die TZI den Bezug zu Paulo Freire her. Sie beschreibt, wie sie Anfang der 60er Jahre mit einer Gruppe unterprivilegierter, kinderreicher Eltern arbeitete und dabei von deren Erfahrungen und Schwierigkeiten ausgehend in ein intensives Gespräch kam über die Möglichkeiten des Umgangs mit Kindern. Erst fünfzehn Jahre später habe sie Schriften von Paulo Freire gelesen und mit Hilfe seines Konzepts der „generativen Themen" ihre damalige spontane und erfolgreiche Arbeitsweise besser verstehen können:

„Ich war für diese Eltern in Vermont keine 'Expertin' gewesen. Ich sprach mit ihnen als eine Mitsuchende, die sich nach ihren Problemen erkundigte und eine Situation herbeiführte, die ihnen half, ihre eigenen Fragen klarer zu formulieren – ihre 'generativen Themen' zu finden."[379]

Was die pädagogische Haltung von Freire und Cohn betrifft, lassen sich also Parallelen entdecken. Eine klare Absage an die Ideologie des Expertentums der Bankiers-Methode erteilt Freire, wenn er die Wichtigkeit des Voneinander-Lernens von LehrerInnen und SchülerInnen betont und die Ausdrücke „Lehrer-Schüler" und „Schüler-Lehrer" kreiert. Die dahinterliegende Wertschätzung der SchülerInnen als Subjekte des Lernens findet sich auch bei Ruth Cohn. Die partizipierende Leitung in der TZI entspricht in etwa dem „Lehrer-Schüler" bei Freire. Partizipierende LeiterInnen nehmen sich selbst und die GruppenteilnehmerInnen als Subjekte ernst und treten nicht als omnipotente ExpertInnen auf. Die Leitung in TZI-Gruppen hat funktionalen Charakter und arbeitet im Interesse der Gruppe und des Es (= Aufgabe). Partnerschaftliches Arbeiten und Vertrauen in die Menschen leitet diesen gemeinsamen Lernprozeß.

Eine interessante Parallele besteht auch darin, daß beide PädagogInnen die Bedeutung und Verantwortung des „Lehrer-Schülers" bzw. der LeiterInnen betonen. SchülerInnen und GruppenteilnehmerInnen sollen nicht sich selbst überlassen werden und haben ein Recht auf kompetente LeiterInnen, die ihre funktionale Aufgabe ernstnehmen und damit dem Lernprozeß dienen. Während Cohn ungeleitete Gruppen für wenig arbeitsfähig hält, sieht Freire in der Verneinung der Lehrer- und LeiterInnenrolle ein Übel für die Erziehungs- und Bildungsarbeit, wie auch für die Politik.

Sowohl Freire als auch Cohn begründen ihre Pädagogik in Abgrenzung zum herrschenden Schul- und Bildungssystem. Wenn Freire die traditionelle Schule als Fütterungsinstitution im Interesse der Herrschenden und als Ort der Mythologisierung kritisiert, so zentriert sich Cohns Kritik v.a. auf das Rivalitätsprinzip in den Schulen, das die Ideologie des Siegens und Verlierens, das Recht des Stärkeren, zementiere. Beide entwickeln aus dieser Kritik heraus ein alternatives Handlungsmodell. Steht bei Freire in der Folge die befreiende Bewußtmachung herrschender Mythen im Vordergrund, ist es bei Cohn der Gedanke der Kooperation und der Identitätsstärkung. Methodisch aber setzen

379 Cohn, Ruth C./Farau, Alfred: Gelebte Geschichte...a.a.O. 336.

beide auf das Prinzip des Dialogs, das auf gegenseitiger Achtung, Toleranz und Wertschätzung beruht.[380] Von der notwendigen Schaffung eines akzeptierenden Gruppenklimas spricht Cohn, von respektvoller, liebevoller Haltung den Menschen gegenüber spricht Freire. Der Dialog entsteht nach Freire durch eine auf Liebe, Demut, Glauben und gegenseitiges Vertrauen gründende horizontale Beziehung zwischen den DialogpartnerInnen. Wie Freire spricht Cohn vom „dialogischen Wesen" des Menschen[381] und entwickelt Kommunikationshilfen, die eine dialogische Interaktion fördern sollen. Ein verbindendes Moment in diesem Zusammenhang besteht darin, daß mit dem Dialog eine erweiterte Sprachkompetenz der Beteiligten angestrebt wird. Will Freire aus der „Kultur des Schweigens" befreien und dabei mithelfen, daß die Unterdrückten ihre eigene Sprache wiederfinden, geht es Cohn um echte und ehrliche Kommunikationsfähigkeit. Auch sie wendet sich also gegen ein entfremdetes Sprechen, gegen die westliche „Kultur des Lärms" zugunsten existentiell bedeutsamer Sprache.
Liest man die Texte von Freire und Cohn, taucht eine weitere Parallele im Thema der Balance auf. Ruth Cohn betont immer wieder die pädagogisch-therapeutische Wichtigkeit eines dynamischen Gleichgewichts im persönlichen Bereich wie in der Gruppe. Der ausgleichende Wechsel zwischen Ruhe und Aktion, Schweigen und Reden, körperlicher und geistiger Tätigkeit etc. sei nötig für einen psychisch gesunden Menschen. Dem entsprechend müsse lebendiges, menschengerechtes Lernen solche Balance berücksichtigen.[382] Freire verwendet zwar nicht das Wort Balance, spricht aber in Zusammenhang mit den nötigen Fähigkeiten befreiender PädagogInnen von einem richtigen Umgang mit verschiedenen Spannungen, z.B. der von „Wort und Schweigen", „Subjektivität und Objektivität", zwischen dem „Hier und Jetzt" der SchülerInnen und dem eigenen „Hier und Jetzt", zwischen „Theorie und Praxis", „Geduld und Ungeduld".
Neben den Parallelen in der jeweiligen pädagogischen Haltung finden sich bei Cohn und Freire auch Übereinstimmungen in dem, wie sie die Menschen und deren Verhältnis zu Welt und Geschichte beschreiben. Beide gehen von einem festen Glauben an die Entwicklungs- und Veränderungsfähigkeit der Menschen aus und propagieren somit ein positives Menschenbild. Der Mensch ist nicht sinnlos in die Welt geworfen, sondern verwirklicht sich in der aktiven Gestaltung und Veränderung von Geschichte und Welt. Zwischen Menschen und Weltgeschichte besteht ein dialektisches Verhältnis, d.h. die Menschen

380 Paul Matzdorf behandelt in seinem Artikel über Paulo Freires und Ruth Cohns Ansätze den Dialogbegriff Freires und die Interaktion Ruth Cohn als Synonyme, d.h. er versteht Interaktion als Dialog, wie ihn Freire definiert: "Dialog ist (a) die Begegnung zwischen Menschen, (b) vermittelt durch die Welt, (c) um die Welt zu benennen". vgl. Matzdorf, Paul: Die 'Problemformulierende Methode' Paulo Freires und Ruth C. Cohns 'Themenzentrierte Interaktion'. Versuch eines pädagogischen Kommentars. Zweiter Teil, in: Themenzentrierte Interaktion H.1, 6.Jg.(1992), 72f.

381 vgl. Matzdorf, Paul/Cohn, Ruth C.: Konzept der TZI...a.a.O. 74.

382 vgl. Cohn, Ruth C.: Von der Psychoanalyse zur TZI...a.a.O. 209ff.

prägen ihre Geschichte und Welt und werden wiederum von diesen geprägt. Aus diesem Grund erscheinen Sachzwänge, unterdrückerische Verhältnisse und Systeme auch nicht als gegeben und unveränderbar, sondern als von Menschen gemacht und veränderbar. Cohn und Freire stimmen überein, daß ein wichtiger Schritt die Erkenntnis dieses dialektischen Verhältnisses und, damit verbunden, die Entdeckung der eigenen Handlungsfähigkeit ist. Nur so kann den Grausamkeiten und Ungerechtigkeiten in der Welt begegnet werden, ein Anliegen, das für Cohn und Freire zur Triebfeder ihrer pädagogischen Praxis wurde.

Wenn Ruth Cohn im dritten Axiom davon spricht, daß sich die freie Entscheidung des Menschen innerhalb bedingender innerer und äußerer Grenzen vollzieht, und daß diese Grenzen erweiterbar sind, dann läßt sich darin eine weitere Gemeinsamkeit mit Freires Denken finden. Freire meint, daß die Menschen in einem dialektischen Verhältnis zwischen der Bestimmtheit durch ihre Grenzen und ihrer Freiheit existieren. Menschen können diese Grenzen und Grenzsituationen überwinden, wenn sie sie als konkret historische Dimension einer gegebenen Wirklichkeit und als Hindernis ihrer Befreiung erkennen. Dieses kritische Verständnis von Grenzsituationen verkörpert sich nach Freire in Aktion, woraus sich in der Folge ein Klima von Hoffnung und Zuversicht entwickelt, das die Menschen zu dem Versuch führt, die Grenzsituationen zu überwinden.[383]

Die hier angesprochene Bewußtheit menschlicher Entscheidungs- und Handlungsfähigkeit und das Wissen um die prinzipielle Wandel- und Veränderbarkeit historischer Situationen sind also für Freire und Cohn Ausgangspunkt in der Entwicklung ihrer jeweiligen gesellschaftspädagogischen Handlungstheorien. Die Aktivierung der Menschen zu Anteilnahme (Cohn) und zu kritisch-revolutionärer Praxis (Freire) machen sich beide zum Ziel ihrer Pädagogik, denn Passivität und Gleichgültigkeit gilt ihnen als Signal menschlicher Entfremdung, Engagement und schöpferische Aktivität dagegen als Verwirklichung des Menschseins. Damit verbunden ist das Auftreten beider gegen Isolation und Individualismus, welche Folgeerscheinungen der Entfremdung sind, wogegen sie Solidarität und Gemeinschaftssinn setzen. Sind die konkreten politischen Anliegen von Freire und Cohn zum Teil sehr unterschiedlich – Cohn setzt sich v.a. für die Bewahrung der Erde als Grundlage menschlichen Daseins ein, Freire für die konkrete Befreiung der Armen in den Entwicklungsländern – so läßt sich eine Gemeinsamkeit in ihrem politischen Engagement doch feststellen: Beide kämpfen aus Überzeugung für eine demokratische Kultur im politischen Leben, wofür ihnen das dialogische Prinzip als Grundlage dient.

383 vgl. Freire, Paulo: Pädagogik der Unterdrückten...a.a.O. 82.

2.3.3. Versuch einer wechselseitig-kritischen Fortschreibung der beiden pädagogischen Handlungstheorien

Konnten in den vorangegangenen Abschnitten sowohl Unterschiede wie Gemeinsamkeiten der Handlungstheorien von Freire und Cohn aufgezeigt werden, so soll im folgenden eine wechselseitig-kritische Fortschreibung dieser beiden Modelle versucht werden. Dies geschieht aus der Überlegung heraus, daß für eine feministisch-politische Bildungsarbeit mit Frauen zwar jeder der beiden Ansätze für sich gesehen von Interesse ist, allerdings auch Leerstellen aufweist, die möglicherweise der je andere Ansatz füllen kann.

Wenn Elisabeth Miescher sagt, daß sie in ihrem Engagement in der Friedensarbeit sowohl TZI als auch Mahatma Ghandi und Martin Luther King braucht[384], dann mag für eine feministisch-politische Bildungsarbeit mit Frauen Ähnliches gelten. Feministisch-politische Bildungsarbeit braucht neben TZI sowohl feministische sowie feministisch-befreiungstheologische Analysen als auch den Ansatz von Paulo Freire.

An den Beginn dieses Abschnitts sei weiters die These gestellt, daß für eine politische Bildungsarbeit mit TZI der Ansatz von Paulo Freire nötig ist und für eine politische Bildungsarbeit nach Paulo Freire der Ansatz der TZI.

Eine Leerstelle im TZI-Ansatz ist wohl der nicht klar und exakt genug definierte Begriff des Globe. Nicht zu Unrecht bezeichnet ihn Hartmut Raguse als „tote Metapher", der der Reflexion und Erneuerung bedürfe.[385] M.E. liegt das Problem in der universalen Definition des Globe, was zur Folge hat, daß alles und nichts mit dem Globe gemeint sein kann. Das Universale überfordert die TZI-Gruppen, der politische Anspruch verschwindet im Unkonkreten und die Falle individualistischer, gruppendynamischer Selbstbeschau schnappt automatisch zu, denn dem Sog der größeren Unmittelbarkeit und Konkretheit persönlicher Probleme ist schwer zu widerstehen.

Einen Ausweg sehe ich nur darin, daß die universale Definition des Globe zurückgenommen und dafür die Beschreibung des Globe im gesellschaftspolitischen Sinne konkretisiert wird. Zu diesem Zweck erscheinen mir Freires Kriterien einer Gesellschaftsanalyse hilfreich. Dazu ist es allerdings nötig, vom „positiven Denken" ein Stück weit Abschied zu nehmen und zur kritischen Analyse gesellschaftlicher Bedingungen und Herrschaftsmechanismen zurückzukehren.

Bei einer Globeanalyse nach Freire werden die Bedingungen und das Umfeld der Gruppe unter folgenden Kriterien zu betrachten sein:

- Wo und wie geschieht in der die Gruppe umgebenden Gesellschaft Unterdrückung und Einengung menschlicher Lebensmöglichkeiten? Wer hat Interesse daran? Wieweit sind die Gruppe oder einzelne der Gruppe selbst davon betroffen?

384 vgl. Miescher, Elisabeth: TZI im gesellschaftspolitischen Bereich...a.a.O. 187ff.
385 vgl. Raguse, Hartmut: Kritische Bestandsaufnahme der TZI...a.a.O. 273.

- Wo und wie geschieht Ausbeutung menschlicher und natürlicher Ressourcen und in wessen Interesse geschieht dies?
- Welche Mythologisierungen und Entfremdungsmechanismen beeinflussen das gesellschaftliche Umfeld, in dem die Gruppe lebt, sowie das Denken und Handeln der GruppenteilnehmerInnen und der Gruppe? Welche inneren und äußeren Grenzen ergeben sich dadurch? Wie tragen die Einzelnen und die Gruppe zur Aufrechterhaltung dieser Mythologisierungen und Entfremdungsmechanismen bei?
- Wo gibt es in der die Gruppe umgebenden Gesellschaft Mächtige und Ohnmächtige, Herrschende und Beherrschte und welche Rolle kommt den GruppenteilnehmerInnen in diesen Systemen zu?
- Wo und wie geschieht kulturelle Invasion und Antidialog von seiten der Herrschenden den Beherrschten gegenüber, wieweit sind die GruppenteilnehmerInnen davon betroffen bzw. daran beteiligt?
- Welche Themen sind gesellschaftlich tabuisiert und durch die „Kultur des Schweigens" oder die „Kultur des Lärms" verdeckt? Inwiefern und wo herrscht Sprachlosigkeit?

Diese und ähnliche Fragen werden in einer TZI-Gruppe, die dem gesellschaftlichen Anspruch von TZI gerecht werden will, von Bedeutung sein. Sie werden dazu verhelfen, den Globe in seiner konkreten historischen Situation, mit den konkreten, die Gruppe betreffenden gesellschaftlichen Strukturen und Mechanismen wahrzunehmen und zu benennen. Will ein/e TZI-GruppenleiterIn befreiende Bildungsarbeit leisten, so muß er/sie zum konkreten Benennen des Globes befähigen. Das Adjektiv „konkret" soll in diesem Zusammenhang darauf verweisen, daß es um ein Sprachfähigwerden in bezug auf politische, ökonomische Einzelphänomene und deren genaue Analyse geht.

Aus dem bisher Gesagten ergibt sich, daß eine kritische Fortschreibung von TZI durch den Ansatz von Freire an der Wahrnehmungsschulung des Globe anzusetzen hat. Zudem kann das TZI-Symbol selber weitere Denkanstöße in bezug auf den Globe geben. So ist allein dadurch, daß das gleichseitige Dreieck in die Globekugel eingebettet ist und an allen drei Ecken von dieser berührt wird, die Sonderfunktion des Globes angezeigt. Der Globe steht somit in direktem Kontakt mit dem Es, dem Wir und dem Ich. Will TZI also, wie es Matthias Kroeger fordert, „globe-fähig" werden, dann müßte die Arbeit in TZI-Gruppen von folgenden Fragen geleitet sein:

- Welchen Berührungspunkt hat unser Thema mit dem Globe? Wie muß das Thema lauten, damit sein Bezug zum Globe deutlich wird?
- Wie bin ich durch Globefaktoren bestimmt, welche Vergesellschaftungsprozesse prägen mein Denken und Handeln, wie wirke ich verändernd oder stabilisierend ein auf meine Umwelt?
- Wo liegt unser gemeinsamer Berührungspunkt, unsere gemeinsame Betroffenheit durch den Globe und wie können wir gemeinsam verändernd handeln?
- Wo bestehen in der Gruppe Differenzen in bezug auf den Globe? Wo gibt es Konfliktstoffe, die die gesellschaftliche Realität widerspiegeln?

Ein Ernstnehmen des TZI-Symbols hat zur Folge, daß man nicht von einem „Vier-Punkte-Modell“[386] sprechen kann, das ICH-WIR-ES-GLOBE nebeneinander aufreiht, sondern daß man die ständige Verwobenheit von ICH-WIR-ES mit dem GLOBE sehen und berücksichtigen muß.
Es ist auch zu fragen, ob es überhaupt legitim ist, nach TZI an Themen zu arbeiten, deren Zusammenhang mit dem Globe, oder anders gesagt, deren gesellschaftliche Relevanz nicht deutlich wird. Diese Frage stellt sich auch aus der Einsicht heraus, daß es kein noch so persönlichkeitsbezogenes Thema geben kann, das nicht gesellschaftspolitische Bedeutung hat, woraus sich die Forderung ableiten läßt, daß dies auch zur Sprache gebracht werden muß. Die Politizität von Bildung ist nach Paulo Freire immer gegeben, das heißt, implizit stehen hinter jeder Art von Bildungs- und Gruppenarbeit politische oder wirtschaftliche Interessen. Diese Interessen aufzudecken und offenzulegen, ist Voraussetzung für eine befreiende Bildungsarbeit, die die Menschen, an die sie sich richtet, als Subjekte ernstnehmen will. Das heißt, daß sich auch LeiterInnen von TZI-Gruppen fragen lassen müssen, in welchem Interesse sie diese Arbeit machen, was sie damit bewirken wollen, wen sie erreichen wollen und wen nicht. Die Frage, wen schließe ich auf Grund der Kurskosten, der Aufenthaltskosten oder auf Grund der Themenformulierung aus, muß erlaubt sein.
Gerade an dieser Stelle aber trifft man das TZI-Modell an einem neuralgischen Punkt, denn es will sich ja bewußt von Ideologisierung und neuen Dogmatismen fernhalten. TZI wurde erdacht als universal anwendbares Modell der Kommunikation in Gruppen. Ein Modell, das sich in Managergruppen ebensogut anwenden läßt wie in der Arbeit mit Nicht-Seßhaften. TZI gerät hier unweigerlich in Gefahr, allen alles sein zu wollen. Freires Entwurf einer parteilichen Bildungsarbeit kann als kritische Herausforderung gelten, aber auch als Ermutigung, mit TZI dort anzusetzen, wo gesellschaftliches und ökonomisches Unrecht den Menschen unter den Nägeln brennt. Eine deklarierte Parteilichkeit für die Unterdrückten und Ausgebeuteten in unserer Gesellschaft würde die AdressatInnengruppe für TZI-Gruppen ändern und durch die Einbeziehung des Globe die TZI politisieren und radikalisieren.
Es wurden bisher vor allem Punkte aufgezeigt, wo Schwach- und Leerstellen der TZI durch den Ansatz von Paulo Freires befreiender Bildungsarbeit konstruktiv ergänzt und verändert werden können. Abschließend soll eine Stärke der TZI zum Zug kommen, die wiederum für Freires Bildungsarbeit fruchtbringend sein kann. Wenn auch Freire viel über die politische Bedeutung und Wichtigkeit des Dialogs schreibt und den Dialog zum Prinzip seiner Bildungsarbeit erhebt, so gibt er doch wenig konkrete Hinweise, wie dieser Dialog zwischen den am Lernprozeß Beteiligten gefördert werden kann. Viel detaillierter sind hier die Überlegungen von Ruth Cohn, allen voran die Erkenntnis, daß die dynamische Balance von ICH-WIR-ES-GLOBE, sowie Struktur-Prozeß-Vertrauen einen lebendigen Dialog ermöglicht. Chairperson-

386 Dieser Begriff stammt aus dem Artikel von Matzdorf, Paul/Cohn, Ruth C.: Konzept der TZI...a.a.O. 48.

und Störungspostulat stärken die einzelnen TeilnehmerInnen in ihrer Selbstwahrnehmung und Selbstachtung ebenso wie in der Achtung der anderen. Durch diese Postulate werden die berechtigten Bedürfnisse der Menschen berücksichtigt und die Identitätsstärkung der einzelnen angestrebt. Selbstgewißheit, Klarheit über eigene Ziele und Interessen sind wiederum Voraussetzung für politisches Handeln. TZI nimmt also stärker als Freires Modell den einzelnen Menschen in den Blick und will die Befreiung des einzelnen. An dieser Stelle können sich TZI und befreiende Bildungsarbeit Freires gegenseitig herausfordern. Darf letztere in ihrer Betonung von solidarischer, gemeinsamer Veränderungspraxis nicht den/die einzelne/n mit seinen/ihren ureigensten Sehnsüchten und Bedürfnissen übersehen, so muß sich TZI fragen lassen, wie weit sie das WIR auch als Gemeinschaft im Handeln, in der kritischen, verändernden Praxis fördert.
Eine wechselseitig-kritische Fortschreibung der TZI Cohns und der befreienden Bildungsarbeit Freires, wie sie hier ansatzweise versucht wurde, mündet in eine „psychopolitische Bildungsarbeit" oder in ein „psychopolitisches Lernen", wie Hans Ballhausen es nennt.[387] Bildungsarbeit in diesem Sinne ist Wahrnehmungs- und Sprachschule in doppelter Weise: Sie übt den Blick nach innen, die Enttabuisierung unbewußter und verdrängter Triebe und Gefühle, sie lehrt die Selbstwahrnehmung und sie übt den Blick nach außen, die Enttabuisierung mythologisierter Wirklichkeit, sie lehrt das kritische Sprechen ungerechten, ausbeuterischen, entfremdenden Verhältnissen und Strukturen gegenüber. Insofern ist psychopolitische Bildungsarbeit bereits kritische, verändernde Praxis.

387 vgl. Ballhausen, Hans/Schultze, Annedore: Das gesellschaftspolitische Anliegen der TZI...a.a.O. 130.

3. Frauen und Politik – Versuch einer Situationsanalyse

Frauen erleben sich als Betroffene, das macht Veränderung nötig.
Frauen erleben sich als Beteiligte, das macht Veränderung möglich.
Thea Bauriedl

Wie jede Religions(päd)agogik braucht auch der Theorieentwurf zu einer Bildungsarbeit mit Frauen den erforschenden, empathischen Blick auf seine AdressatInnen. Ein kritisches Erkennen und Ernstnehmen ihrer Situation schützt vor illusionären Intentionen und befähigt zu realitätsgerechtem Handeln im Bildungsprozeß. In diesem Kapitel „Frauen und Politik – Versuch einer Situationsanalyse" soll es nicht nur darum gehen, wie Frauen innerlich zur Politik stehen und wie ihr politisches Denken und Handeln aussieht, sondern auch, welche gesellschaftlich-strukturellen Bedingungen in Politik und Öffentlichkeit für Frauen herrschen und wie sich diese auf sie auswirken. Es geht also um die Beschreibung des wechselseitigen Verhältnisses von Frauen und Politik.
Die Lebenssituation von Frauen hat sich in den letzten 40 Jahren drastisch verändert, was auch seine Auswirkungen auf das Verhältnis der Frauen zu Politik und Öffentlichkeit zeigt. Deshalb wird dem Kapitel ein kurzer Abriß über die heutige allgemeine Lebenssituation von Frauen vorangestellt. Anschließend wird der Schwerpunkt auf die Analyse des Verhältnisses von Frauen und Politik, Frauen und öffentlichem Engagement gelegt. Es wird dabei von jenem weiten Politikbegriff ausgegangen, der im ersten Kapitel definiert und eingefordert wurde. Das bedeutet, daß in einem ersten Schritt das Verhältnis von Frauen zu den traditionellen, institutionell-staatlich gebundenen Formen politischer Partizipation beschrieben wird. In einem zweiten Schritt soll jenes soziale und politische Engagement von Frauen betrachtet werden, das über staatszentrierte Institutionalisierung hinausgeht und von traditioneller Politikwissenschaft leicht übersehen wird. Drittens wird versucht, das aktuelle Verhältnis von Frauen und öffentlicher Partizipation mit dem derzeitigen demokratiepolitischen Trend – stichwortartig mit Desinteresse und Politikfeindlichkeit umschrieben – in Verbindung zu setzen und zu fragen, welche Bedeutung politischem Engagement heute allgemeingesellschaftlich zukommt.
Der letzte, zusammenfassende Abschnitt dieses Kapitels nennt Folgerungen, die sich aus der beschriebenen Situation für eine feministisch-politische Bildungsarbeit ergeben.

Es sei darauf verwiesen, daß sich die hier erstellte Analyse in erster Linie auf bereits vorhandene soziologische und politikwissenschaftliche Literatur zu diesen Fragen stützt und nicht auf eigener empirischer Arbeit beruht. Die Tatsache, daß sich die traditionelle, männlich dominierte Wissenschaft bisher wenig mit dem Verhältnis von Frauen und Politik beschäftigte, hat zur Folge, daß es wenig Studien darüber gibt und ich fast ausschließlich wissenschaftliche Literatur von Frauen heranziehen muß.[1] Der Mangel an geeigneten österreichischen Studien bringt es mit sich, daß im folgenden auch Analysen rezipiert werden, die das deutsche Bundesgebiet betreffen. Schwerpunktmäßig werde ich allerdings empirische Daten und politikwissenschaftliche Studien zur Situation in Österreich verwenden. Zusätzlich fließen in dieses Kapitel meine Erfahrungen mit Frauen aus meinem Umfeld und aus meiner Bildungsarbeit mit Frauen ein.

3.1. Die sich verändernde Lebenssituation von Frauen heute

Die Lebenssituation und die Einstellungen von Frauen haben sich in den letzten Jahrzehnten einschneidend verändert, was ich im folgenden kurz ausführen werde.

In den letzten Jahren hat sich die Fixierung der Frauen auf die Familien- und Hausarbeit und die damit verbundene Idealisierung der guten Mutter, Ehe- und Hausfrau mehr und mehr aufgeweicht. Durch verbesserte Bildungs- und Berufschancen, durch die Veränderungen im Familienzyklus und im Rechtssystem können sich Frauen heute aus der Familienbindung zumindest teilweise herauslösen und zunehmend eigene Lebenspläne entwickeln, die nicht mehr allein auf die Familie, sondern ebenso auf die eigene Person bezogen sind. Immer mehr Frauen sind berufstätig und machen Erfahrungen damit, was das Leben jenseits der Familie bedeutet, welche Chancen und Schattenseiten der öffentliche Bereich birgt. Renate Köcher vom Institut für Demoskopie Allensbach faßt die veränderten Lebensformen und Einstellungen von Frauen stichwortartig zusammen. Sie nennt das

„... gestiegene Interesse an Politik und das generell verbreiterte Interessenspektrum, die außerordentlich gestiegene Berufsorientierung, das größere Selbstbewußtsein, die Neudefinition von Frauen- und Männerrollen, die andere Interpretation vor allem der klassischen Frauenrollen, die Sensibilisierung für Benachteiligungen, die zunehmende finanzielle

1 Auch die deutsche Politikwissenschaftlerin Birgit Meyer verweist auf die augenfällige Diskrepanz zwischen der zunehmenden politischen Bedeutung und Beteiligung von Frauen und deren minimaler wissenschaftlicher Reflexion.
vgl. Meyer, Birgit: Die "unpolitische" Frau. Politische Partizipation von Frauen oder: Haben Frauen ein anderes Verständnis von Politik? in: Aus Politik und Zeitgeschichte, Bd.25–26 (1992), 3.

Unabhängigkeit, das Autonomiestreben, aber auch die Konflikte zwischen den verschiedenen Lebensbereichen, denen Frauen heute gerecht werden möchten, die oft labileren Lebensverhältnisse, die Zerrissenheit zwischen verschiedenen Lebensentwürfen und Leitbildern, die Schwierigkeiten, Familie und Beruf zu vereinbaren, insbesondere in einem sehr doppelbödigen gesellschaftlichen Umfeld, das diese Vereinbarkeit oft mehr behindert als fördert."[2]

Das hier angesprochene Phänomen der verschiedenen Leitbilder und Lebensentwürfe wird auch von der Münchner Soziologin Elisabeth Beck-Gernsheim als neue Herausforderung für die heutigen Frauen bezeichnet. Sie spricht in diesem Zusammenhang von einer Pluralisierung weiblicher Lebensformen:

„Die Einheitlichkeit der weiblichen Normalbiographie, ihrer typischen Verläufe, Stationen und Ziele bricht auf, eine neue Vielfalt zeichnet sich ab. Während traditionelle Milieus und Lebensformen weiterexistieren, wachsen daneben jetzt Gruppen heran, die anderen Orientierungen und Vorgaben folgen."[3]

Statt eines einheitlichen Leitbildes sehen sich Frauen einem Angebot konkurrierender Lebensmodelle gegenüber, das je nach Bezugsgruppe und Bereich, nach Regierungspartei und Wirtschaftsverlauf sowie nach Lebensalter und Familienstand wechselt. Für Frauen bringe dies neben neuen Chancen der individuellen Lebensgestaltung auch neue Unsicherheiten und zeitweilige Orientierungslosigkeit mit sich.[4] Nach Beck-Gernsheim kristallisieren sich zur Zeit drei Modelle für weibliche Lebensentwürfe heraus:[5]
Das erste Modell propagiert die „Angleichung an den Mann": Frauen sollen lernen, sich wie Männer mit Ehrgeiz und Ellenbogen durchzusetzen und aktiv einsteigen in den allgemeinen Konkurrenzkampf.
Das zweite Modell entsteht ergänzend dazu aus der Erkenntnis, daß man an den Schwachstellen der individualisierten Leistungs- und Konkurrenzgesellschaft, dort, wo Menschen krank, alt, behindert oder Kinder sind, immer noch jemanden braucht, der die Lücken ausfüllt und da ist für andere. Als naheliegendste, weil altbewährte und kostengünstige Lösung wird das „Wesen der

2 Sekretariat der Deutschen Bischofskonferenz (Hg.): Frauen und Kirche. Eine Repräsentativbefragung von Katholikinnen im Auftrage des Sekretariats der Deutschen Bischofskonferenz durchgeführt vom Institut für Demoskopie Allensbach, Bonn 1993, 15.

3 Beck-Gernsheim, Elisabeth: Unter dem Neuen steckt noch das Alte, in: Frauenleben heute. Thema: Lebensformen, hg. v. d. Redaktion Psychologie heute, Weinheim/Basel 1990, 115.

4 In den Sozialwissenschaften wird heute die individuelle Wahlmöglichkeit in der Gestaltung der eigenen Biographie als ambivalentes Phänomen unter dem Stichwort "Bastelbiographie" beschrieben.
vgl. Beck, Ulrich/Beck-Gernsheim, Elisabeth: Nicht Autonomie, sondern Bastelbiographie, in: ZfS 22 (1993), zit. in: Gabriel, Karl: In der Krise der Moderne...a.a.O. 6.

5 vgl. Beck-Gernsheim, Elisabeth: Unter dem Neuen steckt noch das Alte...a.a.O. 120f.

Frau“ angerufen und die Frau als sanfte Nischenbauerin in einer kalten Welt ökonomischer Rationalität beschworen.
Aus den Reihen der Frauenbewegung kommt nach Beck-Gernsheim das dritte Modell, welches das „Bild der neuen Frau“ entwirft. Die neue Frau

„... will sich nicht zurückbinden lassen auf den traditionellen Rahmen, definiert durch Küche und Kind. Aber sie will sich auch nicht stromlinienförmig einpassen in die Zwänge von Konkurrenz und Karriere, in die allzu ernsten Spiele der Machthierarchie.“[6]

Anders als in den ersten beiden Modellen, wo die klare Entscheidung für Beruf und Karriere einerseits bzw. für Erziehungs- und Familienarbeit andererseits getroffen wird, suchen Frauen, die dem dritten Modell anhängen, einen Weg aus diesen Alternativen. Sie sehen ihre persönliche Verwirklichung am besten durch die Verbindung von familienfreundlichem Berufsleben und partnerschaftlich geteilter Verantwortung für Kinder und Familie gewährleistet. Lebensqualität entsteht für sie aus dem Zusammenspiel befriedigender Berufserfahrung und dem Gelingen familiärer Beziehungen.
Beck-Gernsheim sieht in den drei genannten Modellen Suchmuster, noch keine konkreten Lebensentwürfe, denn wir leben in einer Zeit des Umbruchs, in der unter dem Neuen noch das Alte stecke und in der jede Frau ihre eigenen Antworten zu finden habe.[7]
Frauenleben heute ist also von Ungleichzeitigkeit geprägt. Während mehr Frauen denn je die Karriereleiter hochklettern, sich in ehemals männerdominierten Bereichen beruflich und politisch engagieren und somit die alte Frauenrolle weitgehend abgelegt haben, gibt es noch immer viele Frauen, deren Wirkungsbereich auf Haus-, Familien- und Fabriksarbeit beschränkt bleibt. Während die einen finanzielle Unabhängigkeit erreicht haben und ihr Leben dementsprechend frei gestalten können, sind die anderen nach wie vor auf das Einkommen des Mannes angewiesen.
Die beschriebene Vielfalt weiblicher Lebensentwürfe spiegelt sich – wie im folgenden Kapitel zu zeigen sein wird – auch in dem Verhältnis heutiger Frauen zu politischer Partizipation wider. Neben den an vorderster Stelle agierenden Bundes- und Landespolitikerinnen gibt es nach wie vor jene Frauen, die, ständig um ihren Selbstwert ringend, sich in einem größeren, öffentlichen Kreis kein Wort zu sagen trauen.

6 ebenda, 121.
7 vgl. ebenda.

3.2. Frauen und institutionell-staatlich gebundene Formen politischer Partizipation

Eine Voraussetzung für politisches Engagement im traditionellen Sinn ist das politische Interesse. Das alte Vorurteil, Frauen wären zum Großteil uninteressiert an politischen Vorgängen, wird mehr und mehr von Umfrageergebnissen widerlegt.[8] 1969 gaben in Österreich noch 53% der Frauen an, sich um Politik nicht zu kümmern, 1980 waren es nur mehr ca. 25%. In der Zeit von 1980 bis 1987 ist die Zahl der Frauen, die sich für Bundespolitik überhaupt nicht interessierten, von 26 auf 16% zurückgegangen.[9] Ähnliche Zahlen finden sich in Umfrageergebnissen des deutschen Institutes für Demoskopie Allensbach. Waren es 1951 noch 50% der Frauen (Männer 12%), die angaben, sich gar nicht für Politik zu interessieren, sank die Zahl bis 1992 auf 15% (Männer 4%). Umgekehrt stieg das ausdrückliche politische Interesse der Frauen von 1951 mit 11% auf 34% im Jahr 1992 (Männer 1951 46%; 1992 59%).[10]
Das bedeutet, daß das politische Interesse der weiblichen Bevölkerung steigt. Bei den Frauen unter 30 war laut einer Salzburger Repräsentativbefragung aus dem Jahr 1987 erstmals das politische Interesse der Frauen sogar größer als bei gleichaltrigen Männern.[11]
Traditionelle, institutionell-staatlich gebundene politische Partizipation beginnt beim Wahlverhalten. Hier kann heute kaum von Unterschieden zwischen Männern und Frauen bei der Wahlbeteiligung gesprochen werden.[12] Frauen nützen diese Form der politischen Beteiligung ebenso wie Männer, es läßt sich sogar sagen, daß sich eher mehr Männer als Frauen von Wahlen fernhalten.[13]
Anläßlich der österreichischen Nationalratswahl im Oktober 1994 haben DemoskopInnen und WahlforscherInnen darauf verwiesen, daß sich im Gegensatz zu früher das weibliche Wahlverhalten „revolutionär verselbständigt“[14] habe. Frauen, v.a. jüngere berufstätige Frauen, kündigten in

8 Wenn in der traditionellen Politikwissenschaft bisher immer ein Defizit von Frauen in bezug auf politisches Interesse festgestellt wurde, so hing das mit der engen staatszentrierten Definition von Politik zusammen. Als politisch uninteressiert wurde bisher auch eine 16jährige eingestuft, die sagt, "sie kümmere sich nicht um Politik, die aber gleichzeitig Unterschriften für Greenpeace sammelt".
vgl. Meyer, Birgit: Die "unpolitische" Frau...a.a.O. 3ff.

9 vgl. Feigl, Susanne: Frauen in Österreich 1985–1990, hg. vom Staatssekretariat für allgemeine Frauenfragen, Wien 1990, 75.

10 vgl. Befragung der westdeutschen Bevölkerung ab 16 Jahre, in: Sekretariat der Deutschen Bischofskonferenz (Hg.): Frauen und Kirche...a.a.O. 91.

11 vgl. Feigl, Susanne: Frauen in Österreich 1985–1990...a.a.O. 75.

12 vgl. Horstkötter, Marianne: Frauen in der Kommunalpolitik. Einflußfaktoren auf die politische Partizipation von Frauen in kommunalen Räten – Eine Regionalstudie, Frankfurt a.M./Bern/New York/Paris 1990, 17.

13 Telefonische Information des IMAS-Institutes, Linz am 2.2.1994.

14 So drückte sich der Chef des OGM-Instituts Wolfgang Bachmayr aus. zit. in: Votzi, Josef: NR-Wahl '94. Die neue Frauen-Power, in: profil, Nr. 39, 25.Jg.(1994), 17.

den letzten Jahren nicht nur ihre Treue zu einer Partei auf, sie votierten auch unabhängiger von ihren Lebenspartnern als früher.
Auch was die Vorgangsweise bei der Wahlentscheidung betrifft, stellen die Forschungsinstitute den Frauen ein Zeugnis großer politischer Mündigkeit aus. Frauen wählen weitaus häufiger als Männer aufgrund von Themen und Sachaussagen. Unter anderem seien Fragen der Frauenpolitik bei ihrer Wahlentscheidung von großer Bedeutung. Wahlforscher Fritz Plasser stellt in diesem Zusammenhang fest:

„Frauen neigen weniger zu diffusem Protestverhalten etwa in Richtung FPÖ und entsprechen eher dem rationalen Wählertypus als Männer: Mehr als die Hälfte sind Issue-Wähler und nicht Image-Wähler."[15]

Ein anderes Phänomen, das von Meinungsforschungsinstituten festgestellt wurde, ist, daß sich Frauen im Vergleich zu Männern politisch machtloser fühlen.[16] Dies verweist auf die Tatsache, daß Frauen in politischen Parteien und öffentlichen Entscheidungsgremien, wie Gemeinderäten, Stadträten, Landtagen und Parlamenten sowie in Gewerkschaften, nicht adäquat vertreten sind. Es ist in demokratischen Ländern wie Österreich immer noch keine Selbstverständlichkeit, daß der wahlberechtigte Frauenanteil von über 50% auch von 50% Frauen vertreten ist.[17]
Anläßlich der Nationalratswahlen in Österreich von 1994 war in diesem Zusammenhang eine interessante Entwicklung zu beobachten. Als besonders erfolgreich galten schon in der Vorwahlzeit die Grünen und das Liberale Forum, beides kleine Parteien, deren Spitzenkandidatin jeweils eine Frau war.[18] Beide Politikerinnen zeichneten sich durch geschicktes Diskussionsverhalten, Sachlichkeit und fachliche Kompetenz aus. 64% der GrünwählerInnen waren Frauen, was bedeutet, daß „die Grünen fast schon zur Frauenpartei geworden"[19] sind. Gespiegelt wird das auch durch die Tatsache, daß es bei den Grünen neben Madeleine Petrovic noch eine Reihe weiterer bekannter Politikerinnen im Parlament gibt. Heide Schmidt dagegen gewann in erster Linie die Stimmen der Erst- und JungwählerInnen (43% ihres WählerInnenanteils). Am Wahltag konnten sich beide Politikerinnen also über die Gewinne ihrer Parteien freuen, was in den Medien als Sieg der Politikerinnen

15 zit. in: ebenda.
16 vgl. Telefonische Information des IMAS-Institutes, Linz am 2.2.1994.
17 In Österreich waren 1990 2 603 871 Männer und 3 025 041 Frauen wahlberechtigt, d.h. 421 170 mehr Wählerinnen als Wähler.
18 Madeleine Petrovic, die Spitzenkandidatin der Grünen, wurde in den Medien als weiblicher Jungstar gefeiert. Heide Schmidt, die Gründerin und Spitzenkandidatin des Liberalen Forums, konnte sich erneut als routinierte, nüchterne Politikerin beweisen.
19 Pruckner, Othmar: Die Power-Frauen, in: News. Österreichs größtes Nachrichtenmagazin, Nr. 41, 11. Oktober 1994, 12.

über ihre männlichen Kollegen gedeutet wurde.[20] Aus Frauenperspektive ist die Tatsache, daß Politikerinnen ernstgenommen werden und Erfolg haben, erfreulich. Gleichzeitig wird die Plakativität einer euphorischen Medienberichterstattung deutlich, wenn man bedenkt, daß trotz der Gewinne der kleinen, von Frauen geführten Parteien, der Frauenanteil im österreichischen Parlament tatsächlich von 22,4% (Stand Dezember 1993) auf 21,9% (Stand: November 1994) zurückgegangen ist.[21] Der Abgeordnetenanteil der Frauen in den einzelnen Parteien schwankt von 13,5% (ÖVP) bis zu 46,2% (Die Grünen).[22]

Das Schlagwort von der „Unterrepräsentanz von Frauen" in partei-, gemeinde, landes- und staatspolitischen Positionen findet sich also nicht zu Unrecht am Beginn aller einschlägigen Artikel und Studien. Die Tatsache dieser Unterrepräsentanz hat Geschichte und beginnt bei der staatsbürgerlichen Rechtslosigkeit, dem Versammlungsverbot und dem Ausschluß der Frauen vom aktiven und passiven Wahlrecht Mitte des 19. Jahrhunderts.[23] Bis 1911 blieb den Frauen qua ihrer Geschlechtszugehörigkeit jede politische Betätigung rechtlich untersagt.[24] Wird 1907 in Österreich allen Männern ab dem 24. Lebensjahr das gleiche Wahlrecht zuerkannt, kann erst 1918 – auf Antrag der Sozialdemokratischen Partei – das Wahlrecht für Frauen durchgesetzt werden.[25] Daraufhin zogen 1919 erstmals 8 Frauen ins Parlament, was bei einem Stand von 170 Mandataren einen Prozentsatz von 4,7% ergab. Durch Nachnominierung stieg die Zahl auf zehn Frauen (= 5,9%). Dieser Prozentsatz blieb die nächsten Jahrzehnte in etwa gleich, erst seit 1975 steigt der Frauenanteil im Parlament, in den Gemeinde- und Stadträten sowie Landtagen.[26] Ein wesentlicher Grund für den zunehmend größeren Frauenanteil ist wohl in den Auswirkungen der Neuen Frauenbewegung zu sehen, die seit den 70er Jahren gegen althergebrachte Rollenmuster und für ein neues Selbstbewußtsein der Frauen kämpfte. Zum einen sind dadurch die Frauen in den Parteien wacher und rühriger geworden, was ihre Positionen innerhalb der

20 vgl. Aufmacher des größten Nachrichtenmagazins Österreichs, News: "Wahl '94. Sieg der Frauen. Wie zwei Politikerinnen die Männer stürzten", in: News, Nr. 41, 11. Oktober 1994, Cover.

21 Telefonische Auskunft des Parlamentssekretariats im Dezember 1993 und im November 1994.

22 Telefonische Auskunft des Parlamentssekretariats im November 1994.

23 Das Vereinsgesetz aus dem Jahr 1867 untersagte den Frauen jede politische Betätigung.
vgl. Rosenberger, Sieglinde: Frauenpolitik in Rot-Schwarz-Rot...a.a.O. 42.

24 vgl. Rosenberger, Sieglinde: Geschlechterarrangements in der politischen Öffentlichkeit am Beispiel von Frauenorganisationen in Parteien, in: Angerer, Marie-Luise u.a. (Hg.): Auf glattem Parkett. Feministinnen in Institutionen, Wien 1991, 38 sowie Anmerkung 6, 52.

25 vgl. Rosenberger, Sieglinde: Frauenpolitik...a.a.O. 45.

26 vgl. Neyer, Gerda: Frauen in der Politik. Parlamentarische Strukturen und ihre geschlechterdifferenzierenden Wirkungen, in: Angerer, Marie-Luise u.a. (Hg.): Frauen auf glattem Parkett...a.a.O. 57f.

Parteien betrifft, zum anderen haben die Parteien die Frauen als Wählerinnen neu entdeckt und wollen durch Nominierung von Frauen Stimmen gewinnen.[27] Auch in den Gewerkschaften sind die Frauen unterrepräsentiert. So wurden am Bundeskongreß des ÖGB 1987 die 30,9% weiblichen Gewerkschaftsmitglieder von 10,3% weiblichen Delegierten vertreten. Im Bundesvorstand des ÖGB waren zu dieser Zeit von 76 Mitgliedern sieben Frauen (= 9,2%). Selbst in den frauendominierten Gewerkschaften, wie jener von „Hotel, Gastgewerbe, Persönlicher Dienst" (1987 74,1% weibliche Mitglieder), leisten die Frauen vor allem Basisarbeit. Als Delegierte zum ÖGB-Bundeskongreß waren hier lediglich 29,2% Frauen bestellt.[28]

3.2.1. Politische Partizipation von Frauen in den Parteien und Gewerkschaften

Nach dem politischen Interesse und der Wahlbeteiligung ist eine nächste Stufe traditioneller politischer Partizipation die Mitgliedschaft und Mitarbeit in einer Partei oder Gewerkschaft. Es ergibt sich von selbst, daß politische Partizipation von Frauen in den verschiedenen Parteien verschieden aussieht, je nach dem, welches Menschen/Frauen- und Weltbild eine Partei leitet. Noch größer ist der Unterschied zwischen einem Engagement in einer Partei oder in einer Gewerkschaft, weil hier die Zielsetzungen und die Orte der Aktivitäten verschieden sind. Im Rahmen dieser Arbeit ist nicht der Platz, auf diese Differenzierungen einzugehen, es soll viel mehr ein kursorischer Überblick geboten und den Gemeinsamkeiten traditionell politischen Engagements von Frauen nachgegangen werden. Schwerpunktmäßig wird das Verhältnis von Frauen und Parteien beschrieben und die Frage gestellt, wie, zu welchem Prozentsatz und aus welchen Gründen sich Frauen in den Parteien engagieren, welche Rolle Frauen in den Parteien zugewiesen wird bzw. welche sie spielen.[29] Als Grundlage zur Erarbeitung dieses Abschnittes dienen zum einen zwei neuere

27 Die politische Bedeutung der Frauen als Wählerinnen zeigte sich beispielsweise auch im jüngsten österreichischen Wahlkampf zu den Nationalratswahlen im Oktober 1994. Die Frauenpolitik wurde zu einem zentralen Wahlkampfthema, alle Parteien – mit Ausnahme der FPÖ, die bei den österreichischen Frauen ohnehin auf wenig Sympathie stößt, versuchten, mit Spitzenkandidatinnen einerseits und mit frauenfreundlichen Wahlreden andererseits, die Stimmen der Frauen zu gewinnen. vgl. dazu: Votzi, Josef: NR-Wahl '94. Die neue Frauen-Power...a.a.O. 16–21.

28 vgl. Feigl, Susanne: Frauen in Österreich 1985–1990...a.a.O. 44;
vgl. auch Zahlen aus Deutschland: Ballhausen, Anne u.a.: Zwischen traditionellem Engagement und neuem Selbstverständnis – weibliche Präsenz in der Öffentlichkeit. Eine empirische Untersuchung zur politischen und sozialen Partizipation von Frauen, Bielefeld 1986, 44–48, 380.

29 Was das gewerkschaftliche Engagement von Frauen betrifft, wird es nur dort erwähnt, wo auch die herangezogenen Studien darauf eingehen.

regionale Studien[30], eine empirische Untersuchung zur politischen und sozialen Partizipation von Frauen aus dem Jahr 1986[31] sowie eigene Recherchen bezüglich der Situation in Oberösterreich[32].

Vorweg seien ein paar Zahlen genannt, die die Mitgliedschaft von Frauen bei Parteien dokumentiert: 1989 hatte die SPÖ österreichweit einen weiblichen Mitgliederstand von 34%, die ÖVP von 40%, die FPÖ von 38% und die Grünen von 43%.[33]

Aufgrund dieser Zahlen läßt sich festhalten, daß in den Parteien die Mitglieder überwiegend männlichen Geschlechts sind. Ist die Wahlbeteiligung für Frauen inzwischen eine Selbstverständlichkeit, so stehen sie einer Mitgliedschaft bei einer Partei offenbar skeptischer gegenüber. Zur Motivation von Frauen, einer Partei beizutreten, meint die deutsche Soziologin Beate Hoecker:

> „Hauptmotive, einer Partei beizutreten, sind für Frauen das Gefühl der Zugehörigkeit, Unterstützungsbereitschaft, der Kontakt zu politisch Gleichgesinnten und der Wunsch, politisch aktiv zu sein. Maßgebend sind für Frauen auch noch die Gründe Familientradition sowie die Unterstützung von Freunden und Verwandten. Der Parteibeitritt von Frauen basiert somit stärker auf einer expressiven Orientierung, während Männer stärker instrumentell und am zwischenparteilichen Wettbewerb orientiert sind."[34]

Was die Mitgliedschaft und aktive Beteiligung von Frauen in Parteien betrifft, ist ein Stadt-Land-Gefälle zu bemerken. So waren beispielsweise 1991 in der Stadt Salzburg 34% der SPÖ-Parteimitglieder Frauen, in der ländlichen Region des Flachgau dagegen nur 23%. Noch deutlicher zeigt sich die Stadt-Land-Differenz in der Zahl der aktiven Mitarbeiterinnen. In der Stadt Salzburg waren 32% der SPÖ-FunktionärInnen Frauen, im Lungau dagegen nur 12%, Pinzgau 22%, Tennengau 19%, Pongau 17% und Flachgau 13%.

Obwohl also das politische Interesse von Frauen zunimmt, zeigen diese Zahlen nach wie vor eine relativ große Distanz der Frauen zu parteipolitischen Aktivitäten. Ingrid Bauer meint, daß mit dem politischen Interesse von Frauen gleichzeitig auch deren Skepsis gegenüber den von ihren Strukturen her nach wie vor sehr stark männerbündisch funktionierenden Parteien wachse.[35] Eine

30 vgl. Bauer, Ingrid: Eine Chronologie abnehmender weiblicher Bescheidenheit. Zum Wandel im Politikverständnis von Frauen. Die sozialdemokratische Frauenorganisation Salzburg 1945–1990. Ein Fallbeispiel, hg. von Forschungsgemeinschaft Boltzmann-Institut/Steinocher Fonds Salzburg, Salzburg 1992; sowie: vgl. Horstkötter, Marianne: Frauen in der Kommunalpolitik...a.a.O.

31 vgl. Ballhausen, Anne u.a.: Zwischen traditionellem Engagement und neuem Selbstverständnis...a.a.O.

32 Da es überregional keine Studien zur Mitgliedschaft von Frauen oder Zahlen über den Frauenanteil in verschiedenen Positionen gibt, habe ich im Dez. 1993 die einzelnen Parteisekretariate in OÖ angeschrieben und um entsprechendes Zahlenmaterial gebeten.

33 vgl. Feigl, Susanne: Frauen in Österreich...a.a.O. 76.

34 Hoecker, Beate: Frauen in der Politik. Eine soziologische Studie, Opladen 1987, 226.

35 ebenda, 80.

ähnliche Aussage findet sich auch im Frauenbericht des Frauenstaatssekretariates von 1990. Parallel zum stark steigenden politischen Interesse sinke bei beiden Geschlechtern die Bereitschaft, sich an politische Parteien zu binden.[36]
Es ist also gegenwärtig für die Parteien nicht einfach, neue Mitarbeiterinnen zu gewinnen. Andererseits ist es aber auch für Frauen, die sich für eine parteipolitische Partizipation in einer Großpartei entscheiden, nicht einfach, in einflußreiche Positionen zu kommen.

3.2.1.1. Hinderungsgründe für parteipolitische Partizipation

Die Gründe sind parteisystemimmanenter, gesellschaftlicher Art und sollen kurz angeführt werden.
Historisch betrachtet, haben sich die Parteien entwickelt, als Frauen rechtlich noch von politischer Tätigkeit ausgeschlossen waren. Frauen sind erst im Nachhinein, als das Innen- und Außenleben der Institutionen schon Gestalt angenommen und sich verfestigt hatten, als Wählerinnen und Funktionärinnen dazugekommen. Ihre graduelle Einbeziehung reichte bis heute nicht aus, die Parteien auf eine zwischen Männern und Frauen partnerschaftlich ausgehandelte Basis zu stellen.[37] In der Praxis bedeutet das, daß es für Frauen innerparteilich verschiedene Hindernisse auf dem Weg zu einer gleichberechtigten Partizipation gibt. Eines dieser Hindernisse ist das „Prinzip der Permanenz der Mandate“[38]: Wer bereits ein politisches Mandat hat (vorwiegend Männer), kann im Normalfall damit rechnen, dieses Mandat auf Dauer zu behalten. Die Zahl der freiwerdenden Mandate ist jeweils gering und noch geringer die Chance von Frauen, eines dieser Mandate zu bekommen. Ein Grund liegt bei den Großparteien (SPÖ und ÖVP) u.a. darin, daß es üblich ist, einen Teil der (freiwerdenden) Mandate an Vertreter der ihnen nahestehenden Organisationen, d.h. Gewerkschaften und Bünde zu vergeben. Da Frauen in diesen Organisationen sehr selten in höheren Positionen sind, haben sie kaum eine Chance, auf diesem Weg ins Parlament zu kommen.[39] Es fehlt ihnen die entsprechende Hausmacht. Auch die in den Großparteien bestehenden Frauenorganisationen bieten den Frauen letztlich wenig Chance, zu Hausmacht

36 vgl. Feigl, Susanne: Frauen in Österreich...a.a.O. 75.

37 vgl. Rosenberger, Sieglinde: Geschlechterarrangements...a.a.O. 38.

38 Neyer, Gerda: Frauen in der Politik...a.a.O. 60. Gerda Neyer, die sich wiederholt mit den geschlechtsdifferenzierenden Wirkungen der parlamentarischen Strukturen in Österreich auseinandergesetzt hat, nennt neben dem Prinzip der Permanenz der Mandate, das Prinzip der territorialen Repräsentation und das Prinzip der Kontingentierung von Mandaten für Partei- oder parteinahe Organisationen als geschlechtsneutrale Prinzipien bei der Erstellung von KandidatInnenlisten, die sich bei genauerer Analyse als nachteilig für die Frauen herausstellen. vgl. dazu auch: Neyer, Gerda: Frauen in der Politik. Am Beispiel der Repräsentation von Frauen im Nationalrat, in: Handbuch des politischen Systems Österreichs, Wien 1991, 296–308.

39 vgl. Feigl, Susanne: Frauen in Österreich...a.a.O. 80.

zu kommen. Die Analysen der Innsbrucker Politikwissenschafterin Sieglinde Rosenberger ergeben, daß die Frauenorganisationen in den Parteien Instrumente „integrierter Separierung“ darstellen und daher wenig Machtgewinn bringen:

„Für die ... seit mehreren Jahrzehnten tätigen Frauenorganisationen der politischen Parteien trifft aber vielmehr zu, daß zum bestehenden System ein weiteres, ein separiertes für die Frauen und für die 'Frauenthemen' in vertikaler Anordnung plaziert worden ist. Geld und Kompetenzen haben sich dadurch genauso wenig eingestellt wie Autonomie, Hausmacht und Mitsprache. Distanz und Skepsis gegenüber den Frauenorganisationen der politischen Parteien sind aufgrund empirischer Evidenzen daher durchaus angebracht.“[40]

Wenn Rosenberger damit sehr deutlich die Gefahr der Systemstabilisierung und Aufrechterhaltung der Männerdominanz in den Parteien durch die Frauenorganisationen herausstellt, verweist sie aber auch auf die Chance dieser Organisationen, einen Beitrag zu einem selbstbestimmteren Frauenalltag leisten zu können, da sie Netzwerk und Forum für politisch aktive Frauen seien.[41] Diese Chance bestehe dann, wenn sich die Frauenorganisationen nicht als Hilfswerke für die Partei mißbrauchen lassen.

Ein anderes parteiinternes Hindernis besteht darin, daß Frauen lange Zeit die Zuarbeiterinnenrolle zugewiesen bekommen und übernommen haben. Die traditionelle geschlechtsspezifische Arbeitsteilung hat sich auch in der politischen Kultur der Parteien festgeschrieben, was sich für die Frauen in Tätigkeiten wie Bewirtung bei Parteiveranstaltungen, Verschicken von Geburtstagswünschen, Durchführen von Osteraktionen, Verpacken von Informationsmaterial, Austragen von Zeitungen oder persönlicher Mitgliederwerbung u.v.m. ausdrückt. Ingrid Bauer meint in diesem Zusammenhang: „Frauen fanden und finden sich an jenen Orten und in jenen Positionen der Politik, 'wo es um die Arbeit geht und nicht ums Prestige'.“[42]

Gegenwärtig stellen die Frauen in den Parteien diese Zuarbeiterinnenrolle zunehmend in Frage und kämpfen um gleichberechtigtere Formen der politischen Beteiligung. Der Anstoß dazu kam von der Neuen Frauenbewegung, die mit ihren Ideen und Forderungen auch das Selbstbewußtsein der Frauen in den Parteien herausforderte. Unter dem Schlagwort: „Verweigerung der ehrenamtlichen Ausbeutungsduldung“[43] gab etwa die Salzburger Politikwissenschafterin Barbara Wicha an Parteifrauen aller politischen Lager angesichts magerer Frauenanteile bei Mandaten die dringliche Losung aus, sich den niedrigen Diensten in den Parteiorganisationen zu entziehen.[44]

40 Rosenberger, Sieglinde: Geschlechterarrangements...a.a.O. 39.

41 vgl. ebenda, 44f.

42 Bauer, Ingrid: Eine Chronologie...a.a.O. 44.

43 vgl. Kurier vom 20.5.1982, S. 16, zit. in: Bauer, Ingrid: Eine Chronologie...a.a.O. 65.

44 vgl. ebenda.

Eine Folge des neuen Frauenbewußtseins ist der Kampf der Frauen um die Quotenregelung bei der Vergabe von Mandaten, um aus der Position der Machtlosigkeit herauszukommen.
Was die gesellschaftlichen Hinderungsgründe betrifft, gilt es ebenfalls, die historische Entwicklung zu berücksichtigen. Im Zusammenhang mit der Entstehung der kapitalistischen Wirtschaftsordnung im 19. Jahrhundert entwickelte sich das moderne Patriarchat mit seinem hierarchischen Geschlechterverhältnis.[45]
Die Industrialisierung brachte eine zuvor nicht dagewesene Trennung von öffentlichem und privatem Bereich, von auf Produktion ausgerichteter außerhäuslicher Erwerbsarbeit und auf Reproduktion von Arbeitskräften konzentrierter Hausarbeit mit sich. Hand in Hand mit dieser Trennung und „dualen Ökonomie“[46] ging eine geschlechtsspezifische Zuteilung der Bereiche, die zum Strukturprinzip der modernen Gesellschaft wurde. Die Männer übernahmen die Aufgaben der „Marktökonomie“, des öffentlichen, außerhäuslichen Bereichs, die Frauen wurden auf die Aufgaben und Tätigkeiten der Haus- und Familienarbeit, d.h. auf die „Familienökonomie“ verwiesen.[47] Konnte diese Bereichstrennung in der reinen Form anfänglich nur im gut situierten Bürgertum durchgehalten werden, hat sie sich im 20. Jahrhundert auf fast alle Schichten ausgeweitet. Die Frauen der Arbeiterschicht waren zwar immer auf Berufsarbeit angewiesen, die Hausarbeit und Kindererziehung blieb ihnen aber zusätzlich als Aufgabenbereich erhalten. In den letzten zwei Jahrzehnten hat sich aufgrund des Wertewandels und des neuen Selbstbewußtseins der Frauen die Berufstätigkeit von Frauen als eine Chance zur persönlichen Entfaltung und Unabhängigkeit herauskristallisiert, weshalb heute immer mehr junge Frauen nach einer qualifizierten Berufsausbildung streben und relativ rasch nach Beendigung der Karenzzeit wieder ihrer Berufsarbeit nachgehen wollen. Das Schlagwort von der „Doppel- und Dreifachbelastung“ moderner Frauen verweist auf die Tatsache, daß trotz frauenbefreiender Bewußtseinsbildung die Hauptlast der Reproduktionsarbeiten nach wie vor auf die Frauen fällt. In bezug auf aktives politisches Engagement bedeutet das schlicht und einfach, daß dazu die nötige Zeit fehlt.
Neben dem gesellschaftlich bedingten Zeitmangel ist es für viele Frauen die gelernte Hilflosigkeit, ein durch die weibliche Sozialisation bedingtes Minderwertigkeitsgefühl, wenn es um öffentliches Auftreten geht. Die Angst, sich nicht sachgerecht ausdrücken zu können, wird von Frauen immer wieder geäußert:

45 vgl. Metz-Göckel, Sigrid/Nyssen, Elke: Frauen leben Widersprüche...a.a.O. 18.
46 Dieser Ausdruck stammt von Annette Kuhn (1983), zit in: Metz-Göckel, Sigrid/Nyssen, Elke: Frauen leben Widersprüche...a.a.O. 19.
47 vgl. ebenda.

„Ich kann nicht frei vor vielen Leuten sprechen, ich kann nicht so schnell den wunden Punkt des Gegners erkennen und nutzen, ich kann nicht intrigieren, ich kann mich nicht mit allem identifizieren, was meine Gruppe/Partei vertritt ...“[48]

Diese „Ich-kann-nicht“-Haltung wird in der feministischen Literatur als Folgeerscheinung „geglückter“ weiblicher Sozialistation betrachtet und wirkt für viele Frauen als eine innere Barriere, sich aktiv in die politische Öffentlichkeit einzubringen.[49]
Zusammenfassend beschreibt Marianne Horstkötter, die qualitative Interviews zur politischen Partizipation von Frauen durchführte, die Ängste von Frauen so:

„Frauen befürchten, den Anforderungen einer politischen Tätigkeit nicht gewachsen zu sein, weil sie zum einen ‘von Politik nichts verstehen’ und zum anderen Angst vor der zeitlichen Belastung, vor öffentlichem Auftreten und vor dem Verhalten der Männer haben.“[50]

Wenn hier von dem „Verhalten der Männer“ gesprochen wird, ist zum einen jenes durchsetzungskräftigere Verhalten von Männern in politischen Diskussionen und Kämpfen gemeint, zum anderen aber auch das Verhalten der Ehepartner und Lebensgefährten, die sehr oft dem politischen Engagement ihrer Frauen negativ gegenüberstehen und es nicht fördern.[51]
Zu den Barrieren, die Frauen in den Parteien begegnen, gehören auch Erfahrungen, die das Gefühl wecken, aufgrund des Geschlechts benachteiligt oder diskriminiert zu werden. Die von Horstkötter befragten Politikerinnen geben in der Mehrzahl an, Diskrimierungen in verschiedenen Abstufungen erlebt zu haben.[52] Offene Diskriminierung äußere sich vor allem während der Rats- und Ausschußarbeit in:

„– kürzeren Redezeiten für Frauen durch den Vorsitzenden, – Unruhe, wenn eine Frau redet, – Zwischenrufe und böse, abfällige Bemerkungen, – Ausspielen der Männlichkeit, z.B. Übertönen durch starke Stimme.“[53]

48 Philipps, Ina-Maria: "Wie halt ich's mit der Politik?"...a.a.O. 57.
Diese und ähnliche Aussagen höre ich oft in den Seminaren und Bildungsveranstaltungen, die ich mit Frauen mache. Sie wird aber auch in fast allen einschlägigen Werken, die sich mit dem Selbstwertgefühl von Frauen in bezug auf Politik und Öffentlichkeit auseinandersetzen, angesprochen.

49 vgl. ebenda; sowie: Emme, Martina: Die Ich-kann-nicht-Haltung von Frauen. Weiblichkeit als Kulturbarriere, in: Mittäterschaft und Entdeckungslust...a.a.O. 116–130.

50 Horstkötter, Marianne: Frauen in der Kommunalpolitik...a.a.O. 155.

51 vgl. ebenda, 156: Aussage in einem Interview: "Und dann kommt bei den Frauen auch noch natürlich dazu, daß es kein anderer tut und der Mann sie auch nicht unterstützt. Wenn der Mann etwas wird, ist die Frau mit stolz darauf. Wenn die Frau etwas wird, dann hat der Mann Probleme."

52 vgl. ebenda, 190ff.

53 ebenda, 190.

Zudem gäbe es Diskrimierungen aufgrund von gängigen Rollenmustern und Vorurteilen, daß etwa eine Frau weniger Fachkenntnisse besitze, daß sie zuerst für die Familie verantwortlich sei u.ä.[54]
Als letztes nennen die Frauen aber auch unterschwellige Diskrimierungen, die nervlich als besonders aufreibend empfunden werden, weil sie ohne konkreten Anlaß stattfinden und nicht offen geäußert werden. Es handelt sich hier meist um subjektive Empfindungen, beispielsweise in dem diffusen Gefühl, als selbstbewußte Frau eine Bedrohung für manche Männer zu sein. Eine Frau meint etwa:

„Wir werden so lange akzeptiert, wie wir den Männern keine Konkurrenz machen. Er (der Parteivorsitzende, d.Verf.) erkennt meine Konkurrenz und deshalb glaube ich nicht, egal wie diese Kommunalwahl ausgeht, ich werde nicht wieder stellvertretende Fraktionsvorsitzende, ich kriege auch keinen Ausschußvorsitz."[55]

Diese Aussagen über die Diskriminierungen von Frauen bezeugen, daß Frauen in den Parteien zunehmend kritischer werden und aktiv um bessere Positionen kämpfen.
Wenn hier nun einige Gründe genannt wurden, die die häufige Skepsis und Distanz sowie die Weigerung von Frauen, in den politischen Parteien aktiv mitzuarbeiten, ansatzweise erklären, so soll im folgenden der Blick auf jene Frauen geworfen werden, die den Schritt in eine Partei getan und sich aktiv engagiert haben.

3.2.1.2. Motivationen von Frauen für eine parteipolitische Partizipation

Es werden hier hauptsächlich die Ergebnisse der Studie von Anne Ballhausen u.a. herangezogen, die mittels qualitativer Interviews und quantitativer Befragung die Motivationen und Einstellungen von in öffentlichen Bereichen engagierten Frauen erhoben hat.[56] Die Stärke dieser Forschungsarbeit liegt

54 vgl. ebenda, 190f.
55 ebenda, 191f.
56 vgl. Ballhausen, Anne u.a.: Zwischen traditionellem Engagement und neuem Selbstverständnis...a.a.O.
Das Forschungsprojekt von Anne Ballhausen u.a. wurde vom deutschen Institut Frau und Gesellschaft (IFG) in Auftrag gegeben und von März 1984 bis Februar 1986 im Stadtgebiet von Hannover durchgeführt. Nach einer sekundäranalytischen Auswertung und einer Institutionenbefragung wurden rund 2000 Frauen mittels eines standardisierten Fragebogens in bezug auf ihr Engagement befragt. Zur Vertiefung und Kontrolle wurden ergänzend 42 strukturierte Tiefeninterviews und 4 Gruppendiskussionen mit Frauen aus den verschiedenen Handlungsfeldern durchgeführt. Befragt wurden Frauen, die in Parteien, Gewerkschaften, Wohlfahrtsverbänden, Kirchengemeinden, in politischen und sozialen Vereinen, Selbsthilfeprojekten und Frauenverbänden ehrenamtlich sozial und politisch aktiv waren. Ziel der Studie war es, die Motive, Bedürfnisse und Interessen der Frauen für ihr jeweiliges Engagement zu erheben sowie der Frage nachzugehen, wieweit Frauen die konventionelle Trennung

darin, daß sie gezielt Frauen aus den unterschiedlichen politischen und sozialen Tätigkeitsfeldern befragte und somit eine Vergleichsmöglichkeit bietet. Ergänzend werden Ergebnisse aus der Regionalstudie von Marianne Horstkötter eingefügt.
Für alle in der Öffentlichkeit engagierten Frauen läßt sich deutlich ein hohes Aktivitätsniveau feststellen, inklusive der Tatsache, daß sie es genießen, in dieser Weise „draußen“ aktiv zu sein. Diese Lust am Engagement hat viel mit ‘privaten’, subjektiven Motivationen zu tun. Abstrakte moralische Normen, Angelerntes über staatsbürgerliche Pflichten werden zwar auch als Anstoß angegeben, decken aber nie das ganze Feld der Energie ab, die die Frauen antreibt und weitermachen läßt.[57]
Ein weiterer gemeinsamer Motivationsgrund liegt in der familiären Sozialisation. Auch wenn Frauen nicht aufgrund ihrer Sozialisation im Elternhaus geradlinig zur politischen Partizipation kommen, ist ein politisch interessiertes oder aktives Elternhaus ein Meilenstein, der „den Umgang mit Politik auch für Frauen als nicht außergewöhnlich erscheinen läßt und damit die eigene Aktivität begünstigt“[58].
Hinsichtlich der Motivation von Frauen, sich in politischen Parteien zu engagieren, ergeben die qualitativen Interviews, daß für Frauen „das Bedürfnis nach Kontakt und Kooperation, Information und Diskussion in einem ‘dritten’, öffentlichen Raum eine große Rolle“[59] spielt. Wenn diese Bedürfnisse befriedigt werden, wird die politische Tätigkeit als lustvoll erlebt. Die Aussagen einer bei den Grünen aktiven Frau zeigen, daß die Mischung von emotionalen und sachlichen Aspekten für sie wichtig sind:

> „Persönliche Kontakte mit ‘Leuten, die ich auch mag und dieses Gefühl, zu ‘ner Gruppe dazuzugehören’(7), aber auch: ‘theoretische Konzepte diskutieren’(5), Gesetzesinitiativen wie das kommunale Wahlrecht für Ausländer, Ansätze für die Friedensbewegung, Jugend- und Sozialpolitik o.ä ... ’Das dann aber gleichzeitig verbinden mit Ständen oder Aktionen oder Flugblätterentwicklung.’ ’Daß man sich zusammen was ausgedacht hat ... und wo wir zusammen auf die Straße gegangen sind. Das fand ich eigentlich ‘ne ganz gute Verbindung.’“[60]

Zu den emotionalen Aspekten zählt auch das Gefühl, Bestätigung zu bekommen für die Dinge, die man außerhalb und unabhängig von der Familie tut. Eine 65jährige Frau umschreibt dieses Gefühl so: „Jetzt machst du etwas aus dir heraus, aus eigener Kraft, und nimmst dein Leben in die Hand, das gehört nur dir allein!“[61]

---

zwischen politischem und sozialem Handeln vornehmen oder durchbrechen. vgl. ebenda, 7–14.

57 vgl. Ballhausen, Anne u.a.: Engagement in der Öffentlichkeit...a.a.O. 335.

58 Horstkötter, Marianne: Frauen in der Kommunalpolitik...a.a.O. 111.

59 Ballhausen, Anne u.a.: Engagement in der Öffentlichkeit...a.a.O. 336.

60 ebenda, 254.

61 ebenda, 246.

Eine 30jährige Frau erzählt, wie sich durch die politische Partizipation ihr Allgemeinwissen und ihr Selbstbewußtsein, d.h. ihr Bewußtsein über ihre Fähigkeiten, erweitert hat:

„'Durch die (Arbeit in dem Gremium) hat sich mein Allgemeinwissen wirklich um 500% gesteigert, das ist auch toll.'(26) – 'Ich hab' so gemerkt, daß ich halt dann auch viele Dinge konnte, von denen ich nie geglaubt habe, daß ich das mal können könnte – das ist also 'ne ganz schöne Selbstbestätigung gewesen.'(23)"[62]

Die Fragebogenanalyse des Forschungsteams ergibt, daß 84,7% der Parteifrauen angeben, sie seien durch ihr Engagement kritischer und 76,5% sie seien politisch und gesellschaftlich interessierter geworden.[63]
65,9% der parteipolitisch engagierten Frauen konstatieren große Freude an ihrer Arbeit in den Parteien. Damit liegen sie im Vergleich zu Frauen, die sich anderswo engagieren, etwas unter dem Durchschnitt von 72,4%. Auch in der Einschätzung des Erfolgs ihrer Arbeit stehen die Parteifrauen den anderen Frauen – mit Ausnahme der Gewerkschaftsfrauen – etwas nach. 58,7% sehen, daß ihre Arbeit Erfolg hat, bei den Wohlfahrtsverbänden sind es 80,4%, durchschnittlich ergibt sich eine Zahl von 68,1%. Dem entspricht, daß mehr Parteifrauen an der Sinnhaftigkeit ihrer Arbeit zweifeln (30,4%), als die anderen Frauen (durchschnittlich 20,6%). Auch das zeitweilige Gefühl, ausgenutzt zu werden (20,3%) und der Sache überdrüssig zu sein (25,4%), taucht bei den Frauen in den Parteien häufiger auf, als bei den anderweitig engagierten Frauen (durchschnittlich 15,4% und 17,3%).[64]
Frauen, die in Parteien tätig sind, wünschen sich Anerkennung für ihre Arbeit. Je höher allerdings die Funktion ist, die sie einnehmen, desto weniger brauchen sie noch Einzelbeweise für den Sinn ihres Engagements, denn das hohe Prestige und die Einflußchancen, die mit diesen Aufgaben verbunden sind, verschaffen ihnen das Gefühl des Bedeutendseins ohnehin.[65]
Es läßt sich sagen, daß für sehr viele der von Ballhausen u.a. Befragten „der Landtag durchaus eine zumindest erwägenswerte oder attraktive, teilweise auch aktiv angestrebte Perspektive ist"[66]. Sie verbinden mit der Landtagsarbeit die Hoffnung auf größeren Einfluß und hätten zudem nicht mehr den beschwerlichen Konflikt zwischen Beruf und Politik, sondern würden Geld und Prestige bekommen für eine lustvolle, gesellschaftlich wichtige Arbeit. Auch Horstkötters Studie ergibt, daß gut die Hälfte der Interviewten eine Funktion anstreben, die ihnen mehr Einflußnahme ermöglicht.[67]

62 ebenda, 264.
63 vgl. ebenda, 429.
64 vgl. ebenda, 425.
65 vgl. ebenda, 336.
66 ebenda, 342.
67 vgl. Horstkötter, Marianne: Frauen in der Kommunalpolitik...a.a.O. 223: von den 16 Interviewten gaben 9 an, eine höhere Funktion anzustreben; drei davon wollten einen

Abschließend sei noch angeführt, daß durchschnittlich fast drei Viertel aller von Ballhausen u.a. befragten Frauen meinen, es müßten sich viel mehr Menschen als bisher an Politik beteiligen. Bei den Parteifrauen meinen dies 78,3%, bei den Gewerkschaftsfrauen 85,7%, bei den Wohlfahrtsverbänden 66,0% und den kirchlichen Organisationen 63,1%.[68]

3.2.1.3. Parteipolitische Partizipation in der Kommunalpolitik

Der Großteil der parteipolitisch aktiven Frauen beginnt ihre Tätigkeit in der Kommunalpolitik, weshalb dieser Bereich hier ansatzweise beschrieben werden soll. Marianne Horstkötter betont in ihrer Studie, daß „Kommunalpolitik für Frauen aufgrund des weiblichen Lebenszusammenhanges besonders wichtig ist"[69] und sie stellt die These auf, daß „Kommunalpolitik wegen ihrer Besonderheiten ein bevorzugter Tätigkeitsbereich für Frauen sein könnte"[70], da die spezielle Betroffenheit von Frauen durch die kommunalpolitischen Entscheidungen ein wichtiger Motivationsfaktor für eine politische Partizipation sei. Auch wenn dies richtig ist, zeigen die Mandatsverteilungen in der Kommunalpolitik eine große Unterrepräsentanz von Frauen.[71] Diese Tatsache hängt wohl damit zusammen, daß es für die Parteien v.a. im ländlichen Bereich schwer ist, Frauen für die aktive Mitarbeit zu gewinnen.
Auch wenn auf dem Land die Moderne mit ihren Alltagssymbolen wie Bankfilialen, Supermärkten, Satellitenanlagen etc. ihren Siegeszug gehalten hat, so bleiben dennoch die strukturellen Benachteiligungen dezentraler Regionen bestehen. Fehlende Bildungseinrichtungen, Lehrstellen- und Arbeitsplatzmangel, fehlende Kinderbetreuungseinrichtungen etc. zementieren die traditionellen Lebensentwürfe, Beziehungs- und Bewußtseinsmuster. Das bedeutet, daß die veränderten Bedürfnisse und Interessen jüngerer Frauen in ländlichen Regionen auf eine Wirklichkeit mit noch wenig Alternativen stoßen. Die offenbar große weibliche Schwellenangst, die Lebenswelt der Gemeinde durch aktives politisches Engagement im eigenen Sinne zu verändern, bleibt somit bestehen.[72] Damit erklärt sich auch zu einem gewissen Teil die von den

---

Sitz im Fraktionsvorstand bzw. die Sprecherfunktion übernehmen, vier ein Landtagsmandat, eine ein Europamandat, d.h. fast 30% wollen ein höheres Mandat.

68 vgl. Ballhausen, Anne u.a.: Engagement in der Öffentlichkeit...a.a.O. 430.

69 Horstkötter, Marianne: Frauen in der Kommunalpolitik...a.a.O. 5.

70 ebenda, 273.

71 Die Befragung der oberösterreichischen Parteien in bezug auf die Zahlen der Mandatsträgerinnen hat folgendes ergeben: Auf Gemeindeebene sind bei den Gemeinderäten der SPÖ 13,3%, der ÖVP 11,4%, der FPÖ 12% und der GRÜNEN 26% Frauen. Von den 445 Gemeinden in Oberösterreich sind es im November 1994 nur drei, die eine Bürgermeisterin haben, das ergibt einen Bürgermeisterinnenanteil von 0,7%. vgl. Schriftliche Informationen des Organisationsbüros der SPÖ in OÖ vom 2.2.94, der ÖVP in OÖ im Dez. 1993, der Landesgeschäftsstelle der FPÖ vom 17.1.1994 und der Grünen OÖ vom 13.1.1994.

72 vgl. Bauer, Ingrid: Eine Chronologie...a.a.O. 72.

Parteien öfter geäußerte Klage, daß es schwierig sei, Frauen für den Gemeinderat zu gewinnen. Eine SPÖ-Vizebürgermeisterin aus einer ländlichen Region Salzburgs etwa erzählt, daß die von der SPÖ beschlossene Quotenregelung in ihrem Ort kaum zu verwirklichen sei:

„Ich hätte in meiner Ortsorganisation keine Schwierigkeiten, mehr Frauen in die Gemeinde hineinzubringen. Nur, ich finde sie nicht. Wenn man vor der Aufgabe steht, für die Liste die entsprechenden Mandatarinnen zu suchen, dann kriegt man halt immer wieder die Antwort: 'Nein, Du, das ...' Da ist meistens ein sehr großes Zögern da. Zum Großteil trauen sie sich's nicht zu, die Frauen am Land: 'Da versteh ich nichts davon ...'
Wenn die Ortspartei etwas veranstaltet – da ist man ja überall auf die Arbeit der Frauen angewiesen –, da sind sie da. Aber wenn ich einer, die ohnehin schon auf der Liste steht, sage, sie könnte in den Gemeinderat nachrücken, weil ein Mandatar ausgefallen ist, dann ist es aus. Das ist ihr zu riskant und mit zu viel Einsatz verbunden." (Interview mit Maria Bommer)[73]

Solche Aussagen von einzelnen Politikerinnen lassen sich zwar nicht auf alle Frauen und Regionen hin verallgemeinern, dennoch ist es wichtig, anzuerkennen, daß sie einen Teil der Wirklichkeit zur Sprache bringen.
Horstkötter nennt drei Gründe, die für die weibliche Unterrepräsentanz im Kommunalbereich ausschlaggebend sind. Erstens „Rollenverhalten/-erwartung", zweitens „Lebenszusammenhang/ Mehrfachbelastung" und drittens „innerparteiliche Strukturen/Verhalten"[74].
In bezug auf das tradierte Rollenverhalten beklagen die interviewten Kommunalpolitikerinnen, daß Frauen noch oft Politik als Domäne der Männer betrachten und sich selbst nicht zutrauen, politisch tätig zu sein, weil sie an ihren Minderwertigkeitsgefühlen und ihrer Scheu vor der Politik festhalten.[75]
Hier wird also den Frauen ein Teil der Verantwortung dafür zugesprochen, daß sie in politischen Entscheidungsgremien kaum vertreten sind.
Was den zweiten Bereich „Lebenszusammenhang/Mehrfachbelastung" angeht, so sind die Frauen zum überwiegenden Teil überzeugt, daß die Verantwortung für die Haus- und Familienarbeit ein wesentlicher Faktor ist, der Frauen davon abhält, sich kommunalpolitisch zu betätigen. Selbst in jenen Fällen, wo die Unterstützung der Frau durch die Familie positiv ist, „haben aktive Frauen oft ein schlechtes Gewissen gegenüber ihrem Partner und ihren Kindern"[76].
In bezug auf den Bereich der innerparteilichen Strukturen stimmen die Aussagen der Frauen mit dem überein, was schon im vorherigen Abschnitt beschrieben wurde. Horstkötter merkt an, daß nach wie vor die Mehrzahl der kandidaturwilligen Frauen sich mit unsicheren Listenplätzen begnügen muß.[77]
Ein noch nicht genannter wesentlicher Hinderungsgrund für eine politische Partizipation ist nach Aussage der von Horstkötter interviewten Frauen die

73 ebenda.
74 vgl. Horstkötter, Marianne: Frauen in der Kommunalpolitik...a.a.O. 133.
75 vgl. ebenda.
76 ebenda, 167.
77 vgl. ebenda, 273.

ökonomische Abhängigkeit, weil diese automatisch die Konflikte innerhalb der privaten Bindungen verstärke.[78] Ein Rechtsanwalt oder Architekt kann aufgrund der ihm zur Verfügung stehenden Infrastruktur während seiner Arbeitszeit leichter nebenbei politische Aufgaben erledigen als eine Hausfrau und Mutter, was bedeutet, daß „Frauen in der Konkurrenz um Mandate durch die geschlechtsspezifische Arbeitsteilung Benachteiligungen erfahren“[79]. Die Parteien müßten demnach in ihrem Rekrutierungsprozeß die Haus- und Familienarbeit entsprechend berücksichtigen.

Nach dieser Aufzählung der Schwierigkeiten, die Frauen auch im kommunalen Bereich haben, bleibt nun zu fragen, was Frauen motiviert, die Barrieren zu überwinden und aktiv zu werden.

Die Kommunalpolitik mit ihren örtlichen, relativ abgegrenzten Problemfeldern hängt in einem hohen Maße mit der Lebenssituation von Frauen zusammen. Frauen sind von den Entscheidungen über Kindergarten- und Schulangelegenheiten, über Raumplanung und Müllentsorgung u.v.a.m. in einer Zeit, wo sie noch die Hauptlast der Haus- und Familienarbeit tragen, stärker betroffen als Männer. Die „Tatsache der subjektiven und objektiven Betroffenheit führt zu einem erhöhten Partizipationsanspruch der Frauen“[80]. Die Überzeugung, daß der Wunsch nach gesellschaftlichen Veränderungen nur über die Mitarbeit in einer Partei Aussicht auf Erfolg hat, motiviert die Frauen zur parteipolitischen Partizipation. Die Entscheidung zur Übernahme eines Gemeinderatsmandates erfolgt allerdings meist erst nach einer konkreten Aufforderung durch Funktionsträger der jeweiligen Partei.[81] Zusätzliche Motivation bietet das gestärkte Selbstbewußtsein, das sich mit einem öffentlichen Mandat häufig einstellt, besonders dann, wenn Anerkennung auf erbrachte Leistungen erfolgt.[82] Für ein Engagement im Kommunalbereich spricht wohl auch die Tatsache, daß es sich noch am ehesten mit den Familien- und Berufspflichten vereinbaren läßt.[83]

Abschließend läßt sich sagen, daß das politische Bewußtsein von Frauen und ihr Mut, sich auf kommunaler und überregionaler Ebene politisch zu engagieren, ausbaubedürftig ist. Die Hauptverantwortung für das nach wie vor großteils distanzierte Verhältnis von Frauen zur traditionellen, institutionell-staatlich gebundenen (Partei-)Politik liegt aber bei den Parteien selber. Die von der traditionellen Politikwissenschaft wiederholt angeführte Defizitthese, daß Frauen eben zuwenig politisch interessiert, engagiert und begabt seien, verliert ihre Gültigkeit.[84] Richtiger sei es, meint Rossanna Rossanda, zu sehen, daß

78 vgl. ebenda, 274f.
79 ebenda, 275.
80 ebenda, 273.
81 vgl. ebenda, 224.
82 vgl. ebenda, 225.
83 vgl. ebenda, 274.
84 vgl. Neyer, Gerda: Frauen in der Politik. Beispiel Nationalrat...a.a.O. 296, 307 (Anmerkung 2).

sich die Politik den Frauen verweigert habe und sich heute Frauen vielfach der Politik verweigern. Hinter dieser gegenseitigen Verweigerung stecke einerseits eine Krise der traditionellen Politik und andererseits die Kritik der Frauen an dieser Politik, was eine andere Politik einleiten könnte.[85]

3.3. Öffentliches Engagement von Frauen in sozialen und kirchlichen Bereichen

Für einen weiten Politik- und Partizipationsbegriff, wie er im ersten Kapitel entworfen wurde, gilt neben der Mitarbeit in Parteien und Gewerkschaften auch die öffentliche Beteiligung von Frauen in sozialen und kirchlichen Kontexten als politisches Engagement. Diese soll im folgenden in den Blick genommen werden.

Wenn schon für die Frauenpolitik in den Parteien gilt, daß sie von geringem öffentlichem Interesse begleitet wird,[86] so trifft dies umso mehr auf die hier zu nennenden Tätigkeitsbereiche zu. Die ehrenamtliche soziale, kirchliche oder basisdemokratisch-politische Arbeit von Frauen ist zwar notwendig für das Funktionieren einer (Pfarr-)Gemeinde, es ist aber kaum der öffentlichen Rede wert, d.h. es wird auch wenig darüber in den Medien oder öffentlichen Ansprachen berichtet.[87]

Eine Schwierigkeit für die folgende Darstellung liegt darin, daß diese weiteren Formen politischen und sozialen Engagements in wissenschaftlicher Literatur bisher kaum Berücksichtigung gefunden haben. Aus diesem Grunde werde ich mich v.a. auf die Studie von Anne Ballhausen u.a., auf das Buch „Frauen im sozialen Ehrenamt" von Gisela Notz[88] sowie auf eigene Erfahrungen aus dem katholisch-kirchlichen Bereich beziehen.

Eine Erfahrung aus meiner Praxis in der feministisch-politischen Bildungsarbeit innerhalb der kirchlichen Erwachsenenbildung ist, daß die meisten Frauen, die zu einschlägigen Seminaren und Bildungsveranstaltungen kommen, nicht erst

85 Rossanna Rossanda 1980, zit. in: Meyer, Birgit: Frauen an die Macht!? Politische Strategien zur Durchsetzung der Gleichberechtigung von Mann und Frau, in: Aus Politik und Zeitgeschichte. Beilage zur Wochenzeitschrift "Das Parlament", Bd.9–10 (1987), 15.

86 Anke Martiny schreibt in diesem Zusammenhang: "Politische Frauenarbeit erreicht die Öffentlichkeit nämlich meistens nicht, weil sie für die männerbeherrschten Medien nicht interessant ist." in: Martiny, Anke: Wer nicht kämpft hat schon verloren. Frauen und der Mut zur Macht, Reinbek bei Hamburg 1986, 123.

87 Ein Grund dafür mag wohl darin liegen, daß die im folgenden genannten Bereiche der "weiblichen Welt" zugeschrieben werden, die wiederum wenig Zugang zu den öffentlichen von Männern dominierten Medien hat.

88 Notz, Gisela: Frauen im sozialen Ehrenamt. Ausgewählte Handlungsfelder: Rahmenbedingungen und Optionen, Freiburg im Breisgau 1989.

zu Engagement und Aktivität „bekehrt" werden müssen, sondern bereits auf vielfältige Weise im weiten Sinne politisch aktiv sind, d.h. an öffentlichen Bereichen partizipieren, die nicht zu den traditionell politischen gehören. So waren etwa in einer Seminargruppe in einer oberösterreichischen Landgemeinde von 14 Teilnehmerinnen 12 in einem oder mehreren öffentlichen Bereichen der Gemeinde tätig. Die Frauen engagierten sich in einer Umweltgruppe, in Mütterrunden, im Liturgiekreis, bei der KFB, im Elternverein, in einer Eltern-Kind-Gruppe, im Pfarrgemeinderat, im Gemeinderat, bei der „Aktion Leben" u.v.a.m.[89] Frauen sorgen sich um die Welt in tausend Variationen und kleinen Schritten. Diese Tatsache zeigt, daß Frauen sehr wohl bereit sind, aus ihrem familiären Privatbereich hinauszugehen und Einfluß zu nehmen auf eine größere Öffentlichkeit. Zugleich zeigt es aber auch, daß es sich hier meist um Orte handelt, die von Frauen dominiert sind und in engem Zusammenhang mit dem familiären Leben stehen. Im folgenden sollen drei Bereiche schwerpunktmäßig vorgestellt werden: Frauen und soziales Engagement in Wohlfahrtsverbänden und sozialen Vereinen, Frauen und kirchliches Engagement, Frauen und basisdemokratisch-politisches Engagement in Initiativgruppen.

3.3.1. Soziales Engagement von Frauen in Wohlfahrtsverbänden, sozialen Vereinen und Selbsthilfegruppen

Die Bandbreite sozialen Engagements von Frauen ist groß und reicht von der Kranken- und Altenbetreuung über die Hilfe für in Not geratene Familien und Frauen bis zur Arbeit mit Jugendlichen und Kindern. Es seien hier nur einige konkrete Beispiele genannt: regelmäßige Krankenhaus- und Altersheimbesuchdienste, Organisation und Durchführung von Bastelvormittagen im Altersheim, Mitarbeit beim Roten Kreuz, Nachbarschaftshilfe in der häuslichen Altenpflege, Sammelaktionen für die Caritas, Kleidersammlungen für Familien in Rumänien und Kriegsgebieten des ehemaligen Jugoslawien, Sprachkurse für AsylbewerberInnen und Flüchtlinge, Mitarbeit in der Telefonseelsorge und in der Bewährungshilfe, Hilfe für Obdachlose, regelmäßige Spielnachmittage mit Kindern aus Kriegsgebieten im Krankenhaus u.v.a.m. Diese Formen sozialen Engagements werden über Wohlfahrtsverbände, wie Caritas etc., oder aber in von Institutionen unabhängigen Initiativen sowie auch individuell geleistet. Eines ist allen gemeinsam: Sie haben viel mit konkreter, „handgreiflicher" Arbeit zu tun, die sich weitgehend mit der Haus- und Familienarbeit überschneidet: einkaufen gehen, Kuchen backen, aufräumen, basteln, Kleidung waschen und bügeln, Gespräche führen, trösten, ermuntern und so weiter. Wie die Hausarbeit ist auch die freiwillige soziale Arbeit zum Großteil unbezahlt. Sie wird als „ehrenamtliche soziale Arbeit" bezeichnet, obwohl sie – wie u.a.

89 vgl. eigene Aufzeichnungen über Soziales Seminar in Reichenau, Jänner 1993.

Gisela Notz treffend bemerkt – „weder mit Amt noch mit Ehre verbunden ist“[90].

Ein Bereich, der seit etwa 20 Jahren auch hierher gehört, sind die vielen verschiedenen Selbsthilfegruppen, die vor allem im Gesundheitsbereich zu finden sind. Als Beispiele seien Selbsthilfegruppen von Eltern mit mongoloiden oder anderweitig behinderten Kindern, die Gruppen der Anonymen AlkoholikerInnen, Selbsthilfegruppen von an Krebs erkrankten Frauen oder Gruppen von Magersüchtigen und Bulimikerinnen genannt. In den Selbsthilfegruppen läßt sich nicht klar trennen zwischen Selbst- und Fremdhilfe, trotzdem sind sie zum Bereich öffentlichen, sozialen Engagements zuzurechnen, da die Frauen, die hier mitmachen, aus ihrem häuslichen Privatraum heraustreten und sich in einer Gemeinschaft artikulieren und betätigen.

Das politische Ehrenamt, dessen Arbeit sich vorwiegend in Vorständen, Aufsichtsräten und verschiedensten Gremien abspielt, ist von Männern dominiert. Beim sozialen Ehrenamt dagegen dominieren eindeutig die Frauen.[91]

Der Schwerpunkt des weiblichen sozialen Engagements liegt auf der Ebene der konkreten menschlichen Beziehungsarbeit, der unmittelbaren, persönlichen Dienste. Oder anders ausgedrückt, je höher in sozialen Einrichtungen und Verbänden die Position ist und je weniger direkter KlientInnenkontakt damit verbunden ist, umso mehr Männer sind darin zu finden und um so weniger Frauen. [92] In der ehrenamtlichen sozialen Arbeit scheint sich also die traditionelle Teilung der Männer- und Frauenarbeit stabiler zu halten als in den anderen Bereichen. Dies steht, neben der Art der Arbeiten, die hier zu verrichten sind, vielleicht auch in Zusammenhang mit der Altersstruktur der ehrenamtlich, unbezahlt tätigen Frauen, die großteils bei über 50 Jahren liegt.

Diese Frauen vertreten laut Ballhausen u.a. stärker als in anderen Bereichen engagierte Frauen traditionelle Auffassungen, wie etwa, daß es weibliche Fähigkeiten gebe und in der Folge manche Tätigkeiten am besten von Frauen

90 Notz, Gisela: Frauen im sozialen Ehrenamt...a.a.O. 43.
Gisela Notz bringt hier einen ausführlichen Aufriß der Geschichte des sozialen Ehrenamtes, welcher ergibt, daß dessen Bedeutung stark mit den jeweiligen ökonomischen und politischen Bedingungen verknüpft ist. Besonders in Krisenzeiten wird der Ruf nach dem freiwilligen unentgeltlichen sozialen Engagement von Frauen laut. vgl. ebenda, 43–66.

91 Die Studie von Ballhausen u.a. zeigt, daß man bei den Wohlfahrtsverbänden in Deutschland Mitte der 80er Jahre mit einem Frauenanteil der ehrenamtlich unbezahlt Tätigen von zwei Drittel rechnete. Hier sind allerdings Organisationen wie das Rote Kreuz, das einen höheren Männeranteil hat, hinzugerechnet. vgl. Ballhausen, Anne u.a.: Engagement in der Öffentlichkeit...a.a.O. 120. Gisela Notz nennt Studien, die davon sprechen, daß die ehrenamtlichen sozialen Dienstleistungen zu etwa 80 Prozent von Frauen erbracht werden. In der Familien- und Altenhilfe betrage der Frauenanteil in den verschiedenen Bereichen zwischen 82 und 100%. vgl. Notz, Gisela: Frauen im sozialen Ehrenamt...a.a.O. 41f.

92 vgl. Ballhausen, Anne u.a.: Engagement in der Öffentlichkeit...a.a.O. 130.

ausgeübt werden könnten.[93] Interessant ist auch, daß der überwiegende Teil dieser Frauen nicht erwerbstätig ist, keine Kinder unter 18 Jahren hat und über einen höheren Bildungsabschluß verfügt. Die Ballhausen-Studie zeigt, daß die Frauen mit höherem Bildungsabschluß schwerpunktmäßig mit Kindern, Jugendlichen und/oder Frauen arbeiten, dagegen Frauen, die einen Hauptschulabschluß haben, im Bereich „Alte Menschen" bzw. „Kranke/ Behinderte/ Gesundheitsvorsorge" tätig sind.[94]
Wie bei den politisch engagierten Frauen soll auch bei den sozial engagierten die Frage nach den Beweggründen für ihre Aktivität, nach den Erfahrungen, die Frauen hier machen, gestellt werden, um herauszufinden, welche Bedeutung diese öffentliche Partizipation für die Frauen selber hat.
Wenn auch die spezifischen Motivationen je nach Tätigkeitsbereich variieren, findet unter den in Wohlfahrtsverbänden sozial engagierten Frauen die Aussage, „daß es eine sinnvolle Lebensaufgabe ist, anderen Menschen zu helfen" die größte Zustimmung.[95] Interessant ist in diesem Zusammmenhang, daß die Frauen mit ihrem Engagement aber offenbar nicht nur für andere etwas tun wollen, sondern auch für sich selber.[96] Das ehrenamtliche Engagement bietet für viele die Möglichkeit, aus dem häuslichen Alltag herauszukommen, „sich nicht überflüssig zu fühlen, nicht total isoliert zu werden und so ihr Selbstwertgefühl zu stärken. Für sie ist die Hilfe für andere auch ein Stück Selbsthilfe", schreibt Gisela Notz.[97] Das Bedürfnis nach „sinnvoller Beschäftigung" oder „sinnvoller Lebensgestaltung", der Wunsch nach sozialer Erfahrung, das Bedürfnis nach sozialer Anerkennung sowie die Einsamkeit Alleinstehender sind entscheidende Motivationsfaktoren für Frauen, sich im sozialen Bereich unbezahlt zu engagieren.[98]
Die von Ballhausen u.a. erstellte Studie ergab, daß neben der christlichen Verpflichtung zur Hilfe für Notleidende auch der Gedanke, daß es sinnvoll sei, einen Teil der freien Zeit für gesellschaftliches Engagement zu nutzen, eine gewisse Rolle spielt.[99]
Wesentlich weniger als die Frauen in Parteien und Gewerkschaften sehen die Frauen in den Wohlfahrtsverbänden einen Zusammenhang zwischen sozialem und politischem Engagement. So meinen 73,2%, ihre soziale Arbeit habe nichts mit Politik zu tun, 23,5% sehen einen Zusammenhang.[100]
Auf die Frage, was sich bei ihnen durch ihr Engagement verändert habe, geben 67,8% an, sie seien kritischer geworden, 66,7% sie seien toleranter geworden

93 vgl. ebenda, 171.
94 vgl. ebenda, 122 und 124.
95 vgl. ebenda, 408.
96 63,4% der Befragten stimmten der Aussage zu: "Ich habe mich engagiert, weil ich etwas für mich und andere tun wollte". vgl. ebenda, 419.
97 Notz, Gisela: Frauen im sozialen Ehrenamt...a.a.O. 76.
98 vgl. ebenda.
99 vgl. Ballhausen, Anne u.a.: Engagement in der Öffentlichkeit...a.a.O. 407 und 419.
100 vgl. ebenda, 433, 434–436.

und 50% meinen, sie interessieren sich seither mehr für gesellschaftliche und politische Dinge.[101] Ballhausen u.a. stellen dazu folgendes fest:

„Manche der 'Sozial-Frauen' bilden – zumindest dann, wenn sie durch ihre Arbeit immer wieder zu aktivem Konfliktaustragen gezwungen und mit den sehr konkreten Auswirkungen gesellschaftlicher Defizite auf die betroffenen Menschen konfrontiert sind – eine vehemente Parteilichkeit für jene unterprivilegierten und nahezu chancenlos aufgewachsenen Menschen, die sie betreuen, heraus, die nicht bei dem jeweiligen Einzelfall stehenbleibt."[102]

In der Folge nehmen manche dieser Frauen eine radikale Institutionenkritik vor und bilden ein politisches Bewußtsein aus, das sie selbst jedoch nicht explizit als solches verbalisieren.

„... politische Erkenntnisse bis hin zur praktischen Umsetzung sind bei ihnen längst existent, aber ihr eigener Zielhorizont assoziiert den Begriff „Politik" eher mit formaler Organisationsstruktur ... Politische Strukturen schienen gegenüber ihren Erfahrungen teilweise zu fremd, teilweise auch nicht radikal-sozial genug."[103]

Wie den Parteifrauen, macht es auch den in der Sozialarbeit engagierten Frauen Schwierigkeiten, daß ihnen Beruf und Familie Grenzen setzen. Da in der Sozialarbeit aber auch viele ältere Frauen zu finden sind, werden als weitere Barrieren „vor allem das eigene Alter und die verbliebene Kraft, die den Grad und die Intensität des Engagements bestimmen"[104], genannt.
Anders als politisch oder gewerkschaftlich engagierte Frauen können die sozial engagierten nicht mit hohem Prestigezugewinn rechnen. Sie haben eher mit abwertenden Vorurteilen zu kämpfen, die sich in Formulierungen wie „Wohl nicht genug Arbeit", „Soziales Getue", „Unfähigkeit zu Leistung und Durchsetzung im normalen Arbeitsleben", „Einmischungssucht" etc. ausdrückt.[105]
Solche und ähnliche Unterstellungen übersehen nach Sabine Hebenstreit-Müller und Rudolf Pettinger, was das soziale Engagement für die Frauen selbst bedeutet: „persönlicher Einsatz zur Gestaltung gesellschaftlicher Veränderung, die sie für nötig halten".[106]

101 Mit diesen Zahlen liegen sie allerdings unter denen der Gewerkschafts- und Parteifrauen. vgl. ebenda, 429.

102 ebenda, 343f.

103 ebenda. 344.

104 ebenda, 343.

105 vgl. Hebenstreit-Müller, Sabine/Pettinger, Rudolf (Hg.): Miteinander lernen, leben, engagieren. Neue soziale Netze für Familien. Ergebnisse der wissenschaftlichen Begleitforschung von Familien- und Nachbarschaftszentren, Bielefeld 1991, 85.

106 ebenda.

3.3.2. Kirchliches Engagement von Frauen

Diesem Abschnitt möchte ich ein Kurz-Porträt einer 55jährigen Bekannten voranstellen, deren Leben stark vom Engagement in der Pfarrgemeinde und in der KFB geprägt war und ist. Sie ist Hausfrau und Mutter von inzwischen vier erwachsenen Kindern, hat einen Pflichtschulabschluß, aber keine Berufsausbildung. Seit mehr als 30 Jahren ist sie auf vielfältige Weise kirchlich engagiert. Als ein symbolischer Ausdruck ihres Engagements kann jener Teil des Wohnzimmerschrankes gelten, in dem sich diverse Materialien zu kirchlichen und pfarrgemeindlichen Veranstaltungen häufen. Sechs Ordner bringen etwas Überblick über die verschiedenen Tätigkeitsbereiche ihres Engagements: Ein Ordner ist betitelt mit „Pfarrgemeinderat/Weiterbildung/ Diverses", einer mit „KFB: Diözese/Dekanat", einer mit „KFB: Pfarre (Protokolle/Einladungen/Vorbereitungen)", ein Ordner ist gefüllt mit „Behelfen" zu den Bereichen „Advent/Mütterrunden/Gottesdienstmodelle/ Erwachsenenbildung KBW)/Weltgebetstage/Familienfasttage", ein weiterer Ordner beinhaltet Lieder, Vorbereitungen für Faschingsveranstaltungen, ein letzter „Gebete und Texte" zu verschiedenen Anlässen: „Weihnachten/Kreuzwege/Ostern/Pfingsten/Totenwachen/Maiandachten/ Frauenmessen/Kindermessen". Die Schwerpunkte des Engagements dieser Frau liegen – wie aus den Ordnern ersichtlich – in der Arbeit für die KFB der Pfarre, in der Mitgestaltung liturgischer Feiern sowie in der Pfarrgemeinderatsarbeit. In der Zeit, in der ihre Kinder auf die Erstkommunion vorbereitet wurden, war sie wie viele andere Frauen „Tischmutter", d.h. sie hielt mit einer Gruppe von Kindern vorbereitende Katechesestunden.
M.E. gibt ihr kleines „Büro zum kirchlichem Engagement" schon einen ersten Einblick in die ehrenamtliche Mitarbeit von Frauen in den Pfarrgemeinden und kirchlichen Organisationen.
Was die Beschriftung der Ordner nicht erzählt, ist die viele handwerkliche, „hausfrauliche" Kleinarbeit, die sie in der Pfarre gemeinsam mit den anderen Frauen leistet: die Unmenge an selbstgebackenen Kuchen für die verschiedensten Anlässe, die vielen Handarbeiten für den Osterbastelmarkt, dessen Erlös für soziale Zwecke gespendet wird, die Geburtstagskarten für Jubilarinnen der KFB, die Anfertigung von Zierkerzen, Blumengestecken, Tischschmuck für kirchliche Anlässe,wie Erstkommunion, Primiz- und Pfarrfeiern, Faschingsfeiern und Bälle etc., das Aufstellen und Schmücken der jeweiligen Festtafeln, das Abwaschen des gebrauchten Geschirrs und v.a.m..
Keine Pfarre in Österreich wie auch in Deutschland könnte ohne das ehrenamtliche Engagement der Frauen ihren derzeitigen Aktivitätsstandard halten, denn in den meisten Pfarren beteiligen sich die Frauen in höherem Maße am kirchlichen Leben als die Männer. Das bestätigt unter anderem die neue, 1993 erschienene Allensbacher Studie zum Verhältnis von Frauen und Kirche. Während die katholische Kirche als Institution auf der einen Seite als „Männerkirche" bezeichnet werden kann, die sich den Vorwurf der struktu-

rellen Diskriminierung von Frauen gefallen lassen muß, so ist sie auf Grund des Engagements von Frauen auf der anderen Seite eine „Frauenkirche“:

„Frauen stellen die Mehrheit der aktiv praktizierenden Gläubigen, auch die Mehrheit der kirchlich engagierten Laien; Frauen dominieren unter den Besuchern der Gottesdienste, in den ehrenamtlich wahrgenommenen caritativen und sozialen Aufgaben; nach wie vor ist auch die religiöse Erziehung in erster Linie 'Frauensache'.“[107]

Die im Rahmen der Ballhausen-Studie durchgeführte Institutionenbefragung ergab, daß in den untersuchten kirchlichen Einrichtungen 76% der ehrenamtlich/unbezahlt Tätigen Frauen sind.[108] Als Arbeitsschwerpunkte der Frauen wurden am häufigsten „Seelsorge“, „Alte Menschen“, „Jugend“ und „Kranke“ genannt.[109] Auf die Frage, in welchen Tätigkeitsbereichen eher Frauen und in welchen eher Männer mitarbeiten, zeigte sich ein deutliches Übergewicht der Frauen im Bereich sozialer Dienste und der Männer in Vorstands- und Leitungspositionen. Hier scheint also eine gewisse Ähnlichkeit zur Partizipation von Frauen in sozialen Gruppen und Wohlfahrtsverbänden zu bestehen. In ihren kirchensoziologischen Untersuchungen zur evangelischen Kirche stellt Ingrid Lukatis ebenfalls fest, daß Frauen zwar in vieler Hinsicht die aktiveren, engagierteren Kirchenmitglieder sind, in den kirchlichen Leitungsgremien und allen Bereichen, wo es um Leitungs- und Gestaltungsaufgaben geht, Männer aber zahlenmäßig weit überrepräsentiert sind.[110]
In den katholischen Pfarrgemeinden sind die Pfarrgemeinderäte ein wichtiges Entscheidungsgremium, weshalb ein kurzer Blick auf die Beteiligung von Frauen in Pfarrgemeinderäten geworfen werden soll.
Eine für die Diözese Linz 1992 erstellte Statistik über die Pfarrgemeinderäte ergibt, daß von den insgesamt 9398 Pfarrgemeinderäten 44% Frauen (= 4058) und 56% Männer (= 5340) sind. Der Altersschnitt liegt bei 42,4 Jahren. Bei den gewählten Obmännern und -frauen besteht ein Verhältnis von 84% Männern und 16% Frauen. Bei den Obmann/-fraustellvertreterInnen gibt es einen Männeranteil von 43% und einen Frauenanteil von 57%. Von den SchriftführerInnen sind 62% Frauen und 38% Männer.
Frauen stehen also in den Pfarrgemeinderäten eher in der zweiten Reihe, auch wenn ihr Anteil an Leitungspositionen im Vergleich zu den politischen Gemeinderäten wesentlich höher ist (vgl. 3.1.1.3.).

107 Sekretariat der Deutschen Bischofskonferenz (Hg.): Frauen und Kirche...a.a.O. 15.

108 vgl. Ballhausen, Anne u.a.: Engagement in der Öffentlichkeit...a.a.O. 125.
Dieses Ergebnis basiert auf 30 ausgefüllten Fragebögen aus evangelischen Kirchengemeinden, 22 aus katholischen, 7 aus übergemeindlichen katholischen Organisationen und Gruppen sowie 5 aus sonstigen Kirchengemeinden und kirchlichen Gruppen.

109 vgl. ebenda, 126.

110 vgl. Lukatis, Ingrid: Frauen und Männer als Kirchenmitglieder, in: Matthes, Joachim (Hg.): Kirchenmitgliedschaft im Wandel. Untersuchungen zur Realität der Volkskirche. Beiträge zur zweiten EKD-Umfrage "Was w ird aus der Kirche?", Gütersloh 1990, 121f.

Bei den FachausschußleiterInnen ist der Frauenanteil sehr unterschiedlich, je nach Bereich des jeweiligen Fachausschusses. So überwiegt in der Leitung der Finanz- und Bauausschüsse der Männeranteil enorm mit 96% zu 4% (Finanzen) und 100% bei den Bauten. Auch bei den Dekanatsräten und in der Leitung der Öffentlichkeitsarbeitskreise überwiegen die Männer mit jeweils 73% zu 27% Frauen. Umgekehrt verhält es sich bei der Leitung der Fachausschüsse zu Altenarbeit (22% Männer, 78% Frauen), sozial-caritative Dienste (24% Männer, 76% Frauen) sowie bei den Kinderliturgiearbeitskreisen (21% Männer, 79% Frauen). Ausgewogener sind die Zahlen bei den FachausschußleiterInnen der Bereiche Jugend (49% Männer, 51% Frauen) und Ehe und Familie (46% Männer, 54% Frauen).[111] Es zeigt sich also, daß das Engagement von Frauen und Männern im Pfarrgemeinderat von den jeweils gesellschaftlich zugeschriebenen Geschlechtsrollen wesentlich mitgeprägt ist. Dies reicht – wie erst kürzlich wieder von Pfarrgemeinderatsmitgliedern einer oberösterreichischen Landgemeinde beklagt – bis zum unterschiedlichen Sprechverhalten von Frauen und Männern in den Pfarrgemeinderatssitzungen, welches sich in der sprachlichen Dominanz der Männer und einem anhaltenden Schweigen der Frauen äußern kann.[112]
Was motiviert nun aber Frauen zu einem kirchlichen Engagement?
Nach der Allensbacher Studie zu „Frauen und Kirche“ nennen 83% der Katholikinnen, die aktiv in der Pfarrgemeinde mitarbeiten, die eigene Freude an den betreffenden Tätigkeiten als wichtige Motivation. Am zweithäufigsten wurde von 62% der Wunsch nach einer sinnvollen Aufgabe genannt, 59% wollen anderen Menschen helfen, 55% sehen in ihrem Engagement eine Chance, mehr Kontakte zu den Leuten in der Gemeinde zu bekommen.[113] Als Schlußfolgerung heißt es in der Studie:

> „Individuelles Engagement baut nicht in erster Linie auf Opfermentalität, sondern auf der Freude an den gestellten Aufgaben, der Überzeugung, die eigenen Kräfte und Fähigkeiten sinnvoll einbringen zu können, dem Wunsch, anderen zu helfen und durch dieses Engagement auch selbst verstärkt Kontakte zu gewinnen.“[114]

Weiters wurde von 45% der Frauen angegeben, daß sie sich für die Kirche einsetzen möchten, bzw. etwas für ihren Glauben tun möchten. 37% nennen

111 vgl. Putz, Hans: Unveröffentl. Alters- und Berufsstatistik der Pfarrgemeinderäte, Referat für Pfarrgemeinderäte der Diözese Linz, Linz 1992.

112 Diese Klage hörte ich bei einem von mir in einer oberösterreichischen Pfarrgemeinde am 10.3.1994 gehaltenen Bildungsabend zum Thema:"Ein Mann ein Wort, eine Frau ein Wörterbuch – oder wie es in Wirklichkeit ist. Das unterschiedliche Gesprächsverhalten von Männern und Frauen."

113 vgl. Sekretariat der Deutschen Bischofskonferenz (Hg.): Frauen und Kirche...a.a.O. 159.

114 ebenda.

den Zeitfaktor als Motivationsgrund („weil ich genügend Zeit dafür habe"), immerhin 35% geben an, daß sie „etwas verändern möchten".[115]
Interessant ist, daß die Allensbacher Studie das vorurteilsbehaftete Bild von der kirchlich engagierten Frau als „Heimchen am Herd" relativiert:

„Frauen, die sich kirchlich engagieren, sind generell überdurchschnittlich aktiv und zur Mitwirkung bereit, nicht nur im kirchlich-sozialen, sondern auch im politischen und kommunalen Bereich. Weitaus mehr als andere Frauen haben sie bereits an Unterschriftenaktionen, Hilfsaktionen, Partei- und Bürgerversammlungen teilgenommen, an konkreten kommunalen Projekten mitgearbeitet oder auch private Aktivitäten wie Nachbarschaftstreffen organisiert."[116]

Die kirchlich engagierten Frauen sind im Vergleich zum Gesamt der katholischen Frauen selbstbewußter und überdurchschnittlich bereit, Verantwortung zu übernehmen. Sie sind stärker religiös und sozial motiviert, was sich unter anderem darin zeigt, daß ihnen Werte wie Hilfsbereitschaft, Einsatz für soziale Gerechtigkeit, Frieden und Toleranz gegenüber AusländerInnen und Andersdenkenden signifikant mehr bedeuten als dem Durchschnitt aller Katholikinnen. 35% aller Katholikinnen, aber 58% der kirchlich engagierten möchten sich dafür einsetzen, eine bessere Gesellschaft zu schaffen.
Eine Tatsache, auf die sowohl Ballhausen u.a. als auch die Allensbacher Studie hinweisen, ist das divergente Bild der kirchlich engagierten Frauen. So schreiben Ballhausen u.a.:

„Insgesamt ergibt sich aus der Vielzahl kirchlicher Arbeitsbereiche und Institutionen ein vielfältiges, oft auch widersprüchliches Bild. Sowohl bei den Kirchen als auch bei den mitarbeitenden Frauen selbst, findet sich eine breite Skala von Einstellungen und Tendenzen, die zwischen konservativen, am Leitbild der dienenden Frau orientierten Werten und Positionszuschreibungen auf der einen Seite und einem Aufbruch in die 'feministische Theologie' ... auf der anderen oszillieren."[117]

Die Allensbacher Studie bringt Interviewausschnitte mit Frauen, die ebenfalls die Heterogenität der kirchlich engagierten Frauen zum Ausdruck bringen:

„Ich würde da mal zwei Grundtypen versuchen zu charakterisieren: Das eine ist der Helfertyp, der immer außerordentlich liebenswürdig, unaufdringlich, aber immer zur Stelle ist, wenn es notwendig ist, wenn es in der Kirche etwas zum Helfen gibt, sei es beim Kuchenverkaufen, sei es beim Nähen von Meßdienergewändern, ... Und die jüngeren Frauen in der Kirche, sagen wir mal alle unter 50 Jahren, die haben ein wesentlich größeres Selbstbewußtsein, lassen sich in der Kirche weder das Maul verbieten noch allzuviel sagen ... die Frauen, die noch jünger sind (Frauen unter 40) ... Diese Frauen bringen sich ein, wenn sie eine Gruppierung finden, in der sie sich akzeptiert fühlen, in der sie ihre Fähigkeiten in irgendeiner Weise auch ausleben können, und die ziehen sich in dem

115 vgl. ebenda, 160.
116 ebenda, 170.
117 vgl. Ballhausen, Anne u.a.: Engagement in der Öffentlichkeit ...a.a.O. 38.

Moment zurück, in dem sie bevormundet werden, und dann sagen sie, ich finde auch noch andere Gruppierungen, die kein Kirchendach über sich haben."[118]

Wenn in den letzten Abschnitten vor allem traditionelle Formen von Frauenpartizipation dargestellt wurden, so soll es im folgenden um die in den letzten Jahrzehnten neu entstandenen politischen Partizipationsformen gehen, die sowohl im kirchlichen Bereich als auch in den sozialen und politischen Tätigkeitsfeldern zu finden sind.

3.3.3. Öffentliches Engagement von Frauen in autonomen Frauenvereinen, Selbsthilfegruppen und BürgerInneninitiativen

In den letzten 20 Jahren entwickelten sich neben den traditionellen Parteien und Gewerkschaften neue soziale Bewegungen, zu denen die Bürgerinitiativ-, Ökologie-, Friedens-, Selbsthilfe- und autonome Frauenbewegung zu zählen sind und die alternative, basisdemokratische Partizipationsformen hervorbrachten.
Ihren Anfang nahmen diese neuen Formen politischer und sozialer Beteiligung mit der StudentInnenbewegung und der außerparlamentarischen Opposition der späten 60er Jahre. Außerhalb der Herrschafts- und Integrationszusammenhänge von Parteien und staatlichen Institutionen entstanden politische Willens- und Meinungsbildung sowie Protestaktionen „von unten".[119]
Als Gemeinsamkeit im politischen Handeln der neuen sozialen Bewegungen lassen sich Prinzipien wie Selbstorganisation, basisdemokratische Ansätze, das Zusammendenken von Selbstveränderung und Gesellschaftsveränderung, Strategien der „direkten Aktionen" und Dezentralisierung feststellen.[120] Zusätzlich zu diesen Prinzipien kommt es zu einer Ablehnung des in traditionellen Politikformen herrschenden Prinzips der Stellvertreterpolitik. Statt dessen wird das Engagement aus Betroffenheit und „das Handeln in eigener Sache" zu einem wichtigen Motivationsfaktor.[121] Ausgehend von der autonomen Frauenbewegung werden traditionelle Unterscheidungen, wie die zwischen „politisch" und „sozial" sowie zwischen „Privatheit" und „Öffentlichkeit", in Frage gestellt und durch ein neues Politikverständnis verbunden. Interessant ist nun, daß die Beteiligung von Frauen in den neuen sozialen Bewegungen und somit in den neuen Formen politischer Partizipation anteilsmäßig wesentlich höher ist, als in den bereits dargestellten traditionellen Bereichen.[122] Laut Ballhausen-Studie sind dafür zwei Gründe aus-

118 Sekretariat der Deutschen Bischofskonferenz (Hg.): Frauen und Kirche...a.a.O. 172.

119 vgl. Brand, K.-W. u.a.: Aufbruch in eine andere Gesellschaft. Neue soziale Bewegungen in der Bundesrepublik Deutschland. Frankfurt 1983; zit. in: Ballhausen, Anne u.a.: Engagement in der Öffentlichkeit...a.a.O. 49.

120 vgl. ebenda.

121 vgl. ebenda.

122 vgl. ebenda, 66.

schlaggebend: zum ersten die schon in 3.2. angesprochene Verweigerungshaltung von Frauen den traditionellen, staatlich und institutionell gebundenen Partizipationsformen gegenüber und zweitens das Bedürfnis von Frauen, in der Gruppe, in der sie sich engagieren, als Person vorzukommen und wahrgenommen zu werden.[123] Letzteres erscheint in einer kleinen, überschaubaren Initiativgruppe leichter als in einer Großorganisation wie einer Partei. Viele Frauen meinen, sie könnten hier ihre Ideen und Vorstellungen durch das basisdemokratische Prinzip direkter und einfacher zum Ausdruck bringen und durchsetzen.[124] Im österreichischen Frauenbericht von 1985–1990 werden die neuen basisdemokratischen Fraueninitiativen als „Reaktion auf die hierarchischen und weitgehend frauenfeindlichen Strukturen traditioneller politischer Einrichtungen“[125] gedeutet. Viele Frauen wollen nicht länger ihre Interessensvertretung an männerdominierte Institutionen delegieren, sondern diese selber wahrnehmen. Eine Folge davon ist, daß es zu politischen Zusammenschlüssen von Frauen außerhalb der Parteien und über die Parteigrenzen hinaus kommt. So entstehen zu bestimmten politischen Fragen Netzwerke und Frauenforen von parteinahen Frauen und autonomen Frauengruppen.
Anders als in der Kommunalpolitik handelt es sich bei BürgerInneninitiativen aber meist um ein zeitlich begrenztes Engagement mit einer konkreten Zielsetzung. Beides kommt, wie die Allensbacher Studie zu „Frauen und Kirche“ zeigt, den Interessen von Frauen entgegen:

> „Die Bereitschaft, kurzfristige, inhaltlich exakt abgegrenzte Aufgaben zu übernehmen, ist auch heute relativ groß, während es immer schwieriger wird, Unterstützung für langfristige Aufgaben zu finden, die es erfordern, daß der einzelne sich für einen größeren Zeitraum festlegt.“[126]

Ein andere Form des öffentlichen Frauenengagements zeigt sich, wie schon in 3.2.1. angedeutet, in den Selbsthilfegruppen. Diese können durch folgende Merkmale von anderen Gruppen unterschieden werden:

123 vgl. ebenda.

124 Auch Ingrid Bauer spricht in ihrer Studie zur Frauenorganisation der Salzburger SPÖ davon, daß Frauen in ihrer „'weiblichen' Hoffnung auf 'Effektivität'“ auf "basisdemokratische Organisationsformen und Arbeitsweisen“ setzen, in der Meinung, daß ihnen diese „die Gewähr und die individuell erfahrbare Gewißheit bieten, sich einbringen zu können". vgl. Bauer, Ingrid: Eine Chronologie...a.a.O. 5.

125 Feigl, Susanne: Frauen in Österreich 1985–1990...a.a.O. 79.

126 Sekretariat der Deutschen Bischofskonferenz (Hg.): Frauen und Kirche...a.a.O. 154.

„– Betroffenheit durch ein gemeinsames Problem,
– keine oder geringe Mitwirkung professioneller Helfer,
– keine Gewinnorientierung,
– gemeinsames Ziel: Selbst- und/oder soziale Veränderung,
– Arbeitsweise: Betonung gleichberechtigter Zusammenarbeit
und gegenseitiger Hilfe."[127]

Die Gruppenmitglieder sind großteils unter 40 und weiblichen Geschlechts. 81% der Gruppen begreifen sich als Ergänzung zum professionellen System, 11% sehen in der Selbsthilfe einen Protest gegen dieses System.[128]
Zur Erhebung dessen, was die Selbsthilfegruppen den Mitgliedern bedeuten, führen Ballhausen u.a. Untersuchungsergebnisse aus anderen Studien an, die möglicherweise auch erklären, warum Frauen in den Gruppen überwiegen:

„– ernstgenommen werden/sich öffnen können (55%)
– Isolation aufbrechen (51%)
– Information und praktische Hilfe (43%)
– Selbstbewußtsein/Kraft (32%)"[129]

Die Erfahrung der Offenheit und der Möglichkeit, tabuisierte Themen zu besprechen sowie das Erleben von Frauensolidarität findet sich neben den Selbsthilfegruppen auch in jenen Fraueninitiativen, -projekten und -gruppen, die sich zur neuen autonomen Frauenbewegung zählen. In diesem Bereich öffentlich-politischen Frauenengagements brechen Frauen bewußt aus den traditionell vorgegebenen Rollen aus und definieren ihr Selbstverständnis als auch ihr Verständnis von politischem Engagement neu und eigenständig. Zudem stellt sich in diesen Gruppen und Initiativen die Frage der Macht- und Hierarchieverteilung ähnlich wie in den Selbsthilfegruppen neu. Zur Sozialstruktur der in Initiativen der Frauenbewegung tätigen Frauen heißt es bei Ballhausen u.a.:

„Die Basis der Bewegung bilden im wesentlichen jüngere Frauen zwischen 20 und 40, die aufgrund höherer Bildungs- und Berufsqualifikationen relativ problembewußt sind, und die komplexe, untypische Lebensmuster aufweisen."[130]

Die Art des Engagements reicht von dem Aufbau und der Mitarbeit in autonomen Frauenzentren, die sich als Kommunikations-, Informations- und Bildungsorte für Frauen verstehen, über die Mitarbeit in Frauenhäusern, in Frauenberatungsstellen, Frauenprojekten zum Wiedereinstieg ins Berufsleben oder alternativen Frauenbetrieben, Frauenbuchläden und Frauenmitfahrzentralen. Darüber hinaus gibt es in den unterschiedlichen Berufsgruppen

127 Ballhausen, Anne u.a.: Engagement in der Öffentlichkeit...a.a.O. 50f.
128 vgl. ebenda, 327f.
129 ebenda, 52.
130 ebenda, 55.

solidarisierende Frauengruppen und überregionale Netzwerke zur politischen, beruflichen und persönlichen Stärkung von Frauen.[131]

Was die Motivationen von Frauen, die sich in autonomen Frauengruppen und -projekten engagieren, betrifft, meinen Ballhausen u.a., daß der Wunsch nach Gegenentwürfen entscheidend sei. Die Zusammenschlüsse von Frauen sollen einen selbstbestimmten Raum bieten, „der sich in Stil und Kommunikationsstruktur deutlich von den Erfahrungen in der 'Männerwelt' und den 'gemischten' Vereinen, Parteien etc. unterscheiden soll."[132]

Das Problem dieser Gruppierungen besteht in der Nischenbildung mit ihrer Tendenz zur Abschottung nach außen. Mittlerweile wird dies auch in der feministischen Wissenschaft diskutiert und Carol Hagemann-White kommt z.B. zu folgendem Schluß:

> „Solange Frauen zwar in kleinen Gruppen 'gemeinsam stark' sind, jedoch von einer Beteiligung an gesellschaftlicher Politik ausgeschlossen sind/sich ausschließen, können Strategien, Zielsetzungen oder gemeinsame Fraueninteressen kaum zur Durchsetzung gelangen."[133]

Was die Entwicklung politischer Ideen und ihre Durchsetzung in den konkreten Institutionen betrifft, ist also nur die Vernetzung von autonomen Frauengruppen mit partei- und gewerkschaftspolitisch sowie kirchlich engagierten Frauen zukunftsweisend.

3.4. Politisches Desinteresse und Inaktivität von Frauen im öffentlich-politischen Geschehen

Wenn in den Abschnitten 3.1. und 3.2. das Augenmerk auf die öffentlich-politische Partizipation von Frauen gelenkt wurde, dann darf damit nicht jener

131 Was den theologisch-kirchlichen Bereich angeht, so gibt es in Österreich beispielsweise seit 1986 das kirchenunabhängige "Österreichische Frauenforum Feministische Theologie", das die Vernetzung religiös, theologisch, feministisch und politisch interessierter Frauen in Österreich anstrebt. Ziele dieses Vereins sind: "Unterstützung von Frauen, die in christlichen Kirchen beruflich oder ehrenamtlich tätig sind; Förderung und Weiterführung feministisch theologischer Arbeit und Forschung; Diskriminierung von Frauen in theologischen Arbeits- und kirchlichen Praxisfeldern öffentlich zu machen und zu bekämpfen; Einsatz für frauenspezifische Interessen gegenüber gesellschaftlichen Institutionen; Förderung der kirchlichen und gesellschaftlichen Anerkennung von lesbischen Lebensformen." vgl. Infoblatt des Österreichischen Frauenforums feministische Theologie, hg. vom Verein Österreichisches Frauenforum Feministische Theologie, Postfach 694, A-6021 Innsbruck, 1993, 2.

132 Ballhausen, Anne u.a.: Engagement in der Öffentlichkeit...a.a.O. 340.

133 Hagemann-White, Carol: Zum Verhältnis von Geschlechtsunterschieden und Politik, in: Kulke, Christine (Hg.): Rationalität und sinnliche Vernunft. Frauen in der patriarchalen Realität, Berlin 1985, 150f.

von MeinungsforscherInnen und SoziologInnen mehrfach betonte Hinweis auf den derzeit stattfindenden Image- und Bedeutungsverlust von Politik und Demokratie verdrängt werden. Realität ist, daß zur Zeit das Interesse der gesamten Bevölkerung an politischer Partizipation relativ gering ist und gesamtgesellschaftlich von einem Entpolitisierungsprozeß gesprochen werden kann.[134]

So vielschichtig die Motivationen von Frauen sind, sich an politischen Prozessen aktiv zu beteiligen, so vielschichtig sind vermutlich auch die Gründe von Frauen, selbiges nicht zu tun. Bewußte, weltanschaulich begründete Verweigerung oder fehlende Handlungsalternativen zu einer nicht reflektierten Passivität können die Gründe für Inaktivität und politisches Desinsteresse sein.

Nicht reflektierte politische Inaktivität steht oft in engem Zusammenhang mit geringem Bildungsstand, einem fehlenden Wissen über Möglichkeiten des Sich-Einmischens und Mitbestimmens sowie einem geringen Selbstbewußtsein und der fehlenden Gewißheit, auch als Frau etwas zu sagen zu haben.

Frauen dagegen, die sich bewußt verweigern, hängen nicht selten Weltanschauungen an, die Kritik an politischem Veränderungswillen und an traditioneller Demokratie üben. Zur Illustration sei folgende Aussage einer Frau zitiert: „Ich interessiere mich nicht für Politik. Denn wirkliche Veränderung kann nur vom einzelnen ausgehen und im Bewußtsein des einzelnen stattfinden. Alles andere bewirkt nichts.“[135]

Diese Haltung liegt jener des New Age sehr nahe, welche das dialektische Verhältnis von Welt und Menschen leugnet und in der reinen Bewußtseinsänderung den Schlüsssel zur Überwindung heutiger Krisen sieht.[136] Die Hoffnung auf den „Quantensprung“ durch die „Transformation des Bewußtseins“ ist eine Folge dieses Denkens und reduziert gesellschaftliches Engagement auf das Warten und auf die Arbeit an der subjektiven Veränderung.

Damit werden jede zielgerichtete Strukturveränderung und jeder Kampf um neue, gerechtere Gesetze in Frage gestellt. Daß es vielfach Frauen sind, die sich von esoterischer Spiritualität und Denkweisen des New Age angezogen fühlen, muß von einer feministisch-politischen Bildungsarbeit ernstgenommen werden.

Anders als öffentlich-politisches Engagement kommt esoterische Spiritualität dem Individualismus und dem aktuellen Rückzug ins Private entgegen. Die Lust an der Errettung des eigenen Lebens, der eigenen Seele, der Drang nach

134 vgl. Sekretariat der Deutschen Bischofskonferenz (Hg.): Frauen und Kirche...a.a.O. 89; sowie Wölflingseder, Maria: Gesellschaftliche Veränderung... a.a.O. 80.
Das gesellschaftlich rückläufige Interesse an Politik dokumentiert auch die neueste österreichische Jugendstudie zu dieser Thematik. vgl. Österreichisches Institut für Jugendforschung (Hg.): Zwischen Engagement und Emigration. Jugend und Politik, 2., erweiterte und um die Ergebnisse der quantitativen Untersuchung ergänzte Auflage, Wien 1994.

135 Freies Zitat aus dem Gespräch mit einer Bekannten, während der Erstellung dieser Arbeit.

136 vgl. Wölflingseder, Maria: Gesellschaftliche Veränderung... a.a.O. 11.

Selbstverwirklichung und Selbstentfaltung werden zur Konkurrenz für die Lust an der Politik, am Engagement für das Gemeinwohl. Seit einiger Zeit wird in der Wissenschaft in diesem Zusammenhang von einer „neuen Innerlichkeit“ gesprochen.[137]
Die Wurzeln für diesen „Rückzug aus der materiellen Welt des Ökonomischen und Politischen“[138] liegen sowohl in der von Ulrich Beck konstatierten „Risikogesellschaft“[139] mit ihrer steigenden ökologischen und atomaren Lebensbedrohung als auch – damit zusammenhängend – in dem stetig wachsenden Leistungs-, Konkurrenz- und Konsumdruck, der Spezialisierung und Zersplitterung von Wissenschaft, Wirtschaft, Politik und Gesellschaft.[140] Ohnmachtsgefühle und Zukunftsängste sowie Gefühle der Sinnlosigkeit und Unzufriedenheit mit dem Leben sind Folgen dieser gesellschaftlichen Situation. Maria Wölflingseder verweist auf eine Untersuchung, die einen Zusammenhang zwischen Atomangst und Rauschmittelkonsum feststellt: Je ausgeprägter die Atomangst der Befragten war, desto häufiger griffen sie zu Alkohol und anderen Drogen. Wölflingseder zählt „auch die verschiedenen Beschäftigungen im Rahmen der neuen Innerlichkeit“ zu den Rauschmitteln.[141]
Die angesproche ‘Wende nach innen’ läßt sich heute bei vielen Frauen und Männern, die auf der Suche nach Lebenssinn, Geborgenheit und Identität sind, feststellen. Die zunehmende Nachfrage nach Meditations- und Selbsterfahrungsgruppen, nach bewußtseinserweiternden, spirituellen oder okkultischen Gruppen sind ein Indikator dafür.
Ein Grund für diesen Trend nach innen liegt auch darin, daß die Hoffnung auf Veränderungen im kleinen Bereich des eigenen Lebens, der eigenen Persönlichkeit realistischer und persönlicher Wandel für den/die einzelne/n machbarer erscheinen, als Veränderungen im gesellschaftlichen oder globalen Zusammenhang. Je größer die Ohnmachtsgefühle den ökonomischen und politischen Strukturen gegenüber sind, umso mehr sinkt die Motivation, sich politisch zu engagieren. Während in bezug auf die eigene Persönlichkeit relativ leicht Fortschritte und Erfolge der Veränderung und Weiterentwicklung verzeichnet werden können, müssen sich politisch Engagierte immer mit den Grenzen ihres Tuns, mit Erfolglosigkeit konfrontieren. Selbst eine noch so aktive Umweltschutzgruppe wird die globalen Zerstörungen der Natur durch ihr Tun nicht aufhalten können. Die Erfahrung, etwas mit dem eigenen Tun bewirken und in eine positive Richtung verändern zu können, gehört zu den wesentlichen Motivationsfaktoren für politisches Engagement. Historisch

137 vgl. Reimer, Hans-Dieter: Neue Frömmigkeit in den Kirchen und ihr Verhältnis zur New-Age-Bewegung, in: Hemminger, Hansjörg (Hg.): Die Rückkehr der Zauberer – New Age – eine Kritik, Reinbek bei Hamburg 1987, zit. in: Wölflingseder, Maria: Gesellschaftliche Veränderung...a.a.O. 80.

138 Richter, Horst-Eberhard: Psychologie des Friedens, zit. in: Wölflingseder, Maria: Gesellschaftliche Veränderung... a.a.O. 82.

139 vgl. Beck, Ulrich: Risikogesellschaft...a.a.O.

140 vgl.Wölflingseder, Maria: Gesellschaftliche Veränderung... a.a.O. 82.

141 vgl. ebenda, 83.

betrachtet können Frauen weniger auf diese Erfahrung zurückgreifen als Männer, die in den öffentlich-politischen Bereichen stärker die entsprechenden Machtpositionen innehatten und also in ihrem Sinne handeln konnten.
Frauen dagegen fühlen sich in den Formen neuer Innerlichkeit mächtig, denn alte Weiblichkeitsbilder bestärken Frauen darin, besonders intuitiv und im Gefühlsbereich kompetent zu sein. Aus diesen Gründen ist es nicht verwunderlich, daß viele Frauen als astrologische Lebensberaterinnen und psychologisch-spirituelle Lehrmeisterinnen in esoterischen Kreisen zu finden sind oder anders gesagt, daß Frauen für Weltanschauungen, die Innerlichkeit und Gefühlsleben als Kontrapunkt zu traditioneller politischer Veränderung betonen, empfänglich sind.
Was feministische Wissenschaftlerinnen wie Christina Thürmer-Rohr im Zusammenhang mit den Entwicklungen feministischer Richtungen feststellten, nämlich einen sich ausbreitenden Psychologismus, Therapismus und Egozentrismus[142], läßt sich auch gesamtgesellschaftlich feststellen. Die Einstellung der Frauen veränderte sich im Zuge zunehmender Individualisierung von einem „Sorgen für andere" zu einem „Sorgen für sich". Individuelle Glücksoptimierung und Selbstbestimmung haben für Frauen heute einen wesentlich höheren Stellenwert als für ihre Mütter- und Großmüttergeneration. Gertrud Casel stellt dazu fest:

„Ein Denken in Kosten-Nutzen-Kategorien, funktional in unserer Gesellschaft und Wirtschaft und fest verankert in ungeschriebenen Lehrplänen, hat mit Verzögerung auch die Frauen eingeholt."[143]

Ein der neuen Innerlichkeit ähnlicher entpolitisierender Weg, der Frauen von politischem und öffentlichem Engagement abhält, ist der vielfach beobachtbare Rückzug in die Privatsphäre. Die Wiener Pastoraltheologin Maria Widl bezeichnet dies im Gegensatz zu den obigen Formen der „emotionalen Innerlichkeit" als „soziale Innerlichkeit":

„Das Familienleben steht hoch in Kurs, man legt Wert auf die Ausgestaltung der Wohnumgebung, sucht im Privatbereich Ausgleich und Entschädigung für die Defizite der Arbeitswelt, beginnt die Arbeit der Hausfrau und Mutter neu zu schätzen. Diese Abschließ-Tendenzen zeigen sich auch gesellschaftlich als Heimatgefühl, Nationalbewußtsein und Mißgunst gegenüber Ausländern."[144]

Für Frauen, die sich dieser „sozialen Innerlichkeit" verschreiben, zählt Politik zur kalten Außenwelt, die sie lieber meiden und den Männern oder anderen Frauen überlassen.

142 vgl. 1.2.2.1.3. Selbsterfahrung-Therapismus-Egozentrismus.
143 Casel, Gertrud: Frauen und Kirche in Diskussion, in: Stimmen der Zeit, Bd.211, 118.Jg.(1993), 758.
144 Widl, Maria: Wendezeit? Überlegungen zur "neuen Innerlichkeit" zit. in: Wölflingseder, Maria: Gesellschaftliche Veränderung... a.a.O. 83.

Ein anderer wichtiger Aspekt für die Distanz von Frauen zu politisch-öffentlichem Engagement ist die durch Berufs-, Familien- und Hausarbeit entstehende Zeitknappheit. Mangelnde Zeit ist laut Ballhausen-Studie auch bei engagierten Frauen immer wieder ein Grund für den Rückzug.
Abschließend läßt sich feststellen, daß wir gegenwärtig mit Phänomenen konfrontiert sind, welche öffentlich-politisches Engagement von Frauen vielfach hemmen. Die lähmenden Bedrohungen der Risikogesellschaft, moderner Egozentrismus und Hedonismus, emotionale und soziale Innerlichkeit sowie Materialismus prägen die Grundhaltungen der Menschen und wirken sich auf die Einstellung der Frauen zu Politik und öffentlichem Engagement wenig förderlich aus, weshalb es auch in einer Zeit des gestiegenen Selbstbewußtseins von Frauen viele gibt, die sich aus der Politik heraushalten oder Desinteresse bekunden.

3.5. Zusammenfassung und Folgerungen für eine feministisch-politische Bildungsarbeit

Die in diesem Kapitel beschriebene Vielfalt von Frauenengagement in den verschiedenen politischen Feldern macht deutlich, daß Frauen nicht generell der Vorwurf von Inaktivität in öffentlichen Bereichen gemacht werden kann, und daß sich die Rede vom politischen Desinteresse der Frauen auf alte geschlechtsrollenstereotype Vorurteile einerseits sowie auf einen engen Politikbegriff andererseits gründet. Demgegenüber kann bei einem Großteil der Frauen von einem ausdrücklichen Beteiligungs- und Gestaltungswillen im außerhäuslichen und -familiären Bereich gesprochen werden, der sich allerdings auf sehr unterschiedliche Weise ausdrückt. Wenn in 3.1. die von Elisabeth Beck-Gernsheim konstatierten drei Suchmuster für weibliche Lebensmodelle in der modernen Gesellschaft beschrieben wurden, so zeigten sich diese auch indirekt in den im übrigen Kapitel dargestellten Partizipationsformen von Frauen. Für die erste Gruppe von Frauen bedeutet politisches Engagement den Einstieg in bisher männlich dominierte, staatlich-zentrierte politische Institutionen wie Parteien und Gewerkschaften und die Beteiligung an den Aktivitäten dieser Institutionen. Die zweite, wesentlich größere Gruppe von Frauen zieht das öffentlich-soziale Engagement in sozial-caritativen und kirchlichen Bereichen vor und bewegt sich damit in einem gesellschaftlich den Frauen zugedachten Feld. Die dritte Gruppe von Frauen findet sich eher in basisdemokratischen Partizipationsformen, wie BürgerInneninitiativen, Selbsthilfegruppen, feministischen Initiativgruppen etc., und strebt mit diesen neuen Partizipationsformen auch nach einem neuen Frauenbild und einer Verbindung von politischem und sozialem Handeln. Die vierte Gruppe der dezidiert politisch inaktiven und desinteressierten Frauen kann als Symptomträgerin der aktuellen gesellschaftlichen und auch für Frauen stark spürbaren Orientierungslosigkeit in der Suche nach sinnvollen Lebensmustern gesehen werden. Die Frage nach der Sinnhaftigkeit und dem Erfolg sozialen, politischen Handelns in der Öffentlichkeit stellt sich zwar auch den Frauen in den anderen drei Gruppen, sie wird von dieser Gruppe besonders stark aufgeworfen.

Feministisch-politische Bildungsarbeit sieht sich also einer Pluralisierung weiblicher Denk- und Lebensformen in bezug auf Politik gegenüber und muß dieser Tatsache insofern Rechnung tragen, als sie nicht voreilig von einem Ideal ausgehen darf. Feministisch-politische Bildungsarbeit muß Hilfestellung bieten in der Orientierungssuche von Frauen und die unterschiedlichen – auch sehr subjektiven – Bedürfnisse ernstnehmen. Selbst dann, wenn eine Gruppe kirchlich oder parteipolitisch engagierter Frauen miteinander arbeitet, ist aufgrund der beschriebenen Ungleichzeitigkeiten mit einer Vielfalt von Lebensmodellen und Einstellungen zu rechnen, weshalb feministisch-politische Bildung Verständigungsarbeit zu leisten hat und zum Schwesternstreit, d.h. zu weiterführendem Konfliktverhalten befähigen muß. Verständigungsbereitschaft, Offenheit und Toleranz sind eine Voraussetzung für die frauenpolitisch wichtige Vernetzung von Frauen aus den unterschiedlichen Bereichen, die zur Durchsetzung von feministisch-politischen Interessen von Frauen nötig ist.

Ein weiteres Ergebnis des dritten Kapitels besteht in dem Aufweis, daß das Verhältnis von Frauen zu Politik und öffentlichem Engagement von den gesellschaftlich herrschenden Bedingungen geprägt ist. Obwohl aufgrund der verbesserten Bildungssituation für Frauen auch deren politisches Interesse in den letzten Jahrzehnten ständig gestiegen ist, muß nach wie vor eine drastische Unterrepräsentanz von Frauen in politischen Führungspositionen und damit eine politische Machtlosigkeit von Frauen festgestellt werden. Die Gründe dafür liegen zum einen in der Distanz von Frauen zu parteipolitischen Aktivitäten, in ihrer Skepsis gegenüber den männerbündischen Strukturen der Parteien, zum anderen in dem Netz von Hindernissen und Hürden, die gesellschaftlich und institutionsintern Frauenbeteiligung bremsen bzw. auf andere, außerparteiliche Felder lenken.

Als ein entscheidender Ausgangspunkt für das Verhältnis von Frauen und Politik ist die mit der Industrialisierung entstandene „duale Ökonomie“ mit ihrer geschlechtsspezifischen Arbeitsteilung und der Zuordnung der Frauen zur Reproduktionsarbeit im privaten, häuslichen Bereich zu sehen. Die geschlechtsspezifische Arbeitsteilung wurde zum Strukturprinzip der modernen Gesellschaft und geht nicht nur einher mit geschlechtsrollenstereotyper Sozialisation sondern auch mit einer minderen Bewertung der weiblichen Geschlechtsrollenstereotypen und einer Höherbewertung der männlichen. Als Folge davon haben Frauen, die sich öffentlich politisch engagieren, mit Diskriminierungen in verschiedenen Formen zu rechnen. Dies zeigt u.a. die Studie von Marianne Horstkötter, in der die befragten Frauen zwischen offener Diskriminierung in Form öffentlicher Abqualifizierung und unterschwelliger Diskriminierung aufgrund von Vorurteilen und Machtinteressen beteiligter Männer unterscheiden.

Die Verinnerlichung der patriarchalen Bewertungsmuster bewirken bei Frauen mangelndes Vertrauen in die eigenen Fähigkeiten und die in 3.2.1.1. beschriebene „Ich-kann-nicht"-Haltung. Die „gelernte Hilflosigkeit" ist gepaart mit der Angst vor Überforderung, dem Gefühl, nicht sachkompetent genug zu sein sowie mit der Angst vor Unabhängigkeit. Das politische Verhalten von Frauen ist – mit Paulo Freire gesprochen – vielfach geprägt von einem unterdrückten Bewußtsein, das das Bild der Unterdrücker verinnerlicht hat.
Neben diesen innerpsychischen Hürden, sich frei und selbstbewußt an der politischen Öffentlichkeit zu beteiligen, gibt es für Frauen innerhalb patriarchaler Institutionen ein strukturelles Hürdennetz, das ebenfalls als Folge der „dualen Ökonomie" zu betrachten ist. So zeigen etwa die Forschungen von Sieglinde Rosenberger und Gerda Neyer, wie die in Österreich herrschenden politischen Strukturen anfänglich unter Ausschluß der Frauen von Männern errichtet wurden und wie schwer es für Frauen nach wie vor ist, innerhalb dieser Strukturen Fuß zu fassen. Solche strukturellen Hürden sind beispielsweise das Prinzip der Permanenz der Mandate und die institutionalisierte Zuarbeiterinnenrolle der Frauen. Letztere betrifft allerdings nicht nur die Parteien, sondern alle gesellschaftlichen Institutionen, selbst jene sozialen und kirchlichen Vereine, wo der überwiegende Teil der MitarbeiterInnen Frauen sind. Je höher und prestigehaltiger die Positionen innerhalb der Institutionen sind, desto weniger Frauen sind dort zu finden. So hat auch die politisch-öffentliche Beteiligung von Frauen oft große Nähe zur häuslichen Reproduktionsarbeit.
Da in den letzten Jahrzehnten die Berufstätigkeit der Frauen stark zugenommen hat, gleichzeitig aber die Reproduktions- und Erziehungsarbeit weiterhin zum Großteil von den Frauen erwartet wird, sehen sich viele Frauen mit dem Phänomen der Doppel- und Dreifachbelastung konfrontiert, was in bezug auf öffentlich-politisches Engagement Zeitmangel sowie in vielen Fällen eine negative Einstellung der Ehepartner und Lebensgefährten zum Engagement der Frauen mit sich bringt. Auch hier wirkt sich die geschlechtsspezifische Zuteilung der dualen Ökonomie als Strukturprinzip einschränkend auf den Beteiligungswillen von Frauen aus.
Aus dem Gesagten ergibt sich, daß das Verhältnis von Frauen und traditionellen staatlich-gebundenen Politikformen zu einem gewissen Grad von einer gegenseitigen Verweigerung gekennzeichnet ist. Mit Rossanna Rossanda läßt sich hinter dieser Verweigerung sowohl eine Krise der traditionellen Politik als auch eine Kritik der Frauen an dieser Politik vermuten.
Größer ist der Frauenanteil noch immer im sozialen und kirchlichen ehrenamtlichen Engagement, auch wenn die Bindungsbereitschaft an langfristige ehrenamtliche Tätigkeiten in den letzten Jahren allgemein rückläufig ist. Diese Formen öffentlichen Engagements bringen den Frauen zwar wenig an Prestige und stoßen kaum auf öffentlich-mediales Interesse, es bestehen für die Frauen hier aber auch weniger Hindernisse, da soziale und kirchliche Arbeit dem traditionellen weiblichen Geschlechtsrollenstereotyp weitgehend entsprechen.

Dies trifft vor allem dann zu, wenn die von den Frauen verrichteten Tätigkeiten in den Bereich der Betreuungs- und Pflegearbeiten fällt.
Anteilsmäßig groß im Vergleich zu Männern ist die Partizipation von Frauen auch in den neuen sozial-politischen, ökologischen und feministischen Bewegungen. Frauen waren von Anfang an beteiligt an der Entwicklung dieser neuen politischen Formen.
Die beiden letztgenannten Bereiche von Frauenengagement verweisen auf die Frage, ob Frauen von politisch-öffentlichem Engagement letztlich nicht doch mehr erwarten, als dies die traditionellen Politikformen derzeit zu bieten haben. Die Ergebnisse von Anne Ballhausen u.a. zeigen jedenfalls deutlich, daß Frauen weniger zwischen sozialem und politischem Engagement trennen, und daß Frauen auch soziale Arbeit als wesentlichen Beitrag zur Veränderung der Gesellschaft in Richtung auf mehr Humanität hin verstehen.
Was ergibt sich nun aus dem Gesagten für eine feministisch-politische Bildungsarbeit?
Eine unverzichtbare Aufgabe feministisch-politischer Bildungsarbeit ist es, die jeweils aktuellen gesellschaftlichen, institutionell-strukturellen und psychischen Hürden zu analysieren, die Frauen hindern, sich an der politischen Veränderung der Gesellschaft, an der Durchsetzung ihrer Interessen zu beteiligen. Dies erscheint insofern notwendig, als damit die Defizitthese traditioneller Politikwissenschaft widerlegt werden kann und sich die Frauen von der einseitigen Schuldzuweisung, sie seien eben zuwenig politisch interessiert und aktiv, befreien können.
Ein Hauptinteresse feministisch-politischer Bildungsarbeit muß nach dem oben Gesagten in der Hinterfragung der geschlechtsspezifischen Arbeitsteilung liegen. Solange Frauen nicht von der Hauptlast der Reproduktions- und Erziehungsarbeit befreit sind, solange es nicht selbstverständlich ist, daß sich beide Geschlechter in gleicher Weise an der dualen Ökonomie beteiligen, solange werden Frauen nicht genügend Zeit, Kraft und Selbstbewußtsein haben, an der politischen Öffentlichkeit gleichberechtigt zu partizipieren. Die Bildungsarbeit muß sich an diesem Punkt ihrer eigenen Grenzen sehr bewußt sein, denn ein erhöhtes Bildungsniveau, sprich gute Analysen allein, führen, wie wir in den letzten Jahren sehen konnten, nicht automatisch zu mehr politischer Macht und Mitsprache von Frauen. Insofern es hier aber um feministisch-politische Bildungsarbeit geht, ist konsequentes Handeln immer als wesentlicher Bestandteil von Bildung mitgedacht. So werden sich die beteiligten Frauen hier immer fragen, wie sie sich konkret aus den jeweiligen Zwängen der Reproduktionsarbeit befreien können, wie sie in ihrer konkreten Lebenssituation sowie gesamtgesellschaftlich Veränderungen in Richtung partnerschaftlicher Arbeitsteilung herbeiführen können.
Was die internalisierten Geschlechtsrollenstereotypen und in der Folge die „gelernte Hilflosigkeit", das fehlende Selbstvertrauen von Frauen betrifft, hat feministisch-politische Bildungsarbeit dies bewußt zu machen. Weiters muß sie zu einer Art „Gegensozialisation" im Sinne einer Befreiung aus dem unterdrückten Bewußtsein anheben. Solange Frauen sich den Rollenerwar-

tungen anpassen, sind sie Mittäter in einer patriarchalen Gesellschaft und haben Anteil an ihrer eigenen Unterdrückung. Dieser eigenen Mittäterschaft auf die Spur zu kommen und sie schrittweise abzubauen, ist Ziel einer feministisch-politischen Bildungsarbeit.

Als drittes Ergebnis dieses Kapitels sind die beschriebenen Motivationen der engagierten Frauen und der persönliche Gewinn, den sie aus ihrer jeweiligen Tätigkeit ziehen, zusammenfassend zu nennen.

Die Studie von Anne Ballhausen u.a. zeigte bei allen in der Öffentlichkeit engagierten Frauen ein hohes Aktivitätsniveau. Die Frauen genießen es aus verschiedenen Gründen, außerhalb der Familie und des Berufes aktiv zu sein. Es sind weniger abstrakte Normen oder staatsbürgerliche Pflichterfüllung als vielmehr subjektive Motivationen, die die Frauen antreiben. Der Wunsch nach Kontakt und Kooperation mit anderen Menschen, das Bedürfnis nach sozialer Anerkennung, die Suche nach einer sinnvollen Lebensgestaltung u.a.m. werden von den Frauen genannt. Freude und Lust am Engagement stellt sich ein, wenn diese Bedürfnisse erfüllt werden. Zudem berichten die Frauen, daß sie persönlichen Gewinn aus ihrer öffentlichen Tätigkeit ziehen, daß sie selbstbewußter geworden sind, zusätzliche Fähigkeiten an sich entdeckt haben, daß sie kritischer, toleranter und an Gesellschaft und Politik interessierter geworden sind und über mehr Allgemeinwissen verfügen.

Es läßt sich also bei den öffentlich engagierten Frauen das „Lernen durch Handeln" feststellen, was ein wichtiger Impuls für eine feministisch-politische Bildungsarbeit ist. Selbstbewußtsein und Selbstvertrauen muß und kann nicht nur mühsam in Therapiesitzungen oder Seminaren erarbeitet werden, sondern vermehrt sich auch durch den Sprung ins kalte Wasser, durch die Praxis sozialen, politischen Handelns. Wenn Frauen sich für eine konkrete Sache politisch einsetzen, lernen sie automatisch die betreffenden Gesetzeslagen kennen, üben sich im Umgang mit der Bürokratie und stärken ihre Ausdrucksfähigkeit und Redegewandtheit. Feministisch-politische Bildungsarbeit wird also im Sinne dieser Selbstermächtigung von Frauen handeln und Frauen in ihrem Willen, sich in der Öffentlichkeit zu engagieren, bestärken, indem sie auf die positiven Erfahrungen von engagierten Frauen verweist und Möglichkeiten öffentlichen Handelns aufzeigt.

4. Zum Verhältnis zwischen feministisch-politischer Bildungsarbeit mit Frauen in der kirchlichen Erwachsenenbildung und feministischer Theologie der Befreiung. Deutung, Begründung und Kritik

Manchmal denke ich, feministische Theologie ist das Selbstverständlichste von der Welt, ein Aufstand des Existentiellen gegen das System, der Liebe zu Gott in einer geistlosen Kirche, ein Schrei nach Brot in einer Welt, die für die einen nur Steine, für die anderen nur Kuchen hat.
Dorothee Sölle, in: In den Gärten unserer Mütter, 5

Nachdem ich in den ersten drei Kapiteln das feministisch-politische Interesse, zwei didaktische Ansätze sowie die Beziehung von Frauen zu politischem Handeln beschrieben habe, wende ich mich nun dem Verhältnis zwischen feministisch-politischer Bildungsarbeit und feministischer Theologie der Befreiung zu.
Im folgenden Kapitel soll es um eine Ausfaltung dieser Wechselbeziehung und um die Deutung, Begründung und Kritik feministisch-politischer Bildungsarbeit aus jüdisch-christlicher Perspektive gehen.
Dazu werde ich in erster Linie Literatur zur feministischen Theologie der Befreiung heranziehen, die ihre Wurzeln in der politischen Theologie der 60/70er Jahre, in der Neuen Frauenbewegung sowie in der Theologie der Befreiung hat.
In einem ersten Schritt werde ich die feministische Theologie der Befreiung anhand einiger Charakteristika beschreiben und im Hinblick auf eine feministisch-politische Bildungsarbeit kritisch würdigen.
In einem zweiten Schritt soll feministisch-politisches Handeln und Denken am Beispiel der Ersten Österreichischen Frauensynode 1992 theologisch gedeutet werden. Abschließend versuche ich, die Prozesse feministisch-politischer Bildungsarbeit zusammenfassend aus theologischer Perspektive zu interpretieren.

4.1. Grundzüge einer feministischen Theologie der Befreiung[1] und ihr Bezug zu einer feministisch-politischen Bildungsarbeit

Feministische Theologie der Befreiung hat sich mit der neuen Frauenbewegung dieses Jahrhunderts entwickelt. Angesteckt vom wachsenden Selbstbewußtsein feministischer Frauen begannen Theologinnen die jüdisch-christliche Tradition und ihre Texte mit neuen Augen zu sehen, sich selbst als Christinnen neu zu definieren und neue Gottesbilder zu suchen. Waren Frauen bis dahin Objekte einer Theologie, in der die Bestimmung der Frau durch männliche Theologen definiert wurde, so sind Frauen in der feministischen Theologie der Befreiung die Subjekte der Theologie, indem sie ihrem eigenen Denken trauen und selbst zur Gottesrede ansetzen. Im Zuge dieses Prozesses entstanden und entstehen unterschiedliche feministische Theologien, die von unterschiedlichen Interessen der Frauen motiviert sind. Es gibt inzwischen Versuche, diese feministischen Theologien zu kategorisieren, was zwar die Gefahr mit sich bringt, manchen Ansätzen nicht gerecht zu werden, aber doch eine gewisse Orientierung bietet.[2]

Eine Kategorisierung feministischer Theologien habe ich bereits in 1.2.4. vorgenommen, indem ich Carola Wildts Unterscheidung von weltabgewandten und weltzugewandten Feminismen auch für die feministischen Theologien verwendet habe. Zur weltabgewandten Richtung zählen demnach jene, die den Versuch unternehmen, jenseits patriachaler Denk- und Handlungsmuster in abgeschlossenen Frauenwelten eine eigene feministische „Thealogie“ und Spiritualität zu entwickeln, weil Frauenbefreiung nicht anders möglich sei.[3] Weltzugewandte feministische Theologien gehen von der patriarchalen Realität aus, der wir uns als Frauen nicht entziehen können, und versuchen innerhalb des geschichtlich Gewordenen, d.h. auch innerhalb der jüdisch-christlichen Tradition, Widerstand und Befreiung zu leben. Voraussetzung einer weltzugewandten Haltung ist, daß sie die geschichtliche Gewordenheit der Welt, wie sie sich heute zeigt, bejaht und in der Geschichte erhaltenswerte und auch für Frauen befreiende Traditionen entdecken kann. Eine weltzugewandte feministische Theologie sieht Frauen als Miterschafferinnen der vergangenen,

1 Ich verwende für die hier entworfene Theologie die Formulierung "feministische Theologie der Befreiung" ebenso wie "feministische Befreiungstheologie".

2 vgl. Strahm, Doris: Aufbruch zu neuen Räumen. Eine Einführung in feministische Theologie, Freiburg/Schweiz 1987, 22ff; Sölle, Dorothee: Einleitung, in: Heyward, Carter: Und sie rührte sein Kleid an. Eine feministische Theologie der Beziehung. Mit einer Einleitung von Dorothee Sölle, Stuttgart 1986, 7–10.

3 Dazu zähle ich feministische Theologinnen wie Mary Daly, Naomi Goldenberg, Carol Christ, Christa Mulack, Heide Göttner-Abendroth u.v.a.

gegenwärtigen und zukünftigen Gesellschaften. Die jüdisch-christliche Tradition gilt ihr als Quelle befreiten Lebens ebenso wie als Quelle der Kritik.[4] Da ich mich in dieser Arbeit auf die weltzugewandte, feministisch-befreiungstheologische Richtung stütze, soll es im folgenden um eine kurze Charakterisierung derselben gehen.[5]

4.1.1. Charakteristika feministischer Befreiungstheologie

Die feministische Befreiungstheologie, auf die ich mich beziehe, hat ihre Wurzeln in den nachkonziliaren theologischen Ansätzen der politischen Theologie und der lateinamerikanischen Theologie der Befreiung. Da feministische Befreiungstheologie sich aber auch wesentlich im Zusammenhang mit der Neuen Frauenbewegung entwickelte, brachte sie – wie andere feministische Wissenschaften – die Denkkategorie Geschlecht in die Theologie ein, was nach Elisabeth Schüssler Fiorenza einer „Paradigmenverschiebung" gleichkommt, die von einer androzentrischen Weltsicht zu einem frauengerechten Verständnis der Welt, der menschlichen Geschichte und der christlichen Religion führte.[6]
Im folgenden versuche ich, feministische Befreiungstheologie anhand von fünf Charakteristika kurz zu skizzieren und damit mögliche Verbindungslinien zu einer feministisch-politischen Frauenbildungsarbeit zu eröffnen.

4.1.1.1. Verortung in der jüdisch-christlichen Tradition[7]

Feministische Theologie der Befreiung schöpft aus der jüdisch-christlichen Tradition, weil sie um die ihr für Frauen und Männer innewohnende Kraftquelle weiß. Im Alten und Neuen Testament werden Geschichten der Befrei-

4 In Anlehnung an Dorothee Sölle nenne ich stellvertretend für diese feministisch-befreiungstheologische Richtung bekannte amerikanische Theologinnen wie Carter Heyward, Rosemary Radford Ruether, Elisabeth Schüssler Fiorenza sowie europäische Theologinnen wie Catharina Halkes, Elisabeth Moltmann-Wendel, Luise Schottroff und Dorothee Sölle. vgl. Sölle, Dorothee: Einleitung, in: Heyward, Carter: Und sie rührte...a.a.O. 9.

5 Wenn ich hier von "feministischer Befreiungstheologie" im Singular spreche, so ist mir durchaus bewußt, daß die verschiedenen Autorinnen auch verschiedene theologische Schwerpunkte setzen und es sich auch von "feministischen Befreiungstheologien" reden ließe. Da es mir aber hier um die Gemeinsamkeit der Ansätze geht, ziehe ich es vor, beim Singular zu bleiben.

6 vgl. Schüssler Fiorenza, Elisabeth: Für Frauen in Männerwelten...a.a.O. 32.

7 Wenn ich hier von "jüdisch-christlicher Tradition" spreche, so meine ich mit dem Begriff der "Tradition" zusammenfassend all das, was in der Geschichte an jüdisch-christlichem Gedankengut entstanden ist. Ich denke dabei also sowohl an die Schriften des Alten und Neuen Testaments wie auch an die verschiedenen Glaubensinterpretationen und Theologien, die im Zusammenhang mit der Geschichte des Christentums und der Kirche entstanden sind.

ung erzählt, Geschichten der Leidenschaftlichkeit Gottes für sein Volk, die die Hoffnung wider alle Resignation wecken und wachhalten und die ChristInnen in Vergangenheit und Gegenwart dazu ermutigten, Gemeinschaften des Friedens, der Gerechtigkeit und Solidarität zu gründen. Die Heilige Schrift inspiriert „nicht nur die Theologie, sondern auch das Engagement vieler Frauen heute"[8]. Zentral für eine feministische Theologie der Befreiung ist also der Glaube an die befreiende Inspiration des Evangeliums, an einen Gott der Gerechtigkeit und des Lebens mitten in einer Welt des Schreckens, der brutalen Kriege, der weltweiten Ausbeutung von Natur und armen Völkern, der Unterwerfung der Menschen unter die Götter der Medien- und Konsumwelt.

Sehr eindrücklich vollzieht die protestantische Theologin Dorothee Sölle immer wieder die Verbindung von jüdisch-christlichem Glaubensgut, politischem und feministischem Denken. Sie sucht nach einer Sprache des Glaubens, die auf traditionelle Elemente der Glaubenssymbolik zurückgreift und gleichzeitig ein neues, gegenwärtig befreiendes Verständnis ermöglicht. Sölle sieht eine Gefahr dort, wo feministische Theologinnen sehr schnell für die Abschaffung patriarchaler Gottesvorstellungen plädieren, weil sie befürchtet, daß damit noch nicht die realen Götzen, die über uns herrschen, gestürzt werden.[9] Sie meint, daß die traditionelle christliche Vorstellung von einem Schöpfer, Vater und Erhalter des Lebens und damit verbunden die Auffassung von der Heiligkeit des Lebens heute eher dysfunktional geworden sei und den reibungslosen Prozeß der Unterwerfung unter die Technokratie eher störe als aufrechterhalte.[10] Sie fragt sich zudem besorgt, ob nicht „der Auszug in die Bilderlosigkeit und in das religiöse Verstummen" in der „nächsten traditions'frei' aufwachsenden Generation Leere, Hilflosigkeit und Anpassung hervorrufen wird"[11] und setzt ihr traditionsbezogenes Sprechen diesem Trend entgegen.

Wenn es also eine herausfordernde Aufgabe für feministische Theologinnen bleibt, die lebenserhaltenden und -stärkenden Wurzeln der jüdisch-christlichen Tradition herauszuarbeiten, so gehört dazu ebenso das unermüdliche Erforschen und Bewußtmachen der vielen Frauenstimmen und -taten, die innerhalb dieser Tradition wirksam waren und sind, seien es biblische Frauengestalten, Frauen des Urchristentums oder Heilige und Mystikerinnen der mittelalterlichen Kirche.[12] Ein anderer Zugang zu christlicher Frauentradition

8 Schüssler Fiorenza, Elisabeth: Zu ihrem Gedächtnis...Eine feministisch-theologische Rekonstruktion der christlichen Ursprünge, München/Mainz 1988, 13.

9 Sölle, Dorothee: Es muß doch mehr als alles geben. Nachdenken über Gott, Hamburg 1992, 39.

10 vgl. ebenda, 39f.

11 ebenda, 39.

12 Darauf haben schon die feministischen Theologinnen der ersten Stunde, wie Elisabeth Moltmann-Wendel, Catharina J.M. Halkes und Elisabeth Gössmann, hingewiesen. Sie gingen auf die Suche nach dem Frauenerbe in der jüdisch-christlichen Tradition, damit Frauen stärker als bisher zu ihrer christlichen Identität finden und ihre Würde als

liegt im Befragen und Erzählen von gegenwärtigen Biographien und ihren Wurzeln, im Entwurf einer narrativen Theologie, die in der Erinnerung an die Mütter und Großmütter lebendigmachende Kräfte freisetzt, weil sie es Frauen ermöglicht, ihr Glauben und Handeln in der eigenen Frauen-Geschichte zu verankern.[13]

Wenn ich in der Überschrift dieses Abschnittes von der „Verortung in der jüdisch-christlichen Tradition" spreche, dann deutet das Wort „Verortung" an, daß feministische Theologie innerhalb der jüdisch-christlichen Tradition jene Orte suchen muß, die Frauen und anderen Ausgebeuteten und Unterdrückten Leben und Freiheit, identitätsstärkendes Glauben und weltbezogenes Handeln ermöglicht haben und ermöglichen. Damit ist die Tatsache angesprochen, daß die Geschichte des Christentums immer auch gekennzeichnet war von der Komplizenschaft mit menschenfeindlichen Phänomenen und Systemen. Die Rechtfertigung von Inquisition und Hexenverbrennungen, von Imperialismus und Kolonialismus, von Sexismus, Rassismus und Antisemitismus kam nicht zuletzt aus der Feder christlicher Theologen.

Wer diese Seite der jüdisch-christlichen Tradition nicht leichthin verdrängen will, sieht, daß die Bibel auch ganz anders als feministisch-befreiungstheologisch interpretiert werden kann. Von daher ergibt sich die Einsicht in die Relativität und Bestreitbarkeit der eigenen Glaubensinterpretation. Feministische Befreiungstheologinnen fühlen sich jenen Strömungen innerhalb der jüdisch-christlichen Tradition zugehörig, in denen eine für Unterdrückte und Marginalisierte befreiende Praxis gelebt und verkündet wurde.

4.1.1.2. Feministische Befreiungstheologie als kritische Theologie

Für feministische Befreiungstheologie wird der jüdisch-christliche Glaube, der Glaube an die Auferstehung jenes Mannes aus Nazareth, der für das Leben durch den Tod ging, zum Ausgangspunkt ihrer Kritik an herrschenden,

---

Gottes Töchter entdecken können. Sie nahmen verstärkt die Frauengestalten der biblischen Schriften in den Blick und interpretierten diese neu. vgl. Halkes, Catharina J.M.: Gott hat nicht nur starke Söhne. Grundzüge einer feministischen Theologie, Gütersloh 1980; Halkes, Catharina J.M.: Suchen, was verloren ging. Beiträge zur feministischen Theologie, Gütersloh 1985; Moltmann-Wendel, Elisabeth: Das Land, wo Milch und Honig fließt. Perspektiven einer feministischen Theologie, Gütersloh 1985; Moltmann-Wendel, Elisabeth: Ein eigener Mensch werden. Frauen um Jesus, Gütersloh 1985. vgl. Gössmann, Elisabeth (Hg.): Archiv für philosophie- und theologiegeschichtliche Frauenforschung, Bd.1–7, München 1984–1994.

13 Als Beispiel für eine solche narrative Theologie kann das von der amerikanischen Theologieprofessorin Letty M. Russell herausgegebene Buch "In den Gärten unserer Mütter" genannt werden. Darin erzählen christliche Frauen aus aller Welt von der Suche nach ihren religiösen und kulturellen Wurzeln, indem sie beschreiben, was sie von ihren Müttern und Großmüttern in bezug auf existentielle Lebens- und Glaubensfragen gelernt haben. vgl. Russell, Letty M. (Hg.): In den Gärten unserer Mütter. Religiöse Erfahrungen von Frauen heute. Mit einem Vorwort von Dorothee Sölle, Freiburg im Breisgau 1990.

menschenverachtenden und ausbeuterischen Gesellschafts- und Wirtschaftssystemen. Auch die Ideologiekritik an frauenfeindlichen Traditionen der christlichen Kirchen bezieht ihr Potential aus der befreienden jesuanischen Botschaft.
Feministisch-befreiungstheologische Wirtschaftskritik stellt den gegenwärtig herrschenden Neoliberalismus, der auf überkommenen kapitalistisch-technokratischen Fortschrittsideologien beruht, radikal in Frage, weil er mit der Ausbeutung der Natur und anderer, armer Völker kalkuliert. Kapitalismuskritik kann feministische Befreiungstheologie aber nur üben, wenn sie sich mit den Mechanismen der Weltwirtschaft auseinandersetzt und dieses Tun als theologische Aufgabe begreift. Die deutsche Theologin Dorothee Sölle ist eine der beständigsten Kritikerinnen des kapitalistischen Unrechts:

„Mit dem Zusammenbruch des Staatssozialismus hat sich bei uns eine Siegerattitüde breitgemacht, die die Opfer der ersten Welt verschwinden läßt und sie unsichtbar macht. Der Kapitalismus siegt pausenlos, nur die Zahlen der Hungertoten bleiben und wachsen noch. Nur die Verelendung von schwarzen, gelben und braunhäutigen Menschen schreitet fort. Auf dem Rücken der Ärmsten wird eine Schuldenkrise ausgetragen, an der westliche Banken und Unternehmen prächtig verdienen. Für sie hat sich die 'Entwicklungshilfe' bereits doppelt und dreifach bezahlt gemacht. Seit Jahren fließt kein Pfennig mehr aus dem reichen Norden in den Süden. Im Gegenteil: Der Süden leistet Finanzhilfe für seine Gläubiger ... Das sind Folgen dieses siegreichen real existierenden Kapitalismus."[14]

Sölle plädiert für eine gerechtere Weltwirtschaftsordnung, für Solidarität innerhalb der „einen Welt", die allerdings nur möglich ist, wenn in unseren Köpfen die Trennung zwischen sogenannter „erster und dritter Welt" aufgehoben wird. In dem weitverbreiteten Glauben, daß unser Wirtschaftssystem doch ausgezeichnet funktioniere, drückt sich für Sölle „Apartheidswissen, Apartheidsfühlen und -denken" aus, welches die Unsichtbaren unsichtbar bleiben läßt.[15] Eine Folge des kapitalistischen Patriarchats ist – und darauf verweisen feministische Befreiungstheologinnen immer wieder –, daß farbige oder arme Frauen doppelt und dreifach unterdrückt werden und daß auch weiße Frauen der Mittelklasse auf Kosten armer Frauen und Männer leben.[16]
Ideologiekritik gegenüber der eigenen jüdisch-christlichen Tradition übt feministische Befreiungstheologie dort, wo Frauen unter einem religiösen Patriarchat zu leiden haben. Elisabeth Schüssler Fiorenza, die ihren eigenen Ansatz als „kritische feministische Befreiungstheologie"[17] bezeichnet, schreibt:

„Solange die Frauen unter der Ungerechtigkeit und Entmenschlichung eines gesellschaftlichen und religiösen Patriarchats zu leiden haben, muß eine feministische

14 Sölle, Dorothee: Mitleiden – Mithandeln. Frauen unterwegs zu der Einen Welt, in: Jost, Renate/ Kubera, Ursula (Hg.): Befreiung hat viele Farben. Feministische Theologie als kontextuelle Befreiungstheologie, Gütersloh 1991, 64.
15 vgl. ebenda, 65.
16 vgl. Schüssler Fiorenza, Elisabeth: Für Frauen in Männerwelten...a.a.O. 33.
17 ebenda.

Theologie zuerst und vor allem eine kritische Theologie bleiben. Sie muß die Entfremdung, den Ärger, den Schmerz und die Entmenschlichung der Frauen theologisch benennen, die von einer patriarchalischen Religion verursacht werden."[18]

Feministische Befreiungstheologie übt auch dann Ideologiekritik, wenn Androzentrismus[19] das gesellschaftliche, wirtschaftliche und kirchliche Leben bestimmt. Androzentristische Haltungen machen die Leistungen von Frauen unsichtbar, drängen sie an den Rand oder trivialisieren sie, die Lebenswirklichkeit von Frauen wird ausgeblendet. Trotz des gesellschaftlichen Wandels in Richtung mehr Gerechtigkeit für Frauen, läßt sich in Wissenschaft und Gesellschaft nach wie vor androzentrisches Bewußtsein festmachen, das die kulturellen, gesellschaftlichen und wissenschaftlichen Beiträge von Frauen als weniger wertvoll beurteilt als die der Männer.[20]
Mit ihrer Kritik an androzentrischem, eurozentrischem und kapitalistisch-patriarchalem Denken vollzieht feministische Befreiungstheologie einen Blickwechsel, bei dem die Opfer und die bisher Übersehenen ins Zentrum rücken, zum Mittelpunkt und zur Basis theologischer Reflexion werden. Dieser Blickwechsel bedeutet nicht, die Opfer nun zum Wahrheitskriterium der Theologie zu erheben, er bringt aber eine Interessensverschiebung mit sich. Theologie wird nun im Interesse der Ausgebeuteten und Unterdrückten formuliert, allerdings immer unter kritischer Reflexion der Beteiligung der Opfer am bestehenden System. Feministische Theologie der Befreiung wird beispielsweise die Mittäterschaft von Frauen mitreflektieren und damit den althergebrachten Opfer-Täter-Dualismus in Frage stellen.
Feministische Befreiungstheologie ist aus den genannten Gründen als kritische Theologie zu bezeichnen, sie praktiziert aber auch eine selbstkritische Haltung. Das zeigt sich u.a. darin, daß feministische Theologinnen immer wieder die Vorläufigkeit ihrer Entwürfe betonen und Kritik von außen in ihre Arbeit aufnehmen.[21]

18 ebenda, 34.

19 Unter Androzentrismus wird hier die sprachliche und mentale Konstruktion der Welt oder der Ideologie, die das Patriarchat legitimiert, verstanden.
vgl. Schüssler Fiorenza, Elisabeth: Das Schweigen brechen – sichtbar werden, in: Concilium 21 (1985), 388.

20 vgl. Schaumberger, Christine: "Ich nehme mir meine Freiheit, damit ich nicht sterbe". Überlegungen zu einer Feministischen Theologie der Befreiung im Kontext der 'Ersten' Welt, in: Schaumberger, Christine/Maaßen, Monika (Hg.): Handbuch Feministische Theologie, Münster [3]1989, 336.

21 So wurde in den 80er Jahren die eurozentrische Verengung in den Entwürfen nordamerikanischer und europäischer Theologinnen bewußt. Feministische Theologie der Befreiung entwickelte sich weiter unter dem Motto: "Befreiung hat viele Farben". Feministische Theologie wird seither verstärkt im interkulturellen Dialog von Frauen aus aller Welt gemeinsam betrieben. vgl. Jost, Renate/Kubera, Ursula (Hg.): Befreiung hat viele Farben. Feministische Theologie als kontextuelle Befreiungstheologie, Gütersloh 1991; Russel, Letty M. (Hg.): In den Gärten unserer Mütter...a.a.O.

4.1.1.3. Feministische Befreiungstheologie als parteiliche Theologie

Feministische Theologie der Befreiung forscht und arbeitet, offen deklariert, im Interesse der Identitätsfindung und Subjektwerdung aller Frauen sowie im Interesse aller Marginalisierten. Sie stellt aber besonders die ärmsten und verachtetsten Frauen der Erde in den Mittelpunkt ihrer Theologie und sieht in der Suche nach deren Würde und Befreiung letztendlich die Suche nach Gott.[22]

Das parteiliche Interesse feministischer Theologie der Befreiung zwingt den Blick auf die konkreten Unterdrückungs- und Befreiungserfahrungen von Frauen. Die gesellschaftliche Realität des Frauenalltags wird zum Ausgangspunkt des Theologietreibens, das genaue Wahrnehmen und theologische Reflektieren der Lebenssituationen und Erfahrungen der Frauen wird zur Methode. Mit dem Prinzip der Parteilichkeit will feministische Theologie der Befreiung nicht nur einen Blick- und Ortswechsel des Theologietreibens vollziehen, sie drückt damit auch eine Skepsis gegenüber jenen Theologien aus, die aus der Position und dem Erfahrungshintergrund wohlsituierter weißer Akademiker heraus entstehen und gleichzeitig Allgemeingültigkeit in ihren Aussagen beanspruchen. Dagegen will sie den in Theologie, Politik und Gesellschaft Stumm- und Sprachlosgewordenen eine neue theologische Stimme geben. Sie bemüht sich, „aufmerksam zu sein gegenüber jenen alternativen Visionen der Macht, der Gemeinschaft und des Glaubens“[23], die sich bei den von den universitären Orten Ausgeschlosssenen, im besonderen bei den marginalisierten Frauen finden.

Wenn feministische Theologie der Befreiung Partei ergreift für Frauen, so bedeutet das für feministische Theologinnen, daß sie auch selber Betroffene dieser Parteilichkeit sind. Elisabeth Schüssler Fiorenza schreibt dazu:

> „Unsere Option für die Unterdrückten muß zu allererst eine Option für uns selbst als Frauen sein. Unsere Bekehrung bedeutet also, daß wir beginnen, in und trotz patriarchaler Gesellschaft uns selbst als Frauen zu achten und uns mit anderen Frauen zu identifizieren.“[24]

Die Tatsache, daß feministische Befreiungstheologinnen in ihrem konkreten Umfeld, in ihren Erfahrungen als heranwachsendes Mädchen und als Frauen mehr oder weniger stark von patriarchalen Strukturen und Bewertungsmustern betroffen sind, fließt in ihre theologische Auseinandersetzung ein, d.h. sie kämpfen in ihrer Parteilichkeit für Frauen auch für die eigene Befreiung und Würde.

Theologinnen, die weiße, der höheren Mittelschicht angehörige, akademisch gebildete Frauen sind, haben innerhalb der kapitalistisch-patriarchalen Welt

22 vgl. Schüssler Fiorenza, Elisabeth: Für Frauen in Männerwelten...a.a.O. 34.

23 ebenda.

24 Schüssler Fiorenza, Elisabeth: Brot statt Steine. Die Herausforderungen einer feministischen Interpretation der Bibel, Freiburg/Schweiz 1988, 16f.

allerdings einen widersprüchlichen Doppelstatus: Einerseits sind sie betroffen von patriarchaler Fremdbestimmung und Unterdrückung, andererseits ziehen sie auf vielfältige, v.a. wirtschaftliche Weise Nutzen aus der Unterdrückung und Ausbeutung anderer Völker. Eine Theologie, die diesem Doppelstatus gerecht werden will, reflektiert also die eigene Betroffenheit, läßt sich aber gleichzeitig betreffen von der Not derer, die doppelt und dreifach unterdrückt sind in einer kapitalistisch-patriarchalen Welt.

4.1.1.4. Feministische Befreiungstheologie als kontextuelle Theologie

Parteilichkeit und Kontextualität feministischer Theologie der Befreiung hängen eng zusammen. Beide Prinzipien stehen in Spannung zu einem in traditioneller Theologie vertretenen Universalismus.[25] Durch die Identifikation mit den Unterdrückten stehen BefreiungstheologInnen einer Konkretheit und Partikularität gegenüber, „welche die Theologie aus ihren idealistischen Versuchen herausführen, ihre Sozialkritik in einer (universalen, d.Verf.) Anthropologie zu begründen“[26]. Die Betonung der Kontextualität gegenüber einem universalistischen Konzept stellt die Verordnung eines Kontextes (z.B. des römischen) für die ganze Welt in Frage und ermöglicht ein Theologieverständnis, das die realen Lebensbedingungen der Menschen radikal ernstnimmt.[27] Feministischer Theologie der Befreiung geht es um die adäquate Wahrnehmung der unterschiedlichen Lebensrealitäten von Frauen. Damit

25 Trotz wiederholter Kritik feministischer Theologinnen am Universalitätsprinzip, finden sich in der feministisch-befreiungstheologischen Literatur auch Versuche, Universalität neu zu definieren und in die Theologie einzubauen. Sharon Welch beispielsweise kann den Begriff der Universalität dort akzeptieren, wo es um "universale Verantwortlichkeit" (Welch, Sharon D.: Gemeinschaften des Widerstandes...a.a.O. 161ff.) geht. Die Vorstellungen von universaler Menschenwürde sind befreiend, wenn sie eine Sorge für das Wohlbefinden aller ausdrücken und uns dazu bringen, uns um Gerechtigkeit für andere Menschengruppen zu bemühen. Universale Verantwortlichkeit bewirkt, daß wir die Auswirkungen unseres sozialen und ökonomischen Systems auf das Leben anderer kritisch prüfen. Gleichzeitig führt die Idee der universalen Verantwortlichkeit nach Welch zum Ideal der "Unversehrtheit des Partikulären" (ebenda, 162). Was mit diesem Zusammenhang von universaler Verantwortlichkeit und Unversehrtheit des Partikulären gemeint ist, läßt sich m.E. gut in dem Satz der Französin Anne Tristan ausdrücken: "Keine Frau ist befreit, wenn nicht jede Frau befreit ist". (Anne Tristan, in: de Pisan, Annie/Tristan, Anne: Jedesmal wenn eine Frau sich wehrt ... Geschichten aus der französischen Frauenbewegung, Münster 1979, 84. zit. in: Schaumberger, Christine: Ich nehme mir meine Freiheit...a.a.O. 357.) Christine Schaumberger wiederum schlägt vor, von Fernando Castillos Universalitätsbegriff zu lernen: "Universalität in der Theologie heißt, daß die Erfahrungen konkreter Subjekte und ihr partikulärer Standpunkt Relevanz für die gesamte Weltkirche besitzen." Castillo, Fernando: Theologie der Befreiung. Option für die Armen, 30. zit. in: Schaumberger, Christine: Ich nehme mir meine Freiheit...a.a.O. 342.

26 Welch, Sharon D.: Gemeinschaften des Widerstandes und der Solidarität. Eine feministische Theologie der Befreiung, Freiburg/Schweiz 1988, 135.

27 vgl. Rieger, Renate: Befreiungstheologie...a.a.O. 40.

wehrt sie sich gegen die traditionelle Rede vom „natürlichen Wesen der Frau" ebenso wie gegen eine pauschalisierende feministische Rede.[28] Kontextuelle feministische Theologie der Befreiung verhindert ein vorschnelles Reden von der Gleichheit aller Frauen und macht deutlich, was Frauen verbindet und wo sie auf Grund sozialer, ökonomischer, politischer und kultureller Lebensverhältnisse voneinander getrennt sind. Diese Trennung zeigt sich nicht nur zwischen Frauen der sogenannnten Ersten und Dritten Welt, sondern auch zwischen reichen und armen Frauen in den Industrieländern. Das Sichtbarmachen von Unterschieden ist ein wichtiger Aspekt im Kampf gegen die Fremdbestimmung durch Fremddefinition.[29] Das Prinzip der Kontextualität erfordert somit auch die Mühen der offenen Verständigung über Unterschiede und Grenzen zwischen Frauen.
Wichtig ist den feministischen Theologinnen auch ihr eigener Kontext, aus dem heraus sie schreiben und forschen und den sie in ihrer Arbeit mitreflektieren.[30] Mit der Offenlegung des Kontextes der Forscherin und ihres Forschungsfeldes bzw. der Personengruppe, um die es ihr geht, wird deutlich gemacht, welche Elemente in das Ergebnis einfließen und welche ausgeblendet bleiben. Damit verbunden ist das Bewußtsein um die Relativität der eigenen Erkenntnisse.

4.1.1.5. Feministische Befreiungstheologie als praktische Theologie

„Es gibt nichts Gutes, außer man tut es", dieser zum geflügelten Wort gewordene Ausspruch von Erich Kästner wird sinngemäß auch von der feministischen Theologie der Befreiung vertreten, wenn von einem praktischen Wahrheitskonzept ausgegangen wird:

> „Die Wahrheit des Redens von Gott und überhaupt aller theologischer Aussagen wird nicht an ihrer Übereinstimmung mit einem Ewigen gemessen, sondern an der Erfüllung ihrer Ansprüche in der Geschichte, an der tatsächlichen Schaffung von Gemeinschaften des Friedens, der Gerechtigkeit und der Gleichheit."[31]

28 vgl. Jost, Renate/Kubera, Ursula (Hg.): Befreiung hat viele Farben...a.a.O. 7f.

29 vgl. Schaumberger, Christine: "Es geht um jede Minute unseres Lebens!" Auf dem Weg zu einer kontextuellen feministischen Befreiungstheologie, in: Jost, Renate/Kubera, Ursula (Hg.): Befreiung hat viele Farben. Feministische Theologie als kontextuelle Befreiungstheologie, Gütersloh 1991, 19.

30 Renate Jost und Ursula Kubera nennen vier Aspekte, die den Kontext einer Frau/eines Mannes bestimmen: Der kulturelle Kontext: Kultur, verstanden als gesellschaftliche Lebensform der Menschen, die durch Tradition und Ethos, Bildung und Institutionen bestimmt wird. Der ökonomische Kontext: Die Lebensform der Menschen hängt stark von den wirtschaftlichen Möglichkeiten ab, die besonders für Frauen und Kinder oft unterhalb der Existenzgrenze liegen. Der religiöse Kontext: Sie kann in unterschiedlicher Weise Teil der Kultur sein, muß es aber nicht (vgl. ehemalige DDR). Der soziale und politische Kontext: Die sozialen und politischen Verhältnisse einer Region, eines Landes bestimmen das Leben der Menschen wesentlich. vgl. Jost, Renate/ Kubera, Ursula (Hg.): Befreiung hat viele Farben...a.a.O. 8.

31 Welch, Sharon D.: Gemeinschaften des Widerstandes...a.a.O. 25.

Feministische Befreiungstheologie zielt in ihrem Kern, wie ihr Name schon sagt, auf Befreiung, d.h. auf die Veränderung beengender, bedrückender Lebenssituationen von Frauen und aller, die unter systematischer Ausbeutung, Fremdbestimmung und Unterdrückung leiden. Sie initiiert und reflektiert befreiendes Handeln in der Gesellschaft.
Eine Theologie mit dem Kernanliegen Befreiung ist nicht primär auf 'reine' Erkenntnis, sondern auf befreiende Praxis ausgerichtet und macht das Engagement zum ersten Akt der Theologie.[32]
Was aber kann dieser Anspruch, eine praktische Theologie zu betreiben, für mitteleuropäische, weiße Frauen der Mittelschicht bedeuten? Es bedeutet, sich der gegenwärtigen Spannung zwischen Resignation und Veränderungswillen zu stellen; zwischen der um sich greifenden kollektiven Verdrängung angesichts von Kriegen, Umweltzerstörung, der fortschreitenden Verarmung vieler Völker und der Hoffnung auf die Veränderbarkeit der Welt. Es bedeutet, der „milden Depression der Mittelklasse"[33] zu entkommen und mehr zu wollen als persönliche Selbstverwirklichung. Es bedeutet, die eigene historische Rolle als Konsumentin und als Mittäterin im kapitalistisch-patriarchalen System zu reflektieren. Und schließlich bedeutet es, alltägliche Schritte der Veränderung zu setzen: Probleme hartnäckig benennen, frauenabwertende Situationen und Sprache in Frage stellen, sich einmischen in scheinbar Männern vorbehaltenen Gremien und sich für Gleichberechtigung einsetzen, dem Druck des Patriarchats mit seinen Mythologisierungen widerstehen, sensibel bleiben für Ungerechtigkeiten und diese offen beim Namen nennen u.v.a.m.
Die Praxis feministischer Theologie der Befreiung ist parteilich, kontextuell und kritisch und gründet auf der lebensbejahenden Kraft des Evangeliums.

4.1.2. Zum Verhältnis zwischen feministischer Theologie der Befreiung und einer feministisch-politischen Bildungsarbeit mit Frauen nach Paulo Freire und Ruth Cohn

Feministische Theologie der Befreiung und feministisch-politische Bildungsarbeit stehen in einem deutend-interpretierenden, einem wechselseitig-kritischen und einem gegenseitig motivierenden Verhältnis zueinander. Das wechselseitig-kritische Verhältnis kam bereits ansatzweise im vorhergehenden Abschnitt zur Sprache und dient der gegenseitigen Weiterentwicklung.
Als kontextuelle und parteiliche Theologie ist es die Aufgabe der feministischen Befreiungstheologie, das gemeinsame Handeln von Frauen in Gruppen, die dort zur Sprache kommenden Lebenssituationen, die Freuden und Ängste der Frauen aus feministisch-theologischer Perspektive im Licht des Glaubens zu verstehen.

32 vgl. Schaumberger, Christine: Ich nehme mir meine Freiheit...a.a.O. 346f.
33 Sölle, Dorothee: Mitleiden – Mithandeln...a.a.O. 76.

Dieser Prozeß des kritischen Deutens und Interpretierens wiederum wird zur Grundlage einer weiterentwickelten feministischen Befreiungstheologie und als solche für eine feministisch-politische Bildungsarbeit zum Anstoß, erneut mit Frauen in Dialog und Auseinandersetzung zu treten und den Prozeß der Befreiung weiterzutreiben.

Es ist hier nicht der Ort, zu einer umfassenden Kritik feministischer Befreiungstheologie anzusetzen, allerdings scheint es mir notwendig, die in 4.1.1. genannten Charakteristika im Hinblick auf die im Kapitel 2 dieser Arbeit entworfene Bildungsarbeit nach Paulo Freire und Ruth Cohn kritisch zu würdigen und zu fragen, inwiefern feministische Befreiungstheologie einer feministisch-politischen Bildungsarbeit inhaltliche Impulse geben kann.

Weder der pädagogische Ansatz von Paulo Freire noch der von Ruth Cohn werden theologisch begründet und doch beinhalten beide theologische Implikationen und können mit einer feministischen Befreiungstheologie ins Gespräch kommen. Wenn davon gesprochen wurde, daß sich feministische Befreiungstheologie in der jüdisch-christlichen Tradition verortet, so ist zuerst einmal zu fragen, welchen Bezug feministisch-politische Bildungsarbeit nach Freire und Cohn zu dieser Tradition hat. Sowohl Freire als auch Cohn bekunden ein Naheverhältnis ihres Denkens und ihres pädagogischen Ansatzes zum Christentum (vgl. dazu 2.1.1. und 2.2.1.).

Zur spezifischen Ausfaltung der feministischen Befreiungstheologie besteht einer ihrer Bezüge darin, daß beide pädagogischen Ansätze im Sinne eines dialektischen Mensch-Welt-Verhältnisses auf die Veränderbarkeit der von Menschen errichteten Systeme, theologisch gesprochen, auf die Miterschaffung der Welt durch die Menschen bauen. Hier können sie sich mit einer feministischen Theologie der Befreiung verbünden, die eine Veränderung bzw. Miterschaffung der Welt im Sinne des Evangeliums anstrebt und die, wider alle Resignation, aus dem Glauben heraus zur Errichtung einer solidarischen und gerechten Gesellschaft ermutigt.

Freire bezeichnet sich selbst als jemand, der in christlicher Haltung für eine gerechte, nicht-ausbeuterische Gesellschaft kämpft und er beruft sich dabei auf Marx und Jesus Christus.[34] Sein Naheverhältnis zur lateinamerikanischen Befreiungstheologie wird damit deutlich. Eine feministische Theologie der Befreiung, die sich in frauengerechten Traditionen jüdisch-christlichen Glaubens verortet, kann einer befreienden Bildungsarbeit nach Freire insofern Impulse geben, als sie den Blick im besonderen auf die Ärmsten der Armen, die ausgebeuteten Frauen und Kinder lenkt und Gerechtigkeit für diese einfordert. Als Vorbilder für ein befreiendes Engagement dienen ihr jene Prophetinnen und Glaubenslehrerinnen der jüdisch-christlichen Tradition, die im Sinne Jesu von Nazareth auf die Würde aller Frauen hingewiesen haben. Umgekehrt wird eine befreiende Bildungsarbeit nach Freire immer wieder die kritische Frage an eine feministische Theologie richten, wieweit sie sich in ihren Reflexionen noch auf das konkrete Leben marginalisierter Frauen

34 vgl. Freire, Paulo: Der Lehrer ist Politiker und Künstler...a.a.O. 48f. und 95.

bezieht, denn die Gefahr, sich zu schnell im innerakademischen Diskurs zu verfangen, besteht auch für eine feministische Theologie der Befreiung.

Verortet sich Freire mit seiner Bildungsarbeit also in der Tradition der praktischen Nachfolge Christi, so findet sich bei Ruth Cohn eine allgemeinere und mehr nach innen gerichtete Religiosität.[35] Hartmut Raguse, der sich mit den theologischen Implikationen der TZI auseinandersetzt, vertritt die These, daß das Modell der TZI verschiedenen theologischen Richtungen gegenüber neutral sei.[36] Eine liberale Theologie der Innerlichkeit könne mit TZI ebenso korrespondieren wie ein befreiungstheologisch orientierter Ansatz. Nur fundamentalistische Konzepte, Theologien, die auf die subjektunabhängige, ewige und einzige Wahrheit pochen und dem Individuum keine Freiheit im Glauben lassen, wären mit TZI unvereinbar. Die Werthaltungen der TZI führten zu einer radikalen Toleranz als einer „Meta-Norm", was bedeute, „daß ich anerkenne, daß es verschiedene Weltentwürfe gibt, und daß es keine absolute Instanz für uns gibt, über deren Wahrheit oder Unwahrheit zu entscheiden."[37] Nach Raguse schließt die Haltung einer radikalen Toleranz nicht das leidenschaftliche Eintreten für die eigenen Überzeugungen aus, sie führe aber zu einer „neuen Bescheidenheit", die anerkenne, daß die absolute Wahrheit dem menschlichen Zugriff verborgen bleibt.[38]

Da ich mich der Analyse Raguses anschließen kann, bleibt zu fragen, was eine solche Offenheit für eine feministische Theologie der Befreiung bedeutet, welche Herausforderung sich dadurch ergibt.

Feministische Befreiungstheologie bezieht in ihrer Parteilichkeit für Frauen klar Position und tritt leidenschaftlich ein für deren Befreiung aus Fremdbestimmung, Unterdrückung und Ausbeutung. Damit ist sie immer auch in Gefahr, daß sich ihr Blick verengt, ihr Realitätssinn sich einschränkt und sie beispielsweise die Frauen als Opfer idealisiert. Auch in ihrer Ideologiekritik ist sie nicht immer davor gefeit, selber zur Ideologie zu werden. All dies bedenkend, erscheint mir in der Bildungsarbeit die Haltung der TZI, die zwar offen ist für eine feministisch-befreiungstheologische Position, aber ebenso auch andere Positionen zuläßt, als ein guter Schutz vor Verengung und

35 vgl. dazu den Artikel von Cohn, Ruth C.: Das innere Jenseits, in: Cohn, Ruth C.: Von der Psychoanalyse zur TZI...a.a.O. 224–232.

36 vgl. Raguse, Hartmut: Theologische Implikationen der TZI...a.a.O. 1994, 1–14. Raguse hielt dieses Referat im September 1994 in Mainz vor TheologInnen, die mit TZI arbeiten. Er stellte dabei heraus, daß das Modell der TZI theologische Implikationen hat, die sich zum einen aus den wesentlichen Elementen des TZI-Modells ergeben (Axiome, Postulate, Dreieck in der Kugel) und zum anderen aus einigen Überzeugungen der Gründerin Ruth Cohn. Zusammengenommen bieten diese Implikationen, sowie der Wert jedes/jeder einzelnen, die Ehrfurcht vor allem Lebendigen, das Bewußtsein der Interdependenz, das in TZI-Gruppen zu Geschwisterlichkeit führt, das innere Jenseits als Erfahrungsort der Transzendenz usf., eine Offenheit sowohl für individualistische, liberale Theologie wie auch für gesellschaftsbezogene politische Theologie.

37 ebenda, 11.

38 vgl. ebenda, 13f.

Verhärtung zu unmenschlicher Ideologisierung. TZI gibt die Chance, dialogfähig zu bleiben, auch dort, wo die Position des/der anderen der eigenen entgegensteht. Die Haltung der TZI erlaubt es mir, als feministische Befreiungstheologin leidenschaftlich und engagiert für meine Überzeugung im Sinne des Chairpersonprinzips einzutreten, und zugleich hilft sie mir, die anderen in ihrer Andersheit anzuerkennen. Das Bejahen einer möglichen Vielfalt von Meinungen und Positionen ist nicht zu verwechseln mit einer postmodernen Haltung der Beliebigkeit. Beliebigkeit kann in TZI-Gruppen dort auftreten, wo die Teilnehmerinnen nicht ermutigt werden, klar Position zu beziehen bzw. eine klare Meinung zu entwickeln. Vorschnelle Harmonisierung in Form einer Überhöhung der Vielfaltsidee verhindert echten Dialog, der die einzelnen in ihrer Erkenntnis weiterbringt. An dieser Stelle sind daher Parteilichkeit und der Mut zu klaren Optionen, wie sie in der feministischen Befreiungstheologie, aber auch bei Paulo Freire zu finden sind, für eine Bildungsarbeit mit TZI hilfreich.

Das Prinzip des Dialogs, das von einer Bildungsarbeit nach Freire und Cohn eingefordert wird, steht also nicht im Widerspruch zur Parteilichkeit, aber sehr wohl in Spannung dazu. Dialog lebt von der Unterschiedlichkeit der Menschen und Positionen und erfordert daher Offenheit, Bescheidenheit, Geduld und gegenseitige grundsätzliche Wertschätzung. Feministisch-politische Bildungsarbeit ist selber parteilich und zugleich offen für andere Positionen und fördert damit bei den Frauen die Fähigkeit zu leidenschaftlichem, parteilichem Engagement einerseits und zu Dialogfähigkeit andererseits.

Feministische Befreiungstheologie wurde weiters als kritische Theologie charakterisiert. In diesem Punkt zeigen sich Parallelen und Übereinstimmungen mit der in der feministisch-politischen Bildungsarbeit angestrebten Entmythologisierung von Wirklichkeit. Ist Freires Konzept der Bewußtseinsbildung durch Entmythologisierung vorrangig auf Phänomene in Wirtschaft, Politik und Gesellschaft gerichtet, so weitet sich die Entmythologisierungsarbeit in der feministischen Befreiungstheologie auf die patriarchalen Gesellschafts- und Kirchenstrukturen hin aus. Die Gefahr, die ich in der starken Betonung der kritischen Funktion von Theologie sehe, ist, daß sich feministische Theologie dabei in der Negativität und der Negation des Bestehenden festbeißt und den Blick auf bereits vorhandene positive Entwicklungen verliert. So wichtig für eine befreiende Bildungsarbeit kritisches Denken und Analysieren ist, so not-wendig ist auch das Sammeln positiver Energien für das verändernde Engagement. Dazu braucht es aber auch die Fähigkeit, Handlungsmöglichkeiten selbst in verkrusteten Strukturen zu entdecken, sich selbst und andere positiv zu bestärken. Kritisches Denken kann einen pessimistischen Sog auslösen, der in der Kritik verharren läßt und in der Folge handlungsunfähig macht. Auch an dieser Stelle kann eine TZI-gemäße Bildungsarbeit hilfreich sein, da es etwa in der Themenformulierung immer darum geht, positive, entwicklungsfördernde Impulse zu setzen, die die einzelnen und die Gruppe zum Handeln ermächtigen. Damit ist nicht einem naiven positiven Denken das Wort geredet, sondern einer konstruktiven Kritik,

die die Balance hält zwischen dem Aufzeigen von Lebenszerstörendem, Unterdrückendem und dem Entdecken von Lebensförderlichem, Befreiendem.
Wie in 4.1.1.4. aufgezeigt, arbeitet feministische Befreiungstheologie kontextuell. Aus der Sicht feministisch-politischer Bildungsarbeit ist die Beachtung der Kontextualität eine notwendige Voraussetzung jedes Lehr-Lernprozesses. Wie in jeder menschen- und situationsgerechten Bildungsarbeit gehen auch Freire und Cohn in ihren Ansätzen von den konkreten Bedingungen der Menschen aus und beginnen ihre pädagogische Arbeit erst nach gründlicher Bedachtnahme des Globe (Cohn) bzw. nach der genauen Erforschung des jeweiligen Kontextes (Freire). Somit ist nur eine Theologie für diese Ansätze fruchtbringend, die die Kontextualität ebenfalls mitreflektiert und die Kriterien für die Analyse von Kontexten erstellt. In bezug auf die Kriteriologie zur Bestimmung von Kontexten, scheint mir die feministische Befreiungstheologie noch ebenso im Anfangsstadium zu sein, wie in bezug auf Wege der Vermittelbarkeit verschiedener Kontexte. In der Erarbeitung kontextueller Theologien können feministische Befreiungstheologinnen m.E. von Gruppenleiterinnen lernen, die ihren Blick auf die jeweilige Lebenssituation von Frauen geschult und geschärft haben. Eine stärkere Zusammenarbeit zwischen universitär arbeitenden feministischen Theologinnen und Frauen, die Bildungsarbeit an der Basis, in Land- und Stadtgemeinden machen, wäre für eine feministische Befreiungstheologie im Sinne der Beachtung von Kontextualität sicher förderlich.
Wenn feministische Befreiungstheologie schließlich als praktische Theologie beschrieben wurde, so entspricht das dem handlungsorientierten Ansatz feministisch-politischer Bildungsarbeit. Wenn auch manche feministische Befreiungstheologin einem Konzept der „kleinen Schritte“, wie es Ruth Cohn propagiert, skeptisch gegenüberstehen wird, so bleibt uns auf Grund unserer Begrenztheiten letztlich trotz berechtigter Träume von der großen Revolution und dem schnellen Entstehen einer neuen Erde doch nichts anderes übrig, als unermüdlich und Stück für Stück dort, wo wir leben und arbeiten, weiterzubauen an einer lebenserhaltenden, menschlichen Welt.
Zusammenfassend läßt sich feststellen, daß feministische Theologie der Befreiung und feministisch-politische Bildungsarbeit, wie sie hier verstanden werden, prozeßhaft miteinander verbunden sind. Diese Verbundenheit soll in den weiteren Teilen dieses Kapitels exemplarisch sichtbar werden.

4.2. Theologische Interpretation feministisch-politischen Denkens und Handelns von Frauen am Beispiel der Ersten Österreichischen Frauensynode 1992

Um den Zusammenhang von feministisch-politischem Handeln, feministisch-politischer Bildungsarbeit und feministischer Theologie der Befreiung zu verdeutlichen, soll im folgenden die Erste Österreichische Frauensynode vom Oktober 1992 beschrieben und anschließend ansatzweise feministisch-theologisch interpretiert und kritisch gewürdigt werden.
Bei der Frauensynode handelte es sich nicht um eine der üblichen Frauenbildungsveranstaltungen, wie sie in Bildungsinstitutionen von Frauen mit Frauen zu einem bestimmten Thema durchgeführt werden und die mit Ende der Veranstaltung meist abgeschlossen sind. Die Frauensynode ging insofern über die übliche Form von Frauenbildung hinaus, als sie eine (kirchen-)politische Aktion war. Nach Abschluß der Veranstaltung traten die Frauen mit ihren Forderungen bewußt an die politische und kirchliche Öffentlichkeit und verpflichteten sich selbst zur Weiterarbeit an speziellen Themen. Es kam in diesen drei Tagen also zu einer Verbindung von Bildungsarbeit und politischem Handeln. In thematischen Arbeitskreisen erarbeiteten sich Frauen gemeinsam neues Wissen, initiierten einen Meinungsbildungsprozeß auf Grund ihrer Erfahrungen und ihres Wissens und beschlossen in einem demokratischen Abstimmverfahren gemeinsame Forderungen zur Verbesserung der Lebenssituationen von Frauen.
Obwohl die Frauensynode nicht ausdrücklich nach dem Konzept feministisch-politischer Bildungsarbeit, d.h. nach den Ansätzen von Paulo Freire und Ruth Cohn in dem hier entwickelten Sinn konzipiert und durchgeführt wurde, erscheint sie mir doch als Beispiel für feministisch-politische Bildungsarbeit geeignet. Und dies deshalb, weil sie zum einen weitgehend inhaltlich mit dem übereinstimmt, was ich mit feministisch-politischer Bildungsarbeit anstrebe und zum anderen hier jene seltene Verbindung von Bildungsarbeit und politischem Engagement gegeben war, die mir nach der Kriteriologie Paulo Freires für eine befreiende Bildungsarbeit notwendig scheint.
Den Arbeitskreis, den ich bei der Frauensynode leiten konnte, plante ich im Sinne feministisch-politischer Bildungsarbeit nach Paulo Freire und Ruth Cohn, weshalb ich diesen auch ausführlicher beschreiben und analysieren werde.
Die Frauensynode versteht sich nicht als isoliertes, singuläres Ereignis, sondern befindet sich in einem geschichtlichen Prozeß, der konkret 1996 in eine europäische Frauensynode, die ebenfalls in Österreich stattfinden wird, mündet.

Grundlage für die folgende Darstellung sind mir neben eigenen Erinnerungen und Berichten von mir bekannten Teilnehmerinnen die Texte der ausführlichen Dokumentation zur Frauensynode.[39]

4.2.1. „Frauen und Macht" – Die Erste Österreichische Frauensynode 1992

Vom 2. – 4. Oktober 1992 trafen sich rund 250 Frauen im oberösterreichischen Bildungshaus Puchberg bei Wels zur Ersten Österreichischen Frauensynode. Ziel der Frauensynode war es, unter dem Thema „Frauen und Macht" die gegenwärtigen Lebensbedingungen von Frauen im Spannungsfeld zwischen Macht und Ohnmacht zu diskutieren. Gesellschaftliche, politische, wirtschaftliche und kirchliche Benachteiligung und Unterdrückung sollten benannt und gemeinsame Forderungen zur Schaffung einer frauengerechten Gesellschaft erarbeitet werden.

Die Frauensynode war ökumenisch organisiert und wurde von einer breiten Plattform katholischer, evangelischer und außerkirchlicher Frauen unterstützt.[40]

Initiiert wurde die österreichische Frauensynode von einer Gruppe von Frauen, die zur Vorbereitung der Ersten Europäischen Frauensynode 1996 ein österreichisches Treffen veranstalten wollten. Das bedeutet, daß die Puchberger Frauensynode von 1992 Kind einer europaweiten Idee ist und auf eine längere Entstehungsgeschichte verweisen kann.[41]

39 vgl. Initiativgruppe Frauensynode (Hg.): Frauen und Macht. Dokumentation der Ersten Österreichischen Frauensynode 2. bis 4. Oktober 1992 in Puchberg/Wels, Wien 1993; vgl. auch: Vlay, Katharina: Sprudelnde Quelle. Eintracht und Aufmüpfigkeit kennzeichnen die erste Österreichische Frauensynode, in: Kirche intern. Forum für eine offene Kirche, für Gesellschaft, Politik und Kultur, Nr.11, 6. Jg.(1992), 14f.

40 "Feministische Theologinnen genauso wie traditionelle Frauenorganisationen der Katholischen, Evangelischen AB/HB, Altkatholischen und Methodistischen Kirchen, Frauenberatungsstellen, Ordensfrauen (Batschuns) und auch die Frauenzeitschrift AUF unterstützen die Österreichische Frauensynode."
Mercsanits, Renate: Dialog in einer Gemeinschaft. Gemeinsam auf dem Weg zur Europäischen Frauensynode, in: Initiativgruppe Frauensynode (Hg.): Frauen und Macht...a.a.O. 108.

41 Die Idee, eine Frauensynode durchzuführen, wurde erstmals von Anna Karin Hammer beim Weltkirchenrat in Genf 1986 formuliert. Holländische Frauen griffen dies auf und hielten im August 1987 ihre erste Frauensynode in Driebergen ab. 1990 kam es bei einem Netzwerktreffen feministischer Theologinnen in Bad Boll zur Erstellung eines Stufenplans für die Abhaltung von Frauensynoden in den einzelnen europäischen Ländern. Von dort brachten die Österreicherinnen Ingrid Jehle und Edeltraud Winder-Schobel die Idee nach Österreich mit. Ab Juli 1991 arbeitete die Initiativgruppe Frauensynode (8 – 10 Frauen) am Zustandekommen der Ersten Österreichischen Frauensynode in Puchberg 1992. Im August 1992 wurde die Zweite Holländische Frauensynode veranstaltet. Für 1996 ist nun die Erste Europäische Frauensynode im oberösterreichischen Gmunden geplant, deren Organisation den Österreicherinnen übertragen wurde und an der Frauen aus ost- und westeuropäischen Ländern teilneh-

Umstritten war die kirchenpolitisch unterschiedlich besetzte Bezeichnung „Synode" für eine derartige Frauenversammlung. Deshalb erklärte die Initiativgruppe auf dem Einladungsfalter, daß sie unter Synode eine Versammlung versteht, „in der kirchliche RepräsentantInnen weitreichende Entscheidungen treffen"[42]. Es sollte mit diesem Begriff ein wichtiges demokratisches Signal gesetzt werden: „Betroffene kommen zu Wort, ihre Anliegen werden gehört, diskutiert und solidarisches Handeln wird überlegt."[43] In Holland, wo die Idee der Frauensynode erstmals aufgegriffen wurde, erklärte in der kontroversen Diskussion Lideke In't Veld gegenüber der feministischen Kritik an der männlichen Prägung des Synodenbegriffes folgendes:

„Mit Absicht haben wir die Terminologie 'Synode' gewählt ... weil wir deutlich machen mußten, daß es sich nicht um irgendeine Tagung oder Sitzung handelte, sondern um ein Geschehen, in dem Macht in konstruktivem Sinn eine Rolle spielte; eine Art Gegenmacht von Frauen innerhalb und gegenüber der Kirche."[44]

Um den Prozeß der Frauensynode deutlich zu machen, möchte ich kurz den Verlauf beschreiben.

4.2.1.1. Darstellung des Verlaufs der Frauensynode

Die Frauensynode begann Freitag abend nach Willkommenstrunk, Abendessen und Begrüßung durch die Initiativgruppe mit einem Einführungsreferat von Christine Schaumberger zum Thema „Schuld und Macht".[45]
Samstag früh wurden kurze Impulsreferate zu den vier Themenblöcken „Spirituelle Macht und Ohnmacht" (Mag. Evi Krobath), „Politische Macht und Ohnmacht" (Univ.-Prof. Dr. Herlinde Pissarek-Hudelist), „Sexuelle Macht und Ohnmacht" (Elfi Waas) sowie „Ökonomische Macht und Ohnmacht" (Mag. Monika Frech) gehalten.[46]
Danach tauschten die Teilnehmerinnen in 19 verschiedenen Arbeitskreisen Erfahrungen aus, erzählten Lebensgeschichten, diskutierten Artikel und Thesen und erstellten Forderungen zur Verbesserung der Lebensbedingungen für Frauen in Kirche und Gesellschaft. Ich greife im folgenden aus jedem der vier

---

men werden.
vgl. dazu: Mercsanits, Renate: Dialog in einer Gemeinschaft...a.a.O. 108.

42 Einladungsfalter zur Österreichischen Frauensynode, zit. in: Initiativgruppe Frauensynode (Hg.): Frauen und Macht. Dokumentation...a.a.O. 112.

43 ebenda.

44 In't Veld, Lideke: Frauensynode in den Niederlanden, in: Schlangenbrut. streitschrift für feministisch und religiös interessierte frauen. vierteljährliche nachrichten aus paradies und fegefeuer, Nr.20 (1988), 41.

45 vgl. dokumentierte Tonbandaufnahme, in: Initiativgruppe Frauensynode (Hg.): Frauen und Macht. Dokumentation...a.a.O. 21ff.

46 vgl. dazu die Wiedergabe der Kurzreferate in: ebenda, 33ff; 49ff; 65; 77ff.

Themenblöcke zwei oder drei Arbeitskreise heraus, um einen tieferen Einblick in das inhaltliche Geschehen der Frauensynode zu geben.[47]
Im Bereich „Spirituelle Macht und Ohnmacht" beschäftigten sich die Frauen des zweiten und vierten Arbeitskreises[48] beispielsweise mit weiblichen bzw. matriarchalen Gottesbildern. Ausgangspunkt bildeten dafür geschichtliche Informationen durch die Arbeitskreisleiterinnen sowie die eigenen Gottes-/ Göttinnenbilder der Frauen. Die Ergebnisse des vierten Arbeitskreises drücken sich u.a. in folgenden Sätzen aus:

„'Frau, ganz Mensch, fordere deine Bestimmung zurück! In dir ist Macht!'; 'Rufen wir uns unser weibliches Göttinnenbild in Erinnerung!'; 'Mit diesem neuen-alten Bewußtsein wollen wir uns erheben – um uns Frauen (wieder) mit sakraler, politischer, ökonomischer und kultureller Macht auszustatten'."[49]

Die Frauen im dritten Arbeitskreis übten Kritik an der amtlichen, männlich-klerikal geprägten Liturgie, in der sich Frauen ohnmächtig erleben. In der Folge setzten sie sich mit neuen, von Frauen selber initiierten Liturgieformen auseinander und kamen zu dem Schluß:

„Wir Frauen sind ermächtigt und ermächtigen uns gegenseitig, Liturgien zu feiern, die zu uns passen. Liturgien, in denen wir eine Sprache sprechen, die uns nicht verschweigt und das Gottesbild zur Weiblichkeit befreit ... Wir segnen einander aus der Kraft Gottes, die in uns ist. Frauen, geht nicht in die Knie, sondern steht auf und macht euch auf die Socken!"[50]

Im Bereich „Politische Macht und Ohnmacht" beschäftigten sich die Arbeitskreise in erster Linie mit der Analyse der jeweiligen politischen Probleme und suchten nach adäquaten Handlungsmöglichkeiten für uns Frauen. Um die Bandbreite der angeschnittenen Themen zu illustrieren, greife ich den zweiten und den fünften Arbeitskreis heraus.[51] Die Frauen des zweiten Arbeitskreises

47 Bei der Auswahl der Arbeitskreise achte ich darauf, daß die Bandbreite der Themen, die die Frauensynode prägte, sichtbar wird.

48 Arbeitskreise zum Themenbereich "Spirituelle Macht/Ohnmacht":
1. Geschlechtsspezifische Arbeitsteilung und Spiritualität (Dr. Martha Heizer); 2. Auf den Spuren des Matriarchats und weiblicher Gottesbilder in der Religionsgeschichte, Bibel und jüdischen Mystik (Mag. Evi Krobath); 3. Machtvolle Liturgie – Ermächtigung zum Kirchesein (Mag. Veronika Prüller-Jagenteufel); 4. Wurzeln von Frauen(ohn)macht in außereuropäischen Regionen (Dr. Brita Neuhold). vgl. dazu die Arbeitkreisberichte in: Initiativgruppe Frauensynode (Hg.): Frauen und Macht. Dokumentation...a.a.O. 37–48.

49 Initiativgruppe Frauensynode (Hg.): Frauen und Macht. Dokumentation...a.a.O. 47.

50 ebenda, 45.

51 Arbeitskreise zum Bereich "Politische Macht/Ohnmacht":
1. Männer machen Mist, Frauen räumen auf. Frauenengagement in der Ökologiebewegung (Elisabeth Holzer); 2. Zwischen Anspruch und Wirklichkeit. Frauen in der Politik (Hildegard Mauerhofer-Steger); 3. Frauenamt-Männerängste (Univ.Prof. Dr. Herlinde Pissarek-Hudelist); 4. Ein Mann und (k)eine Frau. Partnerschaftlich leben und arbeiten in Kirche und Gesellschaft (Dkfm. Christine Sommer/Rosa Bartl);

beschäftigten sich mit dem Verhältnis von Frauen und Politik. Zunächst diskutierten sie die Frage, warum Frauen in politischen Bereichen präsent sein sollen, danach suchten sie nach den Gründen für die Unterrepräsentanz von Frauen in politischen Entscheidungsgremien. Die Frauen formulierten abschließend konkrete Forderungen, die sie an das Ministerium für Frauenangelegenheiten senden wollten inklusive der Zustimmung zum damals politisch umstrittenen Gleichbehandlungspaket.[52] Sie forderten u.a. eine Frauenquote von 50% in allen politischen, staatlichen, kirchlichen und wirtschaftlichen Gremien, das Basiseinkommen[53] für alle sowie ein regelmäßig tagendes Frauenparlament.[54]
Im Arbeitskreis „Gen- und Reproduktionstechnologie" wurde das damals in Österreich geplante Gentechnikgesetz kritisch behandelt.[55] Die erarbeiteten

---

5. Gen- und Reproduktionstechnologie (Mag. Annemarie Steixner/Gerlinde Zigler); 6. Europa ohne Mauern – Begegnung zwischen Ost und West (Mag. Ruth Steiner); 7. Lebensraum von Frauen (Mag. Aileen Derieg). vgl. dazu die Arbeitskreisberichte in: Initiativgruppe Frauensynode (Hg.): Frauen und Macht. Dokumentation...a.a.O. 53–64.

52 Der Ausdruck "Gleichbehandlungspaket" meint eine Fülle arbeits- und sozialrechtlicher Änderungen, die darauf abzielen, die berufliche und finanzielle Situation von Frauen so zu verbessern, daß sie eines Tages mit jener der Männer gleichgestellt ist. Frauen aller im Parlament vertretenen Parteien arbeiteten zusammen, um dieses Gleichbehandlungspaket durchzusetzen. Anlaß dafür war die von der Regierung angestrebte Anpassung des Pensionsalters von Frauen an jenes der Männer. Die Frauen wollten dieser erst zustimmen, "wenn die völlige Gleichbehandlung zwischen Frauen und Männern Wirklichkeit geworden ist". (vgl. SPÖ-Politik: Gleicher Lohn für gleiche Leistung, Beilage zu SPÖ-Politik Nr.4 (1992), 1). Ende 1992 wurden im Zuge des Gleichbehandlungspaketes also neben einer neuen Pensionsregelung ab Jahrgang 1963 Novellierungen zum Gleichbehandlungsgesetz, Arbeitsverfassungsgesetz, Mutterschutzgesetz, zur Pflegefreistellung, zum Arbeitszeitgesetz, Heimarbeitsgesetz, Angestelltengesetz und Arbeiter-Abfertigungsgesetz beschlossen. Offengeblieben sind Forderungen zur Vereinbarkeit von Familie und Beruf, zu sozialpolitischen Maßnahmen für Mütter, zu aktiven Frauenförderungsmaßnahmen, zu existenzsichernden Maßnahmen aber auch einzelne Forderungen zur Durchsetzung der Gleichbehandlung im Arbeitsleben (z.B. Beweislastverlagerung im Gleichbehandlungsgesetz). vgl. SPÖ-Politik: Gleicher Lohn für gleiche Leistung...a.a.O.

53 Der Begriff Basiseinkommen entspricht dem des Grundeinkommens. Dieses wurde von der Katholischen Sozialakademie, insbesondere von Lieselotte Wohlgenannt und Herwig Büchele in den 80er Jahren verstärkt in die öffentliche Diskussion gebracht. vgl. dazu: Büchele, Herwig/Wohlgenannt, Lieselotte: Grundeinkommen ohne Arbeit. Auf dem Weg zu einer kommunikativen Gesellschaft (Soziale Brennpunkte, hg. von der Katholischen Sozialakademie Österreichs), Wien/München/Zürich 1985.

54 vgl. Initiativgruppe Frauensynode (Hg.): Frauen und Macht. Dokumentation...a.a.O. 56.

55 Der Entwurf zum Gentechnikgesetz enthielt fünf Regelungsbereiche: Anwendung genetisch veränderter Mikroorganismen in geschlossenen Systemen; absichtliche Freisetzung genetisch veränderter Organismen in die Umwelt; Verbot der Genomanalysen – insbesondere als Anstellungsvoraussetzung; Verbot des Eingriffs in die menschliche Keimbahn; Verbot der Entwicklung biologischer Waffen.

Forderungen wurden zu einer Stellungnahme abgefaßt und neben verschiedenen Ministerien an die Gentechnik-Enquete-Kommission, die von der Regierung als Expertenkommission eingesetzt wurde, geschickt.[56]
Charakteristisch für die Arbeitskreise zum Bereich „Sexuelle Macht und Ohnmacht" war ihr durchgehend (selbst-)erfahrungsbezogener Austausch.[57] Im zweiten Arbeitskreis wurde die Sprachlosigkeit der Frauen in bezug auf ihre sexuellen Erfahrungen spürbar, im fünften Arbeitskreis stand der persönliche Bericht einer sexuell mißbrauchten Teilnehmerin im Mittelpunkt:

> „Ich bin zum Arbeitskreis 'Liebe, die wehtut' gekommen, weil ich anderen Frauen erzählen wollte, daß mich alle Mitglieder meiner Familie sexuell mißbraucht haben ... Erzählen, daß ich sieben Jahre Therapie gebraucht habe, um wieder Vertrauen zu mir und anderen Menschen zu finden ... Ich habe lange genug meinen Vater, meinen Bruder und meine Mutter geschützt. Ich habe lange genug mitgeholfen, nach außen hin den Mythos der 'ehrenwerten' Familie aufrechtzuerhalten. – Es ist genug. Ich habe endlich mein Schweigen gebrochen."[58]

Wesentlich weniger Frauen als in den anderen Themenbereichen[59] fanden sich in den Arbeitskreisen zur „Ökonomischen Macht und Ohnmacht". Im Blickpunkt des Interesses stand bei allen drei Gruppen das Arbeitsleben von Frauen, die Organisation, Bezahlung und Bewertung von Frauenarbeit in Österreich.[60] Im zweiten Arbeitskreis wurden Arbeitszeitformen analysiert

---

vgl. Initiativgruppe Frauensynode (Hg.): Frauen und Macht. Dokumentation...a.a.O. 60.

56 vgl. ebenda, 60f.

57 Arbeitskreise zum Bereich "Sexuelle Macht und Ohnmacht": 1. Es geschah doch alles aus Liebe. Sexualität und Gewalt in heterosexuellen Beziehungen (Mag. Dorothee Böhme-Lindmeier); 2. Von der Männermoral zur feministischen Ethik. Selbstbestimmte Sexualität (Mag. Gertraud Ladner); 3. Die Macht der Leiblichkeit. Leiberfahrung als Erlebnis (Mag. Angelika Szlezak); 4. Erotik mit mir, Erotik mit Dir. Über die Erschaffung einer erotischen Welt (Hermine Brzobohaty-Theuer); 5. Liebe, die wehtut. Sexueller Kindesmißbrauch (Elfriede Waas). vgl. dazu die Arbeitskreisberichte in: Initiativgruppe Frauensynode (Hg.): Frauen und Macht. Dokumentation...a.a.O. 66–76.

58 ebenda, 75f.

59 Nur etwa 25 Frauen wollten zum Bereich "Ökonomische Macht/Ohnmacht" arbeiten, im Vergleich dazu meldeten sich jeweils zwischen 50 und 80 Frauen zu den anderen Blöcken.

60 Arbeitskreise zum Themenbereich "Ökonomische Macht und Ohnmacht": 1. Trotz Fleiß kein Preis. Unbezahlte Frauenarbeit (Mag. Silvia Hagleitner) gem. mit: Ehrenamt – weder Ehre noch Amt (Ingrid Klein); Die Planung und Durchführung dieses Arbeitskreis werde ich weiter unten ausführlich beschreiben und analysieren, um ein Beispiel feministisch-politischer Bildungsarbeit vorzustellen, das sich explizit auf das in dieser Arbeit entworfene Konzept einer Verbindung der Ansätze von Paulo Freire und Ruth Cohn bezieht.
2. Modern times. Arbeitszeitformen von lohnarbeitenden Frauen (Mag. Judith Rachbauer); 3. Die Arbeit ist weiblich! Die Karriere auch? (Mari Steindl) gem. mit: Frauenförderung in Organisationen (Mag. Monika Frech). vgl. dazu die Arbeitskreisberichte

unter dem Motto: „Wer Zeitverhältnisse thematisiert, rüttelt an den Grundlagen der Industriekultur und des Patriarchats“[61]. Die Frauen des dritten Arbeitskreises überlegten nötige Schritte und Forderungen für mehr Gleichbehandlung von Frauen in der Arbeitswelt, wie etwa:

„Förderung von Kinderbetreuungseinrichtungen; ... Geschlechtsneutrale Berufsinformation und Vorbereitung; ... Aufwertung der sogenannten ‘typischen’ Frauenarbeiten; Gleicher Lohn bei gleichwertiger Arbeit; ... Einführung des Mindestlohnes von netto ÖS 12.000,-; Anrechnung der Kindererziehungszeiten auf die Pensionsberechnung.“[62]

Abends wurden die erarbeiteten Forderungsplakate der einzelnen Arbeitskreise in einer Art Galerie ausgestellt und alle Frauen hatten die Möglichkeit, schriftliche Anmerkungen oder Ergänzungen anzubringen. Feierlich abgeschlossen wurde dieser arbeitsintensive Tag mit einer Frauen-Liturgie, einem Buffet und einem Frauen-Kabarett.
Der darauffolgende Sonntagmorgen begann mit einer halbstündigen Fortsetzung der offenen Diskussion zu den ausgestellten Forderungsplakaten. Anschließend trafen sich die jeweiligen Arbeitskreise zu den vier Themenbereichen, um gemeinsame Forderungen, Standpunkte, Wünsche, Verpflichtungen zu erarbeiten, die dann dem Plenum zur Abstimmung vorgestellt werden konnten. In der abschließenden Plenumsrunde bestand noch die Möglichkeit, Verständnisfragen zu den Präsentationen der vier Gruppen zu stellen und zusätzliche Forderungen einzubringen. Abgestimmt wurde offen unter Zuhilfenahme violetter (Zustimmung), gelber (neutral) oder grauer (Ablehnung) dreieckiger Blätter. Ergebnis dieser Endrunde ist ein umfangreicher Forderungskatalog[63], der tags darauf von der Initiativgruppe in einer Pressekonferenz der Öffentlichkeit präsentiert wurde und vor allem in kirchlichen Medien aber auch im ORF Aufmerksamkeit fand.[64] Zudem wurden entsprechende Briefe an die Mitglieder der Österreichischen Bischofskonferenz, an die Mitglieder der XI. Generalsynode der Evangelischen Kirche in Österreich und an die Landeshauptmänner gesandt.[65]

---

in: Initiativgruppe Frauensynode (Hg.): Frauen und Macht. Dokumentation...a.a.O. 82–91.

61 ebenda, 88.

62 ebenda, 91.

63 vgl. ebenda, 92ff.

64 vgl. Pressespiegel, ebenda: 16ff.

65 vgl. ebenda, 114ff.
Unter den Antwortschreiben waren vier von Landeshauptmännern (Salzburg, Kärnten, Oberösterreich, Tirol), die ihre Unterstützungsbereitschaft zur Schaffung von Kinderbetreuungsplätzen allgemein bekundeten. Von den Bischöfen gab es vier recht unterschiedliche Reaktionen. Wohlwollen, brüderliche Verbundenheit und der Wunsch nach Geduld und Ausdauer sprechen aus den Briefen des in der Zwischenzeit verstorbenen, Wiener Weihbischofs Kuntner und des Linzer Bischofs Aichern. Ein förmliches Ein-Satz-Schreiben kam vom Sekretär des Vorarlberger Bischofs. Der Grazer Bischof Weber teilte mit, daß der Text der Frauensynode sehr weit weg sei vom Evangelium

4.2.1.2. Darstellung des Arbeitskreises „Trotz Fleiß kein Preis. Unbezahlte Frauenarbeit“

Wie oben angekündigt, werde ich nun den von mir auf der Frauensynode geleiteten Arbeitskreis[66] in Planung und Durchführung beschreiben und auf Alternativen hin bedenken. Inhaltlich gehörte dieser Arbeitskreis zu dem großen Themenbereich „Ökonomische Macht und Ohnmacht“ und es sollte um eine Auseinandersetzung mit der von Frauen geleisteten unbezahlten Arbeit gehen und die Frage nach einer gerechteren Arbeits- und Geldumverteilung zur Sprache gebracht werden.[67]

4.2.1.2.1. Vorüberlegungen für die Planung

Bei der Planung leitete mich das in dieser Arbeit vorgestellte Konzept einer feministisch-politischen Bildungsarbeit nach Paulo Freire und der TZI Ruth Cohns.
Was die Sache (Es) betrifft, ging es also darum, daß Frauen einen Großteil der gesellschaftlich notwendigen Arbeit verrichten (Haus-, Erziehungs-, Pflege-, Beziehungs-, ehrenamtliche Arbeit u.a.), ohne dafür bezahlt zu werden. Dazu kommt, daß diese Arbeiten in der gesellschaftlichen Öffentlichkeit auf Grund ihres privaten Charakters weitgehend unsichtbar bleiben und wenig Wert zugesprochen bekommen. Daran anschließend läßt sich analytisch nach den Gründen für diese Situation fragen. Rainer Bauböck zeigt in seinem Buch „Wertlose Arbeit. Zur Kritik der häuslichen Ausbeutung“[68] mit Hilfe marxistischer Wirtschaftsanalyse auf, daß Hausarbeit in ihrer Reproduktionsfunktion die Ware Arbeitskraft herstellt und insofern wertschaffende und wertvolle Arbeit ist. Das kapitalistische Wirtschaftssystem ist an der Nichtbezahlung dieser Arbeit interessiert. Es entlohnt den Arbeitnehmer lediglich für die mit

---

und von der Realität der Gemeinden und wünschte den Frauen die "Gnade der Nachdenklichkeit."
vgl. Hager, Judith: "Bitte nicht entmutigen lassen!", in: Kirche intern, Forum für eine offene Kirche, für Gesellschaft, Politik und Kultur, Nr.3, 7.Jg.(1993), 26.

66 Da ich bereits ein Jahr lang als Teilnehmerin eines Studienzirkels zum Thema "Frauenarbeit – Hausarbeit" mit anderen Frauen darüber gearbeitet habe, wurde ich zur Leitung eines Arbeitskreises zum Thema "Unbezahlte Frauenarbeit" eingeladen.

67 Die Arbeitskreisbeschreibung für die Teilnehmerinnen lautete:
"Trotz Fleiß kein Preis. Unbezahlte Frauenarbeit.
Frauen leisten fast 2/3 der gesamten Arbeitsstunden, erhalten aber nur 1/10 des Welteinkommens. Das bedeutet, daß sie einen Großteil der gesellschaftlich notwendigen Arbeit verrichten, ohne dafür bezahlt zu werden. Dazu kommt, daß diese Arbeiten für die Öffentlichkeit unsichtbar bleiben.
In diesem Arbeitskreis wollen wir die Tat-Orte unbezahlter Frauenarbeit aufdecken und unsere Träume von einer gerechteren Arbeits- und Geldumverteilung zur Sprache bringen." vgl. Synodenmappe, Biographien und Arbeitskreisbeschreibungen, 16.

68 Bauböck, Rainer: Wertlose Arbeit. Zur Kritik der häuslichen Ausbeutung, Wien 1991.

Hilfe seiner Arbeitskraft vollbrachte Arbeitsleistung. Die Arbeitskraft selber und ihre Reproduktion wird nicht bezahlt, weshalb es sich bei Haus- und Familienarbeit um entwertete und ausgebeutete Arbeit handelt. Mit dieser Analyse wird die Ungerechtigkeit im Zusammenhang mit unbezahlter Familienarbeit deutlich, weshalb weiter nach politischen Maßnahmen zu fragen ist, die Gerechtigkeit herstellen könnten.[69] Was in Bauböcks Analyse nicht berücksichtigt wird, dafür umso mehr aber in feministischer Literatur zur Haus- und Familienarbeit thematisiert wird, ist die Frage, warum diese unbezahlte Arbeit vorwiegend den Frauen überantwortet wurde und wird. Zur Erklärung werden neben den patriarchalen Machtstrukturen[70] auch psychologische Vorgänge bei Männern und Frauen herangezogen[71].

Mit Paulo Freire ist angesichts dieser Thematik zu fragen, welche Mythen das Denken von Männern und Frauen diesbezüglich prägen und inwiefern es hier eine „Kultur des Schweigens" von seiten der Frauen gibt. Ein solcher Mythos behauptet, daß die häusliche Arbeit mit der Berufsarbeit nicht zu vergleichen sei, weil sie aus Liebe zu Mann und Kindern geschehe und nicht aus materiellen Gründen. Der Lohn für diese Arbeit sei wiederum die von Mann und Kindern erwiderte Liebe, das glückliche Familienleben und das erfolgreiche, gute Heranwachsen der Kinder. Dieser Mythos leugnet den engen Zusammenhang von Berufs- und Familienarbeit. Ein anderer Mythos sagt, daß den Frauen die Tätigkeiten der Haus- und Familienarbeit von ihrer biologischen Bestimmung her natürlicherweise zustehe, während Männer von Natur aus eher für den außerhäuslichen Bereich geeignet seien. Ein dritter Mythos besagt, daß die Haus- und Familienarbeit weniger wert sei als Berufsarbeit, weil sie keine verkaufbaren Produkte herstelle. Eng verbunden mit diesem Mythos scheint mir die Sprache, die Frauen selber in bezug auf ihre Familienarbeit sprechen. Hausfrauen und Mütter sagen von sich, wenn man sie unbekannter Weise fragt, was sie machen „Ich bin zu Hause", „Ich bin daheim bei den Kindern" oder „Ich bin nur Hausfrau". Mit solchen Sätzen wird die Arbeit,

69 Aufschlußreich für diese Frage sind neben den Überlegungen in Rainer Bauböcks Buch jene von Carola Möller. vgl. Möller, Carola: "Über das Brot, das euch in der Küche fehlt, wird nicht in der Küche entschieden", in: beiträge zur feministischen theorie und praxis Nr.29, 14.Jg.(1991), 7–23.

70 Der Ökonom John Kenneth Galbraith schrieb 1974 dazu:
"Die Verwandlung der Frauen in eine heimliche Dienerklasse war eine ökonomische Leistung ersten Ranges. Diener für niedere Arbeiten konnte sich nur eine Minderheit der vorindustriellen Gesellschaft leisten; im Zuge der Demokratisierung steht heute fast dem gesamten männlichen Bevölkerungsanteil eine Ehefrau als Dienerin zur Verfügung." in: Galbraith, John Kenneth: Wirtschaft für Staat und Gesellschaft, München 1974, 48–52, zit. in: Martiny, Anke: Wer nicht kämpft hat schon verloren...a.a.O. 51f.

71 Ilona Ostner vertritt in einem sehr aufschlußreichen Artikel u.a. die These, daß Hausarbeit aufgrund ihrer Gebundenheit an leiblich-seelische Bedürfnisse anderer, ihrer Verbindung mit menschlicher Notdurft und mit Vergänglichkeit eine narzißtische Kränkung für den Mann darstellen könnte.
vgl. Ostner, Ilona: Die Tabuisierung der Hausarbeit, in: Rapin, Hildegard (Hg.): Frauenforschung und Hausarbeit, Frankfurt a. M./New York 1988, 55–72.

die die Frauen leisten, verschwiegen. Ein weiterer Mythos, der sich auf das Selbstwertgefühl von Frauen negativ auswirkt, besagt, daß Arbeit, die nicht bezahlt werde, auch nichts wert sei. Der zum Sprichwort gewordene Satz „Nur was etwas kostet, ist etwas wert“ verweist auf diesen Mythos. Feministisch-politische Bildungsarbeit wird zur Entmythologisierung dieser Mythen ansetzen und nach einer bewußten Sprache suchen, die die Mythen aufbrechen kann.

Was das Wir der Gruppe betrifft, die sich auf der Frauensynode mit diesem Thema beschäftigen wird, kann ich im vorhinein nur wissen, daß es sich bei den Teilnehmerinnen um Frauen handeln wird, die in irgendeiner Weise bereits eine kritische Haltung zur herkömmlichen Frauenrolle eingenommen haben, sonst würden sie nicht zu dieser dezidiert feministischen Veranstaltung kommen, wo es um die Formulierung von politischen Forderungen geht. Trotzdem muß ich einen sehr unterschiedlichen Reflexionsstand und auch eine unterschiedliche Betroffenheit der Frauen von diesem Thema annehmen. Aus meiner Erfahrung mit feministischen Veranstaltungen und deren Teilnehmerinnen vermute ich, daß es nicht eine reine Hausfrauengruppe werden wird, daß also auch halb- oder ganztägig berufstätige Frauen dabeisein werden, und daß die Frauen großteils über einen hohen Bildungsgrad verfügen. Andererseits ist klar, daß dieses Thema gerade die in Haus und Familie tätigen Frauen ansprechen will. Die Teilnehmerinnen sollten sich je nach Interesse schon vor der Synode für einen der Arbeitskreise bzw. für einen Ersatzarbeitskreis melden.

Mein eigener Bezug zur Thematik ist dort gegeben, wo ich alltäglich um eine gerechte Aufteilung der Hausarbeit in meiner Partnerschaft kämpfe, wo ich mir meiner Machtansprüche im Haushalt und meiner Lust an der Hausarbeit bewußt werde. Ich bin betroffen von der Abwertung häuslicher Arbeit, weil das in Widerspruch steht zu dem, was ich selber für wichtig und unwichtig halte. Gleichzeitig merke ich, wie ich selber als berufstätige Frau die Hausarbeit als „Nicht-Arbeit“ erachte, die nebenbei und schnell gehen muß und die mich zudem oft am „eigentlichen Arbeiten“, nämlich dem Verfassen meiner Dissertation hindert. Bei der Planung weiß ich also um meine widersprüchlichen Emotionen zur Haus- und Familienarbeit, um meine Glückserlebnisse in Sachen partnerschaftlicher Teilung der unbezahlten Reproduktionsarbeiten und um meine resignativen Haltungen diesbezüglich.

Was den Globe des Arbeitskreises innerhalb der Frauensynode betrifft, gibt es einige Vorgaben: Es steht eine sechsstündige Arbeitszeit am zweiten Tag der Synode dafür zur Verfügung (10.00 – 12.30 und 14.00 – 17.00 Uhr). Als Ergebnis des Arbeitskreises sollen Forderungen in bezug auf die besprochene Thematik formuliert und auf ein Plakat geschrieben werden.

4.2.1.2.2. Geplanter Verlauf des Arbeitskreises

Aus den oben angeführten Überlegungen ergab sich folgender Plan für den Arbeitskreis:

10.00 – 10.30 Uhr:
Begrüßung und Einleitung durch AK-Leiterin:

- *Sinn und Ziel des Arbeitskreises benennen*
- *Vorbemerkung zur Arbeitsweise: Ich habe mir Struktur überlegt, bin aber für andere Vorschläge offen; gemeinsame Verantwortung für das Ergebnis unserer Beschäftigung;*
- *Meine eigenen Vorstellungen und Motivationen in bezug auf den Arbeitskreis;*

Vorstellrunde zum Thema (ca. 20 Minuten):
„Wer ich bin und was mich an diesem Thema interessiert/betrifft"

10.30 – 11.15 Uhr:
Thema:
„Wir bringen die Tat-Orte unbezahlter Frauenarbeit zur Sprache."
Struktur:
– Interviewspiel: „... und was machst du so?" (Partnerinnenarbeit – Dauer: 30 Minuten)
Aufgabe: Die Interviewte beschreibt der Interviewerin ziemlich genau, was sie so tut, was sie den ganzen Tag arbeitet, in welchen Bereichen sie tätig ist, welche Arbeiten sie bezahlt bekommt und welche nicht.
Interviewerin schreibt mit (Zettel und Bleistifte)
(– Alternative, falls nur wenige Hausfrauen da sind: Rollenspiel in der Mitte des Kreises)
– „Sichtbarmachung und Kategorisierung von unbezahlter Frauenarbeit"
(Dauer: 15 Minuten)
Zu diesem Schritt wird Plakat aufgelegt und unbezahlte Arbeiten, die in Interviews genannt wurden, werden festgehalten und gemeinsam gefundenen Kategorien zugeordnet.
Mögliche Kategorien: Erziehungsarbeit, Hausarbeit, Pflegearbeit u.a.

11.15 – 11.30 Uhr: Pause

11.30 – 12.30 Uhr:
Diskussion im Plenum zu folgenden Fragen:

- *Was ist mir durch das Zur-Sprache-Bringen und Sichtbarmachen bewußt geworden?*
- *Wie geht es mir mit der unbezahlten Arbeit? Wie stehe ich dazu?*
- *Welchen Wert messe ich ihr bei?*
- *Wer hat Interesse an Unsichtbarmachung? An Nicht-Bezahlung?*

Diskussionsergebnisse werden auf Plakat oder Blatt mitgeschrieben

12.30 Uhr: Mittagessen

14.00 – 17.30 Uhr:
Thema des Nachmittags:
„Unbezahlte Frauenarbeit ist ausgebeutete und entwertete Arbeit – was ich/wir daran ändern möchte/n"
Struktur:
– Impulsreferat anhand des Thesenpapiers zur Diskussion um die Hausarbeit
– anschließend Gespräch darüber
Dauer: 45 Minuten

– Artikel von Carola Möller
(entweder lesen in Einzelarbeit oder im Plenum gemeinsam durchgehen)

15.30 – 16.00 Uhr: Pause

16.00 – 17.30 Uhr:
Thema:
„Welche der genannten Thesen erscheinen mir richtig und welchen Forderungen schließe ich mich an? Wir sammeln Forderungen, Wünsche, Träume"
Struktur:
Diskussion der Thesen von Möller und Erarbeitung eigener Forderungen
Forderungen, Wünsche, Träume werden auf Plakat gesammelt

4.2.1.2.3. Zum Verlauf des Arbeitskreises

Um den Verlauf des Arbeitskreises für die spätere Dokumentation der Frauensynode festzuhalten, schrieb ich während des Arbeitskreises ein Protokoll, das ich im nachhinein durch ein Gedächtnisprotokoll ergänzte.[72]
Es hatten sich relativ wenig Frauen zu dem Arbeitskreis gemeldet, die Leiterin des angebotenen Arbeitskreises „Ehrenamt – weder Ehre noch Amt", der nicht zustande kam, schloß sich unserem Arbeitskreis wegen inhaltlicher Nähe ihres Themas an. So waren wir schließlich eine Gruppe von sieben Frauen. Als Arbeitsplatz wurde uns statt eines Zimmers eine Sitznische zugeteilt, was raumatmosphärisch eine gewisse Offenheit und Ungeschütztheit bedeutete.
Aufgrund zeitlicher Verschiebungen des Programms konnten wir unseren Arbeitskreis erst eine halbe Stunde später als geplant beginnen. Aus Zeitgründen und da wir eine kleine Gruppe waren, plante ich noch vor Beginn um und beschloß, das Interviewspiel wegzulassen und die betreffende Fragestellung mit der Plakatgestaltung im Plenum zu verbinden.
Um 10.30 beginnen wir unseren Arbeitskreis mit einer Vorstellrunde, bei der wir uns mitteilen, welche Motivationen wir für die Beschäftigung mit diesem Thema haben und wieweit es uns selbst betrifft. Einige Aussagen aus dieser ersten Runde:

- *„Viele Frauen kommen sich schuldig vor, weil sie kein Gehalt bekommen und vom Geld des Mannes leben müssen."*
- *„Daß die Hausarbeit und Erziehungsarbeit keinen Wert hat, damit kämpfen meine Bekannten."*
- *„Wichtig ist, die Bewußtseinsbildung bei den Frauen selbst zu beginnen, damit ihnen klar wird, daß das Arbeit ist, was sie zu Hause tun."*
- *„Es bleibt viel Arbeit bei Vereinen und Organisationen an den Frauen hängen. Frauen machen sehr viel ehrenamtliche Arbeit."*

72 vgl. Hagleitner Silvia: Trotz Fleiß kein Preis. Unbezahlte Frauenarbeit (zusammen mit dem Arbeitskreis von Ingrid Klein: Ehrenarmt – weder Amt noch Ehre), in: Initiativgruppe Frauensynode (Hg.): Frauen und Macht. Dokumentation...a.a.O. 82–86.

- *„Ich hab bisher viel unbezahlte Arbeit gemacht. Jetzt hab ich mich bemüht wieder ins Erwerbsleben einzusteigen, es ist mir nicht gelungen. Auch mein Mann stand da nicht hinter mir. Er hatte Angst, daß nun die ganze Hausarbeit auf die Familie fällt."*
- *„Erst wenn ich ein Honorar für eine Arbeit bekomme, die ich für eine Gruppe mache, habe ich das Gefühl, es ist eh was wert."*
- *„Unbezahlte Frauenarbeit begleitet mich mein Leben lang. Sowohl Haus- und Beziehungsarbeit als auch sehr viel ehrenamtliche Arbeit."*
- *„Kirche und ehrenamtliche Arbeit ist ein eigenes Kapitel: 'alles tun um Gottes Lohn'."*
- *„Das Phänomen der unbezahlten Frauenarbeit ist eine der krassesten Ausbeutungsformen unserer Gesellschaft."*

Nach dieser Runde stelle ich den geplanten Ablauf vor und wir beschließen gemeinsam die Zeitstruktur unseres Arbeitstages. Nach 15 Minuten Pause arbeiten wir von 11.45 – 13.00 Uhr weiter zum Thema: *„Wir bringen die Tat-Orte unbezahlter Frauenarbeit zur Sprache und machen unsichtbare Frauenarbeit sichtbar."*
Wir gestalten im Brainstorming zwei Plakate zum Thema *„Was Frauen alles unbezahlt arbeiten"*, eins davon zum Bereich *„Familienarbeit"*[73], eins zum Bereich *„freiwillige soziale/gesellschaftliche Arbeit (Ehrenamt)"*[74]. Wir gehen dabei von unseren eigenen unbezahlten Arbeiten aus, beziehen aber auch die anderer Frauen mit ein. Nachdem die Plakate ziemlich schnell vollgeschrieben sind, kleben wir sie an die Wand. Der Kommentar einer Frau dazu lautet: „Da sieht man, wieviel ich eigentlich arbeite. Dabei hab ich am Ende eines Tages oft das Gefühl, gar nichts getan zu haben!" Eine andere

73 Plakat zu *Familienarbeit*: Die Familienarbeit unterteilen wir in 5 Arbeitsfelder: Beziehungsarbeit, Hausarbeit, Pflegearbeit, Erziehungsarbeit, Management. *Beziehungsarbeit:* Teilnahme am Hobby des Partners; Freiräume schaffen für die Zweierbeziehung; verantwortlich sein für Feiern, Geburtstage, ... der ganzen Familie; Kontakte halten; trösten, wiederaufrichten; Mutter zuhören; Kindern und Mann zuhören; Probleme in der Familie besprechen, lösen; jemanden einladen; Nachbarkontakte pflegen. *Hausarbeit:* Hausputz; einkaufen; Wäschepflege; das Chaos erkennen und wegräumen; Müll trennen und entsorgen; kochen; sich um gesunde Kost kümmern – informieren; Auto putzen; Rasen mähen; Gartenarbeit. *Pflegearbeit:* Baby wickeln; krankes Kind versorgen; alte Eltern pflegen; Haustiere betreuen; Großtante besuchen. *Erziehungsarbeit:* Hausaufgaben machen; Geschichten erzählen; Lieder lernen; Zukunftspläne besprechen; Werte vermitteln; schimpfen/loben; Gespräche und Streit. *Management:* Termine koordinieren; Telefondienst; Kinder an verschiedene Orte bringen; Bankwege; Post erledigen; Taxidienste.

74 Plakat zu *ehrenamtlicher Arbeit*: *Kirchlicher Bereich:* Jungschararbeit; Lektorin im Gottesdienst; Kinderseelsorge; Pfarrcafé; Kirchenputz; Fachausschuß; Bewegungsarbeit (z.B. KAB); Osterbastelmarkt zur Finanzierung von 3.Welt-Projekt; Altpapiersammlung für die Jungschar; Caritasarbeit; Friedhofbetreuung. *Andere Bereiche:* Elternverein; Bürger(innen)-Initiativen; Selbsthilfegruppen; Spitalsbesuchsdienst, Sterbebegleitung; Deutschkurse für Flüchtlinge; Aufgabenhilfe für Flüchtlingskinder; Behördenwege für Flüchtlinge; Organisationsarbeit für Frauen-Forum; Aktive Teilnahme am Elternverein; Organisation von Festen in der Schule der Kinder; Alten- und Krankenbesuche; Kuchenbacken und Basteln für Veranstaltungen und Basare etc. Öffentlichkeitsarbeit; Geldspenden.

meint lakonisch: „Was nichts kostet, ist nichts wert.“ Um die Diskrepanz zwischen der Quantität/Qualität der unbezahlten Frauenarbeit und ihrer gesellschaftlichen Bewertung deutlich zu machen, schreiben wir dieses Sprichwort unter die beiden Plakate. Anschließend diskutieren wir die Frage des Wertes unbezahlter Arbeit. Was ist uns diese Arbeit selber wert? Was ist diese Arbeit gesellschaftlich wert?
Einige Splitter aus dieser Diskussion:[75]

- *„Es gibt bei Büroarbeit für alle verschiedenen Tätigkeiten Namen und Bereichszuschreibungen. Bei Hausarbeit ist dies nicht der Fall, obwohl die verschiedenen Arbeiten ebenso verschiedenen Tätigkeitsbereichen zugeordnet werden können.“*
- *„Unter 'Arbeit' verstehen wir oft nur jene, meist außerhäuslichen Tätigkeiten, für die wir Geld bekommen. D.h. das Aufbrechen dieses engen Arbeitsbegriffes wäre nötig.“*
- *„Wir sagen 'Ich gehe arbeiten', wenn wir außerhäusliche Berufsarbeit meinen und sagen: 'Ich bin daheim bei den Kindern', wenn wir die ganze Haus-, Familien- und Erziehungsarbeit machen. Das Wort 'arbeiten' verwenden wir Frauen oft selber nicht für die viele Arbeit, die wir machen.“*
- *„Die Frage nach dem Wert von Hausarbeit stellt sich jetzt, wo ich eine Frau dafür bezahlen möchte, daß sie die Wohnung putzt. Wieviel ist mir diese Arbeit wert? Wieviel bin ich bereit, dafür zu bezahlen?“*
- *„Es ist schwer, den Wert der Hausarbeit zu erkennen, denn es ist jeden Tag diesselbe Arbeit. Sie ist wie Sisyphusarbeit, weil man nichts davon sieht. Es gibt auch kein Lob und keine Anerkennung dafür.“*
- *„Ich arbeite mindestens 40 Stunden in der Woche und könnte finanziell nicht einmal für mich selbst sorgen. Das ist frustrierend.“*
- *Die Haus-, Familien- und ehrenamtliche Arbeit ist gesellschaftlich zwar wenig angesehen und gar nicht bezahlt, sie ist aber gesellschaftlich unbedingt notwendig, im Gegensatz zu anderen hochbezahlten Arbeiten. (Waffenindustrie etc.)*

Nach der Frage zum Wert von unbezahlter Frauenarbeit diskutieren wir, wer ein Interesse an dieser Arbeit hat und auch daran, daß sie nicht bezahlt wird. Einige der genannten Punkte zu diesen Fragen waren:

- *Interesse an unbezahlter ehrenamtlicher Arbeit haben die Freizeitindustrie, Vereine, Schule, Staat.*
- *Interesse an unbezahlter Haus- und Familienarbeit haben Wirtschaft (Unternehmer) und Schule (Hausaufgaben machen mit den Kindern).*
- *Interesse an der Haus- und Familienarbeit von Frauen haben all jene, die die Energien von Frauen ans Haus binden wollen.*

Das Thema der Energiebindung durch Hausarbeit diskutieren wir am Beispiel von Mülltrennung und -entsorgung, welche in erster Linie von Frauen gemacht wird, weiter. Energiebindung, so meinen manche Frauen, geschehe auch durch überhöhte Ideale von Sauberkeit und gesunder Haushaltsführung. Hausarbeit trage zudem bei zur Vereinzelung von Frauen, zur Still-Beschäftigung und Dummhaltung. Nach diesen Aussagen wirft eine Frau kritisch ein, daß wir

75 Ich habe die Aussagen der Frauen nicht wortwörtlich mitgeschrieben, sondern sinngemäß zusammengefaßt.

nicht selber wieder anfangen sollen, diese Arbeit abzuwerten. Es hat, so sagt sie, auch seine Berechtigung und seine positiven Seiten, zu Hause zu sein. Sie erwähnt jene Arbeiterinnen, die durch die Hausarbeit befreit sind von eintöniger Akkord- und Fabriksarbeit. Eine Feststellung lautete zum Schluß: *„Diese Arbeit ist wichtig, wertvoll und gehört bezahlt!"* Mit diesem Diskussionsstand gehen wir in die Mittagspause.

Anschließend arbeiten wir von 14.30 – 15.45 Uhr zum Thema: *„Unbezahlte Frauenarbeit ist ausgebeutete und entwertete Arbeit – was ich/wir daran ändern möchte/n".*

Ich stelle ein Thesenpapier vor, das ich aufgrund der Lektüre von Rainer Bauböcks Buch „Wertlose Arbeit. Zur Kritik der häuslichen Ausbeutung"[76] erstellt habe. Diese Analyse zeigt deutlich den Ausbeutungszusammenhang und die Entwertung von Hausarbeit auf. Anschließend ziehen wir uns mit einem Artikel von Carola Möller in eine Einzellesephase zurück, um uns mit einer feministischen Analyse zu konfrontieren, die Auswege aus der derzeitigen Situation sucht. Nach einer fünfzehnminütigen Pause beginnen wir mit der Schlußeinheit von 16.00 – 17.45 Uhr zum Thema: *„Welche Aussagen aus dem Artikel erscheinen mir wichtig und welche Forderungen in bezug auf unbezahlte Frauenarbeit stelle ich?"*

Wir erzählen uns, wie es uns mit dem Lesen des Artikels gegangen ist und was wir daraus wichtig finden. Anschließend versuchen wir, Forderungen, Wünsche, Standpunkte auf einem Plakat zu sammeln:

Plakat: Trotz Fleiß kein Preis. Unbezahlte Frauenarbeit.
Unsere Forderungen, Standpunkte, Träume ...

- *Es wird immer bezahlte und unbezahlte Arbeit geben. Aber: gleichmäßige, gerechte Aufteilung unter Frauen und Männern!*
- *Eigenständige Existenzsicherung jeder einzelnen Person durch garantierte Grundsicherung für alle!*
- *Traum von der Umkehr der Arbeitsbewertung:*
  lebenserhaltende Arbeiten (Hausarbeiten, Erziehungs-, Pflege- und Beziehungsarbeiten) –wertvoll: Bezahlung
  gegen: lebenszerstörende, überflüssige Arbeiten (Waffenindustrie, Gentechnologie ...) – wertlos: keine Bezahlung
- *Begrifflich präzise werden: unsere Sprache bewußt machen:*
  „ich bin daheim", „ich bin nur Hausfrau" – statt dessen besser: „Ich arbeite im Haushalt, erziehe die Kinder."
- *Unbezahlte Arbeit sichtbar machen: z.B. Anteil des Wertes der Hausarbeit am Bruttosozialprodukt (1981 ein Wert von ÖS 318 – 402 Milliarden; Quelle: „Achtung Sozialstaat"[77]) scheint nie auf*

Zu unbezahlter ehrenamtlicher Arbeit:

76 vgl. ebenda, 85f.

77 vgl. Natter, Ehrenfried/Reinprecht, Christoph: Achtung Sozialstaat. Ein Handbuch, Wien/Zürich 1992, 212.

- *Forderung von Spesenersatz und Bezahlung von Weiterbildung*
- *Bewußtseinsbildung bei den Frauen selber (Frauengruppen!)*
  - *sensibel werden für Ausbeutung*
  - *Forderungen stellen lernen*
  - *eigenen Wert sehen können*
  - *Informationsdienst für Frauenrechte*
- *Qualifizierte Teilzeitarbeit für Männer und Frauen*
- *Niedriglöhne der Frauen anheben*
- *Unbezahlte Reproduktionsarbeiten für Pensionszeit anrechnen (z.B. Vorbedingung: gestaffelte Beitragsjahre aus Erwerbsarbeit: 1 Kind – 15 Jahre; 2 Kinder – 10 Jahre; ab 3 Kinder – 5 Jahre)*

Nach der Fertigstellung dieses Plakates schließen wir unseren Arbeitskreis mit einer Schlußrunde, bei der wir uns rückmelden, wie wir das gemeinsame Arbeiten erlebt haben. Kurz zusammengefaßt zeigte sich eine relativ hohe Zufriedenheit über die Ergebnisse und den Verlauf unseres Arbeitskreises.

4.2.1.2.4. Reflexion des Arbeitskreises

In einer kritischen Reflexion des Arbeitskreises läßt sich feststellen, daß wir (Teilnehmerinnen und Leiterin) zwar im großen und ganzen mit dem Verlauf zufrieden waren, einige Globefaktoren aber die Arbeit erschwerten. Die Ergebnisorientierung (Erstellen von Forderungen am Ende des Arbeitskreises) und die enge Zeitstruktur (verstärkt durch die zusätzliche Verkürzung) haben uns in der Arbeit unter Druck gebracht. Unzufrieden war ich als Leiterin mit der Tatsache, daß ich mich dadurch genötigt sah, inhaltlich relativ viel vorzugeben (Thesenblatt von Bauböck und Artikel von Carola Möller). Während der Planungsphase sah ich mich ständig in der Spannung zwischen sachgerechter, politisch aktueller und korrekter Inhaltsorientierung und dem Wunsch, teilnehmerinnen- und gruppenorientiert zu arbeiten, d.h. Platz zu geben, für den Gruppenprozeß und unsere eigenen Betroffenheiten zum Thema. Von daher ergab sich dann die Trennung in einen eher subjektbezogenen, persönlichen ersten Teil am Vormittag und einen stärker sach- und wissenschaftsbezogenen zweiten Teil am Nachmittag. Die Erwartung der Veranstalterinnen, daß wir Forderungen erstellen sollten einerseits, mein eigener politischer Anspruch andererseits lösten einen Leistungsdruck und damit verbunden eine gewisse Gezwungenheit aus, die vermutlich auch die Teilnehmerinnen gespürt haben. Hilfreich war in diesem Zusammenhang, daß die Teilnehmerinnen bereits über ein relativ hohes Reflexionsniveau in bezug auf die Ausbeutung von unbezahlter Frauenarbeit mitbrachten und wir daher relativ schnell arbeitsfähig waren, was die Erstellung von Forderungen betraf.
Die TZI-gemäße, bewußt offene Planung des Arbeitskreises machte es mir leicht, flexibel auf die konkrete Situation zu reagieren und entsprechend umzuplanen. So gelang beispielsweise auch die Integration des Arbeitskreises

„Ehrenamt – weder Amt noch Ehre“ gut, was sich sowohl am Plakat vom Vormittag zu ehrenamtlicher Arbeit zeigte wie auch an den Forderungen, die wir formulierten.
Die Haltung der teilnehmenden Leitung war für meine eigene Zufriedenheit und Lebendigkeit im Prozeß dienlich und ermöglichte ein offenes Gesprächsklima.
Was die TZI-Balance Globe-Es-Ich-Wir betrifft, meine ich, daß sie unter Berücksichtigung der kurzen Zeit des Gruppenprozesses in der Themenformulierung und Strukturierung ansatzweise gegeben war. Von der Sozialform her arbeiteten wir auf Grund der kleinen Gruppe großteils im Plenum, nachmittags gönnten wir uns aber auch eine Einzelphase zur Lektüre und zum Bedenken des Artikels von Möller. Besonders herausgefordert war das Wir der Gruppe bei der gemeinsamen Erstellung der Forderungen.
Die Plenumsphase am Vormittag, in der wir die Tat-Orte unbezahlter Frauenarbeit bewußt benannten und kategorisierten, brach mit der „Kultur des Schweigens“ angesichts der scheinbaren Banalitäten der Haus- und Familienarbeiten. Unter dem Motto „Unbezahlte Haus-, Familien-, ehrenamtliche Arbeit ist der Rede wert“ nahmen wir uns Zeit, kleinste Alltäglichkeiten aufzuschreiben. Wenn eine Frau dann angesichts der Fülle dieser Tätigkeiten entgegen oftmaligem eigenen Empfinden feststellte: „Da sieht man, wieviel ich eigentlich arbeite“, wurde damit der befreiende Charakter dieses Prozesses deutlich. Besonders eindrücklich in Erinnerung ist mir der Widerstand jener Frau, die am Ende des Vormittags ihr Unbehagen angesichts des Diskussionsverlaufes kundtat und uns aufforderte, die negativen Äußerungen über die Hausarbeit zu relativieren. Dies brachte die Gruppe dazu, dezidiert den Wert der Hausarbeit herauszustellen und zu brechen mit dem Mythos, Hausarbeit sei nichts oder nur wenig wert und daher für Frauen generell nicht attraktiv. Der Arbeitskreis verlief also durchaus im Freireschen Sinne der Entmythologisierung und des kritischen Sprachfähig-Werdens angesichts von Ausbeutung und Unterdrückung.

4.2.1.3. Kritische Würdigung der Frauensynode

Im Anschluß an die Darstellung der Frauensynode möchte ich kurz auf deren Bedeutung, auf Gelungenes und Offengebliebenes bzw. Kritisierbares eingehen. Quelle dafür sind erstens die Dokumentation über die Synode und Photos zweier Rückmeldungs-Plakate mit den Titeln „Klagemauer“ und „Lobeshymne“.[78] Zweitens habe ich mir bekannte Frauen, die an der Frauensynode teilgenommen haben, nach ihrer Kritik gefragt und drittens fließen in diesen Abschnitt eigene Überlegungen ein.

78 vgl. Dokumentationsmaterial des Frauensynodenbüros, Canisiusgasse 16, 1090 Wien. Die Plakate waren während der Frauensynode allen Teilnehmerinnen zugänglich und waren am Ende der Frauensynode auch voll beschrieben.

Ein Großteil der Rückmeldungen auf den Plakaten „Klagemauer“ und „Lobeshymne“ betraf konkrete organisatorische Punkte im Positiven wie im Negativen. Vielfach gelobt und bedankt wurde die organisatorische Leistung der Initiativgruppe, quantitativ gesehen waren diese Rückmeldungen auf dem „Lobeshymne“-Plakat am häufigsten. Danach rangieren die positiven Erwähnungen bezüglich der gehaltenen Referate am Freitag und Samstag, wobei die Kurzreferate zu den Schwerpunktthemen am besten aufgenommen wurden: sie seien „individuell, verschieden, humorvoll, kritisch“ und „sehr erfrischend“ gewesen. Auf unterschiedliche Resonanz stieß das Referat von Christine Schaumberger, das von manchen als „fad“, „zu theoretisch“ und „schwach“, von einer Frau dagegen als „gut zum Einstieg“ bezeichnet wurde. Noch umstrittener war unter den Frauen die Liturgie vom Samstag abend, wobei zwei positiven Meldungen vier auf der Klagemauer gegenüberstanden. Fühlte sich eine Frau durch die Liturgie „sehr angesprochen, berührt und beschenkt“, waren zwei anderen der Ausdruckstanz und eine Textmeditation „zu aufgesetzt“ und eine konnte mit der „typisch weiblichen Innerlichkeit“, die für sie in der Liturgie auftauchte, nichts anfangen. Das Thema der Liturgie lautete „Kraft der Weisheit“ und eine Frau schrieb dazu: „Ich hab bis jetzt noch nicht gewußt, daß Ruah so 'charismatisch' ist!“. Anhand dieser Rezeption der Liturgiefeier wurden die unterschiedlichen Zugänge der Frauen zu Spiritualität aber auch zum eigenen Frauenbild sichtbar.
Weitere Rückmeldungen auf den beiden Plakaten betrafen den unmittelbaren Globe der Frauensynode[79] und Fragen der Struktur. Mehrfach beklagt wurde, daß zwischen den gemeinsamen Arbeits- und Essenszeiten zuwenig Freiraum für informelle, gemütliche Gespräche und das Programm zu dicht gedrängt gewesen sei. Neben Klagen über eine Pension, in der einige Frauen untergebracht waren, wurde auch moniert, daß die Kosten für Nächtigung und Verpflegung für Studentinnen, Pensionistinnen und erwerbslose Frauen zu hoch waren. An dieser Stelle ist kritisch zu fragen, wie weit die Frauensynode im Sinne einer feministischen Theologie der Befreiung einer Parteilichkeit für die ärmsten Frauen gerecht wurde oder ob es zumindest strukturell gesehen doch eine Veranstaltung bildungsbürgerlicher Mittelschichtfrauen war.
Bedenkt man die Bedeutung der Rückmeldungsplakate auf dem Hintergrund der TZI, so waren sie zum einen Kanäle für Störungen zum anderen Orte der Metakommunikation und Interaktion. So wurden zum Beispiel zu manchen Statements unterstützende oder gegnerische Kommentare dazugeschrieben. Wenn auf der „Klagemauer“ einmal steht „Das Plakat ist zu klein!“, so kann das den Wunsch nach mehr konfrontierender Auseinandersetzung ausdrücken. Von der Planung der Frauensynode her ist tatsächlich zu fragen, ob es für politisches Lernen sinnvoll ist, Störungen auf diese Weise sozusagen im

79 Da wurde beispielsweise gelobt, daß es in der Pause Obst gab und die Qualität des Frühstücks beklagt. Solche Äußerungen können als Körperbewußtheit und Sinn fürs Konkrete oder aber als Zeichen fragwürdiger Wichtigkeiten gedeutet werden.

Hintergrund zu kanalisieren anstatt zu offener Auseinandersetzung zu ermutigen.
Die von mir zur Frauensynode befragten Frauen übten in mehrerer Hinsicht Kritik am Prozeß des Erstellens der Forderungen. Eine Teilnehmerin benannte verschiedene Strukturprobleme, die zu Schwierigkeiten bei der Formulierung der Forderungen geführt hätten. Dabei bezog sie sich in erster Linie auf die Phase am Sonntag vormittag, wo sich die verschiedenen Arbeitskreise in ihrer Schwerpunktgruppe zusammenfanden und zu gemeinsamen Forderungen kommen sollten. Durch diese Strukturierung entstanden Großgruppen mit bis zu 70 Frauen, wobei es dann an kompetenten Großgruppenleiterinnen gefehlt habe. In den durch Altersgefälle und anderes bedingten heterogenen Gruppen war es somit schwierig, zu gemeinsamen Formulierungen zu finden. Einen Beitrag zu dieser Schwierigkeit leisteten nach Meinung der Teilnehmerin auch diverse Profilierungskämpfe unter den Frauen. Insgesamt sei für sie auf der Frauensynode die Spannung zwischen gezielter Vorbereitung und basisdemokratischem Prozeß sichtbar geworden und ungelöst geblieben. Im Vergleich zu den Berichten dieser Frau hatte ich aus der Schwerpunktgruppe Ökonomische Macht/Ohnmacht positivere Eindrücke von diesem Prozeß der Erstellung gemeinsamer Forderungen. Vielleicht hängt dies aber gerade auch mit der Tatsache zusammen, daß wir im Vergleich zu den anderen Schwerpunktgruppen eine relativ kleine Gruppe von etwa 15 Frauen waren. Allein diese Minderheitenposition und das damit verbundene Gefühl, alle anderen wären uninteressiert an ökonomischen Problemstellungen bewirkte unter uns eine schnelle Verschwesterung, die auch die gemeinsame Arbeit erleichterte.
Eine andere von mir befragte Frau meinte, daß das vorgegebene Ziel der Arbeitskreise, Forderungen zu formulieren, dazu führte, daß es zur Machtausübung von Frauen über Frauen kam. Sie nannte als Beispiel den Arbeitskreis zum Gentechnikgesetz, zu dem sie sich gemeldet hatte. In der Erwartung, grundsätzliche Informationen über die Thematik zu bekommen, wurde sie enttäuscht und sie fühlte sich ohnmächtig in der Position der Nichtwissenden gegenüber den Leiterinnen, die das Wissen zur Sache hatten und bereits Forderungen vorformuliert hatten. Diese Frau regte als Alternative an, daß schon vor der Frauensynode den Gruppenteilnehmerinnen Artikel und Informationsmaterial zugesandt werden sollte, wenn man in so kurzer Zeit zu schwierigen Sachfragen politische Forderungen erstellen will. Eine weitere Kritik betraf das Abstimmungsverfahren am Sonntag vormittag, bei dem zuwenig Zeit für Diskussion und daher das „schnelle Zettelheben" unbefriedigend gewesen sei. Ähnliche Unzufriedenheit dürfte jene Frau verspürt haben, die auf die „Klagemauer" folgende Stellungnahme schrieb: „für nächste Synode Delegationsprinzip überlegen: sowohl für Teilnahme, wie für Erarbeitung von Forderungen". Hier stehen sich also das basisdemokratische Modell der Frauensynode und die in unserem Staat übliche Stellvertretungspoltik gegenüber, wobei offenbar letzterer mehr Effizienz und Qualität zugesprochen wurde.

Eine andere Frau zweifelte die Demokratiefähigkeit einiger Frauen insofern an, als sie feststellte, daß am Sonntag vormittag zur Abstimmung manche gar nicht mehr gekommen waren. Eine dieser Frauen erklärte mir ihr Fehlen am Sonntag damit, daß sie schon am Samstag abend überfordert gewesen sei von der Dichte des Programms und keine Energien mehr für eine weitere Teilnahme aufbringen konnte und wollte. In diesem Zusammenhang vermute ich, daß ein Identifikationsgefälle zwischen Initiativgruppe, Arbeitskreisleiterinnen und Teilnehmerinnen auf der Frauensynode bestand, welches in den drei Tagen keine ausgleichende Balance fand. Hier stellt sich die Frage, wie diese gemeinsame Verantwortlichkeit für den Prozeß und die damit einhergehende Verbindlichkeit sowie das Gefühl, wirklich wichtig zu sein für den Prozeß und das Ergebnis besser zustande kommen kann.
Aus meiner Sicht kann der Frauensynode trotz aller berechtigter Kritik große Bedeutung für das Selbstwertgefühl der österreichischen Frauen ihren Kirchen gegenüber eingeräumt werden. Meines Wissens war es die erste österreichweite, ökumenische Großveranstaltung, bei der Frauen aus verschiedenen Kirchen aber auch nichtkirchliche Frauen teilgenommen haben. Die Tatsache, daß es in einem solchen Forum trotz der genannten Schwierigkeiten möglich war, zu gemeinsamen Forderungen zu kommen, ist beachtlich. Nach Auskunft der Sprecherin des Österreichischen Frauenforums Feministische Theologie war die Frauensynode 1992 auch der Auftakt zu einer wesentlich intensiveren Zusammenarbeit von katholischen und evangelischen Frauen, die sich zum einen in der gemeinsamen Weiterarbeit für die europäische Frauensynode im Juli 1996 aber auch in der „Arbeitsgemeinschaft Ökumenisches Forum Christlicher Frauen in Österreich“ zeigt.[80]
Inhaltlich gesehen bewiesen die Teilnehmerinnen der Ersten Österreichischen Frauensynode 1992 meines Erachtens, daß Frauen fähig sind, kompetent zu den brennenden Fragen in Gesellschaft, Wirtschaft und Kirche Stellung zu beziehen. Die große Bandbreite der angeschnittenen Themen war dabei kein Zufall: „Wir fühlen uns für alle Belange mitverantwortlich und mischen uns deshalb ein“[81], hieß es einmal im Arbeitskreis „Frauen und Politik“, galt aber als unausgesprochenes Motto für die ganze Frauensynode. So begrüßenswert diese Weite zum einen ist, so problematisch kann sie im Detail sein, etwa wenn es darum geht, zu speziellen Rechtsfragen kompetente Lösungen vorzuschlagen und zu fordern. Ich stimme mit jener Frau überein, die auf der „Klagemauer“ kritisch vermerkte: „Manchmal zu hohe Ansprüche für die kurze Zeit.“
Die große Bandbreite der bearbeiteten Themen verweist aber auch auf eine andere, immer wieder als „Vielfalt“ bezeichnete heterogene Realität der Teilnehmerinnen. Die Unterschiedlichkeiten und gegensätzlichen Positionen der Frauen, die sich allein schon in der Wahl der Arbeitskreise zeigten, wurden

80 Telefonische Auskunft der Sprecherin des Österreichischen Frauenforums Feministische Theologie Gabriele Kienesberger vom 9.11.1994.
81 Initiativgruppe Frauensynode (Hg.): Frauen und Macht. Dokumentation...a.a.O. 10.

allerdings kaum thematisiert. So wurde die Spannung zwischen matriarchatsbegeisterten, körper- und selbsterfahrungsorientierten Frauen und eher realpolitisch-engagierten Frauen am ehesten in der inoffiziellen Diskussion über die gemeinsame Liturgiefeier deutlich, kam aber nie öffentlich auf den Tisch. Der in der feministischen Theologie immer wieder eingeforderte offene Schwesternstreit fehlte also weitgehend. Anfanghaft fand er dort statt, wo in der Dokumentation eine Frau über ihr Unbehagen auf der Frauensynode berichtete, weil sie sich „auf ein erdverbundenes, zyklisches, emotionales Wesen" reduziert fühlte. Ebenso wie gegen eine „neue Weiblichkeit" wandte sie sich gegen die vermeintliche Einmütigkeit der Feministinnen, die sie in der „Uniformierung des lila Stils" sah.[82]
Monika Kraus, deutsche Teilnehmerin und Vertreterin der theologischen Frauenzeitschrift „Maria von Magdala" schrieb über die Synode:

> „Unserer Ansicht nach spiegelt die Synode die derzeitige Situation der kirchlichen Frauenbewegung wider. Es ist eine Zeit des Suchens. Es gibt verschiedene Sichten sowohl über das Ziel als auch den Weg dahin. Besonders deutlich wurde uns das auch bei der 'Frauenliturgie'."[83]

Die Frauensynode hat ein Signal dafür gesetzt, daß Frauen gemeinsam Stärke und Kraft entwickeln können und bereit sind, ihre Verantwortung für die Veränderung in Richtung einer frauengerechten Welt zu übernehmen. Ingrid Jehle schreibt daher im Vorwort der Dokumentation:

> „Es ist Zeit, nicht mehr zu warten, bis irgend jemand unsere Vorstellungen, Träume und Visionen von einer frauengerechten Gesellschaft erfüllt. Wir selbst sind dafür verantwortlich und in Solidarität mit anderen Frauen haben wir auch die Kraft zur Aktion."[84]

4.2.2. Theologischer Interpretationsversuch

Im Blick auf die drei Tage Österreichische Frauensynode drängt sich mir folgende Frage auf: Was treibt 250 Frauen an einem Oktoberwochende 1992 in einer postmodernen, postfeministischen Zeit der allgemeinen Gleich-Gültigkeit, in einer Zeit herrschenden Zeitmangels und Streßklagens, in einer Zeit des Rückzugs ins private Freizeit- und Familienleben, was treibt sie also in so einer Zeit dazu, sich in einem Bildungshaus zu versammeln und gesellschaftspolitische Forderungen auf Plakate zu schreiben? Welche theologische Bedeutung hat diese Synode?

82 vgl. Mair, Katharina: Lila-Stil?, in: Initiativgruppe Frauensynode (Hg.): Frauen und Macht. Dokumentation...a.a.O. 12.

83 Kraus, Monika: Eindrücke von der 1. Österreichischen Frauensynode vom 2. – 4. Oktober 1992 in Wels, in: Maria von Magdala, Rundbrief Nr.4 (1992), 10.

84 Jehle, Ingrid: Frauen haben Macht und ermächtigen sich gegenseitig, in: Initiativgruppe Frauensynode (Hg.): Frauen und Macht. Dokumentation...a.a.O. 8.

Mit der Beschreibung und theologischen Deutung dreier Spannungsfelder möchte ich diese Frage ansatzweise beantworten. Es sind Spannungsfelder, die die Widersprüchlichkeit heutigen Frauenlebens und -glaubens repräsentieren und die auch auf der Frauensynode gegenwärtig waren: Gerechtigkeit/Gleichberechtigung – Unterdrückung/Herrschaft; Macht – Ohnmacht; Lebensbejahung – Nihilismus/Resignation.

4.2.2.1. Gerechtigkeit/Gleichberechtigung – Unterdrückung/Herrschaft

Eine der Hauptmotivationen für die Erste Österreichische Frauensynode war die tiefe Sehnsucht der beteiligten Frauen nach Gerechtigkeit. Nach einem Leben, in der jede/r ihren/seinen Bedürfnissen entsprechend bekommt, was sie/er an Materiellem und Geistigem braucht für ein freies, aufrechtes Leben; nach Gerechtigkeit und Gleichberechtigung in Liebesbeziehungen und Familien; nach einer Gesellschaft, in der Einkommensgerechtigkeit ebenso herrscht, wie die gerechte Aufteilung der Reproduktions- und Erziehungsarbeiten zwischen Männern und Frauen; nach einer Kirche, in der Frauen und Männer gleichberechtigt sind und sie sich ihren Fähigkeiten entsprechend entfalten können.[85]
Das Streben nach Gerechtigkeit ist symptomatisch für eine Befreiungsbewegung, wie es die feministische ist. Im Namen der Gerechtigkeit engagierten sich die österreichischen Frauen im Oktober 1992 und arbeiten sie nun gemeinsam mit Frauen anderer Länder auf das Zustandekommen einer Europäischen Frauensynode im Juli 1996 hin. Renate Mercsanits, eine Frau der Initiativgruppe, schreibt dazu:

> „Gerechtigkeit für unsere Schwestern und für uns selbst, Gerechtigkeit für alle Geschöpfe – dies ist die Vision feministischer Ethik, der sich die Europäische Frauensynode verpflichtet fühlt. Der Mangel an Gerechtigkeit und die tiefe Sehnsucht und Hoffnung auf Gerechtigkeit in unserer Arbeitswelt, in unserem Lieben und Beten, motiviert uns zu diesem großen Unternehmen."[86]

Wenn hier von Gerechtigkeit gesprochen wird, ist zu fragen, wie dies theologisch zu verstehen ist. Die Vision einer frauengerechten Gesellschaft, von der immer wieder die Rede war, hat ihren Bezugspunkt in einer kapitalistisch-patriarchalen Welt, in der Frauen die volle, freie Entfaltung ihrer Menschenwürde nach wie vor vorenthalten wird. Gewalt gegen Frauen, Feminisierung der Armut, Verweigerung des Zugangs zu institutionellen Machtpositionen, Ausbeutung der Reproduktionsarbeit sind nur einige Schlagwörter, die die Unterdrückung von Frauen heute in aller Welt kennzeichnen.

85 vgl. dazu den beschlossenen Forderungskatalog, in: ebenda, 92ff.
86 Mercsanits, Renate: Freiheit und Gerechtigkeit – ein göttliches Bedürfnis, in: Verein Österreichisches Frauenforum Feministische Theologie (Hg.): Synodenbrief, Nr.4 (1994), 3.

Überall dort, wo Frauen die Idee der Gleichberechtigung aller Menschen als Inbegriff sozialer Gerechtigkeit vertreten, stehen sie in der Tradition moderner Aufklärung[87] aber ebenso in jener des Alten und Neuen Testaments. Zur Zeit der französischen Revolution verfaßte beispielsweise die französische Schriftstellerin Olympe de Gouges – angespornt von der Idee der Menschenrechte – 1791 die „Erklärung der Rechte der Frau und Bürgerin"[88]. Für Olympe de Gouges und andere kämpferische Frauen dieser Zeit war klar, daß ein Streben nach Gleichheit, materieller Gerechtigkeit, Freiheit und Selbstbestimmung für Frauen auf die Aufhebung patriarchaler Macht zielen muß, denn Frauen waren in den vermeintlich allgemeinen Menschenrechtserklärungen nicht mitgemeint.[89]
Wenn christliche Frauen heute die Erfüllung der Menschenrechte für Frauen oder die Verbesserung bestehender staatlicher Gesetze einfordern, dann handeln sie nicht nur im Sinne jener frühen Vorkämpferinnen der Aufklärung sondern auch in der Tradition des Alten und Neuen Testaments. „Recht und Gerechtigkeit" sind im Alten Testament wesentliche Begriffe der sozialen Gemeinschaft.[90] Recht bezeichnet das weltliche Recht, das in Israel am Tor gesprochen wird, Gerechtigkeit ist der theologisch übergeordnete Begriff, der aber häufig mit „Recht" zusammengenannt wird. Gerhard von Rad meint, daß es im Alten Testament keinen wichtigeren Begriff für die Lebensbeziehungen des Menschen gibt, wie den der Gerechtigkeit:

„Er (der Begriff Gerechtigkeit, d. Verf.) ist der Maßstab nicht nur für das Verhältnis des Menschen zu Gott, sondern auch für das Verhältnis der Menschen untereinander ... ja auch für das Verhältnis des Menschen zu den Tieren und zu seiner naturhaften Umwelt. Zedakah kann man ohne weiteres als den höchsten Lebenswert bezeichnen, als das, worauf alles Leben, wenn es in Ordnung ist, ruht."[91]

87 vgl. Praetorius, Ina: Recht/Gerechtigkeit. V. Gleichberechtigung, in: Gössmann, Elisabeth u.a. (Hg.): Wörterbuch der feministischen Theologie...a.a.O. 347.

88 Die Politikwissenschaftlerin Hannelore Schröder hat 1972 diese Erklärung wiederentdeckt und 1977 erstmalig auf Deutsch publiziert. Inzwischen ist Olympe de Gouges in der feministischen Forschung vielfach rezipiert und als Vorkämpferin in bezug auf die Rechte der Frauen anerkannt. Olymp de Gouges wurde auf Grund ihrer politischen Schriften am 3. November 1793 auf der Guillotine enthauptet. vgl. Schröder, Hannelore: Olympe de Gouges, zum 200. Jahrestag ihrer Hinrichtung, in: Virginia. Frauenbuchkritik, Nr.15, 7.Jg.(1993), 1f.

89 Die Menschenrechte blieben vorerst Männerrechte, was sich "im Ausschluß der Frauen von fast allen Bürgerrechten, im Verbot ihrer politischen Betätigung, insbesondere der Frauenclubs und Frauenvereine" zeigte.
Gerhard, Ute u.a. (Hg.): Differenz und Gleichheit. Menschenrechte haben (k)ein Geschlecht, Frankfurt a.M. 1990, 8.

90 vgl. Schüngel-Straumann, Helen: Recht/Gerechtigkeit. I. Altes Testament, in: Gössmann, Elisabeth u.a. (Hg.): Wörterbuch der feministischen Theologie...a.a.O. 339.

91 von Rad, Gerhard: Theologie des Alten Testaments, Bd.I: Die Theologie der geschichtlichen Überlieferungen Israels, München ^{8}1982, 382, zit. in: Heyward, Carter: Und sie rührte sein Kleid an. Eine feministische Theologie der Beziehung, Stuttgart 1986, 62.

Besondere Bedeutung kommt in diesem Zusammenhang den ProphetInnen zu, die im Namen der Gerechtigkeit die Einhaltung des Rechtes zum Schutz der Armen und Ausgebeuteten bzw. gute Rechtssprechung einforderten. Sie sprechen ihre drohenden Worte im Auftrag Gottes, der die Gerechtigkeit liebt und angesichts ungerechter gesellschaftlicher Verhältnisse erzürnt.[92] Die Gerechtigkeit Gottes äußert sich im Alten Testament vor allem darin, „daß Gott Partei ergreift für die 'Armen, Witwen und Waisen', eine Zusammenstellung derer, die keinen Rechtsbeistand haben und darum angewiesen sind auf die Hilfe Gottes"[93]. Im Neuen Testament setzt sich diese parteiliche Tradition in der Praxis Jesu fort. Jesus fordert Gerechtigkeit und Barmherzigkeit für die notleidenden Armen, für die Kranken und Verkrüppelten und für die durch ihre soziale Stellung Marginalisierten (Zöllner, SünderInnen, Prostituierte) und macht durch sein konkretes, heilend-befreiendes Handeln jene Gottesherrschaft erfahrbar, die der Herrschaft unterdrückerischer Mächte entgegensteht. Jesus verkündet eine gerechte Gottesherrschaft, die keine Diskriminierung zuläßt. „Frieden, Freiheit, Gerechtigkeit und Leben sind der Horizont uralter Menschheitsfragen, unter dem Jesu Basileiabotschaft und Lebenspraxis stehen."[94]

In den urchristlichen Gemeinden ist in der Nachfolge Jesu darum gerungen worden, neue gerechte Beziehungen untereinander herzustellen, Solidarität und Gleichrangigkeit zu leben.[95] Ein herrschaftsfreies Miteinander, bei dem es „nicht mehr Juden und Griechen, nicht Sklaven und Freie, nicht Mann und Frau" (Gal 3,28) gibt, war das angestrebte Ziel.

Das biblisch bezeugte Engagement für Gerechtigkeit wird von feministischer Befreiungstheologie aufgegriffen und in einer Theologie der Gerechtigkeit fortgeschrieben. Aus dieser Theologie heraus kann das Geschehen der Frauensynode verstanden werden, was ich im folgenden kurz ausführen will.

Die Kraft, für das Leben einzutreten und die Liebe zur Gerechtigkeit kommen von Gott, schreiben Dorothee Sölle und Fulbert Steffensky.[96] Ich möchte diesen Gedanken noch weitertreiben und sagen, schon die Sehnsucht nach Gerechtigkeit kommt von Gott. Die existentielle Sehnsucht der Menschen nach Gerechtigkeit ist zugleich eine göttliche Sehnsucht. Oder anders gesagt: Eine lebendige Beziehung zu Gott spiegelt sich darin wieder, daß in uns die Sehnsucht nach Gerechtigkeit im Zwischenmenschlich-Gesellschaftlichen brennt und wir danach streben. In der Suche nach der Würde und Befreiung

92 "Weh denen, die unheilvolle Gesetze erlassen und unerträgliche Vorschriften machen, um die Schwachen vom Gericht fernzuhalten und den Armen meines Volkes ihr Recht zu rauben, um die Witwen auszubeuten und die Waisen auszuplündern."(Jes, 10,1–2)

93 Schüngel-Straumann, Helen: Recht/Gerechtigkeit...a.a.O. 340.

94 Ullrich, Lothar: Erlösung und Befreiung, in: Beinert, Wolfgang (Hg.): Lexikon der katholischen Dogmatik, Freiburg/Basel/Wien 1987, 132.

95 vgl. Sutter Rehmann, Luzia: Recht/Gerechtigkeit. II. Neues Testament, in: Gössmann, Elisabeth u.a. (Hg.): Wörterbuch der feministischen Theologie...a.a.O. 342.

96 vgl. Sölle, Dorothee/Steffensky, Fulbert: Nicht nur Ja und Amen. Von Christen im Widerstand, Reinbek bei Hamburg 1983, 13.

der Frauen, nach frauengerechten Lebensbedingungen kommt letztendlich die Suche nach Gott zum Ausdruck.[97]. Ich spreche hier bewußt von einer „menschlich-göttlichen", biblisch begründeten Sehnsucht nach Gerechtigkeit, weil ich sie unterscheide von jenen Gerechtigkeitsideen, die der Aug um Aug/Zahn um Zahn-Ideologie anhängen und auch von jenen naiv-egozentrischen Haltungen, die Gerechtigkeit für sich selbst und das eigene Volk einfordern, ohne einem universellen Gerechtigkeitsbegriff anzuhängen. Die menschlich-göttliche Sehnsucht nach Gerechtigkeit hat nichts mit romantischen Gefühlen und alles mit dem Konkretwerden des jüdisch-christlichen Doppelgebotes (Dreifachgebot, d.Verf.)[98] der Liebe (Mt 22, 36–40) zu tun, das ver-antwort-liches Handeln nach sich zieht. Die Liebe zum Leben läßt die Sehnsucht nach Gerechtigkeit wachsen und motiviert zu gerechtem Handeln.[99]
Eine Gerechtigkeit, die auf dem Doppel- bzw. Dreifachgebot der Liebe beruht, führt menschliches Denken und Handeln über den jeweils eigenen Kontext hinaus zum Bedürfnis nach einer weltweiten Gerechtigkeit. Die Liebe zur Welt und ihren Völkern hat ihren Bezugspunkt in jenem Schöpfergott, der seinem Propheten mitteilt, daß er ihn aus Gerechtigkeit gerufen und dazu bestimmt hat, „der Bund für mein Volk / und das Licht für die Völker zu sein: blinde Augen zu öffnen,/ Gefangene aus dem Kerker zu holen und alle, die im Dunkel sitzen,/ aus ihrer Haft zu befreien." (Jes 42,5–7)
Feministische Politik, die von der Sehnsucht nach Gerechtigkeit motiviert ist, verbündet sich mit der weltweiten Bewegung für Gerechtigkeit, Frieden und Bewahrung der Schöpfung. Es geht ihr um die Schaffung einer Welt, in der es Gerechtigkeit für alle gibt, einer Welt, die frei ist von kapitalistisch-patriarchaler Ausbeutung.[100]
Feministische Theologinnen wie Carter Heyward betonen den Zusammenhang von persönlichem Wohl und Gemeinwohl, von individueller Freiheit und universaler Gerechtigkeit, weshalb Einsatz für weltweite Gerechtigkeit und gesellschaftliches Gemeinwohl immer auch für das Wohl der sich engagierenden Person selbst wichtig ist.[101] Dorothee Sölle argumentiert ganz ähnlich, wenn sie die Befreiungsarbeit für die Armen und Hungernden als

97 vgl. Schüssler Fiorenza, Elisabeth: Für Frauen in Männerwelten...a.a.O. 34.

98 Meines Erachtens ist der Begriff "Doppelgebot der Liebe" insofern falsch, als es sich hier um drei Liebesgebote handelt: die Liebe zu Gott, die Liebe zum Nächsten, die Liebe zu mir selbst. Um die Selbstliebe als Voraussetzung für die Nächstenliebe nicht zu unterschlagen, bevorzuge ich den Begriff "Dreifachgebot der Liebe".

99 Für Carter Heyward ist Gerechtigkeit ein Akt der Liebe zu Gott und den Menschen: "Die Menschheit zu lieben heißt, mit Gott Freundschaft zu schließen. Der menschliche Akt, zu lieben, Freundschaft zu schließen und Gerechtigkeit herzustellen, ist unser Akt, Gott in der Welt leibhaftig zu machen."
Heyward, Carter: Und sie rührte sein Kleid an...a.a.O. 52.

100 vgl. Schaumberger, Christine/Schottroff, Luise: Schuld und Macht. Studien zu einer feministischen Befreiungstheologie, München 1988, 9.

101 vgl. ebenda, 22 und 26.
Das Motto der Frauenbewegung: "Keine Frau ist befreit, wenn nicht jede Frau befreit ist" entspricht diesem Denken.

Erlösung aus der „milden Depressivität der Mittelklasse" sieht und das „materielle Interesse der anderen" als „unser tiefstes spirituelles Interesse" versteht.[102] Sie stellt sich gegen einen selbstbezogenen Selbstverwirklichungsdrang, der Ausdruck spiritueller Apartheid ist und letztlich Zerstörung der Seele bedeutet, weil unsere Seele „in der individualistischen Abstraktion der 'Selbstverwirklichung' nicht atmen kann."[103] Wer also nach Gerechtigkeit im jüdisch-christlichen Sinn hungert und dürstet, hat immer zugleich sich selbst und die anderen im Blick. Mit der menschlich-göttlichen Sehnsucht nach Gerechtigkeit entwickelt sich das Gefühl für gesellschaftliche und weltweite Verantwortung.

Eine Voraussetzung für die Bewußtheit der eigenen Verantwortung ist die Einsicht in die geschenkte Freiheit und Fähigkeit zur Mitgestaltung der Welt. Verantwortungsvolles Handeln im Sinne der Gerechtigkeit für alle wird somit zur lustvollen Verwirklichung des Menschseins. Das Lustvolle daran entsteht sowohl aus der Neuentdeckung eigener Handlungsfähigkeiten und -möglichkeiten wie auch aus dem hoffnungsvollen Glauben an die kreative Gestalt- und Veränderbarkeit der Welt und ihrer Ordnungen. Lustvoll und leicht kann dieses Entdecken bleiben, solange es verbunden ist mit einer christlichen Erlösungstheologie, die uns Menschen befreit aus Erfolgs- und Machbarkeitszwängen. Die „Verantwortung ist zunächst eine Kategorie Gottes"[104] und verantwortliches Handeln wird für uns Menschen möglich, weil wir im unbegreifbaren Kreuzesgeschehen der trinitarischen Liebe Gottes aufgehoben sind. „Die Geborgenheit der menschlichen Verantwortung in der Verantwortung Gottes für den Menschen"[105], die christliche Erlösungserfahrung gibt den Weg frei zu einer sachgerechten, realistischen Wahrnehmung der Welt in ihren Konflikten. Aus der Erfahrung des Eingeborgenseins in Gott, das auch das Scheitern und die Angst miteinschließt, haben es ChristInnen nicht länger nötig, die eigenen Verstrickungen in ungerechte Verhältnisse, die eigene Mittäterschaft in einem kapitalistisch-patriarchalen System, zu verdrängen. Wir können uns der eigenen Teilhabe an der strukturellen Sünde nüchtern bewußt werden, können schuldfähig werden und aufgrund konkreter Hoffnung widerständig werden, indem wir unsere Mittäterschaft langsam abbauen. Die menschlich-göttliche Sehnsucht nach Gerechtigkeit drängt nach befreiender Praxis. Dort, wo diese Praxis fehlt, machen sich Frustration, Resignation und Unlust breit. Handeln im Sinne der Gerechtigkeit dagegen ist in sich kraft- und lustvoll, zugleich aber ist es gefährlich, kann Leiden, Kreuz und Tod mit sich bringen.

102 Sölle, Dorothee: Mitleiden – Mithandeln...a.a.O. 76.

103 ebenda.

104 Römelt, Josef: Theologie der Verantwortung, Zur theologischen Auseinandersetzung mit einem philosophischen Prinzip, Innsbruck 1991, 133.

105 ebenda, 131.

Betrachtet man den Prozeß der Ersten Österreichischen Frauensynode auf dem Hintergrund des hier beschriebenen Verständnisses von Gerechtigkeit, dann läßt sich folgendes feststellen:
Aus der Sehnsucht nach mehr Gerechtigkeit für Frauen in dieser Welt wurde die Frauensynode initiiert. Grundlage für das endgültige Zustandekommen waren neben einer liebevollen Zuwendung der beteiligten Frauen zueinander, neben Empathie und Sympathie, das Gefühl für Verantwortung und das Erkennen eigener Handlungsmöglichkeiten. Begeistert von der Vision einer frauengerechten Welt, wurden die Frauen tätig im Sinne der anfanghaften Vorwegnahme und eines konsequenten Einforderns dieser Welt.
Kann die Frauensynode auch nicht für sich beanspruchen, bereits die volle Verwirklichung einer (frauen-)gerechten Welt gewesen zu sein, so fanden sich auf ihr doch Ansätze dafür. Dies orte ich beispielsweise dort, wo versucht wurde, anhand einer basisdemokratischen Entscheidungsstruktur die Gleichberechtigung einer jeden Teilnehmerin zu gewährleisten. Ich fand es auch dort, wo ich empathische Offenheit füreinander, Interesse und Zuwendung, ein Klima akzeptierender Gegenseitigkeit erlebte. Gerade dieses Handeln im Sinne der Gerechtigkeit verweist auf die Gegenwärtigkeit Gottes: „Den Gott der biblischen Offenbarung erkennt man, indem man zwischenmenschliche Gerechtigkeit praktiziert. Wo diese nicht existiert, dort kann Gott nicht sein.“[106] Daß diese nicht zwischen allen beteiligten Frauen und zu allen Zeiten auf der Frauensynode verwirklicht war, versteht sich von selbst oder zumindest aus der Tatsache heraus, daß auch feministisch bewegte, für Gerechtigkeit eintretende Frauen persönliche Grenzen haben.
Was den Aspekt weltweiter Gerechtigkeit und Verantwortung betrifft, lassen sich m.E. kritische Fragen an die Frauensynode stellen. Die Themen der Arbeitskreise zeigen, daß sich die Frauen in erster Linie mit der eigenen, österreichischen Kontextualität auseinandersetzten. Das Problem weltweiter Gerechtigkeit, das nur durch eine neue gerechte Weltwirtschaftsordnung gelöst werden kann, wurde nicht angeschnitten. Es bleibt also zu fragen, warum die Frauen auf der Synode diesen Verstrickungszusammenhang zwischen Erster und Dritter Welt, ihre Mittäterschaft an der Ausbeutung von Frauen der armen Länder ausgeblendet haben. War es Desinteresse, fehlendes Bewußtsein oder Verdrängung auf Grund übermächtiger Ohnmachtsgefühle den Weltwirtschaftsfragen gegenüber? Eine europäische Frauensynode 1996 wird sich jedenfalls diesem Themenkomplex nicht entziehen können, will sie sich nicht den Vorwurf des Eurozentrismus gefallen lassen.
Deutlich wurde während der Synode auch, daß sich ein Großteil der teilnehmenden Frauen für Arbeitskreise interessierte, die selbsterfahrungs- und körperbezogen arbeiteten. Die Beschäftigung mit sich selbst, die eigene Befreiung aus Zwängen stand auch auf der Synode für viele im Vordergrund. Hier ist zu fragen, wieweit die Frauen dem Blick auf andere gerecht wurden,

106 Gutiérrez, Gustavo: Theologie der Befreiung, München/Mainz [7]1984, 180; zit. in: Heyward, Carter: Und sie rührte sein Kleid an...a.a.O. 69.

wieweit sie kritisch ihre Rolle im System strukturell herrschender Sünde analysierten, wieweit sie über ein eindimensionales Opfer-Täter-Denken hinauskamen.
Zusammengefaßt läßt sich sagen, daß die Spannung zwischen Gerechtigkeit/Gleichberechtigung und Herrschaft/Unterdrückung auch auf der Frauensynode nicht gänzlich überwunden werden konnte, daß aber Anfänge zur Verwirklichung einer frauengerechteren Welt gemacht wurden.

4.2.2.2. Macht – Ohnmacht

Ein zweites Spannungsfeld, das mir für eine theologische Interpretation der Frauensynode wichtig scheint, ist jenes zwischen den Polen Macht und Ohnmacht. Die Frauensynode 1992 stand unter dem Motto „Frauen und Macht", wobei in den Arbeitskreisen, ausgehend von den Ohnmachtserfahrungen in den verschiedenen Lebensbereichen, die Macht der Frauen thematisiert, gesucht und eingefordert wurde. Frauenleben steht in einer patriarchalen Gesellschaft immer in der Spannung zwischen Ohnmacht und Macht, zwischen Opfersein und Mittäterschaft, zwischen Passivität und Selbstermächtigung. Das Spannungsfeld Macht-Ohnmacht steht in engem Zusammenhang mit den zuvor besprochenen Polen Gerechtigkeit/Gleichberechtigung – Herrschaft/ Unterdrückung. Das Bedürfnis nach Gerechtigkeit ist immer auch ein Bedürfnis nach Mitbeteiligung an der Macht, die Praxis im Namen der Gerechtigkeit setzt immer ein Abschütteln von Ohnmacht voraus, die durch Herrschaft und Unterdrückung erzeugt wird.
Der Versuch einer theologischen Interpretation sieht sich bei dem Wort „Macht" nicht nur einer Vielzahl verschiedener Verständnisformen gegenüber, sondern auch dem Problem, daß dieser Begriff durch negative Konnotationen belastet ist. Eine meiner Erfahrungen aus der Erwachsenenbildung mit Frauen und Männern ist, daß jedesmal, wenn der Begriff Macht in Diskussionen auftaucht, er entweder negativ verwendet wird oder bei positiver Verwendung auf Ablehnung stößt. Es ist eine eigentümliche Enthaltsamkeit diesem Wort gegenüber zu bemerken, was wohl mit den negativen Definitionen von Macht zusammenhängt. Macht wird im öffentlichen Bewußtsein oft mit Gewalt und Herrschaft gleichgesetzt und auch von Wissenschaftern als „dämonisch" (G. Ritter) oder „an sich böse" (J. Burkhardt) bewertet.[107] Volker Gerhardt meint dazu:

> „In diesen Urteilen spiegeln sich historische Erfahrungen mit jeweils bestimmten politischen, ökonomischen und sozialen Mächten, die sich gegen Recht und besseres Wissen brutal behaupten. Aus solchen Erfahrungen wird nicht selten ein Urteil gegen die politische Welt als ganze abgeleitet; die Macht erscheint dann als Repräsentant einer von Grund auf

107 vgl. Gerhardt, Volker: Macht I, in: Müller, Gerhard (Hg): Theologische Realenzyklopädie, Bd.21, Berlin/New York 1991, 651.

verderbten Realität, der man die Utopie einer von Macht und Herrschaft freien Zukunft entgegenhält."[108]

Wenn die Österreichische Frauensynode 1992 unter dem Motto „Frauen und Macht" stand, so waren damit zugleich eine Enttabuisierung des Machtbegriffs und ein anderer Zugang dazu angedeutet. Ich möchte im folgenden versuchen, nachzuzeichnen, welche Verständnisformen von Macht die Frauensynode u.a. prägten und welche theologische Bedeutung die Rede von Macht und Ohnmacht der Frauen haben kann.

In ihrem Einführungsreferat ging Christine Schaumberger auf die verschiedenen Begriffe von Macht ein, die auch unter Feministinnen geläufig sind[109] und sie wollte damit die anwesenden Frauen nicht nur sensibilisieren für die unterschiedlichen Zugänge zum Thema Macht, sondern sie zur Reflexion des eigenen Machtbegriffes anregen: „Warum spreche ich in welchen Zusammenhängen von Macht, in welchem Sinn?"[110] Damit wurde deutlich, daß im Prozeß der Frauensynode verschiedene positiv und negativ besetzte Machtbegriffe eine Rolle spielten und keine einheitliche Definition vorgegeben wurde. Dennoch lag im Duktus der Veranstaltung der Schwerpunkt auf den positiven, die Frauen bestärkenden Interpretationen von Macht, wie sie etwa bei Hannah Arendt, Carter Heyward, Michel Foucauld und Mary Daly zu finden sind.[111]

Als Grundlage für die anschließende theologische Interpretation greife ich jene von Hannah Arendt und Carter Heyward heraus, weil sie mir dafür am ergiebigsten erscheinen.

Hannah Arendt unterscheidet in ihrer politischen Philosophie zwischen Gewalt und Macht, wobei sie in ihnen Gegenspieler sieht, die sich ausschließen. Es geht ihr „um die Rekonstituierung eines positiven Begriffs von Macht im Sinne seiner ursprünglichen Wortbedeutung, des 'mögen'"[112], das sich von

108 ebenda, 651f.

109 Schaumberger nennt die Machtdefinitionen von Max Weber, Hannah Arendt, Carter Heyward und Michel Foucauld, wobei sie meint, daß vor allem der Machtbegriff von Carter Heyward hinter der Idee der Frauensynode stecke.
vgl. Schaumberger, Christine: Schuld und Macht, in: Initiativgruppe Frauensynode (Hg.): Frauen und Macht. Dokumentation...a.a.O. 27f.

110 ebenda, 29.

111 vgl. ebenda, 28f.
Stichwortartige Kurzfassungen dieser Machtbegriffe könnten lauten:
Hannah Arendt: Macht – Gegensatz zu Gewalt; die Fähigkeit, sich mit anderen zusammenzuschließen und im Einvernehmen mit ihnen zu handeln;
Carter Heyward: Macht in Beziehung; Macht wächst, wenn sie geteilt wird;
Michel Foucauld: Macht produziert Diskurse; ist produktives Netz, das den sozialen Körper überzieht;
Mary Daly: Macht beanspruchen, in der Macht zu benennen und zu definieren;
Wenn hier auch nicht der Ort ist, diese Ansätze darzustellen und zu diskutieren, so sei festgehalten, daß sie für die feministische Theoriebildung von großer Bedeutung waren und sind. Ähnliches gilt auch für den Machtbegriff Max Webers.

112 Paul-Horn, Ina: Resistenz gegen die Faszination der Gewalt...a.a.O. 101.

„vermögen" herleitet und nicht von „machen". Im Unterschied zur Gewalt gründet sich Macht auf das Einverständnis anderer. Ina Paul-Horn schreibt dazu:

„Arendts Machtbegriff ist ein relationaler, der besagt, daß Miteinanderhandeln und die Zustimmung der Beteiligten relevant ist. Bei der Macht sind gerade die Bezüge zwischen den Menschen wesentlich, die die Gewalt negieren. Man könnte demnach in anderer Terminologie auch sagen: Macht wäre assoziiert mit Motivation (andere motivieren können und sich motivieren lassen können) und Gewalt mit Zwang (andere auch gegen ihren Willen zwingen müssen oder gezwungen werden, ohne eine Alternative zu haben);"[113]

Nach Arendt entspricht also Macht der Fähigkeit, sich mit anderen zusammenzuschließen und im Einvernehmen mit ihnen zu handeln. Ein einzelner kann nach diesem Verständnis nur von anderen Macht zugesprochen bekommen und somit ermächtigt werden, nicht aber sich selber unabhängig von den anderen die Macht nehmen. Damit kann auch ein Aspekt von Macht in den Blick genommen werden, der an anderer Stelle schon als Mittäterschaft[114] bezeichnet wurde. Wenn eine Mehrheit sich von einer (grundsätzlich gewaltlos agierenden) Gruppe terrorisieren läßt, liegt die implizite Zustimmung der Mehrheit vor. Aktive Unterstützung und Zustimmung sind als Kehrseite der Herrschaftsperspektive zu betrachten und werden für Hannah Ardendt somit zu einer Frage politischen Handelns.[115]
Ein anderes wesentliches Element dieses Machtbegriffs ist das Prinzip der Pluralität und damit verbunden die Auseinandersetzung und Meinungsbildung der Beteiligten:

„Von Pluralität auszugehen heißt, die Differenz unterschiedlicher Meinungen und Interessen nicht nur zu denken und zuzulassen, sondern immer schon mitzuüberlegen, in welcher Form sie sich entfalten können, statt sie nur als Hindernis wahrzunehmen ... Es geht darum, seine Meinung zu sagen, und das heißt durchaus, sich in seiner Einzigartigkeit zu riskieren; was aber damit passiert, hängt vom Prozeß der Meinungsbildung im öffentlichen Raum ab ..."[116]

Auf der Frauensynode wurde ein solcher öffentlicher Raum für die Meinungsbildung von Frauen hergestellt. Wenn sich die Frauen unter dem Motto „Frauen und Macht" trafen, dann ging es dabei weder um die Forderung einer einfachen Umkehr derzeitiger Herrschaftsverhältnisse noch um die Installierung individueller Macht. Die Frauensynode war eine Demonstration gemein-

113 ebenda, 104.
114 vgl. Diskussion um Opfer-Täterrolle bei Christina Thürmer-Rohr im Kapitel 1.
115 vgl. Paul-Horn, Ina: Resistenz gegen die Faszination der Gewalt...a.a.O. 107.
116 ebenda, 100.
An dieser Stelle wird m.E. eine große Nähe zum Ansatz der TZI deutlich, weil die Forderung, "sich in seiner Einzigartigkeit zu riskieren" mit dem Chairperson-Prinzip übereinstimmt.

schaftlicher Macht, womit sie dem Machtbegriff von Hannah Arendt, aber auch dem von Carter Heyward nahekommt.
Carter Heyward beschreibt diese Erfahrung gemeinsamer Frauenmacht, die überall dort erlebbar ist, wo Frauen gemeinsam arbeiten, lernen, politisch aktiv sind, wo Frauen Freundschaft und Liebe füreinander entdecken, als „Macht in Beziehung“[117]:

„Wir haben unsere Macht in Beziehung erlangt; dies ist keine Macht, die wir in Isolation oder getrennt voneinander und von der Welt erreichen. Sie ist vielmehr eine Energie unter uns, die uns dazu fähig macht und zwingt, uns an dem fortwährenden Kampf für das Wohlergehen der Menschen zu beteiligen. Sie gibt uns die Kraft, für unser eigenes Wohl und für das anderer Menschen zu kämpfen.“[118]

Macht wird hier als ein Phänomen der Gemeinschaft beschrieben, das Kraft gibt für soziales und politisches Engagement. Heyward deutet dieses Phänomen theologisch und nennt die „Macht in Beziehung“ Gott:

„Gottes Transzendenz erfahren wir in der Beständigkeit, mit der Gott zwischen uns Brücken baut ... Göttliches Wesen treibt uns, sehnt sich nach uns, indem wir uns selbst als Menschen erkennen und lieben lernen, die von Grund auf in Beziehung stehen und nicht allein sind.“[119]

Die „Macht in Beziehung“ befreit aus der Ohnmacht in Isolation und führt uns dazu, unsere Nächsten wie uns selbst zu lieben, uns anderen zuzuwenden. Wenn im vorhergehenden Abschnitt der Zusammenhang von Gerechtigkeit und Liebe aufgezeigt wurde, so kommt hier die Verbindung von Macht und Liebe zum Ausdruck. „Macht in Beziehung“ ist getragen von gegenseitiger Liebe und von der Anerkennung der Freiheit der/des anderen. „Macht in Beziehung“ hat nichts zu tun mit unterdrückender Herrschaft oder Siegermacht, sondern ist schöpferische Macht, die zunimmt, wenn sie geteilt wird. Sie bewirkt das Mündigwerden und die Eigenständigkeit anderer.[120]
Die Frauensynode wurde für die versammelten Frauen zu einer Erfahrung von „Macht in Beziehung“, Macht in Schwesternschaft. Es war eine befreiende Erfahrung, die die einzelnen aus der Isolation und Trennung löste und die ein widerständiges Zusammenarbeiten von Frauen ermöglichte aufgrund der Verbundenheit der Frauen.
Neben der Erfahrung von „Macht in Beziehung“ gibt es für Frauen aber noch einen anderen positiven Aspekt der Machterkenntnis, der sich theologisch in

117 Mit diesem Begriff durchbricht Heyward das übliche Sprechen von Macht, indem sie nicht von einer Positionsbestimmung ausgeht, sondern die Qualität einer Erfahrung beschreibt. Frauen, die schon einmal mit anderen Frauen in positiver gegenseitiger Akzeptanz und im Widerstand zu einer gesellschaftlichen Plausibilität zusammengearbeitet haben, kennen diese Erfahrung der "Macht in Beziehung", die stark macht.
118 vgl. Heyward, Carter: Und sie rührte sein Kleid an...a.a.O. 30.
119 ebenda, 30f.
120 vgl. Schaumberger, Christine/Schottroff, Luise: Schuld und Macht...a.a.O. 285.

unserer Gotteskindschaft begründen läßt. Aufgrund unserer Gotteskindschaft, unserer Ebenbildlichkeit verfügen wir über schöpferische Macht, die uns dazu befähigt, Wirklichkeit zu schaffen und Gerechtigkeit herzustellen. Heyward schreibt dazu:

„Wir haben Macht, einfach weil wir Menschen sind. Diese Macht befreit Gefangene, verleiht den Blinden wieder das Augenlicht und setzt die Unterdrückten in Freiheit. Wir sind mit einem Recht, einer Fähigkeit und einer Berufung geboren, diese Macht in Anspruch zu nehmen, zu teilen, zu gebrauchen und zu lieben. Dies in unserer Zeit und an unserem Ort zu tun (sic!) heißt Gott zu lieben. Es bedeutet, an der Erfüllung des Reiches Gottes mitzuwirken. Es bedeutet zu verstehen, daß unsere Macht Gottes Macht ist ..."[121]

An anderer Stelle spricht sie von unserer Aufgabe, mit Gott zu kooperieren, was in alttestamentlicher Tradition bedeutet, daß wir in der Beziehung zu Gott dafür verantwortlich sind, „Gerechtigkeit in unsere Welt zu bringen, in unser Zuhause, in unsere Klassenzimmer, in unsere Gemeinden und in andere Bereiche der Gesellschaft."[122]
Als Christinnen wird unser machtvolles Engagement aber auch motiviert durch die Erinnerung an das zwischen Macht und Ohnmacht ausgespannte Leben des Jesus von Nazareth, an seine Auferstehung aus der völligen Ohnmacht. Seine Ausgangsposition als Sohn armer Leute aus Nazareth war die von gesellschaftlich-politischer Ohnmacht, er war – wie viele Frauen heute – einer, der nichts zu sagen hatte, der über keinen öffentlich anerkannten Machtbereich verfügte. Jesus gehörte zu den Armen des Landes, widersetzte sich aber jeder Resignation. Er akzeptierte die politische Ohnmacht des Volkes nicht, sondern verkündigte das Kommen des Reiches Gottes, eines Reiches, das nicht von dieser Welt ist (vgl. Joh 18,36), einer Macht, die nicht vergleichbar ist mit der Macht der römischen Herrscher. Im Gegensatz zu jener einsamen, kalten Macht über „alle Reiche der Welt und ihre Herrlichkeit" (Mt 4,8), die ihm der Satan in der Wüste anbot, setzte Jesus auf die gemeinschaftliche Macht des armen Volkes. Er motivierte Frauen und Männer, seinem Weg zu folgen, einzustimmen in seinen Gesang für eine neue Welt. Jesus übte nicht Gewalt und Zwang über die Menschen aus, sondern stellte es ihnen frei, ihm zu folgen oder auch nicht. Den Herrschern des Landes wurde er gefährlich, weil er durch sein öffentliches Auftreten viele Anhänger gewann und eine „Jesusbewegung" entstand. Jesus war sich seiner schöpferischen Macht bewußt und wurde tätig, indem er verändernd-befreiend redete und handelte, Kranke heilte und Kritik übte am Mißbrauch politischer Macht. Damit riskierte er den Konflikt mit seinen Widersachern und wurde schließlich von der Staatsmacht in die absolute Ohnmachtsposition am Kreuz gebracht. Schöpferische Macht, „Macht in Beziehung" ist also nicht gefeit vor Leiden und Passion, sie ist nicht gefeit vor Vernichtung durch Gewalt und Unterdrückung. Der Tod Jesu wurde auch für seine JüngerInnen zur Ohnmachtserfahrung, mit einem Mal schien ihre

121 ebenda, 129.
122 ebenda.

gemeinschaftliche Macht zerschlagen. Das Handeln Jesu kann als Zeugnis dafür stehen, daß es auch aus der Ohnmachtsposition heraus möglich ist, die eigene Mächtigkeit zu leben. Der Glaube an seine Auferstehung ist Zeugnis für jene göttliche Macht, die aus der Niederlage neu ersteht, die durch Gewalt und Tod hindurch der Resignation trotzt.

Wenn auf der Frauensynode die Ohnmachts- und Machtserfahrungen von Frauen bedacht, reflektiert und analysiert wurden, so heißt das, daß die Frauen ihr eigenes Leben in aller Widersprüchlichkeit ernstnahmen. Frauen erleben sich ohnmächtig und mächtig. Immer wenn Frauen ihre familiäre, politische und wirtschaftliche Lebenssituation reflektieren, sehen sie sich mit Ohnmachtserfahrungen konfrontiert: Ohnmacht angesichts fehlender Bereitschaft des Partners zu Beziehungsarbeit, zur Teilung der Reproduktionsarbeiten, angesichts von Gewalt in der Familie; Ohnmacht angesichts weltweiter Umweltzerstörung, fanatischer, menschenverachtender Kriege, angesichts massenhafter Vergewaltigung moslemischer Frauen im Bürgerkrieg Bosniens; Ohnmacht angesichts des Ausschlusses von entscheidenden politischen Gremien, des Ausschlusses vom Priesteramt, der Ignoranz innerhalb des Wissenschaftsbetriebes; Ohnmacht angesichts von frauen- und familienfeindlicher Arbeitsmarktpolitik, von niedrigen Löhnen, fehlenden (Teilzeit-) Arbeitsplätzen, fehlenden Kinderbetreuungseinrichtungen, sexueller Belästigung am Arbeitsplatz u.v.a.m. Frauen erleben sich ohnmächtig angesichts patriarchaler Herrschaft und die neue Frauenbewegung hat hier ihren Ansatzpunkt. Die Geschichte der Frauenbewegung aber hat gezeigt, daß die Frauen nicht beim Beklagen ihrer Ohnmacht, ihrer Opferrolle stehenbleiben können, wenn sie eine Veränderung der Situation wollen. Befreiung geschieht dort, wo Frauen ihre eigene Macht und Mächtigkeit entdecken, ihre Fähigkeit zu handeln und mitzugestalten. Befreiung geschieht dort, wo Frauen aus ihrer selbst mitgetragenen Opferrolle heraustreten, sich selbst ermächtigen und tätig werden im Sinne einer Veränderung.

Die Frauen der Frauensynode erinnerten sich über die Thematisierung ihrer Ohnmacht an ihre Macht, ermächtigten sich selbst, indem sie sich zusammenfanden, einander stärkten und ihre Fähigkeit zur Veränderung gesellschaftlicher Strukturen und der Erweiterung gesetzter Grenzen bewußt machten. Christine Schaumberger sieht in der Bewegung von Machtlosigkeit und Machtverzicht hin zu einer gemeinsamen Frauenmacht so etwas wie eine feministische Bekehrung.[123]

123 vgl. Schaumberger, Christine/Schottroff, Luise: Schuld und Macht...a.a.O. 281. Zu diesem Verständnis kommt sie über die Analyse von Frauensünde, wie sie Luise Schottroff im ersten Teil des Buches vornimmt. Anders als in der traditionellen Theologie, wo Sünde sehr oft mit Hochmut und der "Gier nach Selbstbehauptung" gleichgesetzt wird, sehen feministische Theologinnen die Sünde bei Frauen in der Selbstaufopferung und in dem Versäumnis, sich auf das Ich zu beziehen und Verantwortung für das eigene Leben zu übernehmen.

Der Prozeß der Frauensynode, die gemeinsame Arbeit, war von einem gemeinschaftlichen und beziehungshaften Machtbegriff geprägt. In ihren konkreten politischen Forderungen ging es den Frauen im Sinne der Gerechtigkeit aber auch um politischen Machtgewinn von Frauen in der Gesellschaft. Das bedeutet, daß in den Forderungen institutionelle Macht in Form von mehr Mitbestimmungsmöglichkeiten und besseren Positionen von Frauen in Wirtschaft, Politik und Kirche eingeklagt wurde.[124] Der in der Frauenbewegung gängige Slogan „Die Hälfte der Macht den Frauen, die Hälfte der Arbeit den Männern" drückt aus, worin Frauen Gerechtigkeit für sich sehen: in einer gerechten, gleichberechtigten Machtaufteilung, d.h. Mitsprache und Mitentscheidungsmöglichkeit sowie in einer gerechten Aufteilung der existentiell notwendigen Reproduktionsarbeiten.

Im Zuge dieser positiven Beschreibung von Machterfahrung auf der Österreichischen Frauensynode ist es wichtig, bewußt zu halten, daß dem Machterleben im gemeinsamen Engagement, der Freude über die eigene Handlungsfähigkeit immer wieder die Ohnmachtserfahrung durch politische Rückschläge, durch fruchtlose Auseinandersetzungen mit Meinungsgegnern gegenübersteht. Wird diese Ohnmachtserfahrung dominierend, kann sich auch bei politisch engagierten Frauen schnell Resignation einschleichen.

Auf der Frauensynode wurde zum einen die gesellschaftliche Macht und Ohnmacht von Frauen thematisiert und analysiert, zum anderen stand auch der Prozeß der Frauensynode selbst in dem Spannungsfeld Macht-Ohnmacht. Die Bestimmungsmacht beispielsweise der Initiativgruppe und der Arbeitskreisleiterinnen war größer als jene der Teilnehmerinnen. Aber im Sinne von Hannah Arendt konnte diese größere Bestimmungsmacht nur über die Motivation der Teilnehmerinnen und in der Folge über deren Einstimmung erfolgen. Allein durch ihre Teilnahme bzw. Verweigerung der Teilnahme an der Frauensynode und an den Arbeitskreisen konnten die Frauen eine Arbeitskreisleiterin zur Leitung bemächtigen oder auch nicht. Von daher ist auch die Aussage jener Frau kritisch zu betrachten, die meinte, in den Arbeitskreisen wäre zum Teil Macht von Frauen über Frauen ausgeübt worden. Das konnte nur mit Zustimmung der Teilnehmerinnen geschehen, denn auch wenn die meisten Arbeitskreise nicht bewußt nach TZI gearbeitet haben, war es wohl überall grundsätzlich möglich, als Teilnehmerin das Chairperson- und Störungspostulat zu leben. Trotzdem wird anhand dieses Beispiels deutlich, daß immer dort, wo Frauen Öffentlichkeit herstellen und sich machtvoll zu Wort melden, aber auch dort, wo in geschlossenen Gruppen zusammengearbeitet wird, die Machtfrage kritisch gestellt und besprochen werden muß. Nur wenn jede der beteiligten Frauen in diesem Sinn ihre Mächtigkeit entdeckt, kann das Ergebnis der Arbeit ein von allen Getragenes werden.

124 So wurde beispielsweise eine Quotenregelung von 50 Prozent Frauenanteil für alle politischen, staatlichen, wirtschaftlichen und kirchlichen Gremien verlangt. vgl. Vlay, Katharina: Sprudelnde Quelle...a.a.O. 14.

Als Teilnehmende an der Frauensynode ist mir die Erfahrung der Freude über das gemeinsame Tun, der Stolz auf das gemeinsam Geschaffte, die Erfahrung der beziehungsvolle Mächtigkeit von Frauen in Erinnerung. Im nachhinein stellt sich die Frage, ob in dieser Stimmung der Euphorie auch genügend Raum war für die Ohnmachtserfahrungen der Beteiligten, für das noch immer wache Leiden an geschehenem Unrecht, an verbrochener Gewalt, für jenes solidarische Mit-Leiden angesichts unveränderlicher Begrenzungen.
Soweit ich es beurteilen kann, wurde auch nicht thematisiert, wie wir mit den Ohnmachtserfahrungen angesichts politischer Rückschläge aber auch angesichts eigener Unfähigkeit und Kraftlosigkeit umgehen können. Die Tatsache, daß die Frauensynode unausbalanciert unter dem Thema „Frauen und Macht" stand, hat wohl auch bewirkt, daß die Thematisierung des Umgangs mit verschiedenen Formen von Ohnmacht kaum stattgefunden hat.[125]

4.2.2.3. Lebensbejahung – Nihilismus/Resignation

Das dritte Spannungsfeld, in dem Frauen heute leben, besteht zwischen lebensbejahender, lebensfreudiger und resignativer, nihilistischer Haltung.
Wenn Frauen in einer Zeit der Privatisierung, Individualisierung und Entpolitisierung, in einer Zeit des „Backlash"[126] zusammenkommen, um gemeinsam über eine lebenswertere, frauenwürdigere Zukunft nachzudenken, dann läßt sich dies als Ausdruck der Lebensbejahung dieser Frauen interpretieren. Die Frauen setzen ein Zeichen der Hoffnung wider einen resignativen Zeitgeist, dem alles gleich-gültig ist. In diesem Sinne ist der Prozeß der Frauensynode ein religiöser Akt, ein Handeln im Sinne eines Gottes, der das Leben aller vor dem Tod will. Bevor ich die theologische Bedeutung der Frauensynode in diesem lebensbejahenden Zusammenhang näher beschreibe, möchte ich den resignativen, relativistischen Zeitgeist in den Blick nehmen, der in Spannung zur Frauensynode wie allgemein zu feministisch-politischer Bildungsarbeit mit Frauen steht.
Wer Zeitung liest, wer sich mit unserer industrialisierten Zivilisation auseinandersetzt, weiß, daß es heute genug „gute" Gründe gibt für Verzweiflung, Resignation, Nihilismus und Relativismus. Vielfach beschrieben und analysiert ist, wie sich der technische Fortschritt unseres Jahrhunderts, die Logik einer kapitalistischen Marktwirtschaft und die Entwicklung einer weltweit vernetzten Mediengesellschaft auf Lebensgefühl und -haltung westlicher Menschen auswirken. Schon in den 50er Jahren erkannte Erich Fromm die leitenden Maximen einer markt- und konsumorientierten Lebenseinstellung, die auch heute noch „gesellschaftsfähig" und von den Nutznießern des Marktes erwünscht sind:

125 Anders als der Begriff "Macht" wurde "Ohnmacht" auch im Einführungsreferat nicht definiert. vgl. Schaumberger, Christine: Schuld und Macht, in: Initiativgruppe Frauensynode (Hg.): Frauen und Macht. Dokumentation...a.a.O. 21f.

126 vgl. Kapitel 2, Anmerkung 174.

„... das Streben nach Sicherheit durch Leistung, nach Absicherung durch Eingliederung in versorgende Apparate; die Ausrichtung am Sich-Verkaufen-Können, am Erfolg bei denen, auf die es ankommt und die einem weiterhelfen können; das ständige Angewiesensein auf Bestätigung durch andere; das Verständnis der eigenen Leistung als Vor-Leistung für den als Gegenleistung erwarteten, Glückseligkeit verheißenden Konsum; die Verinnerlichung einer Idee von Gerechtigkeit, wonach in unserer Gesellschaft jedem das zukommt, was er verdient, so daß sein Wert sich an seinem Lebensstandard ablesen läßt; die Verinnerlichung der gesellschaftlichen Wertschätzung als Maßstab der Selbsteinschätzung."[127]

Die Folgen eines solchen profit- und erfolgsorientierten Wertesystems, einer „Markt-Orientierung"[128], wie es Fromm nennt, sind neben einem immer höheren Lebensstandard für zwei Drittel der Menschen in den westlichen Industrieländern eine rapide Zunahme an psychischen Erkrankungen wie Depressionen, an Streßkrankheiten und Burn-out-Syndromen. Die Menschen klagen über Sinnverlust und Mangel an Lebensfreude. Für Dorothee Sölle liegt eine Folge des mit dem Fortschrittsglauben einhergehenden Konsumismus in einer spezifischen Zerstörung der Menschenwürde.[129] Sie bezieht sich dabei auf Pier Paolo Pasolini, der einmal pontiert schreibt: „Es ist klar, daß überflüssige Güter das Leben überflüssig machen."[130] Pasolini bezeichnet den Konsumismus, der durch die Werbung immer wieder belebt wird, als neuen Faschismus, „weil er sanft, ohne physische Gewaltanwendung, einfach mit seinen neuen Informations- und Kommunikationsmitteln alle humanistischen Werte zerstört."[131] Alles Leben, das sich nicht oder nicht mehr im Dienst des Fortschritts und ständigen Wirtschaftswachstums ausbeuten läßt, wird ausgegrenzt und unsichtbar gemacht. In eine schnellebige Zeit mit Maximen wie Jugendlichkeit, Schönheit und Erfolg passen weder alte, kranke, sterbende Menschen noch Arbeitslose, Behinderte oder Arme und auch nicht Frauen mit kleinen Kindern. Aspekte des menschlichen Lebens, „die sich dem reibungslosen Funktionieren widersetzen, wie Trauer, Solidarität, körperliche und emotionale Protestzeichen gegen das 'herr'schende Leben, Sehnsucht nach einem anderen Leben, widerständiges Denken"[132] werden verdrängt oder als überkommen stigmatisiert. Mit der Zerstörung der humanistischen Werte wird auch die Lebendigkeit der Menschen zerstört. Wenn Menschen darauf trainiert werden, ihr Leben am Haben zu orientieren, verlieren sie langfristig ihre Fähigkeit zu sein, sich an ihrem Leben unabhängig von Konsumgütern zu

127 Fromm, Erich: Psychoanalyse und Ethik, Zürich ^{2}1954, 82ff; zit. in: Werbick, Jürgen: Glaubenlernen aus Erfahrung. Grundbegriffe einer Didaktik des Glaubens, München 1989, 33.

128 Fromm, Erich: Psychoanalyse und Ethik...a.a.O. Zürich ^{2}1954, 82.

129 vgl. Sölle, Dorothee: Wählt das Leben, Stuttgart ^{2}1980, 88.

130 Pasolini, Pier Paolo: Freibeuterschriften. Die Zerstörung der Kultur des Einzelnen durch die Konsumgesellschaft, Berlin 1978, 46; zit.in: Sölle, Dorothee: Wählt das Leben...a.a.O. 89.

131 ebenda.

132 Schaumberger, Christine: Ich nehme mir meine Freiheit...a.a.O. 332.

erfreuen. Gefühlsarmut, Verlust von Sinn, psychisches Erstarren noch zu Lebzeiten sind die Folge.
Sätze wie: „Das ist eben so. Da kann man halt nichts machen. Die da oben haben eben das Sagen" sind Zeichen einer gelernten Resignation, einer Anpassung aus Hoffnungslosigkeit, die in unserer Gesellschaft weit verbreitet ist. Ohnmachtsgefühle werden angesichts der abendlichen Fernsehnachrichten zu täglich wiederkehrenden Begleitern. Die Brutalität der (Bürger-)Kriege im Nachbarland oder im fernen Afrika, an der wir nichts ändern können, die Bedrohung durch Atomwaffen und Umweltzerstörung, die von anonymen Mächten verwaltet scheint u.v.a.m. stehen als schier unüberwindbare Probleme vor uns. Unsere Reaktion darauf ist oftmals Abwehr und Verdrängung, Nicht-Wahr-Haben-Wollen und Wegschauen oder auch Resignation und Apathie. Andere Fluchtmittel sind die unbeirrte Konzentration auf den Fortschritt und die Suche nach dem privaten Glück. Sharon Welch schreibt in diesem Zusammenhang: „Es ist allzu einfach, dem Gewicht der Unmenschlichkeit des zwanzigsten Jahrhunderts zu entfliehen."[133] Die moderne „Erlebnisgesellschaft"[134] bietet mit ihrer Freizeitindustrie eine Vielzahl an Fluchtmöglichkeiten.
Nimmt man die unmenschliche Brutalität der Zeitgeschichte und die Zerstörung von Leben in Umwelt und Natur ernst, so fällt der Glaube an einen Gott der Liebe und des Lebens schwer, Nihilismus dagegen vergleichsweise leicht. Für Sharon Welch ist der Nihilismus angesichts moderner Wirklichkeit ein wichtiger Faktor ihres befreiungstheologischen Entwurfs:

„Dieser nihilistische Pol spiegelt mein Wissen um die Folgen einer Wahrheit wider, die sich in unterdrückerischen Definitionen von Menschsein und Gesellschaft offenbart. Er spiegelt ebensosehr meinen Skeptizismus als Nordamerikanerin wider, die sich wirklich davor fürchtet, dass die Menschen nicht fähig sein könnten zu einer wirklichen Konversion, die über ein sozial unbedeutendes, individuelles Mass hinausgeht ... Ich behaupte, dass dieser Nihilismus aufrechterhalten werden muss und dass die Ereignisse des zwanzigsten Jahrhunderts es unmöglich machen, mit irgendeiner Gewissheit ernsthaft auf der Wahrscheinlichkeit gesicherter Erkenntnis und letztgültiger Befreiung zu bestehen."[135]

Wir sind also „Kinder der Gewalt"[136] und des Konsumismus, wir leben in einem modernen Ägypten mit vollen Fleischtöpfen, aber gefangen in einem System der Leistungs- und Konsumknechtschaft und der Unterdrückung wahrer Bedürfnisse. Gestreßt und ausgebrannt, wie wir Menschen in den reichen Industrieländern oft sind, gehört das Nicht-mehr-Können und -Wollen, das Sinnlos-Empfinden von Engagement und Solidarität, das Relativieren aller

133 Welch, Sharon D.: Gemeinschaften des Widerstandes...a.a.O. 22.
134 vgl. Schulze, Gerhard: Die Erlebnisgesellschaft. Kultursoziologie der Gegenwart, Frankfurt a.M./New York 1993.
135 Welch, Sharon D.: Gemeinschaften des Widerstandes...a.a.O. 39.
136 ebenda, 22.

humanen Werte und Normen zu unserer Existenz dazu. Ganzheitliche Theologie wird diese Erfahrung ernstnehmen müssen.
Welche theologischen Deutungsmuster bieten sich nun an, um diese Erfahrung zu beschreiben?
Als eines der wichtigsten biblischen Bilder dazu erachte ich jenes von der Auferweckung Israels (Ez 37,1–27) im alttestamentlich-prophetischen Buch Ezechiel, wo die menschliche Todeserfahrung und Erstarrung mitten im Leben ernstgenommen wird. Der Herr führte den Propheten im Geist in eine Ebene, die voll toter Gebeine war und hielt ihm vor Augen, daß er mit Hilfe des Propheten die Gebeine mit Sehnen und Fleisch umgeben kann, mit Haut überziehen und ihnen Geist einhauchen und somit zu neuem Leben erwecken kann. Ausgetrocknet und ohne Hoffnung war das Volk Israel in seiner Entfremdung, in seiner Hinwendung zu den Götzen der Zeit. Begraben und tot war es mitten im Leben. Es wird in dieser Erzählung deutlich, daß das Leben vor dem Tod nicht selbstverständlich ist, sondern einer bewußten Entscheidung bedarf.[137] Wer dem Tod im Leben widersteht und sich für die eigene Lebendigkeit und die aller Geschöpfe einsetzt, wählt den Gott des Lebens und verwirklicht Gott in dieser Welt (vgl. Dtn 30, 19–20).
Ähnliches findet sich im Johannesevangelium des Neuen Testaments, wo Jesus mit hoheitsvoll göttlichem Anspruch von sich selber sagt: „Ich bin die Auferstehung und das Leben."(Joh 11,25) oder: „Ich bin der Weg, die Wahrheit und das Leben;" (Joh 14,6). Gott und Leben werden gleichgesetzt, Lebensbejahung kann in der Folge als Bejahung dieses Gottes verstanden werden, Lebensverneinung und Resignation als Abkehr vom Gott des Lebens.
Die neutestamentlichen Evangelienberichte über Jesus von Nazareth zeigen, daß er das Leben gewählt hat und dementsprechend lebensbejahend und voll Liebe zur menschlichen Wirklichkeit handelte. Dorothee Sölle sieht in Jesus ihren Lehrmeister, wenn sie schreibt:

„Ich lerne von ihm, allen Zynismus zu überwinden. Diese Lektion finde ich heute am schwersten – es gibt überzeugende Gründe, Menschen zu verachten, es gibt großartige Gründe, mich selber zu verachten. Es gibt eine Versuchung, das Leben nur teilweise, nur ein Stück weit, nur unter Umständen zu bejahen ... Er lehrt mich ein unendliches, revolutionäres, nichts und niemanden auslassendes Ja."[138]

137 Dorothee Sölle schreibt, daß es wichtiger sei um unsere "Tötbarkeit" als um unsere Sterblichkeit zu wissen. Damit will sie auf die Tatsache verweisen, daß sich das Leben "auf dem Weg nach dem Geborenwerden und vor dem Sterben" verlieren läßt: "... das emphatische Verständnis von Leben als Weiterwachsen, als Berührtwerden, Berühren, Sich-Entwickeln zu neuer Qualität und anderen Erfahrungen, dieses qualitative Lebensverständnis enthält eine emphatisch-traumatische Beziehung zum Tod. Wir sind tötbar."
Sölle, Dorothee: Wählt das Leben...a.a.O. 18f.

138 ebenda, 109.

Radikale Lebensbejahung ist also verbunden mit Selbstbejahung und mit Bejahung der anderen. Aus beidem ergibt sich eine Lebendigkeit in Beziehungen, ein Leben, das sich von der Existenzweise des Seins, nicht des Habens[139] leiten läßt. Hand in Hand mit einer lebensbejahenden Einstellung geht die Sehnsucht nach einem Leben vor dem Tod für alle. Engagement für Gerechtigkeit aus dem Wissen um die eigene Macht und Handlungsfähigkeit ist die Folge.
Bei der Frauensynode 1992 lebten die Frauen ein Stück weit diese Bejahung ihres eigenen Lebens und das der anderen Frauen. Die drei Tage waren ein Aussteigen aus einem Alltag, der auch bei den teilnehmenden Frauen realistischerweise von der Spannung zwischen Verzweiflung und Hoffnung, Resignation und Engagement, Anpassung und Widerstand geprägt ist.

4.3. Feministisch-politische Bildungsarbeit mit Frauen als Symbol der Immanenz und Transzendenz Gottes

Im folgenden versuche ich, den Prozeß feministisch-politischer Bildungsarbeit mit Frauen theologisch zu interpretieren und als eine Brechung des Alltags zu beschreiben, in der die Immanenz eines beziehungshaft-lebendigen und befreienden Gottes erfahrbar wird und gleichzeitig in der stets unvollständig bleibenden Erfüllung unserer Utopien, im Versagen und Scheitern auch der ferne, nicht verfügbare Gott erfahrbar wird. Dabei gehe ich von einem Bildungsgeschehen aus, das sich aus der Verbindung der befreienden Bildungspraxis Paulo Freires und der TZI Ruth Cohns ergibt, wie es im 2. Kapitel beschrieben wurde und wie es ansatzweise auf der Frauensynode stattgefunden hat.

4.3.1. Vom Frauen-Leben erzählen

Der Ausgangspunkt der hier entworfenen feministisch-politischen Bildungsarbeit mit Frauen ist, daß Frauen einander von ihrem Leben erzählen, daß sie ihre Erfahrungen miteinander teilen, einander zuhören, Interesse und Anteilnahme schenken. Diese dialogische Struktur des Bildungsprozesses, die von der Gleichwertigkeit aller Teilnehmerinnen inklusive der Leiterinnen lebt, kann zu einer befreienden, neuen Erfahrung werden. Der Dialog ist getragen von einer liebevollen, wertschätzenden aber nicht unkritischen Haltung, die Frauen und Männern gleicherweise im Alltag oft fehlt. In diesem offenen Dialog wird jenes Vertrauen geübt, das der österreichische Schriftsteller Peter Turrini für

139 vgl. Fromm, Erich: Haben oder Sein. Die seelischen Grundlagen einer neuen Gesellschaft, München ^{8}1981, v.a. 73–126.

unsere „Isolierungs- und Verdächtigungsgesellschaft“[140] einklagt. Die anteilnehmende Haltung, die hier die Frauen anderen Frauen gegenüber entwickeln, setzt ein Aus-sich-heraus-Gehen, ein Von-sich-absehen-Können, eine Hinwendungsfähigkeit voraus, die dann entwickelt werden kann, wenn wir selber Anteilnahme und Zuwendung erfahren. Wenn Frauen einander von ihrem je konkreten Leben erzählen, so ist das ein Geschehen in Gegenseitigkeit, ein dynamisches Abwechseln von Reden und Hören, von Geben und Nehmen. Die Beziehungshaftigkeit dieses Geschehens, das Glück, das dabei erfahren werden kann, läßt sich mit dem jüdisch-christlichen Gott, der in sich liebevoll-lebendige Beziehung ist, in Verbindung bringen. Als Folge des anteilnehmenden Dialogs entsteht nicht nur Beziehung unter den Frauen, sondern lernen die Frauen miteinander auch, die gesellschaftliche Realität von Frauen besser zu sehen. In den konkreten Erzählungen wird Alltagserfahrung sichtbar, werden jene Strukturen und Vorgänge, die unsere Zeit prägen, deutlich. Aus diesem Grund kann ein solcher Erzählprozeß zur politischen Bewußtseinsbildung werden, wenn das in ihm liegende kritische Potential entfaltet wird. Das geschieht dann, wenn Frauen einander von ihren Lebensbedingungen erzählen, in einen hoffend-kritischen Dialog darüber treten und eine für die Ausgegrenzten sowie die eigene Fremdbestimmung überschreitende parteiliche Praxis beginnen. Damit stehen Frauen in der Jesusnachfolge, in einer politischen Erzähltradition, wo „der Faden des Erzählens nicht abgerissen“[141] ist und Jesu befreiende, parteiergreifende Praxis lebendig gehalten wird.

4.3.2. Bedrückende Mythen aufdecken

Ein wichtiger Schritt in feministisch-politischer Bildungsarbeit ist, wie im 2. Kapitel beschrieben, die Entmythologisierung herrschender, unterdrückerischer Mythen. Wenn zuvor von einem hoffend-kritischen Dialog der Frauen gesprochen wurde, so bezieht sich das Wort „kritisch“ bereits auf diesen Entmythologisierungsprozeß. Befreiung setzt Entmythologisierung, die Entlarvung falscher Götter, die Enthüllung verborgener, subtil wirksamer Normen voraus. Strukturelle Sünde wird dabei ebenso benannt wie die eigene Verstrickung in die Aufrechterhaltung unterdrückerischer Mythen, die Mittäterschaft an den ausbeuterischen, rassistischen Funktionsweisen einer kapitalistisch-patriarchalen Gesellschaft. Die Entmythologisierungsarbeit der

140 vgl. Peter Turrini: Die Verdächtiger. Essay, in: profil, Nr.37, 25. Jg., 12. September 1994, 88–91.

141 Mautner, Josef: Das zerbrechliche Leben erzählen...Erzählende Literatur und Theologie des Erzählens, Frankfurt a.M./Berlin/Bern/New York/Paris/Wien 1994, 135.
Josef Mautner entwirft in seiner Dissertation eine "Politische Theologie des Erzählens", die das Erzählen als eigenständige Form des Erkennens ansieht und die konkrete Erzählvorgänge als Reflexion für die politische Nachfolgepraxis analysiert. vgl. ebenda, 138f.

Frauen steht in prophetischer Tradition, weil sie angeht gegen selbstverständlich gewordene Alltagslogik, gegen herrschende Gesetze und den Verrat der Menschlichkeit. Im feministisch-politischen Bildungsprozeß beginnen Frauen im Namen der Gerechtigkeit und im Bewußtwerden der eigenen Mitverantwortung mit der Analyse gesellschaftlich-wirtschaftlicher Strukturen. Dabei fragen sie nach lebensverhindernden Bedingungen, um in der Folge lebensfördernde Alternativen zu entwerfen. Im Benennen lebensverachtender, todbringender Mythen gleichen sie den ProphetInnen, die sich nicht scheuten, die vom Volk verehrten Götter als Götzen zu bezeichnen und den Gott des Lebens als Alternative vorzustellen.

4.3.3. Einander zum verändernden Handeln ermutigen

Feministisch-politische Bildungsarbeit, wie sie hier entworfen wird, ist geprägt vom Primat der Praxis. Dort, wo Gesellschaftsanalyse tatsächlich im Namen der Gerechtigkeit und Liebe zum Leben vollzogen wird, dort entstehen gleichzeitig Utopien einer lebenswerten, frauengerechten Welt, die zur Tat drängen. Im Prozeß dieser Bildungsarbeit ermutigen Frauen einander, ihre Fähigkeiten neu einzusetzen, ihre Handlungsmöglichkeiten zu erweitern in Richtung auf eine neue Welt. Das klingt aufs erste großspurig, die Realität befreiender Praxis ist die der kleinen, aber unermüdlichen Schritte. Und manchmal sind die Handlungen, die Frauen dann setzen – sei es das Abschicken erstellter Forderungen oder eine Schweigedemonstration während der alljährlichen Priesterweihe – oft nicht mehr als prophetische Zeichenhandlungen. Diese Aktionen sind dann Mahnmale, die Bewußtsein wachrütteln wollen und können nicht mit sofortigem Erfolg rechnen. Befreiende Praxis braucht den langen Atem, Geduld und hohe Frustrationstoleranz. Dort wo Frauen trotz scheinbarer Erfolglosigkeit nicht aufgeben, sondern einander weiter ermuntern, für eine gerechte und friedliche Welt ohne Hunger und Ausbeutung einzustehen, wird die Kraft Gottes spürbar, aus der die ProphetInnen, Jesus von Nazareth und seine JüngerInnen gelebt haben. Wichtig wird in diesem Zusammenhang jene alte christliche Weisheit von der gelassenen Unterscheidungskunst, auf die sich auch Ruth Cohn einmal bezieht: „Mit Gelassenheit das Unveränderliche zu akzeptieren, mit Mut das zu Verändernde zu ändern. Und mit Weisheit den Unterschied zu erkennen“[142].

4.3.4. Schwesterliche Solidarität üben angesichts von Unveränderlichem

Wo Frauen einander Geschichten von geschehenem Leid, von nicht mehr rückgängig zu machenden Verwundungen, von nicht aufhebbarer Entfremdung, von Tod und Krankheit erzählen, wird auch Unveränderliches sichtbar.

142 Cohn, Ruth C.: Von der Psychoanalyse zur TZI...a.a.O. 203.

Es sind Geschichten, in denen Ohnmacht zum Himmel schreit, Geschichten, die die Opfer der Vergangenheit in die Erinnerung heben. An dieser Stelle muß feministisch-politische Bildungsarbeit innehalten in ihrem kritischen Veränderungswillen, sie muß schwesterliche Solidarität üben im Aus-Halten von bitteren Wirklichkeiten, im Raum-Geben für die Klage darüber. Alle Beteiligten gleichen dann den Freunden Hiobs, die zu Beginn ihres Besuchs, getroffen von seinem Leid, schweigend sieben Tage und sieben Nächte bei ihm auf der Erde saßen und „sahen, daß sein Schmerz sehr groß war" (Hiob 2,12f). Wenn Frauen sich in Bildungsprozessen von Hiobssituationen, von dem unverrückbaren, unbegreifbaren Leiden naher und ferner Schwestern berühren lassen, werden sie konfrontiert mit menschlicher Endlichkeit und Gebrochenheit. Diese existentielle Schmerzerfahrung im Mitleiden nicht durch vorschnelles Trösten beiseite zu schieben, sondern sie anzunehmen als Teil des Lebens, ist ein wesentlicher Schritt feministisch-politischer Bildungsarbeit und der Beginn solidarischen Handelns.
An dieser Stelle sehe ich auch einen wesentlichen Unterschied feministisch-politischer Bildungsarbeit, die sich als religiöse Bildung versteht, zu rein humanistischer oder aufklärerischer Bildung. Es wird im solidarischen Mitleiden und in der Erinnerung nicht mehr wiedergutzumachender Menschheitsverbrechen darauf verwiesen, daß es den in der Vergangenheit Ermordeten und Vergewaltigten, den Ausgebeuteten und Geschundenen nicht hilft, wenn zukünftig gerechtere Verhältnisse herrschen. Der Kampf um Gerechtigkeit ist zwar eine Antwort auf die Greuel und Brutalitäten der Geschichte, kann Geschehenes aber nicht rückgängig machen. Die jüdisch-christliche Tradition hält die gefährliche Erinnerung an Jesus Christus wach, der bis in den Tod hinein solidarisch war mit den Schwachen und Ohnmächtigen. Feministisch-politische Bildungsarbeit hat keinen schnellen Trost und keine religiöse Antwort, sie hat nur die Fähigkeit der Erinnerung an sinnloses Leid und an einen mitleidenden Gott. Was Manfred Steinlechner über religiöse Erziehung allgemein schreibt, gilt auch für feministisch-politische Bildungsarbeit, die sich auf die jüdisch-christliche Tradition beruft:

> „Sie kann Einspruch erheben gegen den Herstellungsoptimismus und Erinnerung sein an das zu kurz gekommene Leben. Sie kann eine Sehnsucht ausdrücken und anbieten, die über das Geschäft, auch der Gerechtigkeit, hinausreicht und unversöhnlich bleibt in der Erinnerung, daß wir auf Schädelbergen bauen."[143]

Im Loslassen des Machbarkeitsgedankens, der Illusion alles zum Besten gestalten zu können oder vergangenes Unrecht aufzuheben, wächst jene Weisheit heran, die die menschlichen Grenzen akzeptiert und zu einer realistischen engagierten Lebenshaltung führen kann, die das Wohl der Welt der

143 Steinlechner, Manfred: Indoktrination oder Befreiung? Eine Spurensuche, in: Jochum, Richard/Stark, Charly (Hg.): Theologie für gebrannte Kinder. Beiträge zu einer neuen politischen Theologie, Freiburg/Basel/Wien 1991, 31.

göttlichen Kraft anvertraut. Hier taucht unweigerlich die Frage auf, ob feministisch-politische Bildungsarbeit nicht auch nach adäquaten spirituell-kontemplativen Formen suchen muß, in denen Leid- und Ohnmachtserfahrungen ebenso ihren Platz haben wie die Erfahrungen erfolgreichen politischen Handelns.[144]

4.3.5. Gemeinsam das Leben feiern

Feministisch-politische Bildungsarbeit, die sich der Lebensbejahung verpflichtet weiß, mündet, v.a. wenn es sich um längere Prozesse des gemeinsamen Lernens handelt, fast selbstverständlich in ein gemeinsames Feiern der Frauen. Diese Feste werden zum Ausdruck der Lebensfreude und Sinnlichkeit einerseits, zur Kraftquelle für die Weiterarbeit andererseits. Wenn Frauen sich auf einen gemeinsamen Bildungsprozess einlassen, in diesem Konflikte austragen, Gemeinsamkeiten und Unterschiede entdecken, neue Erkenntnisse gewinnen, dann entwickelt sich die Lust, all dies zu feiern. Tanzend, singend, spielend oder einfach in gemütlicher Ruhe genießen sie miteinander ihr Dasein und vergegenwärtigen so jenen jüdisch-christlichen Gott, der ein uneingeschränktes Ja zum Leben der Menschen auf dieser Welt gibt.

Ein Lied, das bei Frauenfesten seit einigen Jahren immer wieder gesungen wird und im deutschsprachigen Raum unter kirchlich engagierten Frauen einen großen Bekanntheitsgrad erreicht hat[145], ist das „Mirjam-Lied" der Wiener Theologin und Liedermacherin Claudia Mitscha-Eibl. Erzählt wird darin von der Befreiung Israels aus Ägypten, wobei das Handeln der Prophetin Mirjam als wesentlich für diese Befeiung dargestellt wird:

144 Angesichts politischer Ohnmachtserfahrungen verweist der amerikanische Theologe Jim Wallis auf die unverzichtbare Funktion der Kontemplation, durch die "wir begreifen, daß sich unsere eigene Kraft als unzulänglich erweist, und wir lernen, einer Kraft zu vertrauen, die über uns hinausgeht ... Erst dann werden wir endlich zur Ruhe kommen und mehr aus Dankbarkeit handeln als aus Pflichtgefühl, aus Gnade und nicht aus dem Gesetz, aus Hoffnung anstatt aufgrund bestimmter Erwartungen." Wallis, Jim: Die Seele der Politik. Eine Vision zur spirituellen Erneuerung der Gesellschaft. Übersetzt und mit einem Vorwort versehen von Andreas Ebert, München 1995, 267f.

145 Für die schnelle Verbreitung dieses Liedes sorgte sicher auch dessen Veröffentlichung in der deutschen Zeitschrift Schlangenbrut: Mitscha-Märheim, Claudia: Mirjam-Lied. Text und Melodie, in: Schlangenbrut. streitschrift für feministisch und religiös interessierte frauen. vierteljährliche nachrichten aus paradies und fegefeuer, Nr.12 (1986), 5.

Mirjam-Lied

1. Strophe:
Im Lande der Knechtschaft,
da lebten sie lang,
in fremde Gefilde verbannt,
vergessen die Freiheit,
verstummt ihr Gesang
und die Hoffnung begraben im Sand.
Nur heimlich im Herzen,
da hegten sie bang
den Traum vom gelobten Land.
Doch:

Refrain:
Mirjam, Mirjam schlug auf die Pauke und Mirjam tanzte vor ihnen her.
Alle, alle fingen zu tanzen an, tanzend zogen sie durchs Meer.
Frauen tanzten, tanzten die Männer und Wellen, Wolken, alles tanzt mit.
Mirjam, Mirjam hob ihre Stimme und sang für Jahwe, sang ihr Lied.
Lala lala lala lei ...

2. Strophe:
Die Narben der Knechtschaft an Schultern und Knien,
die Blicke verhalten und scheu,
die Rücken gebeugt noch, so ziehn sie dahin,
und die Freiheit ist drohend und neu.
Es lockt die Versuchung zurückzufliehn
in die Sicherheit der Sklaverei.
Doch:

Refrain

3. Strophe:
Die Bande der Knechtschaft,
die fall'n langsam ab,
die Schritte verlernen den Trott.
Entwachsen den Ketten, entstiegen dem Grab:
Das Leben besiegte den Tod.
Ihr Weg ist noch weit,
doch sie haben die Kraft,
denn in ihrem Herzen ist Gott,
denn:

Refrain

Die erste Strophe thematisiert die Zeit der Knechtschaft, Unterdrückung und Entfremdung, die die Israeliten stumm und hoffnungslos machte. Nur verborgen lebte ihr Traum vom gelobten Land in ihnen weiter. Mit dem Refrain und der vorhergehenden Konjunktion „doch“ wird diese abwartende Stimmung der ersten Strophe gebrochen und vom Paukenschlag Mirjams erzählt, der für die

Israeliten zum Auftakt für ihren tanzenden Zug durchs Meer wurde. Der Refrain lehnt sich an die alttestamentliche Stelle Ex 15,19–21 an, wo berichtet wird, daß die Prophetin Mirjam, die Schwester Aarons, die Pauke in die Hand nahm und alle Frauen mit Paukenschlag und Tanz hinter ihr her zogen. Mirjam sang – so die Erzählung – folgendes Lied: „Singt dem Herrn ein Lied, denn er ist hoch und erhaben! Rosse und Wagen warf er ins Meer." (Ex 15,21). Anders als in der Exoduspassage setzt Claudia Mitscha-Eibl den Paukenschlag Mirjams und ihr Vorantanzen zeitlich vor den Zug durch das Meer und sie verleiht der Prophetin damit einen aktiveren Charakterzug. Ihr Handeln wird zur verändernden Aktion, nicht wie im Alten Testament zum an die Befreiung anschließenden Feiergesang.
In der zweiten Strophe werden die Israeliten während ihres Auszuges beschrieben. Die Freiheit erscheint ihnen bedrohlich, sie sind noch zu sehr geprägt von der eben abgeschüttelten Knechtschaft, der aufrechte Gang fällt ihnen schwer. Diese Mühen des Auszugs lassen verführerische Gedanken an die Rückkehr nach Ägypten aufkommen. Als Kontrast dazu steht dann wieder der Gesang Mirjams im Refrain, der an dieser Stelle zum Symbol der Aufmunterung und Bestärkung wird.
Die dritte Strophe zeigt, wie der Befreiungsprozeß sich weiterentwickelt und sich die Israeliten mehr und mehr von den alten Fesseln lösen können. Anders als man erwarten könnte, endet das Lied nicht mit der endgültigen Befreiung, sondern mit der Feststellung, daß der Weg noch weit sei, er nun aber mit der Kraft Gottes leichter falle. Begründend setzt hier wieder der Refrain ein.
Das Lied beschreibt den Befreiungsprozeß als mühevollen Weg, der in diesem Fall entscheidend von einer Frau gemeinsam mit anderen begonnen und fortgesetzt wird.
Die Stärke dieses Liedtextes liegt darin, daß er es Frauen leicht macht, Parallelen zwischen ihrem eigenen Befreiungskampf, ihrem Arbeiten für mehr Gerechtigkeit, Frieden, Bewahrung der Schöpfung sowie für Gleichberechtigung der Frauen und der Befreiungsgeschichte der Israeliten zu sehen. Mirjam wird zur Identifikationsfigur für alle Frauen, die ihrem Schweigen ein Ende bereiten und endlich einmal im Namen der Gerechtigkeit und des lebendigen Gottes „auf die Pauke schlagen" wollen.

4.4. Zusammenfassung

Das vierte Kapitel stellt den Versuch dar, die in dieser Arbeit entworfene Bildungsarbeit mit Frauen feministisch-theologisch zu begründen, zu deuten und zu kritisieren und umgekehrt feministische Theologie von einer feministisch-politischen Bildungsarbeit nach Paulo Freire und Ruth Cohn her zu befragen.

Ausgangspunkt dafür war die Darstellung einer feministischen Theologie der Befreiung, die sich als weltzugewandte, gesellschaftspolitische Theologie versteht. Es wurde gezeigt, daß sich eine solche Theologie – anders als weltabgewandte feministische Ansätze – bewußt auf die kapitalistisch-patriarchale Realität bezieht, die auch von Frauen miterschaffen wurde, und auf frauengerechte Veränderungen innerhalb dieser Wirklichkeit hinarbeitet.
Damit in Zusammenhang steht das erste Charakteristikum einer feministischen Theologie der Befreiung, die Verortung in der jüdisch-christlichen Tradition. In dem Bewußtsein, daß die biblischen Schriften und der damit verbundene Glaube Frauen zum befreienden Engagement anstoßen und angestoßen haben, bringen feministische Befreiungstheologinnen die lebenserhaltenden und -bejahenden Wurzeln dieser Tradition neu zur Sprache. Mit dem Begriff der „Verortung" wurde darauf hingewiesen, daß die Befreiungstheologinnen auch um die herrschaftsstabilisierenden und menschenverachtenden Orte der christlichen Kirchen- und Theologiegeschichte wissen. Sie distanzieren sich in kritischer Auseinandersetzung von diesen Denk- und Handlungsorten und sehen sich in der Tradition jener Strömungen innerhalb des Christentums, die eine für die unterdrückten und marginalisierten Menschen befreiende Praxis lebten und verkündeten.
In einem zweiten Punkt wurde feministische Befreiungstheologie als kritische Theologie in mehrfacher Hinsicht beschrieben. Ausgangspunkt für die Kritik an den Ideologien und Mythen der modernen Welt ist der Glaube an Jesus Christus, der für das menschenwürdige Leben aller durch den Tod ging. Die sich daran anschließende Sehnsucht nach Befreiung richtet sich in dieser Theologie kritisch gegen den weltumspannenden, technokratischen Kapitalismus, der unser Denken und Handeln lähmend prägt und das Leben der Welt bedroht, aber auch gegen damit verbundene Ideologien wie Eurozentrismus, Rassismus, Sexismus, Androzentrismus und kirchliches Patriarchat. Die Selbstkritik feministischer Theologie wurde als ein wichtiges Element dieser kritischen Theologie herausgestellt.
Als drittes Charakteristikum wurde die Parteilichkeit der feministischen Befreiungstheologie genannt, die sich im besonderen auf die ärmsten und verachtetsten Frauen der Erde bezieht. Ein Spezifikum dieses Prinzips der Parteilichkeit ist, daß Frauen, die in einer patriarchalen Gesellschaft und Kirche Theologie der Frauenbefreiung formulieren, immer auch parteilich für sich selber sind.
Viertens wurde feministische Befreiungstheologie als kontextuelle Theologie beschrieben, was sich im genauen Wahrnehmen und theologischen Reflektieren konkreter, unterschiedlicher Frauenerfahrungen äußert. Ein wichtiger Schritt in der feministischen Theologie ist auch, daß die Theologinnen ihren jeweils persönlichen Kontext mitreflektieren, weil dieser ihre Forschungsinteressen und -ergebnisse mitbeeinflußt. Es wurde in diesem Abschnitt deutlich, daß das Prinzip der Kontextualität ein vorschnelles Nivellieren und Harmonisieren der sozialen, kulturellen, politischen Unterschiede von Frauen verhindert und kommunikative Verständigungsarbeit nötig macht.

Mit ihrem Konzept der Parteilichkeit und Kontextualität steht feministische Theologie der Befreiung in Spannung zu jenen Theologien, die an der Universalität theologischer Aussagen festhalten, da diese Aussagen aus einem eurozentrischen und androzentrischen Denken heraus entstanden sind. Es konnte gezeigt werden, daß in der Auseinandersetzung mit Universalitätsansprüchen neue Konzepte von Universalität entwickelt wurden, wie etwa jenes der „universalen Verantwortlichkeit" oder jenes, das den Erfahrungen konkreter Subjekte Relevanz für die gesamte Weltkirche zuspricht.
Als fünftes und letztes Charakteristikum wurde die feministische Befreiungstheologie als praktische Theologie genannt. Es ist eine Theologie, die die praktische Veränderung beengender und bedrückender Lebenssituationen von Frauen und Marginalisierten zum Thema hat. Der Entstehungsort dieser Theologie ist die konkrete, befreiende Praxis der Menschen, die wissenschaftliche theologische Reflexion ist der zweite Schritt. Kurz angeschnitten wurde in diesem Zusammenhang, was Frauen in Mitteleuropa unter befreiender Praxis verstehen könnten und welche alltäglichen Schritte der Veränderung hier zu setzen sind.
Anschließend an diese Charakterisierung wurde versucht, eine feministisch-politische Bildungsarbeit, die die Ansätze von Paulo Freire und Ruth Cohn verknüpft, mit der skizzierten feministischen Befreiungstheologie ins Gespräch zu bringen. Es wurde gezeigt, daß beide Ansätze einen Bezug zur jüdisch-christlichen Tradition aufweisen. Gerade durch die befreiende Bildungsarbeit Freires wird feministische Theologie kritisch angefragt, ob sie auch wirklich den Bezug zu den Ärmsten der Armen noch hat, ob sie der Versuchung, sich in innerakademische Auseinandersetzungen zurückzuziehen, widersteht. Die Herausforderung von seiten der TZI besteht darin, daß selbst in einer parteilich engagierten Position die TZI-Haltung mit ihrem Anspruch der Toleranz und Offenheit für die verschiedensten Positionen anderer eingelöst wird. In bezug auf die feministische Befreiungstheologie als kritische Theologie wurde festgestellt, daß auch kritisches Denken immer die positive und grundsätzlich lebensbejahende Kraft braucht, um nicht in eine starr anklagende Haltung zu verfallen, wobei die Haltung der TZI mit ihren entwicklungsfördernden, positiven Themenstellungen als Hilfe angesehen wurde. Weiters wurde betont, daß feministisch-politische Bildungsarbeit mit ihrer Kompetenz im Erarbeiten von Kontextualität einer feministischen Befreiungstheologie wichtige weiterführende Impulse geben könnte.
Das wechselseitige Verhältnis zwischen feministischer Theologie der Befreiung und feministisch-politischer Bildungsarbeit mit Frauen wurde im Abschnitt 4.2. beispielhaft an der Ersten Österreichischen Frauensynode 1992 dargestellt. Überblickshaft wurden der Verlauf und die Arbeitskreise der Synode beschrieben. Eine genauere Beschreibung des Arbeitskreises „Trotz Fleiß kein Preis" zeigte die Planung und Durchführung eines Bildungsprozesses nach den Ansätzen von Paulo Freire und Ruth Cohn. Die kritische Würdigung der Frauensynode ergab, daß sie als eine klare Demonstration von Frauensolidarität und als Beginn einer verstärkten ökumenischen Zusammen-

arbeit kritischer Frauen zu sehen ist. Die österreichische Frauensynode war ein Ausdruck dafür, daß viele Frauen nicht länger auf eine frauengerechte, menschenwürdige Gesellschaft und Kirche warten wollen, sondern ihre eigene Mächtigkeit entdeckt haben und ihre Stimme für veränderte gesellschaftliche und kirchliche Strukturen erheben und den Umbau beginnen wollen. In der kritischen Würdigung wurde deutlich, daß für die beteiligten Frauen die Gemeinschaft so vieler verschiedender Frauen ermutigend war, zugleich wurde die Unterschiedlichkeit der Frauen teilweise auch als trennend und befremdend beschrieben. Die Heterogenität war zwar gegeben und zeigte sich auch auf den Rückmeldungsplakaten deutlich, wurde aber im großen Plenum nie offen in ihrer Problemhaftigkeit thematisiert. Schwierigkeiten ergaben sich durch das klare Ziel der drei Tage, einen Forderungskatalog zu den vier Schwerpunktgruppen Spirituelle (Ohn)Macht, Politische (Ohn)Macht, Sexuelle (Ohn)Macht und Ökonomische (Ohn)Macht basisdemokratisch zu erstellen. Der dadurch entstandene Ergebnisdruck prägte nicht nur den Prozeß in den einzelnen Arbeitskreisen sondern auch die Organisation der Frauensynode insgesamt. Der gesellschaftliche Trend zur verstärkten Auseinandersetzung mit spirituellen, körper- und selbsterfahrungsbezogenen Themen und das Desinteresse an politischen und ökonomischen Fragestellungen wurde auf der Frauensynode dadurch deutlich, daß die Arbeitskreise zu Sexualität und Spiritualität sehr viele Teilnehmerinnen hatten, jene zu Politik und Ökonomie vergleichsweise wenige.

Trotz der kritikwürdigen Punkte konnte die Frauensynode insgesamt als wichtiges Signal österreichischer, religiös und kirchlich interessierter Frauen beschrieben werden, das auf öffentliche Resonanz stieß und viele Frauen in ihrem alltäglichen Kampf um Gleichberechtigung und Selbstbewußtsein bestärkte.

Der anschließende theologische Interpretationsversuch ergab folgendes:

Die Frauensynode stand erstens thematisch im Spannungsfeld von Gerechtigkeit/Gleichberechtigung – Unterdrückung/Herrschaft. In ihrem Streben nach Gerechtigkeit und Gleichberechtigung für Frauen in einer patriarchal-kapitalistischen Wirklichkeit, verwiesen die Teilnehmerinnen der Synode indirekt auf die Tradition der zur Zeit der Aufklärung kämpfenden Frauen ebenso wie auf das Alte und Neue Testament. Die Sehnsucht nach Gerechtigkeit wurde in der Interpretation als menschlich-göttliche beschrieben, die in engem Zusammenhang mit Liebe, weltweiter Verantwortung und dementsprechender Praxis steht. Ansatzweise war die Frauensynode selbst ein Verwirklichen der eingeforderten frauengerechten Welt, gleichzeitig waren aber auch die Schattenseiten von Herrschaft und Unterdrückung präsent. So herrschte weitgehend ein Ausblenden der eigenen Beteiligung an Herrschaft und Unterdrückung, was die weltweite kapitalistische Ausbeutung anderer Völker und armer Länder betrifft.

Als zweites Spannungsfeld, in dem die Frauensynode stand, wurde jenes von Macht – Ohnmacht beschrieben. Begonnen wurde die theologische Interpretation dieses Spannungsfeldes mit einer Definition des Machtbegriffes, wobei ein positives, gemeinschaftliches Verständnis von Macht im Sinne Hannah Arendts und Carter Heywards für die Frauensynode postuliert wurde. Hannah Arendt versteht Macht im Gegensatz zu zwingender Gewalt als Fähigkeit, sich mit anderen zusammenzuschließen und im Einvernehmen mit ihnen zu handeln. Carter Heyward entwickelte den Begriff der „Macht in Beziehung", womit sie eine Erfahrung von Frauen beschreibt, die dort erlebbar wird, wo Frauen gemeinsam arbeiten und aktiv sind, wo sie Freundschaft und Liebe füreinander entdecken und sich gegenseitig bestärken. Ein weiterer positiver Machtbegriff wurde aufgrund der Gottebenbildlichkeit der Menschen entwickelt, aus der sich die schöpferische Macht ergibt, die uns befähigt, die Welt zu gestalten und zu verändern. Mit dem Blick auf das Leben Jesu wurde die theologische Bedeutung der existentiellen Ohnmachtserfahrungen angesprochen. Das Beispiel Jesu lehrt Frauen und alle für die Befreiung engagierten ChristInnen, daß schöpferische Macht, die sich in den Dienst der Ausgebeuteten, Marginalisierten stellt, nicht gefeit ist vor Leiden und Passion, vor Ohnmachtserfahrungen angesichts gewalttätiger Herrschaft. Der christliche Glaube an die Macht der Auferstehung kann Ohnmachtserfahrungen nicht verhindern, aber den Widerstand gegen Resignation und Verzweiflung schüren und nach der Niederlage neu beginnen lassen. Im Zusammenhang mit der Frauensynode wurde gezeigt, daß die Spannung zwischen Macht und Ohnmacht insofern thematisiert wurde, als in den Arbeitskreisen von den Ohnmachtserfahrungen der Frauen ausgegangen und das Erstellen der Forderungen als Ausdruck der Selbstermächtigung verstanden wurde. Die Frauensynode stand unter dem Thema „Frauen und Macht" und sie war demnach auch in erster Linie ein Prozeß der gemeinsamen Machterfahrung von Frauen. Kritisch angefragt wurde, ob die Ohnmachtserfahrungen von Frauen genügend thematisiert wurden bzw. wie mit Macht und Ohnmacht im Prozeß der Frauensynode selber umgegangen wurde.

Drittens wurde das Spannungsfeld Lebensbejahung – Nihilismus/Resignation genannt, wobei die Durchführung der Frauensynode bzw. die Beteiligung daran als religiöser Akt interpretiert wurde. In einer Zeit der Leistungs- und Konsumknechtschaft mit ihren Folgeerscheinungen von Depressionen, resignativer Anpassungsbereitschaft und Sinnlosigkeitsgefühlen kann es als widerständiges Handeln angesehen werden, wenn Frauen den modernen Flucht- und Beruhigungsmitteln für eine Weile entkommen und gemeinsam an einer gerechteren, lebenswerteren Welt zu bauen beginnen. Es ist dies ein Handeln im Sinne jenes jüdisch-christlichen Gottes des Lebens, dessen Gebot es ist, das Leben zu wählen. Die radikale Lebensbejahung, die in den biblischen Schriften verkündet wird, führt sowohl zur Selbstbejahung als auch zur Bejahung der anderen. Dies ermöglicht lebendige Beziehungen, die sich von der Existenzweise des Seins und nicht des Habens leiten lassen.

Den Abschluß des vierten Kapitels bildet eine allgemeine theologische Deutung feministisch-politischer Bildungsarbeit mit Frauen in fünf Thesen. Wenn Frauen einander von ihrem Leben, ihren Leid- und Freuderfahrungen erzählen, einander zuhören und Anteil nehmen aneinander, setzen sie die politische

Erzähltradition fort, in der auch Jesus von Nazareth stand. Die Beziehungshaftigkeit dieses Geschehens macht den befreienden Gott erfahrbar, der in sich Beziehung ist. Wenn Frauen bedrückende Mythen aufdecken, die Entmythologisierung der modernen Wirklichkeit vorantreiben und damit den Weg aus der strukturellen Sünde bereiten, stehen sie in prophetischer Tradition. Wie die ProphetInnen vergangener Zeiten benennen sie die lebensverachtenden und todbringenden Mythen kapitalistisch-patriarchaler Logik und entwerfen Utopien einer neuen lebenswerten, gottgewollten Welt. Wenn Frauen einander zur Tat befreien und bewußt große und kleine Schritte der Veränderung beginnen, setzen sie, gleich den ProphetInnen, Zeichenhandlungen, die eine neue Welt einmahnen. In der Ausdauer und Geduld, im langen Atem der Frauen wird die Kraft Gottes spürbar, die durch den Tod hindurch zur Auferstehung führt. Wenn Frauen schwesterliche Solidarität üben angesichts von Unveränderlichem, von nicht mehr gutzumachenden Verwundungen, halten sie inne in ihrem kritischen Veränderungswillen und konfrontieren sich mit der schmerzlichen Begrenztheit menschlichen Daseins. Mit der Erinnerung an die Opfer der Geschichte wird zugleich der Schrei nach der Gerechtigkeit Gottes laut. Wenn Frauen gemeinsam das Leben singend, tanzend, essend feiern, vergegenwärtigen sie den lebensbejahenden jüdisch-christlichen Gott, der Fleisch geworden ist und in Jesus von Nazareth Lebensfreude und Sinnlichkeit symbolisierte.
Da feministisch-politische Bildungsarbeit mit Frauen diese Elemente enthält, ist sie spirituell-religiöses und zugleich politisches Handeln. Mystik und Politik verbinden sich in einer Bildungsarbeit nach Paulo Freire und TZI auch insofern, als dabei Frauen in ihrer ganzen Persönlichkeit als politische und religiöse Wesen angesprochen sind.

5. Zusammenfassende Thesen und didaktische Schlussfolgerungen

5.1. Zusammenfassende Thesen

1. Feministisch-politische Bildungsarbeit, die auf der jüdisch-christlichen Tradition gründet und sich als kirchliche Bildungsarbeit versteht, hat ihren *Standort innerhalb der verschiedenen Verständnisformen von Politik, Feminismus und kirchlicher Bildung* im Diskurs mit den betreffenden Fachwissenschaften zu suchen und zu reflektieren. Die Bewußtheit über die der Bildungsarbeit zugrundeliegenden Politik-, Feminismus- und Bildungsbegriffe gewährleistet eine klarere Position in bezug auf die theoretische und praktische Reichweite feministisch-politischer Bildungsarbeit. Die im ersten Kapitel dieser Arbeit geführte Diskussion darüber ergab folgendes:

1.1. Aus der *Vielzahl der Politikbegriffe* hat sich für eine feministisch-politische Bildungsarbeit ein *weiter, konfliktorientierter und partizipatorischer Politikbegriff, der die Vernetztheit politischen Handelns reflektiert*, als hilfreich erwiesen. Ein *weiter Politikbegriff* ermöglicht es, bislang gesellschaftlich tabuisierte und in den Privatbereich abgeschobene Themen in ihrer politischen Relevanz zu erkennen und prinzipiell auch die sogenannten „privaten" Bereiche wie Haushalt, Familie und Ehe als demokratisierbar zu verstehen. Der von der neuen Frauenbewegung geprägte Slogan „Das Persönliche ist politisch" macht es zudem möglich, Fragen um den Selbstwert der Frauen in dieser Gesellschaft sowie um die Bedeutung der Geschlechterdifferenz als politische Fragen zu diskutieren und in die Öffentlichkeit zu bringen.
Ein *konfliktorientierter Politikbegriff* geht von einer pluralen Gesellschaft aus, in der die Menschen mit Recht verschiedene Interessen vertreten. Demokratisches Handeln versteht sich demnach als ein Aushandeln von Interessensgegensätzen und letztlich auch als ein Ringen um Macht. Macht wird in feministisch-politischer Bildungsarbeit im Gegensatz zu Gewalt positiv verstanden.
Ein *partizipatorischer Politikbegriff* sieht in den demokratisch-politischen Entscheidungsprozessen idealerweise einen Diskurs der Betroffenen, was eine gewisse Skepsis gegenüber einer Stellvertreterpolitik und eine Bejahung basisdemokratischer, kommunikativ-kollektiver Prozesse zur Folge hat. Die Überzeugung, daß politische Entscheidungen alle angehen, zieht nach sich, daß sich auch alle an den Entscheidungen beteiligen können und sollen. Machtbeschränkung und -kontrolle durch aktive Mitgestaltung ist die Folge

eines partizipatorischen Politikbegriffes, die Voraussetzungen dafür sind die Fähigkeit zur kritischen Analyse gesellschaftlicher Faktizitäten und Zivilcourage.
Der dieser Arbeit zugrundeliegende Politikbegriff geht von der *Vernetztheit aller gesellschaftlichen Teilsysteme* aus und reflektiert daher die Zusammenhänge von politischen, wirtschaftlichen und gesellschaftlichen Faktoren. Die Begrenzung politischen Handelns angesichts der inzwischen weltweit funktionierenden kapitalistischen Logik wird dadurch allerdings deutlich. Eine feministisch-politische Bildungsarbeit muß umsomehr die Frage nach den politischen Handlungsmöglichkeiten innerhalb dieser Zusammenhänge stellen. Leitend dafür ist ein Politikverständnis, das die „Sorge um die Welt" zu seinem Motto macht.

1.2. Feministisch-politische Bildungsarbeit, wie sie in dieser Arbeit entworfen wird, sieht in dem Wort *„Feminismus"* den *Ausdruck einer Ortssuche von Frauen,* die erkennen, daß sie in einer patriarchal geprägten Gesellschaft nur bruchstückhaft beheimatet sind, d.h. gleichzeitig innerhalb und außerhalb dieser Gesellschaft leben. Es handelt sich um einen *analytischen Begriff,* der bei allen anstehenden Fragen das Geschlechterverhältnis mitbedenkt und dieses als Denkkategorie einführt.
Der hier vertretene Feminismusbegriff bezieht sich im Gegensatz zu feministisch-separatistischen Strömungen auf ein *weltzugewandtes Verständnis,* das die patriarchale Gewordenheit unserer Gesellschaft als gegeben, aber veränderbar begreift. In diesem Sinne handelt es sich um einen *politischen Feminismusbegriff,* der sich seiner Interessen an der Befreiung von Frauen aus patriarchaler Entfremdung bewußt ist und diese auch im öffentlich-politischen Diskurs und Konflikt auszutragen bereit ist. Im Gegensatz zu einem vielfach postulierten engen Feminismusbegriff, der bei der Befreiung der Frauen stehenbleibt, wird für eine feministisch-politische Bildungsarbeit hier ein *weiter Feminismusbegriff* zugrundegelegt, der sich der *Befreiung aller entwürdigten, ausgebeuteten Kreaturen* verschreibt. Wenn das patriarchal-kapitalistische Herrschaftssystem auf Kosten der Frauen, der Natur und der ausgebeuteten, armen Völker (inklusive der Armen in den reichen Ländern) funktioniert, so hat feministische Befreiungsarbeit auch diese Ausbeutungsformen zu analysieren.
Feministisch-politische Bildungsarbeit bezieht sich weiters auf einen *Feminismusbegriff, der die Mittäterschaft von Frauen am patriarchal-kapitalistischen Herrschaftssystem reflektiert.* Damit werden Frauen ihrer passiven Opferrolle enthoben und mit ihrer Mitverantwortung an den derzeit bestehenden Unrechtsverhältnissen konfrontiert.
Der so definierte Feminismusbegriff läßt sich *befreiungstheologisch begründen,* was ein weiteres grundlegendes Element für feministisch-politische Bildungsarbeit in der kirchlichen Erwachsenenbildung darstellt. Feministisch-befreiendes Engagement, wie es in dieser Arbeit entworfen wird, bezieht sich auf die befreienden Traditionen jüdisch-christlicher Theologie und verbündet

sich mit allen, die an einer Welt des Friedens, der Gerechtigkeit und der Bewahrung der Schöpfung arbeiten.

1.3. Wenn in dieser Arbeit am Bildungsbegriff festgehalten wurde, dann deshalb, weil dieser in seiner abendländischen Tradition emanzipatorische und politische Aspekte enthält, die dem Anliegen feministisch-politischer Bildungsarbeit gerecht werden. In der Diskussion des Bildungsbegriffes wurde deutlich, daß eine Entgegensetzung von subjektorientierter und gesellschaftsorientierter Bildung wenig zielführend, eine *Verbindung der Förderung individuellen Wachstums und gesellschaftlicher Veränderung* aber hilfreich sein wird.
Der Begriff politische Bildungsarbeit verweist in dieser Arbeit auf den *dynamischen, interaktionalen, aktionalen und handlungsorientierten Ansatz von Bildung*, der auf verändertes und veränderndes gesellschaftliches Handeln zielt. Politische Bildungsarbeit wurde als systemkritische *Bewußtseins- Aktivierungs- und Motivationsarbeit* bezeichnet, die damit das Interesse am demokratischen Ausbau von Staat und Gesellschaft ausdrückt.
Feministisch-politische Bildungsarbeit versteht sich als *parteiliche Befreiungsarbeit*, indem sie innerhalb kirchlicher Bildungsarbeit die Position der Ausgebeuteten, Unterdrückten und Geschlagenen bezieht und bewußt mit Frauen Lehr-/Lernprozesse anstößt, die diese aus beengenden Denk- und Handlungsmustern befreien kann hin zu einer selbstbewußteren Partizipation an den gesellschaftlich-politischen Entscheidungen.

2. Feministisch-politische Bildungsarbeit, wie sie in dieser Arbeit entworfen wurde, greift die *pädagogischen Ansätze einer befreienden Bildungsarbeit nach Paulo Freire und der Themenzentrierten Interaktion nach Ruth Cohn* auf, weil beide einen gesellschafts-politischen Anspruch haben. Die Darstellung und kritische Würdigung der Ansätze ergab, daß die Verbindung beider Konzepte für feministisch-politische Bildungsarbeit anregend und wegweisend ist.

2.1. Es konnte gezeigt werden, daß *Paulo Freires Ansatz* in mehrerer Hinsicht Anstöße für feministisch-politische Bildungsarbeit geben kann. Die pädagogische *Haltung der Liebe, Zuneigung und wachen Offenheit den Lernenden gegenüber*, der damit verbundene *Respekt vor ihrem Wissen, die Fähigkeit zu Geduld, Kontinuität und Ausdauer* in der Befreiungsarbeit sind einige Grundpfeiler für feministisch-politische Bildungsarbeit.
Auch das Freiresche Verständnis von Bewußtseinsbildung ist für die Bildungsarbeit mit Frauen hilfreich, weil es zu einem offenen Wahrnehmen und Interpretieren gesellschaftlich-politischer Realitäten führt, indem sie sich *mit den patriarchal-kapitalistischen Mythologisierungen der Wirklichkeit kritisch auseinandersetzt.* Dabei darf die Forderung Freires nach der befreienden Praxis politischer Bildung nicht vergessen werden.

Das Modell der *Alpahabetisierung* kann in der feministisch-politischen Bildungsarbeit für den *Bereich der (Welt)wirtschaftsfragen* und politischer Machtmechanismen übernommen werden und zu einer Alphabetisierung der Frauen in Ökonomie und Politik beitragen.

2.2. Die *pädagogische Haltung der TZI* gründet sich auf die *drei Axiome* (das existentiell-anthropologische, das philosophisch-ethische, das pragmatisch-politische Axiom) sowie auf das *Chairperson- und Störungspostulat*. Methodisch führt das die LeiterInnen von TZI-Gruppen zur Beachtung der *dynamischen Balance von ICH-WIR-ES-GLOBE*, von *Struktur-Prozeß-Vertrauen*, zur sorgfältigen Themenformulierung im Sinne der dynamischen Balance, der möglichen Beteiligung aller und zur Form der *teilnehmenden Leitung*. Ruth Cohn verfolgte mit der Begründung der TZI ein gesellschaftstherapeutisches, politisches Anliegen, das auf der Einsicht beruht, daß wir Menschen Teil dieser Welt und Gesellschaft sind und daher unsere *politische Verantwortung im Anteil-Nehmen und Beteiligt-Sein* liegt. Es geht der TZI darum, den gegenwärtigen Verdrängungstendenzen angesichts weltweiter Ungerechtigkeit und brutaler Ausbeutung von Natur und Menschen durch die Förderung von Sensibilität und Wahrnehmungsfähigkeit hinsichtlich eigener Handlungsmöglichkeiten entgegenzuwirken. TZI im Sinne Ruth Cohns will die Menschen zu schrittweise veränderndem Handeln in Richtung größerer Humanisierung, Demokratisierung und Überlebenschancen dieser Welt bewegen. So gesehen kann TZI sowohl inhaltlich als auch von der pädagogisch-methodischen Haltung her wichtige Impulse für eine feministisch-politische Bildungsarbeit geben.
In der Darstellung der TZI wurde deutlich, daß es Ruth Cohn auch darum geht, daß Frauen ihre Stimme in der Politik hörbar werden lassen und Schluß machen mit Selbstunterdrückung und falscher Bescheidenheit. Ein deutlicher Beitrag der TZI zu einer feministisch-politischen Bildungsarbeit kann in der *Identitätsstärkung von Frauen* liegen. Der grundlegende Gedanke der autonomen und interdependenten menschlichen Existenz und das damit verbundene Chairperson-Prinzip können Frauen zu einer verstärkten positiv-realistischen Selbst- und Fremdwahrnehmung führen, sie in ihrem Lebensmut und in ihrem Willen zur Anteilnahme am Weltgeschehen fördern.

2.3. Trotz ihrer unterschiedlichen Entstehungsorte und geistesgeschichtlichen Ausgangspunkte lassen sich *Parallelen im pädagogischen Denken von Paulo Freire und Ruth Cohn* feststellen, die eine Verbindungsmöglichkeit der Ansätze nahelegen.
Ausgehend von einem *positiven Menschenbild*, das die Menschen als veränderungsfähige Wesen begreift, die in *dialektischem Verhältnis zur Welt und ihrer Geschichte* stehen, formulieren Freire und Cohn jeweils eine gesellschaftspädagogische Handlungstheorie, die die volle Verwirklichung des Menschseins in der aktiven Anteilnahme an der Welt (Cohn) bzw. in der kritisch-revolutionären Praxis (Freire) sieht. Beide sprechen von der Erweiter-

barkeit (Cohn) bzw. Überwindbarkeit (Freire) innerer und äußerer Grenzsituationen und vertreten damit ein hoffnungsvolles Menschen- und Weltbild.
Aus diesem Denken folgt bei beiden eine pädagogische Grundhaltung, die *den am Lernprozeß Beteiligten absolute Wertschätzung* sowie liebevolle und achtsame Aufmerksamkeit entgegenbringt. Auf diesem Hintergrund wenden sich Freire und Cohn *gegen eine Ideologie des Expertentums*, gegen ein didaktisches Subjekt-Objekt-Denken, wie es in den die Bildungsinstitutionen beherrschenden Lehr-/Lernprozessen nach wie vor tradiert wird. Freire kommt von seiner Kritik an der Bankiers-Methode zu einer Bildungsarbeit, die die herrschenden Mythen im Dialog zwischen Lehrer-Schülern und Schüler-Lehrern befreiend bewußt macht. Cohn fordert im Anschluß an ihre Kritik am die Konkurrenz und Gegnerschaft fördernden Schulsystem ein Lehr-/Lernmodell, das die Kooperationsfähigkeit und die Identität der einzelnen stärkt. Als Alternative zu einem die TeilnehmerInnen entmündigenden ExpertInnendasein als LeiterIn entwickelt sie die partizipierende Leitung in der TZI.
Bei beiden Ansätzen geht es darum, daß die TeilnehmerInnen *zu ihrer eigenen Sprache finden* in bezug auf ihre innere Welt und sprachfähig werden, was politische und wirtschaftliche Fakten und Ausbeutungsformen betrifft. Das *Prinzip des Dialogs* gilt beiden als wichtiges Element dieser Sprachschule der Entmythologisierung und Befreiung, die eine „Kultur des Schweigens" ebenso zu überwinden sucht wie eine „Kultur des Lärms".

2.4. In der wechselseitig-kritischen Fortschreibung beider Ansätze im Kapitel 2 wurde gezeigt, daß ein psychopolitisches Lernen, das individuelles Wachstum ebenso will wie gesellschaftlich-strukturelle Veränderung, am besten durch die gegenseitige kritische Ergänzung der beiden Ansätze entwickelt wird.
Mit Hilfe einer kritischen Gesellschaftsanalyse im Sinne einer Entmythologisierung läßt sich der in der TZI noch zu allgemein gefaßte Globe konkretisieren. Durch die *stärkere Einbeziehung von Fragen und Themen des Globe in den Gruppenprozeß* politisiert sich das gemeinsame Lernen. Die Bildungsarbeit mit TZI radikalisiert sich dort, wo bewußt *Globethemen* für den Lernprozeß gewählt werden, wo TZI die Politizität von Bildung bewußt wahrnimmt, indem sie parteilich und positionell auf der Seite der Erniedrigten und Ausgebeuteten arbeitet.
Befreiende Bildungsarbeit wird dort am besten gelingen, wo sie im Sinne der TZI einen *lebendigen Dialog der Beteiligten ermöglicht*, indem sie auf die dynamische Balance von ES-ICH-WIR, sowie Struktur-Prozeß-Vertrauen achtet und sowohl das Chairperson- wie auch das Störungspostulat im Prozeß wahrnimmt.

3. Feministisch-politische Bildungsarbeit nimmt gemäß der pädagogischen Konzepte Freires und Cohns eine genaue Analyse der Lebenssituation und der *„generativen Themen"* der am Lernprozeß Beteiligten vor und fragt, was diese an möglichen Problemen, Freuden und Sorgen etc. in die Gruppen mit-

bringen. Der Bezug von Frauen zu Politik und sozial-politischem Engagement ist für die entworfene Bildungsarbeit zusätzlich ein wichtiges Kriterium dieser Analyse.
Im dritten Kapitel dieser Arbeit ließ sich zeigen, daß auf dem Hintergrund eines weiten Politikbegriffs, der neben den staatlich-institutionellen Politikformen auch soziales und öffentliches Engagement in Kirche und Gemeinwesen einschließt, ein *starker Beteiligungs- und Gestaltungswille von Frauen* zu beobachten ist. Zugleich ist mit der Auflösung traditioneller Rollenbilder eine *Pluralisierung weiblicher Lebensformen in bezug auf Politik* festzustellen, die sich zusammenfassend in vier Formen politischer Beteiligung/Nichtbeteiligung fassen läßt: Engagement in bisher männlich dominierten, staatlich-zentrierten politischen Institutionen; Engagement in sozial-caritativen und kirchlichen Bereichen; Engagement in Bürgerinitiativen und Selbsthilfegruppen; Verweigerung öffentlich-politischer Beteiligung bis hin zur Verweigerung bei Wahlen.
Trotz des offenkundigen Partizipationswillens von Frauen existiert nach wie vor ein *Netz von strukturellen Hürden, gesellschaftlichen Hindernissen und innerpsychischen Barrieren*, die das politische Engagement von Frauen bremsen. Die Analyse dieses vernetzten Systems gehört zu den Aufgaben feministischer Bildungsarbeit.
Die Tatsache, daß sich mehr Frauen in sozial-caritativen Bereichen engagieren als in parteipolitischen Institutionen, verweist darauf, daß sich Frauen anderes von politisch-öffentlichem Engagement erwarten, als dies die traditionellen Politikformen leisten. So konnte gezeigt werden, daß die herkömmliche Trennung zwischen politischem und sozialem Engagement nicht dem Denken von Frauen entspricht und ein weiter Politikbegriff, der beides verbindet, eher den Anliegen der Frauen gerecht wird.
Neben den Schwierigkeiten, von denen sozial- und gesellschaftspolitisch tätige Frauen berichten, konnten in diesem Kapitel aber auch die positven Erfahrungen der engagierten Frauen angeführt und damit gezeigt werden, daß sich *mit der Aktivität in der Öffentlichkeit* und der politischen Praxis *eine Stärkung des Selbstvertrauens und eine Erweiterung der persönlichen Fähigkeiten* und daraus folgend Freude und Befriedigung einstellen.

4. Feministisch-politische Bildungsarbeit mit Frauen ist ein *Handeln im Sinne jüdisch-christlicher Tradition* und versteht sich insofern als *religiöses Handeln.* Im 4. Kapitel wurde versucht, feministische Theologie der Befreiung mit feministisch-politischer Bildungsarbeit in ein wechselseitigkritisches Gespräch zu bringen. Die Darstellung *feministischer Theologie der Befreiung* ergab, daß sie sich *in der jüdisch-christlichen Tradition verortet* und sich daraus folgend als *kritische, parteiliche, kontextuelle und praktische Theologie* versteht. Mit diesen Wesensmerkmalen bietet feministische Befreiungstheologie wichtige Anstöße für eine feministisch-politische Bildungsarbeit.

Am Beispiel der *Ersten Österreichischen Frauensynode* konnte gezeigt werden, wie sich mit Hilfe der Kriteriologie feministischer Befreiungstheologie und der Bildungsansätze von Paulo Freire und Ruth Cohn ein feministisch-politischer Bildungsprozeß kritisch reflektieren läßt. In dieser theologisch-pädagogischen Interpretation wurde das Handeln der Frauen in einem dreifachen Spannungsfeld gesehen: Feministisch-politisches Bildungshandeln stand hier zwischen den Polen *Gerechtigkeit/Gleichberechtigung – Herrschaft/Unterdrückung, Macht – Ohnmacht* und *Lebensbejahung – Nihilismus/Resignation*. Wenn die Frauensynode in diesen Spannungsfeldern eine klare Option für Gerechtigkeit/Gleichberechtigung, für die Macht der Frauen und ihre Lebensbejahung getroffen hat, so ist die realistische Wahrnehmung und Beachtung der Mittäterschaft an den anderen Polen ein wichtiger Aspekt von Bildungsarbeit.

Im Abschnitt 4.3. wurde feministisch-politische Bildungsarbeit zusammenfassend als Prozeß beschrieben, in dem Frauen im Sinne *politischen Erzählens* einander von ihren Lebenssituationen, ihren Ängsten und Hoffnungen erzählen, in dem Frauen *gesellschaftliche Wirklichkeit kritisch analysieren und entmythologisieren*, in dem sie einander aus der Passivität befreien und *zum verändernden Handeln ermutigen*, in dem sie einander *schwesterlich beistehen angesichts unveränderlicher Verwundungen und Leiderfahrungen* und in dem sie schließlich miteinander singend und tanzend *das Leben feiern*. Dieser Prozeß wurde theologisch gedeutet und als spirituell-religiöses und politisches Handeln beschrieben.

Der jüdisch-christliche Glaube, der sich auf die biblischen Schriften in ihren frauenbefreienden Aspekten bezieht, führt zu einem Engagement, in dem Frauen ihre *Gottestöchterschaft und damit ihre schöpferische Macht entdecken*. Diese kann sie aus der lähmenden Passivität lösen.

Der *Glaube an Jesus Christus*, an seinen Befreiungskampf, der ihn zum Tod am Kreuz führte und der im Auferstehungsglauben der JüngerInnen weitergeführt wurde, *motiviert Frauen auch heute zu befreiendem Engagement*, das Gerechtigkeit für Frauen und alle Marginalisierten und Ausgebeuteten einfordert.

Die *Kraft der Weisheit*, die Frauen aus dem jüdisch-christlichen Glauben heraus zuteil wird, führt zu *Gelassenheit* und dem lebensnotwendigen *Unterscheidungsvermögen* von geschichtlich Veränderbarem und Unveränderlichem und zu jener engagierten Gelassenheit, die befähigt, die eigenen Kräfte zur richtigen Zeit, im richtigen Maß und im Sinne einer lebensbejahenden und -fördernden Haltung einzusetzen.

5.2. Didaktische Schlußfolgerungen

1. Die Themenstellung und Inhaltlichkeit feministisch-politischer Bildungsarbeit wird von folgenden Prinzipien geprägt:

1.1. Die Themen feministisch-politischer Bildungsarbeit sind aufgrund der weiten Politik- und Feminismusbegriffe breitgestreut und können alle Bereiche und Fragen betreffen, die das Leben von Frauen bestimmen und prägen. Persönlichstes und scheinbar Privates wird ebenso thematisiert und auf seine gesellschaftspolitische Relevanz hin kritisch analysiert wie die großen weltpolitischen Probleme. Ein leitendes Kriterium für die Themenstellung ist allerdings die „Sorge um die Welt".

1.2. Ein wesentliches Kriterium feministisch-politischer Bildungsarbeit ist, daß sie alle im Prozeß auftauchenden Themen mit Hilfe der Denkkategorie des Geschlechterverhältnisses analysiert und somit der Unsichtbarkeit von Frauen und den sie betreffenden Problemen entgegenwirkt. Mit diesem bewußten Vorgehen deckt sie das hierarchische Geschlechterverhältnis auf und macht es als politischen Konflikt sichtbar.

1.3. Ein weiter, politischer Feminismusbegriff prägt feministisch-politische Bildungsarbeit dahingehend, daß sie nicht nur auf die Analyse der Faktizitäten abzielt, sondern die Befreiung aller Unterdrückten und den öffentlichen Aufstand gegen Gewalt und Ausbeutung zu ihrem Programm macht. Das bedeutet, daß ein Kriterium in der Themenstellung die Herabsetzungen und Entwürdigungen von Menschen und Natur in dieser Welt sind. Feministisch-politische Bildungsarbeit setzt inhaltlich dort an, wo Unrecht zum Himmel schreit, das kann sein bei vergewaltigten Frauen in Bosnien, bei der Ausbeutung unbezahlter Arbeiten in Haushalt und Familie, aber auch bei den neonazistischen Gewaltakten in Westeuropa oder den neoliberalen, den Sozialabbau vorantreibenden Wirtschaftsprogrammen konservativer Parteien.

1.4. Feministisch-politische Bildungsarbeit macht es sich zur Aufgabe, die Zusammenhänge von Politik, Wirtschaft und Gesellschaft zu bedenken und die kapitalistische Wirtschaftslogik mit ihren Auswirkungen auf Menschen und Natur zu hinterfragen. Gemeinsam mit kapitalismuskritischen ÖkonomInnen wird sie Wege nach neuen Wirtschaftsformen suchen, gemeinsam mit kritischen PolitologInnen nach politischen Handlungsmöglichkeiten in einer von menschenunwürdigen, ausbeuterischen Wirtschaftsmechanismen bestimmten Welt.
Feministisch-politischer Bildungsarbeit ist es ein zentrales Anliegen, die weithin herrschenden Berührungsängste von Frauen (Welt-)Wirtschaftsfragen gegenüber aufzubrechen, das patriarchale Interesse an dieser ökonomischen

Naivität von Frauen zu beleuchten und das Bewußtsein über die eigene Verstrickung in die weltweiten Marktmechanismen zu fördern.

2. Ein konfliktorientierter Politikbegriff, für den die grundsätzliche Bejahung von Pluralität und die Verständigung über verschiedene Interessen unerläßlich ist, verlangt von feministisch-politischer Bildungsarbeit eine prinzipiell offene Haltung verschiedenen Positionen und Meinungen gegenüber.
Dies ergibt sich auch aus der Tatsache, daß bei den Teilnehmerinnen mit einer zunehmenden Vielfalt von Lebensmodellen und Einstellungen, auch was Politik betrifft, zu rechnen ist.
Wollen Frauen gemeinsam gesellschafts- und weltpolitische Veränderungen erreichen, so braucht es dazu notwendigerweise eine solidarische Vernetzung von Frauen aus den unterschiedlichen Bereichen.
Die am Bildungsprozeß beteiligten Frauen haben sich demnach nicht nur in einer toleranten Grundhaltung, sondern auch in der mühsamen Verständigung über Gegenpositionen und in der Konfliktfähigkeit zu üben. Verständigungsarbeit bedeutet also auch die Ermutigung zum konstruktiven Schwesternstreit. Voraussetzung dafür ist, daß Frauen im Bildungsprozeß zu einer eigenen Meinung finden und diese auch offen in den Diskurs einbringen können. Neben der Einübung öffentlicher, kontroversieller Konfliktfähigkeit ist die Thematisierung des Machtbegriffs ein Grundelement feministisch-politischer Bildungsarbeit.

3. Ein partizipatorischer Politikbegriff verlangt von feministisch-politischer Bildungsarbeit Bewußtseinsbildung in bezug auf die Bedeutung politischer Aktivität bzw. Inaktivität. Voraussetzung für ein emanzipatorisches Engagement ist eine Stärkung der Teilnehmerinnen hinsichtlich ihrer Fähigkeit, politisch-gesellschaftliche Phänomene kritisch zu analysieren. Ein partizipatorisch-emanzipatorischer Politikbegriff verlangt aber auch, daß Frauen in ihrem Selbstbewußtsein und Selbstvertrauen gestärkt werden, denn diese sind die Quellen für die nötige Energie und den Mut, sich aktiv an der Polis zu beteiligen und öffentlich zu politischen Fragen Stellung zu beziehen.

4. Feministisch-politische Bildungsarbeit deckt mit den Teilnehmerinnen die Spuren weiblicher Mittäterschaft in einer patriarchal-kapitalistischen Gesellschaft auf. Damit befreit sie zum einen aus einer ohnmächtig-passiven Haltung, mahnt aber zugleich die Einsicht in die eigene Mitverantwortung ein. Sie mutet es den Frauen zu, ihr eigenes Mitspielen kritisch in den Blick zu nehmen und in der Folge Wege aus dieser Systemerhalterschaft zu entwickeln und auszuprobieren.

5. Feministisch-politische Bildungsarbeit tritt in Dialog mit Ansätzen feministischer Theologie der Befreiung und stellt sich der kritischen theologischen Reflexion. Leiterinnen solcher Bildungsarbeit thematisieren für sich schon in der Planung der Bildungsprozesse den jeweiligen Zusammenhang mit der jüdisch-christlischen Tradition und sind offen für die Thematisierung dieser Tradition im Bildungsprozeß. Dies kann geschehen durch die Konfrontation mit den Erzählungen der biblischen Tradition, mit den ProphetInnen und GlaubenslehrerInnen sowie mit dem befreienden Programm des Jesus von Nazareth, das durch den Tod hindurch Bestand hat. Dies kann aber auch geschehen durch die Auseinandersetzung mit kirchengeschichtlich befreienden Strömungen, mit Frauen und Männern, die in der Nachfolge des Jesus von Nazareth trotz aller Rückschläge immer wieder neu an einer menschenwürdigeren Welt weiterbauten. Die Leiterinnen sehen in den religiös-spirituellen Bedürfnissen der Teilnehmerinnen zudem einen wichtigen Aspekt politischer Bildungsarbeit und fördern die Verbindung von Mystik und Politik, indem sie die Teilnehmerinnen in ihrem religiös-politischen Ausdruck bestärken und diesem Raum geben.

6. Aus der Diskussion um den Begriff „feministisch-politische Bildungsarbeit mit Frauen als positionelle kirchliche Erwachsenenbilung" lassen sich folgende didaktische Konsequenzen ziehen:
Eine solche Bildungsarbeit ist ein Prozeß, der von Frauen mit Frauen durchgeführt wird und ihnen bewußt Raum gibt, innerhalb der patriarchalen Gesellschaft eigenes Denken und Handeln unabhängig von männlichen Vorstellungen zu entwickeln.
Eine solche Bildungsarbeit ist inhaltlich wie methodisch ein integrativer Ansatz: sie vereint feministisches, politisches und theologisches Denken ebenso wie kognitive, emotionale und kreative Zugänge.
Aus der Handlungsorientierung ergibt sich, daß feministisch-politische Bildungsarbeit an Öffentlichkeit interessiert ist und den Lehr-/Lernprozeß nicht im geschlossenen Seminarraum beendet. Im Idealfall sind die Bildungsveranstaltungen mit konkreten, öffentlichen Handlungen verbunden.

7. Die didaktische Analyse für die Planung feministisch-politischer Bildungsprozesse läßt sich vom TZI-Modell und den Impulsen einer befreienden Bildungsarbeit nach Paulo Freire leiten.
Zur Veranschaulichung kann das anhand des TZI-Symbols dargestellt werden:[1]

1 Die Idee, mit Hilfe des TZI-Symbols didaktische Analysen durchzuführen, verdanke ich meinem Dissertationsbetreuer, dem Religionspädagogen und TZI-Graduierten Matthias Scharer, der dies allgemein für religionspädagogische Zusammenhänge entwickelt hat. vgl. Scharer, Matthias: Am anderen Anteil nehmen...a.a.O. Kap.3.

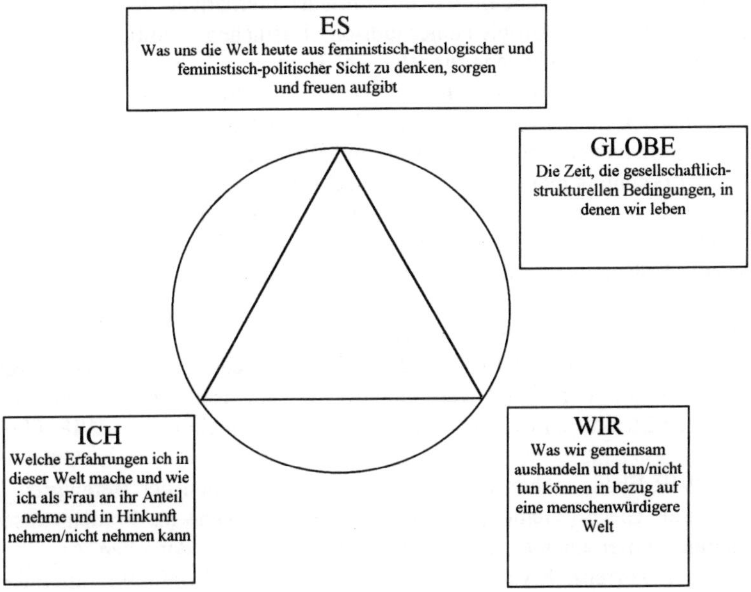

Für die didaktische Analyse sind in Zusammenhang mit diesen Kurzformulierungen folgende Überlegungen auf den ES-ICH-WIR-GLOBE-Ebenen anzustellen:
Grundlegend für eine feministisch-politische Bildungsarbeit ist die Betrachtung der GLOBE-Ebene. Die Zeit, in der wir leben, die gesellschaftlichen und wirtschaftlichen Strukturen, die uns umgeben, werden wahrgenommen. Dies geschieht auf mehreren Wegen. Erstens können soziologische, zeitgeschichtliche, politologische, wirtschaftswissenschaftliche, aber auch ökologische Studien für diese Analyse wichtige Beiträge liefern. Begriffe wie die der Individualisierung, Entpolitisierung, Privatisierung, des Backlash, der Risiko- und Erlebnisgesellschaft kommen aus diesen Studien. Zweitens helfen gezielte Alltagsbeobachtungen (bewußter Medienkonsum, Beobachtung der Menschen in öffentlichen und privaten Räumen, Sensibilität für Alltagsthemen bei Frauen und Männern ...) bei der Erhellung des Globe. Wichtig für diese Ebene ist der kritisch-realistische Blick, der auch bereit ist, erfreuliche Entwicklungen und für Menschen und Welt positive Phänomene zu erkennen.
In einer feministisch-politischen Bildungsarbeit hängt die Sach- oder Aufgabenebene (ES) sehr eng mit den Analysen des GLOBE zusammen. Unter einer feministisch-theologischen, jüdisch-christlichen Perspektive werden hier die Analysen politischer, wirtschaftlicher und gesellschaftlicher Strukturen

betrachtet. Die Entmythologisierung kapitalistisch-patriarchaler Wirklichkeit gehört in diesen Bereich ebenso wie der Entwurf alternativer, gesellschaftlicher Strukturen, die auf den Utopien einer jüdisch-christlichen Tradition beruhen.
Auf der ICH-Ebene steht jede einzelne am Lernprozeß Beteiligte im Mittelpunkt des Interesses. Fragen nach der eigenen Verortung in dieser Welt, nach den persönlichen Stärken, Schwächen und Fähigkeiten, nach den Freuden und Sorgen angesichts der aktuellen Lebens- und Weltsituation sind hier leitend. Im Sinne der Erkenntnis meiner Autonomie und Interdependenz läßt sich hier die Frage stellen, wie ich an der Welt hinkünftig verändernd Anteil nehmen kann zum eigenen Wohl und dem der anderen. Ein wichtiger Aspekt ist dabei die verstärkte Selbstleitung, das Üben meines Chairperson-Seins, was u.a. bedeutet, daß ich lerne, offen zu meinen Positionen und Meinungen zu stehen und gleichzeitig offen für den Dialog zu sein.
Die Analyse meiner/unserer Realität als an dieser Gesellschaft und Welt bereits Mitwirkende und der damit verbundenen Mittäterschaft an kapitalistisch-patriarchalen Strukturen ist sowohl auf der ICH- als auch auf der WIR-Ebene wichtig.
Auf der WIR-Ebene stehen die (möglichen) Interaktionen der Beteiligten im Vordergrund. Unsere Gemeinsamkeiten und Unterschiede als Frauen, unsere Beziehungen untereinander in ihren förderlichen und hinderlichen Aspekten, zwischen Konkurrenz, Rivalität und Solidarität, unsere Konfliktkultur, unsere Dialogfähigkeit – all dies sind wichtige Einflußfaktoren auf den gemeinsamen Bildungsprozeß. Anstrebenswert ist ein arbeitsfähiges, dialog-, konflikt- und beziehungsfähiges WIR, denn nur so ist ein lebendiger Lernprozeß möglich. Im Sinne einer befreienden Bildungsarbeit, die zugleich Praxis sein und über den jeweiligen Seminarraum hinausreichen will, stellt sich eine Frage, die WIR- und ES-Ebene verknüpft, nämlich die nach den gemeinsamen Handlungsmöglichkeiten in bezug auf eine menschenwürdigere, frauengerechtere Gesellschaft.
Auf der ICH- und WIR-Ebene sind jeweils die positive und die negative Frage nach der individuellen und gemeinschaftlichen Gestaltungsmöglichkeit gestellt. Dies geschieht auf Grund der Einsicht in die Begrenztheit allen menschlichen Handelns. Die realistische, aber nicht resignative Einschätzung unserer Möglichkeiten der Gestaltung und Veränderung menschlichen Lebens in dieser Welt verhilft zu einem geduldigen, zähen und zugleich vertrauensvoll-gelassenen Engagement.

8. Feministisch-politische Bildungsarbeit schließt sich den pädagogischen Haltungen von Paulo Freire und Ruth Cohn an und macht die liebevolle Wertschätzung der Teilnehmerinnen und den Respekt vor ihrem (Erfahrungs-)Wissen zu einem Grundprinzip didaktischen Handelns. Verbunden mit dem Respekt ist ein großes Interesse an den Einsichten und Meinungen der Teilnehmerinnen, was die Leiterin feministisch-politischer Bildungsarbeit im

Sinne Freires zur Schülerin-Lehrerin macht und im Sinne Ruth Cohns zur teilnehmenden Leitung bewegt.
Diese Haltung bewirkt z.B., daß im Vertrauen auf das größere gemeinsame Wissen in der Gruppe, den Teilnehmerinnen keine langen, frontalen Vorträge, sondern höchstens impulsgebende Einleitungen und Kurzreferate zugemutet werden. Gleichzeitig nehmen die Leiterinnen das Bedürfnis der Teilnehmerinnen nach Sicherheit und Vertrauen ernst, indem sie ihre Rolle als Leiterin des Prozesses bewußt ausüben. Zu dieser Rolle gehört das Beachten der dynamischen Balance von Struktur-Prozeß-Vertrauen, weil alle drei Elemente für einen lebendigen Lehr-/Lernprozeß nötig sind. Leiterinnen feministisch-politischer Bildungsarbeit bemühen sich demnach in ihrer Planung um eine klare Strukturierung in Form detaillierter methodischer Überlegungen bezüglich der Sozialformen (Arbeit im Plenum, in Kleingruppen oder Einzelarbeit), zeitlicher Planung (meist Eineinhalbstunden-Einheiten, Zeitplanung für die verschiedenen Arbeitsphasen innerhalb der Einheiten) sowie methodischer Überlegungen bezüglich unterschiedlicher Handlungsformen (Gespräch, Rollenspiel, Brainstorming etc.). Zu einer klaren Strukturierung gehört auch ein gut formuliertes Thema für die gemeinsame Arbeit, das sich aus der didaktischen Analyse und dem jeweiligen Stand im Gruppenprozeß ergibt.
Die Beachtung des Prozesses bringt in feministisch-politischer Bildungsarbeit nach TZI eine offene, flexible Planung mit sich, die ein Umplanen während des Prozesses ebenso einschließt wie die mögliche Beteiligung von Teilnehmerinnen an der Planung. Die Tatsache, daß die Leiterinnen selber am Prozeß teilnehmen und somit in das Geschehen stark involviert sind, bewirkt eine größere Sensibilität für die jeweilige Verfaßtheit der Beteiligten und für nötige neue Schritte.
Eine sehr entscheidende Frage für den Erfolg gemeinsamen Lernens in der Gruppe ist jene nach dem Vertrauen, das in der Gruppe herrscht. Da die Arbeits-, Lehr- und Lernleistung umso größer ist, je größer auch das Vertrauen der Beteiligten untereinander ist, ist es sinnvoll, in der Bildungsarbeit genügend Zeit und Energie für die Entwicklungsmöglichkeit von Vertrauen zu verwenden. Eine Grundvoraussetzung dafür ist die wertschätzende Haltung von seiten der Leiterinnen den Teilnehmerinnen gegenüber, die im Idealfall in echte Zuneigung und Liebe zu den Frauen übergeht.

9. Ein wichtiger abschließender Schritt jedes feministisch-politischen Bildungsprozesses ist die Reflexion desselben anhand der in dieser Arbeit entwickelten Kriterien, des eigenen Erlebens als Leiterin sowie anhand der Rückmeldungen der Teilnehmerinnen.
Durch diese Reflexion, die das Überdenken von möglichen Alternativen beinhaltet, besteht für die Leiterinnen die Chance, neu Dazugelerntes zu festigen und für die künftigen Lehr-/Lernprozesse fruchtbar zu machen.

Literaturverzeichnis

Akashe-Böhme, Farideh: Frausein – Fremdsein, Frankfurt a.M. 1993.

Alberich, Emilio: Religionspädagogische Theorie politischen Handelns, in: Feifel, Erich u.a. (Hg.): Handbuch der Religionspädagogik, Bd.3, Zürich/Einsiedeln/Köln 1975, 75–84.

Alemann, Ulrich von: Politikbegriffe, in: Mickel, Wolfgang W./Zitzlaff, Dietrich (Hg.): Handbuch zur politischen Bildung, Opladen 1988, 535–538.

Alemann, Ulrich von: Politikbegriffe, in: Nohlen, Dieter/Schultze, Rainer Olaf (Hg.): Pipers Wörterbuch zur Politik, Bd.1, München/Zürich 1985, 705–707.

Andres, Stefan: Einmal mehr unseres „globe" bewußt sein. Aufbruch von innen – Manifest für eine Ethik der Zukunft, in: Themenzentrierte Interaktion, H.2, 6.Jg.(1992), 84–86.

Ballhausen, Anne u.a.: Zwischen traditionellem Engagement und neuem Selbstverständnis weibliche Präsenz in der Öffentlichkeit. Eine empirische Untersuchung zur politischen und sozialen Partizipation von Frauen, Bielefeld 1986.

Ballhausen, Hans/Schultze, Annedore: Das gesellschaftspolitische Anliegen der TZI, in: Löhmer, Cornelia/Standhardt, Rüdiger (Hg.): TZI. Pädagogisch-therapeutische Gruppenarbeit nach Ruth C. Cohn, Stuttgart 1992, 125–143.

Battke, Achim: Mitten im Grauen der Welt ... kleine Schritte. Eine Annäherung an die Ethik der TZI, in: Themenzentrierte Interaktion, H.2, 6.Jg.(1992), 67–77.

Bauböck, Rainer: Wertlose Arbeit. Zur Kritik der häuslichen Ausbeutung, Wien 1991.

Bauer, Ingrid: Eine Chronologie abnehmender weiblicher Bescheidenheit. Zum Wandel im Politikverständnis von Frauen. Die sozialdemokratische Frauenorganisation Salzburg 1945–1990. Ein Fallbeispiel, hg. von Forschungsgemeinschaft Boltzmann-Institut/Steinocher Fonds Salzburg, Salzburg 1992.

Beck, Ulrich: Risikogesellschaft. Auf dem Weg in eine andere Moderne, Frankfurt a.M. 1986.

Beck-Gernsheim, Elisabeth: Unter dem Neuen steckt noch das Alte, in: Frauenleben heute. Thema: Lebensformen, hg. v. d. Redaktion Psychologie heute, Weinheim/Basel 1990, 105–122.

Becker-Schmidt, Regina: Frauenforschung: Eine Einführung, in: Floßmann, Ursula (Hg.): Offene Frauenfragen in Wissenschaft-Recht-Politik (Reihe Sozialwissenschaftliche Materialien, Bd.29), Linz 1991, 5–20.

Bendit, René/Heimbucher, Anton: Von Paulo Freire lernen. Ein neuer Ansatz für Pädagogik und Sozialarbeit, Weinheim und München [3]1985.

Bernstein, Reiner: Den Globe einbeziehen. Plädoyer für mehr politische Lebendigkeit, in: Themenzentrierte Interaktion, H.4, 4.Jg.(1990), 22–26.

Beyme, Klaus von: Theorie der Politik im 20. Jahrhundert. Von der Moderne zur Postmoderne, Frankfurt a.M. 1991.

Buchberger, Edeltraud/Suk, Walter (Hg.): Solidarisch leben. Kleines Soziallexikon. 246 Stichworte zu Politik und Gesellschaft, im Auftrag der Kommission für soziale und politische Bildung der Bundesarbeitsgemeinschaft für Katholische Erwachsenenbildung in Österreich, Linz [3]1988.

Büchele, Herwig/Wohlgenannt, Lieselotte: Grundeinkommen ohne Arbeit. Auf dem Weg zu einer kommunikativen Gesellschaft (Reihe: Soziale Brennpunkte, hg. von der Katholischen Sozialakademie Österreichs), Wien/München/Zürich 1985.

Capra, Fritjof: Wendezeit. Bausteine für ein neues Weltbild, Bern/München 1983.

Casel, Gertrud: Frauen und Kirche in Diskussion, in: Stimmen der Zeit, Bd.211, 118.Jg.(1993), 752–760.

Cohn, Ruth C.: Das innere Jenseits, in: Cohn, Ruth C.: Von der Psychoanalyse zur themenzentrierten Interaktion. Von der Behandlung einzelner zu einer Pädagogik für alle, Stuttgart [11]1992, 224–232.

Cohn, Ruth C.: Der Globe – vom nächsten bis zum fernsten Umfeld, in: Cohn, Ruth C./Terfurth, Christina (Hg.): Lebendiges Lehren und Lernen. TZI macht Schule, Stuttgart 1993, 144–173.

Cohn, Ruth C.: Es geht ums Anteilnehmen ... Perspektiven der Persönlichkeitsentfaltung in der Gesellschaft der Jahrtausendwende, Freiburg/Basel/Wien 1989.

Cohn, Ruth C.: Verantworte Dein Tun und Dein Lassen – persönlich und gesellschaftlich. Offener Brief an Günter Hoppe, in: Themenzentrierte Interaktion H.2, 8.Jg.(1994), 85–87.

Cohn, Ruth C.: Von der Psychoanalyse zur themenzentrierten Interaktion. Von der Behandlung einzelner zu einer Pädagogik für alle, Stuttgart [11]1992.

Cohn, Ruth C.: Wir sind Teil des Universums und wir nehmen Anteil: Der Globe, in: Themenzentrierte Interaktion, H.1, 2.Jg.(1988), 3–6.

Cohn, Ruth C.: zu wissen dass wir zählen. Gedichte und Poems. Mit Scherenschnitten von Annemarie Maag-Büttner, Bern 1990.

Cohn, Ruth C./Farau, Alfred: Gelebte Geschichte der Psychotherapie. Zwei Perspektiven, Stuttgart 1991.

Cohn, Ruth C./Klein, Irene: Großgruppen gestalten mit Themenzentrierter Interaktion. Ein Weg zur lebendigen Balance zwischen Einzelnen, Aufgaben und Gruppe, Mainz 1993.

Cohn, Ruth C./Terfurth, Christina (Hg.): Lebendiges Lehren und Lernen. TZI macht Schule, Stuttgart 1993.

Cremer, Christa/Bader, Christiane/Dudeck, Anne (Hg.): Frauen in sozialer Arbeit. Zur Theorie und Praxis feministischer Bildungs- und Sozialarbeit, Weinheim/München 1990.

Daly, Mary: Jenseits von Gottvater, Sohn & Co, München [2]1982.
Dirks, Walter (Hg.): Gefahr ist. Wächst das Rettende auch? Befreiende Theologie für Europa, Salzburg 1991.
Döhmann, Ursel: Weiblich ist die Logik des Postfeminismus! Ein Begriff hat ausgedient: Emanzipation, in: beiträge zur feministischen theorie und praxis, H.28, 13.Jg.(1990), 123–125.
Dörner, Andreas/Rohe, Karl: Politikbegriffe, in: Holtmann, Everhard: Politik-Lexikon, München/Wien 1991, 449–454.
Dudeck, Anne: Frauenbilder. In Widersprüchen lernen – Widersprüche lernen, in: Cremer, Christa/Bader, Christiane/Dudeck, Anne (Hg.): Frauen in sozialer Arbeit. Zur Theorie und Praxis feministischer Bildungs- und Sozialarbeit, Weinheim/München 1990, 201–209.
Emme, Martina: Die Ich-kann-nicht-Haltung von Frauen. Weiblichkeit als Kulturbarriere, in: Studienschwerpunkt „Frauenforschung" am Institut für Sozialpädagogik der TU Berlin (Hg.): Mittäterschaft und Entdeckungslust. Berichte und Ergebnisse der gleichnamigen Tagung vom 6. – 10. April 1988 in Berlin, Berlin 1990, 116–130.
Englert, Rudolf: Religiöse Erwachsenenbildung. Situation – Probleme – Handlungsorientierung, Stuttgart/Berlin/Köln 1992.
Faludi, Susan: Die Männer schlagen zurück. Wie die Siege des Feminismus sich in Niederlagen verwandeln und was Frauen dagegen tun können, Reinbek bei Hamburg 1993.
Feigl, Susanne: Frauen in Österreich 1985–1990, hg. vom Staatssekretariat für allgemeine Frauenfragen, Wien 1990.
Feigl, Susanne: Frauenratgeberin, hg. von Bundesministerin für Frauenangelegenheiten, Wien 1991.
Figueroa, Dimas: Paulo Freire zur Einführung, Hamburg 1989.
Frauenpolitik. Informationsblatt der Frauenministerin/Sondernummer Weltfrauenkonferenz 1995.
Freire, Paulo: Der Lehrer ist Politiker und Künstler. Neue Texte zu befreiender Bildungsarbeit, Reinbek bei Hamburg 1981.
Freire, Paulo: Dialog als Prinzip. Erwachsenenalphabetiserung in Guinea Bissau, Wuppertal 1980.
Freire, Paulo: Erziehung als Praxis der Freiheit. Beispiele zur Pädagogik der Unterdrückten, Reinbek bei Hamburg 1977.
Freire, Paulo: Pädagogik der Solidarität. Für eine Entwicklungshilfe im Dialog. Mit einem Vorwort von Adam Weyer, Wuppertal 1974.
Freire, Paulo: Pädagogik der Unterdrückten. Bildung als Praxis der Freiheit. Mit einer Einführung von Ernst Lange, Reinbek bei Hamburg 1973.
Freire, Paulo: Über die notwendigen Fähigkeiten von engagierten Pädagogen, in: Schulze, Trudi und Heinz (Hg.): Zukunftswerkstatt Kontinent. Volkserziehung in Lateinamerika, München 1989, 32–43.
Fromm, Erich: Haben oder Sein. Die seelischen Grundlagen einer neuen Gesellschaft, München [8]1981.

Frör, Kurt: Grundriß der Religionspädagogik. Im Umfeld der modernen Erziehungswissenschaft, Konstanz 1975.

Gabriel, Karl: In der Krise der Moderne. Auf der Suche nach Orientierung in einer posttraditionalisierten Welt, in: Bakeb. Informationen, Kommunikation, Service, Nr.4 (1994), 4–10.

Gagel, Walter: Politische Bildung, in: Holtmann, Everhard: Politik-Lexikon, München 1991, 460–463.

„Gaudium et spes“. Die Pastorale Konstitution über die Kirche in der Welt von heute, in: Rahner, Karl/Vorgrimler, Herbert: Kleines Konzilskompendium. Sämtliche Texte des Zweiten Vatikanums, Freiburg/Basel/Wien [14]1980, 423–552.

Gerhard, Ute u.a. (Hg.): Differenz und Gleichheit. Menschenrechte haben (k)ein Geschlecht, Frankfurt a.M. 1990.

Gerhard, Ute: Feminismus, in: Lissner, Anneliese/Süssmuth, Rita/Walter, Karin (Hg.): Frauenlexikon. Traditionen, Fakten, Perspektiven, Freiburg/Basel/Wien 1988, 301–307.

Gerhardt, Heinz-Peter: Paulo Reglus Neves Freire. A Profile, engl. unveröffentl. Manuskript, Köln 5.1.1993.

Gerhardt, Volker: Macht I, in: Müller, Gerhard (Hg): Theologische Realenzyklopädie, Bd.21, Berlin/New York 1991, 648–652.

Gerhardt, Volker: Politisches Handeln. Über einen Zugang zum Begriff der Politik, in: Gerhardt, Volker (Hg.): Der Begriff der Politik. Bedingungen und Gründe politischen Handelns, Stuttgart 1990, 291–309.

Gieseke, Wiltrud: Von der fehlenden Liebe zum eigenen Geschlecht, in: Gieseke, Wiltrud (Hg.): Feministische Bildung – Frauenbildung, Pfaffenweiler 1993, 41–55.

Gössmann, Elisabeth (Hg.): Archiv für philosophie- und theologiegeschichtliche Frauenforschung, Bd.1–7, München 1984–1994.

Gössmann, Elisabeth u.a. (Hg.): Wörterbuch der feministischen Theologie, Gütersloh 1991.

Hagemann-White, Carol: Zum Verhältnis von Geschlechtsunterschieden und Politik, in: Kulke, Christine (Hg.): Rationalität und sinnliche Vernunft. Frauen in der patriarchalen Realität, Berlin 1985, 146–153.

Hager, Judith: „Bitte nicht entmutigen lassen“, in: Kirche intern, Forum für eine offene Kirche, für Gesellschaft, Politik und Kultur, Nr.4, 7.Jg.(1993), 26.

Hagleitner, Silvia: Trotz Fleiß kein Preis. Unbezahlte Frauenarbeit (zusammen mit dem Arbeitskreis von Ingrid Klein: Ehrenamt – weder Amt noch Ehre), in: Initiativgruppe Frauensynode (Hg.): Frauen und Macht. Dokumentation der Ersten Österreichischen Frauensynode 2.bis 4. Oktober 1992 in Puchberg/Wels, Wien 1993, 82–86.

Hagleitner, Silvia: Wir Frauen zwischen Solidarität und Konkurrenz. Mit unseren Verschiedenheiten leben ... Methodenbausteine, in: Bibelrundenbriefe der Arbeitsgemeinschaft Katholischer Jugend Österreichs, Nr.2 (1994/95), 2f.

Halkes, Catharina J. M.: Suchen, was verloren ging. Beiträge zur feministischen Theologie, Gütersloh 1985.

Halkes, Catharina J. M.: Gott hat nicht nur starke Söhne. Grundzüge einer feministischen Theologie, Gütersloh 1980.

Haug, Frigga (Hg.): Sexualisierung der Körper (Reihe Frauenformen), Berlin/Hamburg ^{3}1991.

Haug, Frigga: Erinnerungsarbeit, Hamburg 1990.

Hebenstreit-Müller, Sabine/Pettinger, Rudolf (Hg.): Miteinander lernen, leben, engagieren. Neue soziale Netze für Familien. Ergebnisse der wissenschaftlichen Begleitforschung von Familien- und Nachbarschaftszentren, Bielefeld 1991.

Hentig, Hartmut von: Ruth C. Cohn – Würdigung, in: Themenzentrierte Interaktion, H.2, 6.Jg.(1992), 34–36.

Hernández, Jésus: Pädagogik des Seins. Paulo Freires praktische Theorie einer emanzipatorischen Erwachsenenbildung, Lollar 1977.

Herrmann, Helga: Ruth C. Cohn – Ein Porträt, in: Löhmer, Cornelia/Standhardt, Rüdiger (Hg.): TZI. Pädagogisch-therapeutische Gruppenarbeit nach Ruth C. Cohn, Stuttgart 1992, 19–36.

Heydorn, Heinz-Joachim: Bildungstheoretische Schriften, Bd.1–3, Frankfurt a.M. 1980.

Heydorn, Heinz-Joachim: Über den Widerspruch von Bildung und Herrschaft, Frankfurt a.M. 1970.

Heyward, Carter: Und sie rührte sein Kleid an. Eine feministische Theologie der Beziehung, Stuttgart 1986.

Hilligen, Wolfgang: Politische Bildung, in: Mickel, Wolfgang (Hg.): Handlexikon zur Politikwissenschaft, Ehrenwirth 1983, 362–369.

Hoecker, Beate: Frauen in der Politik. Eine soziologische Studie, Opladen 1987.

Hofmann, Helga: Teilnehmen und Teilhaben. Frauenbewegungen in Österreich. Eine Betrachtung, in: Graf, Andrea (Hg.): Zur Politik des Weiblichen. Frauenmacht und -ohnmacht. Beiträge zur Innenwelt und Aussenwelt, Wien 1990, 49–65.

Hoppe, Günter: „Misch Dich ein! Greif ein!" Ein drittes Postulat für die TZI?, in: Standhardt, Rüdiger/Löhmer, Cornelia (Hg.): Zur Tat befreien. Gesellschaftspolitische Perspektiven der TZI-Gruppenarbeit, Mainz 1994, 65–76.

Horstkötter, Marianne: Frauen in der Kommunalpolitik. Einflußfaktoren auf die politische Partizipation von Frauen in kommunalen Räten – Eine Regionalstudie, Frankfurt a.M./Bern/New York/Paris 1990.

In't Veld, Lideke: Frauensynode in den Niederlanden, in: Schlangenbrut. streitschrift für feministisch und religiös interessierte frauen. vierteljährliche nachrichten aus paradies und fegefeuer, Nr. 20 (1988), 41f.

Infoblatt des Österreichischen Frauenformus feministische Theologie, hg. vom Verein Österreichisches Frauenforum Feministische Theologie, Postfach 694, A-6021 Innsbruck, 1993.

Initiativgruppe Frauensynode (Hg.): Frauen und Macht. Dokumentation der Ersten Österreichischen Frauensynode 2. bis 4. Oktober 1992 in Puchberg/Wels, Wien 1993.

Jehle, Ingrid: Frauen haben Macht und ermächtigen sich gegenseitig, in: Initiativgruppe Frauensynode (Hg.): Frauen und Macht. Dokumentation der Ersten Österreichischen Frauensynode 2. bis 4. Oktober 1992 in Puchberg/Wels, Wien 1993, 8.

Jost, Renate/Kubera, Ursula (Hg.): Befreiung hat viele Farben. Feministische Theologie als kontextuelle Befreiungstheologie, Gütersloh 1991.

Jungk, Robert: Der Jahrtausendmensch, Reinbek bei Hamburg 1976.

Kerstiens, Ludwig: Modelle emanzipatorischer Erziehung. Eine Zwischenbilanz. Voraussetzungen – Entwürfe – Kritik, Bad Heilbrunn/Obb. [2]1975.

Knopf, Detlef/Möller, Doris/Schmidt, Michael: Alltagsorientierung in der Bildungsarbeit mit Erwachsenen. Eine kritische Analyse von Paulo Freires Konzept der „consientización", Bensheim 1978.

Kohler-Spiegel, Helga/Schachl-Raber, Ursula: Wut und Mut. Feministisches Materialbuch für Religionsunterricht und Gemeindearbeit, München 1991.

Kraus, Monika: Eindrücke von der 1. Österreichischen Frauensynode vom 2. – 4. Oktober 1992 in Wels, in: Maria von Magdala, Rundbrief Nr.4 (1992), 10.

Krechel, Ursula: Selbsterfahrung und Fremdbestimmung. Bericht aus der Neuen Frauenbewegung, erweiterte Neuausgabe, Darmstadt/Neuwied 1983.

Kroeger, Matthias: Anthropologische Grundannahmen der Themenzentrierten Interaktion, in: Löhmer, Cornelia/Standhardt, Rüdiger (Hg.): TZI. Pädagogisch-therapeutische Gruppenarbeit nach Ruth C. Cohn, Stuttgart 1992, 93–124.

Kroeger, Matthias: Ruth C. Cohn 80 – WILL 25 – WILL Europa 20. Festrede beim Jubiläumsakt in GWATT am 24.4.92, in: Themenzentrierte Interaktion, H.2, 6.Jg.(1992), 37–53.

Kühlmann, Michael: Lernen als Bewußtseinsbildung. Paulo Freires Konzept als Ansatz für befreiendes Lernen im Alter, Dortmund 1990.

Lange, Ernst: Einführung, in: Freire, Paulo: Pädagogik der Unterdrückten. Bildung als Praxis der Freiheit. Mit einer Einführung von Ernst Lange, Reinbek bei Hamburg 1973, 9–23.

Leffers, Carl-Josef: Erwachsenenbildung – Förderung individuellen Wachstums und/oder sozialen Wandels? Sozialethische und ideologiekritische Problemanalyse angewandter Methoden Humanistischer Psychologie im Bereich der Erwachsenenbildung. Mit einem Vorwort von Wilhelm Dreier, Münster 1980.

Liberia delle donne di Milano: Wie die weibliche Freiheit entsteht. Eine neue politische Praxis, Berlin 1988.

Lindner, Gabriele: Katholische Frauenbewegungen zwischen „Emanzipation" und „traditionellen Rollen", in: Tálos, Emmerich/Riedelsperger, Alois (Hg.): Zeit-Gerecht. 100 Jahre katholische Soziallehre, Steyr 1991, 92–99.

Löhmer, Cornelia/Standhardt, Rüdiger (Hg.): TZI. Pädagogisch-therapeutische Gruppenarbeit nach Ruth C. Cohn, Stuttgart 1992.

Lukatis, Ingrid: Frauen und Männer als Kirchenmitglieder, in: Matthes, Joachim (Hg.): Kirchenmitgliedschaft im Wandel. Untersuchungen zur Realität der Volkskirche. Beiträge zur zweiten EKD-Umfrage „Was wird aus der Kirche?", Gütersloh 1990, 119–147.

Lutz, Rüdiger: Die sanfte Wende – Aufbruch ins ökologische Zeitalter, München 1984.

Madörin, Mascha: Zur neuen Welt(un)ordnungspolitik. Fünf Thesen aus feministischer Sicht, in: Frauensolidarität 41 (1993), 4–9.

Mair, Katharina: Lila-Stil?, in: Initiativgruppe Frauensynode (Hg.): Frauen und Macht. Dokumentation der Ersten Österreichischen Frauensynode 2. bis 4. Oktober 1992 in Puchberg/Wels, Wien 1993, 12.

Mamozai, Martha: Komplizinnen, Reinbek bei Hamburg 1990.

Martiny, Anke: Wer nicht kämpft hat schon verloren. Frauen und der Mut zur Macht, Reinbek bei Hamburg 1986.

Matzdorf, Paul/Cohn, Ruth C.: Das Konzept der Themenzentrierten Interaktion, in: Löhmer, Cornelia/Standhardt, Rüdiger (Hg.): TZI. Pädagogisch-therapeutische Gruppenarbeit nach Ruth C. Cohn, Stuttgart 1992, 39–92.

Matzdorf, Paul: Das „TZI-Haus". Zur praxisnahen Grundlegung eines pädagogischen Handlungssystems, in: Cohn, Ruth C./Terfurth, Christina (Hg.): Lebendiges Lehren und Lernen. TZI macht Schule, Stuttgart 1993, 332–387.

Matzdorf, Paul: Die 'Problemformulierende Methode' Paulo Freires und Ruth C. Cohns 'Themenzentrierte Interaktion'. Versuch eines pädagogischen Kommentars. Erster Teil, in: Themenzentrierte Interaktion, H.2, 5.Jg.(1991), 64–77; Zweiter Teil, in: Themenzentrierte Interaktion H.1, 6.Jg.(1992), 56–79.

Matzdorf, Paul: Die humanistischen Axiome der TZI. Grundlagen und Perspektiven für pädagogisches, therapeutisches und politisches Handeln, in: Birmelin, Rolf u.a. (Hg.): Erfahrungen lebendigen Lernens. Grundlagen und Arbeitsfelder der TZI, Mainz 1985, 48–58.

Mautner, Josef: Das zerbrechliche Leben erzählen ... Erzählende Literatur und Theologie des Erzählens, Frankfurt a.M./u.a.O. 1994.

Mercsanits, Renate: Dialog in einer Gemeinschaft. Gemeinsam auf dem Weg zur Europäischen Frauensynode, in: Initiativgruppe Frauensynode (Hg.): Frauen und Macht. Dokumentation der Ersten Österreichischen Frauensynode 2. bis 4. Oktober 1992 in Puchberg/Wels, Wien 1993, 108f.

Mercsanits, Renate: Freiheit und Gerechtigkeit – ein göttliches Bedürfnis, in: Verein Österreichisches Frauenforum Feministische Theologie (Hg.): Synodenbrief, Nr.4 (1994), 3.

Mette, Norbert: Erziehung, in: Bitter, Gottfried/Miller, Gabriele: Handbuch religionspädagogischer Grundbegriffe, Bd.1, München 1986, 52–60.
Metz-Göckel, Sigrid/Nyssen, Elke: Frauen leben Widersprüche. Zwischenbilanz der Frauenforschung, Weinheim/Basel 1990.
Meyer, Birgit: Die „unpolitische" Frau. Politische Partizipation von Frauen oder: Haben Frauen ein anderes Verständnis von Politik? in: Aus Politik und Zeitgeschichte, Bd.25–26 (1992), 3–18.
Meyer, Birgit: Frauen an die Macht!? Politische Strategien zur Durchsetzung der Gleichberechtigung von Mann und Frau, in: Aus Politik und Zeitgeschichte. Beilage zur Wochenzeitschrift „Das Parlament", Bd.9–10, (1987), 15–28.
Mickel, Wolfgang W.: Politische Bildung, in: Nohlen, Dieter/Schultze, Rainer Olaf (Hg.): Pipers Wörterbuch zur Politik. Politikwissenschaft, Bd.1, München/ Zürich ³1989, 730–732.
Mies, Maria: Patriarchat und Kapital. Frauen in der internationalen Arbeitsteilung, Zürich 1990.
Miescher, Elisabeth: TZI im gesellschaftspolitischen Bereich – am Beispiel der Friedensarbeit, in: Birmelin, Rolf u.a. (Hg.): Erfahrungen lebendigen Lernens. Grundlagen und Arbeitsfelder der TZI, Mainz 1985, 180–191.
Missalla, Heinrich: Politische Bildung, in: Bitter, Gottfried/Miller, Gabriele: Handbuch religionspädagogischer Grundbegriffe, Bd.1, München 1986, 313–317.
Mitscha-Märheim, Claudia: Mirjam-Lied. Text und Melodie, in: Schlangenbrut. streitschrift für feministisch und religiös interessierte frauen. vierteljährliche nachrichten aus paradies und fegefeuer, Nr.12 (1986), 5.
Modesto, Helga: Demokratisches Verhalten in der TZI-Gruppe: Eine Herausforderung an die chairperson, in: Themenzentrierte Interaktion, H.1, 4.Jg.(1990), 48–57.
Möller, Carola: „Über das Brot, das euch in der Küche fehlt, wird nicht in der Küche entschieden", in: beiträge zur feministischen theorie und praxis, Nr.29, 14.Jg.(1991), 7–23.
Moltmann-Wendel, Elisabeth: Ein eigener Mensch werden. Frauen um Jesus, Gütersloh 1985.
Moltmann-Wendel, Elisabeth: Das Land wo Milch und Honig fließt. Perspektiven einer feministischen Theologie, Gütersloh 1985.
Mulack, Christa: Natürlich weiblich. Die Heimatlosigkeit der Frau im Patriarchat, Stuttgart 1990.
Natter, Ehrenfried/Reinprecht, Christoph: Achtung Sozialstaat. Ein Handbuch, Wien/Zürich 1992.
Neyer, Gerda: Frauen in der Politik. Am Beispiel der Repräsentation von Frauen im Nationalrat, in: Handbuch des politischen Systems Österreichs, Wien 1991, 296–308.
Neyer, Gerda: Frauen in der Politik. Parlamentarische Strukturen und ihre geschlechterdifferenzierenden Wirkungen, in: Angerer, Marie-Luise u.a.

(Hg.): Frauen auf glattem Parkett. Feministinnen in Institutionen, Wien 1991, 57–72.

Nipkow, Karl Ernst: Bildung als Lebensbegleitung und Erneuerung. Kirchliche Bildungsverantwortung in Gemeinde, Schule und Gesellschaft, Gütersloh 1990.

Notz, Gisela: Frauen im sozialen Ehrenamt. Ausgewählte Handlungsfelder: Rahmenbedingungen und Optionen, Freiburg im Breisgau 1989.

Novy, Traude: Katholische Frauenbewegung Österreichs, in: bakeb informationen Nr.3 (1993), 51–53.

Ockel, Anita/Cohn, Ruth C.: Das Konzept des Widerstands in der themenzentrierten Interaktion. Vom psychoanalytischen Konzept des Widerstandes über das TZI-Konzept der Störung zum Ansatz einer Gesellschaftstherapie, in: Petzold, Hilarion (Hg.): Widerstand. Ein strittiges Konzept in der Psychotherapie, Paderborn 1981, 255–282.

Orth, Gottfried: Erwachsenenbildung zwischen Parteilichkeit und Verständigung. Zur Theorie theologischer Erwachsenenbildung, Göttingen 1990.

Österreichisches Institut für Jugendforschung (Hg.): Zwischen Engagement und Emigration. Jugend und Politik, 2., erweiterte und um die Ergebnisse der quantitativen Untersuchung ergänzte Auflage, Wien 1994.

Ostner, Ilona: Die Tabuisierung der Hausarbeit, in: Rapin, Hildegard (Hg.): Frauenforschung und Hausarbeit, Frankfurt a.M./New York 1988.

„Pacem in terris“ (Johannes XXIII. 1963), in: Texte zur katholischen Soziallehre. Mit einer Einführung von Oswald von Nell-Breuning SJ, hg. vom Bundesverband der Katholischen Arbeitnehmer-Bewegung Deutschlands, Kevelaer [6]1985, 271–320.

Paul-Horn, Ina: Resistenz gegen die Faszination der Gewalt. Hannah Arendts Machtbegriff, in: Kubes-Hofmann, Ursula (Hg.): Sagen, was ist. Zur Aktualität Hannah Arendts, Wien 1994, 95–110.

Pelinka, Anton: Politik und moderne Demokratie, Kronberg/Ts. 1976.

Pelinka, Anton: Politik- und Demokratiebegriff, in: Greiter, Almud/Hussl, Richard/Pelinka, Anton/Pruner, Kurt: Politisches Alltagsverständnis. Entwicklung des Demokratie- und Politikbegriffes. Materialien und Texte zur politischen Bildung, Bd.2, Wien 1986, 1–20.

Persie, Michael: Befreiung und Umkehr für die Zukunft. Paulo Freire, Theologie der Befreiung und praxisverändernde Bildung. Mit einem Vorwort von Prof. Wilhelm Dreier, München 1984.

Philips, Ina-Maria: „Wie halt ich's mit der Politik?“ Forschungsergebnisse und Hypothesen zum Verhältnis von Frauen zu Politik, in: Projektgruppe Mädchen- und Frauenarbeit: Die unentdeckte Kraft. Gestaltungsansprüche von Mädchen und Frauen, Wuppertal 1991, 11–84.

Pöhlmann, Horst Georg: Interview mit Ruth C. Cohn, in: Studienstelle der Deutschen Evangelischen Arbeitsgemeinschaft für Erwachsenenbildung, Karlsruhe (Hg.): Was will eigentlich die Themenzentrierte Interaktion, Informationspapier der Studienstelle, H.24 (1978), 1–7.

Praetorius, Ina: Recht/Gerechtigkeit. V. Gleichberechtigung, in: Gössmann, Elisabeth u.a. (Hg.): Wörterbuch der feministischen Theologie, Gütersloh 1991, 347f.

Prengel, Annedore/Wirbel, Ute: Abschied von der Abhängigkeit. Zur historischen und biographischen Entmachtung der Frauen, in: beiträge zur feministischen theorie und praxis, H.17, 9.Jg.(1986), 69–82.

Preul, Reiner: Bildung, in: Bitter, Gottfried/Miller, Gabriele: Handbuch religionspädagogischer Grundbegriffe, Bd. 1, München 1986, 67–74.

Pruckner, Othmar: Die Power-Frauen, in: News. Österreichs größtes Nachrichtenmagazin, Nr. 41, 11. Oktober 1994, 10–15.

Putz, Hans: Unveröffentl. Alters- und Berufsstatistik des Referates für Pfarrgemeinderäte der Diözese Linz, Linz 1992.

Raguse, Hartmut: Kritische Bestandsaufnahme der TZI, in: Löhmer, Cornelia/Standhardt, Rüdiger (Hg.): TZI. Pädagogisch-therapeutische Gruppenarbeit nach Ruth C. Cohn, Stuttgart 1992, 264–277.

Raguse, Hartmut: Theologische Implikationen der TZI, unveröff. Manuskript eines Referates, gehalten in Mainz, Sep. 1994.

Raguse, Hartmut: Vermiedene Themen in Gruppen am Beispiel der TZI, in: Themenzentrierte Interaktion, H.1, 6.Jg.(1992), 92–98.

Raymond, Janice G.: Frauenfreundschaft. Philosophie der Zuneigung, München [2]1990.

Reiser, Helmut/Lotz, Walter: Themenzentrierte Interaktion als Pädagogik, Mainz 1995.

Rickers, Folkert: Politische Bildung, in: Böcker, Werner/Heimbrock, Hans-Günter/Kerkhoff, Engelbert (Hg.): Handbuch Religiöser Erziehung. Bd. I: Lernbedingungen und Lerndimensionen, Düsseldorf 1987, 151–162.

Rieger, Renate: Befreiungstheologie, in: Gössmann, Elisabeth u.a. (Hg.): Wörterbuch der feministischen Theologie, Gütersloh 1991, 39–4.

Römelt, Josef: Theologie der Verantwortung. Zur theologischen Auseinandersetzung mit einem philosophischen Prinzip, Innsbruck 1991.

Rohe, Karl: Politikbegriffe, in: Mickel, Wolfgang W. (Hg.) u. Mitarb. von Zitzlaff, Dietrich: Handlexikon zur Politikwissenschaft, Ehrenwirth 1983, 349–354.

Rosenberger, Sieglinde: Frauenpolitik in Rot-Schwarz-Rot. Geschlechterverhältnisse als Gegenstand der österreichischen Politik (Reihe Studien zur politischen Wirklichkeit, hg. von Anton Pelinka, Bd. 6), Wien 1992.

Rosenberger, Sieglinde: Geschlechterarrangements in der politischen Öffentlichkeit am Beispiel von Frauenorganisationen in Parteien, in: Angerer, Marie-Luise u.a. (Hg.): Auf glattem Parkett. Feministinnen in Institutionen, Wien 1991, 35–55.

Russell, Letty M. (Hg.): In den Gärten unserer Mütter. Religiöse Erfahrungen von Frauen heute. Mit einem Vorwort von Dorothee Sölle, Freiburg im Breisgau 1990.

Scharer, Matthias: Am anderen Anteil nehmen – Begegnungen Raum geben. Kommunikatives Lernen als Dienst in Gemeinde, Schule und Erwachsenenbildung, Mainz 1995.

Schaumberger, Christine/Schottroff, Luise: Schuld und Macht. Studien zu einer feministischen Befreiungstheologie, München 1988.

Schaumberger, Christine: „Es geht um jede Minute unseres Lebens!" Auf dem Weg zu einer kontextuellen feministischen Befreiungstheologie, in: Jost, Renate/Kubera, Ursula (Hg.): Befreiung hat viele Farben. Feministische Theologie als kontextuelle Befreiungstheologie, Gütersloh 1991, 15–34.

Schaumberger, Christine: „Ich nehme mir meine Freiheit, damit ich nicht sterbe". Überlegungen zu einer Feministischen Theologie der Befreiung im Kontext der `Ersten' Welt, in: Schaumberger, Christine/Maaßen, Monika (Hg.): Handbuch Feministische Theologie, Münster [3]1989, 332–361.

Schaumberger, Christine: Schuld und Macht, in: Initiativgruppe Frauensynode (Hg.): Frauen und Macht. Dokumentation der Ersten Österreichischen Frauensynode 2. bis 4. Oktober 1992 in Puchberg/Wels, Wien 1993, 21–32.

Scheidt, Jürgen vom: Interview mit Ruth C. Cohn, in: Themenzentrierte Interaktion, H.2, 6.Jg.(1992), 6–12.

Schiersmann, Christiane: Frauenbildung. Konzepte, Erfahrungen, Perspektiven, Weinheim/München 1993.

Schimpf-Herken, Ilse: Erziehung heute – wozu?, in: Dabisch, Joachim/ Schulze, Heinz (Hg.): Befreiung und Menschlichkeit. Texte zu Paulo Freire, München 1991, 17–25.

Schreyögg, Astrid: „Globe" – die unbekannte Größe. Ein Versuch zur Präzisierung des Kontext-Verständnisses in der TZI, in: Themenzentrierte Interaktion, H.1., 7.Jg.(1993), 12–28.

Schröder, Hannelore: Olympe de Gouges, zum 200. Jahrestag ihrer Hinrichtung, in: Virginia. Frauenbuchkritik, Nr. 15, 7.Jg.(1993), 1f.

Schultze, Annedore: Das gesellschafts-politische Anliegen der TZI, in: Standhardt, Rüdiger/Löhmer, Cornelia (Hg.): Zur Tat befreien. Gesellschaftspolitische Perspektiven der TZI-Gruppenarbeit, Mainz 1994, 114–130.

Schulze, Gerhard: Die Erlebnisgesellschaft. Kultursoziologie der Gegenwart, Frankfurt a.M./New York 1993.

Schulze, Trudi und Heinz (Hg.): Zukunftswerkstatt Kontinent. Volkserziehung in Lateinamerika, München 1989.

Schüngel-Straumann, Helen: Recht/Gerechtigkeit. I. Altes Testament, in: Gössmann, Elisabeth u.a. (Hg.): Wörterbuch der feministischen Theologie, Gütersloh 1991, 339f.

Schüssler Fiorenza, Elisabeth: Brot statt Steine. Die Herausforderungen einer feministischen Interpretation der Bibel, Freiburg/Schweiz 1988.

Schüssler Fiorenza, Elisabeth: Das Schweigen brechen – sichtbar werden, in: Concilium 21 (1985), 387–398.

Schüssler Fiorenza, Elisabeth: Für Frauen in Männerwelten. Eine kritische feministische Befreiungstheologie, in: Concilium 20 (1984), 31–38.
Schüssler Fiorenza, Elisabeth: Zu ihrem Gedächtnis ... Eine feministisch-theologische Rekonstruktion der christlichen Ursprünge, München/Mainz 1988.
Sekretariat der Deutschen Bischofskonferenz (Hg.): Frauen und Kirche. Eine Repräsentativbefragung von Katholikinnen im Auftrage des Sekretariats der Deutschen Bischofskonferenz durchgeführt vom Institut für Demoskopie Allensbach, Bonn 1993.
Simpfendörfer, Werner: Porträt Paulo Freire, in: Dabisch, Joachim/Schulze, Heinz (Hg.): Befreiung und Menschlichkeit. Texte zu Paulo Freire, München 1991, 4–11.
Sölle, Dorothee/Steffensky, Fulbert: Nicht nur Ja und Amen. Von Christen im Widerstand, Reinbek bei Hamburg 1983.
Sölle, Dorothee: Einleitung, in: Heyward, Carter: Und sie rührte sein Kleid an. Eine feministische Theologie der Beziehung. Mit einer Einleitung von Dorothee Sölle, Stuttgart 1986, 7–13.
Sölle, Dorothee: Es muß doch mehr als alles geben. Nachdenken über Gott, Hamburg 1992.
Sölle, Dorothee: Mitleiden – Mithandeln. Frauen unterwegs zu der Einen Welt, in: Jost, Renate/Kubera, Ursula (Hg.): Befreiung hat viele Farben. Feministische Theologie als kontextuelle Befreiungstheologie, Gütersloh 1991, 63–77.
Sölle, Dorothee: Wählt das Leben, Stuttgart ^{2}1980.
SPÖ-Politik: Gleicher Lohn für gleiche Leistung, Beilage zu SPÖ-Politik Nr.4 (1992).
Standhardt, Rüdiger/Löhmer, Cornelia (Hg.): Zur Tat befreien. Gesellschaftspolitische Perspektiven der TZI-Gruppenarbeit, Mainz 1994.
Steffensky, Fulbert: Innen und Außen. Wie entkommen wir den beiden Gefängnissen? in: Themenzentrierte Interaktion, H.2, 7.Jg.(1993), 5–17.
Stein, Gerd: Demokratie und Partizipation, in: Mickel, Wolfgang W./Zitzlaff, Dietrich (Hg.): Handbuch zur politischen Bildung, Opladen 1988, 48–52.
Steinlechner, Manfred: Indoktrination oder Befreiung? Eine Spurensuche, in: Jochum, Richard/Stark, Charly (Hg.): Theologie für gebrannte Kinder. Beiträge zu einer neuen politischen Theologie, Freiburg/Basel/Wien 1991, 27–32.
Steixner, Annemarie: Politische Bildung am Modell des Sozialen Seminars für Frauen der Katholischen Sozialakademie Österreichs, unveröff. Diplomarbeit, Innsbruck 1991.
Strahm, Doris: Aufbruch zu neuen Räumen. Eine Einführung in feministische Theologie, Freiburg/Schweiz 1987.
Sutter Rehmann, Luzia: Recht/Gerechtigkeit. II. Neues Testament, in: Gössmann, Elisabeth u.a. (Hg.): Wörterbuch der feministischen Theologie, Gütersloh 1991, 340–343.

Thürmer-Rohr, Christina: Befreiung im Singular. Zur Kritik am weiblichen Egozentrismus, in: beiträge zur feministischen theorie und praxis, H.28, 17.Jg.(1990), 9–17.

Thürmer-Rohr, Christina: Einführung – Forschen heißt wühlen, in: Studienschwerpunkt „Frauenforschung“ am Institut für Sozialpädagogik der TU Berlin (Hg.): Mittäterschaft und Entdeckungslust. Berichte und Ergebnisse der gleichnamigen Tagung vom 6. – 10. April 1988 in Berlin, Berlin 1990, 12–21.

Thürmer-Rohr, Christina: Frauen in Gewaltverhältnissen. Zur Generalisierung des Opferbegriffs, in: Studienschwerpunkt „Frauenforschung“ am Institut für Sozialpädagogik der TU Berlin (Hg.): Mittäterschaft und Entdeckungslust. Berichte und Ergebnisse der gleichnamigen Tagung vom 6. – 10. April 1988 in Berlin, Berlin 1990, 22–36.

Thürmer-Rohr, Christina: Mittäterschaft der Frau – Analyse zwischen Mitgefühl und Kälte, in: Studienschwerpunkt „Frauenforschung“ am Institut für Sozialpädagogik der TU Berlin (Hg.): Mittäterschaft und Entdeckungslust. Berichte und Ergebnisse der gleichnamigen Tagung vom 6. – 10. April 1988 in Berlin, Berlin 1990, 87 – 103.

Thürmer-Rohr, Christina: Vagabundinnen. Feministische Essays, [5]1990.

Thürmer-Rohr, Christina: Wendezeit-Wendedenken-Wegdenken, in: Vagabundinnen. Feministische Essays, Berlin [5]1990, 93–105.

Thürmer-Rohr, Christina: Wir sind nicht Reisende ohne Gepäck – Fragen der letzten zwei Jahre an die weiße westliche Frauenbewegung, unveröff. Tonbandabschrift eines Vortrages am erziehungswiss. Institut der Universität Graz, Jänner 1992.

Trojer, Karl: Kann TZI einen wesentlichen Beitrag zu zeitgemäßerem politischen Handeln bieten? oder: Zukunft mitgestalten – aus dem Glauben an die Sinnhaftigkeit allen Lebens, in: Themenzentrierte Interaktion, H.2, 3.Jg.(1989), 3–9.

Turrini, Peter: Die Verdächtiger. Essay, in: profil, Nr.37, 25.Jg., 12. Sept. 1994, 88–91.

Ullrich, Lothar: Erlösung und Befreiung, in: Beinert, Wolfgang (Hg.): Lexikon der katholischen Dogmatik, Freiburg/Basel/Wien 1987, 130–134.

Uphoff, Berthold: Kirchliche Erwachsenenbildung. Befreiung und Mündigkeit im Spannungsfeld von Kirche und Welt, Stuttgart/Berlin/Köln 1991.

Vlay, Katharina: Sprudelnde Quelle. Eintracht und Aufmüpfigkeit kennzeichnen die erste Österreichische Frauensynode, in: Kirche intern. Forum für eine offene Kirche, für Gesellschaft, Politik und Kultur, Nr.11, 6.Jg.(1992), 14f.

Vogl, Martha: Selbst-Bewußt-Sein kann ich lernen: ein Seminar für Frauen, in: bakeb informationen, Nr.3 (1990), 29.

Votzi, Josef: NR-Wahl ‘94. Die neue Frauen-Power, in: profil, Nr. 39, 25.Jg.(1994), 16–21.

Wallis, Jim: Die Seele der Politik. Eine Vision zur spirituellen Erneuerung der Gesellschaft. Übersetzt und mit einem Vorwort versehen von Andreas Ebert, München 1995.

Weg, Marianne: Wenn Frauen lernen, ist das Politik!, in: Jurinek-Stinner, Angela/Weg, Marianne (Hg.): Frauen lernen ihre Situation verändern. Was kann Bildungsarbeit dazu beitragen?, München/Wien/Baltimore 1982, 101–110.

Wegenast, Klaus/Lämmermann, Godwin: Gemeindepädagogik. Kirchliche Bildungsarbeit als Herausforderung, Stuttgart/Berlin/Köln 1994.

Wehnes, Franz-Josef: Theorien der Bildung – Bildung als historisches und aktuelles Problem, in: Roth, Leo (Hg.): Pädagogik. Handbuch für Studium und Praxis, München 1991, 256–270.

Welch, Sharon D.: Gemeinschaften des Widerstandes und der Solidarität. Eine feministische Theologie der Befreiung, Freiburg/Schweiz 1988.

Wener, Leokadia K.: Alphabetisierung und Bewußtwerdung. Eine Studie zur Methode Paulo Freire, verbunden mit einer Einführung in die Morphem-Methode, Mettingen 1991.

Werbick, Jürgen: Glaubenlernen aus Erfahrung. Grundbegriffe einer Didaktik des Glaubens, München 1989.

Wilbert, Jürgen: Politikbegriffe und Erziehungsziele im Politischen Unterricht. Eine Analyse von Didaktikkonzeptionen, Weinheim/Basel 1978.

Wildt, Carola: Die Zukunft der feministischen Mädchenarbeit liegt in der Gegenwart und dem, was wir daraus machen, in: Verein zur Unterstützung, Erforschung und Dokumentation feministischer Mädchenarbeit (Hg.): Dokumentation zur 7. Österreichischen Fachtagung 27.5. – 1.6.1991. Zukunftsperspektiven feministischer Mädchenarbeit, Mödling 1992, 15–41.

Wolf, Naomi: Der Mythos Schönheit, Reinbek bei Hamburg 1991.

Wölflingseder, Maria: Gesellschaftliche Veränderung. Von oben – von unten. Eine Studie über gesellschaftliche Veränderung aus der Sicht Paulo Freires und Fritjof Capras unter besonderer Berücksichtigung gegenwärtiger New Age-Strömungen, Linz 1992.

Wunderle, Michaela (Hg.): Politik der Subjektivität. Texte der italienischen Frauenbewegung, Frankfurt a.M. 1977.

Wurms, Renate: „Von heute an gibt's mein Programm" – Zur Entwicklung der politischen Frauenbildungsarbeit, in: Arbeitsgruppe Frauenbildung und Politik (Hg.): Von Frauen für Frauen. Ein Handbuch zur politischen Frauenbildungsarbeit, Zürich/Dortmund 1992, 11–40.

Zundel, Edith: Ruth Cohn. Themenzentrierte Interaktion, in: Zundel, Edith und Rolf: Leitfiguren der Psychotherapie. Leben und Werk, München 1987, 67–82.